HUMILITY
AND
GREATNESS

BIOGRAPHY OF TAGORE

谦卑与伟大：
泰戈尔传

河南文艺出版社
·郑州·

图书在版编目（CIP）数据

谦卑与伟大：泰戈尔传/白开元著. --郑州：河南文艺
出版社，2024.5

ISBN 978-7-5559-1569-0

Ⅰ.①谦… Ⅱ.①白… Ⅲ.①泰戈尔（Tagore，Rabin-dranath 1861-1941）-传记 Ⅳ.①K833.515.6

中国国家版本馆 CIP 数据核字（2023）第 257593 号

选题策划	丁晓花
责任编辑	丁晓花
责任校对	殷现堂
责任印制	陈少强
书籍设计	吴　月

出版发行	河南文艺出版社	印　张	26.5
社　　址	郑州市郑东新区祥盛街 27 号 C 座 5 楼	字　数	405 000
承印单位	河南瑞之光印刷股份有限公司	版　次	2024 年 5 月第 1 版
经销单位	新华书店	印　次	2024 年 5 月第 1 次印刷
开　　本	700 毫米 × 1000 毫米　1/16	定　价	98.00 元

1924 年 6 月，北京，泰戈尔在景山庄士敦家门前拍摄大合影

①

②

③

④

① 泰戈尔与徐志摩（右）、林徽因（左）

② 泰戈尔与徐悲鸿（右二）、谭云山（右一）

③ 泰戈尔与徐悲鸿（右）

④ 泰戈尔与胡适（左二）等人

THE LI SAO

AN ELEGY ON ENCOUNTERING SORROWS

BY
CH·Ü YÜAN
OF THE STATE OF CH·U (Circa 338—288 B.C.)

TRANSLATED INTO ENGLISH VERSE WITH INTRODUCTION,
NOTES, COMMENTARIES, AND VOCABULARY

BY
LIM BOON KENG
PRESIDENT OF THE UNIVERSITY OF AMOY

WITH AN INTRODUCTORY NOTE BY
H. E. SIR HUGH CLIFFORD
AND PREFACES BY
PROFESSOR H. A. GILES, LL.D.
DR. RABINDRANATH TAGORE
DR. CHEN HUAN-CHANG

THE COMMERCIAL PRESS, LIMITED
SHANGHAI, CHINA
1929

①

① 泰戈尔为林文庆的英译本《离骚》作序

② 谭云山手书中国学院宗旨

②

1930 年 7 月 14 日，德国卡普特，泰戈尔拜访物理学家爱因斯坦（前右）

①

③

②

① 泰戈尔与海伦·凯勒（右）

② 泰戈尔和罗曼·罗兰（左）

③ 1930 年 11 月，泰戈尔在美国纽约展出
他的画作

④ 泰戈尔与甘地（右）

④

①

②

③

④

① 泰戈尔与尼赫鲁（左）

② 1932 年 2 月，为去西亚试飞，下了飞机后的泰戈尔

③ 1913 年 11 月，泰戈尔获得诺贝尔文学奖，圣蒂尼克坦的师生为其祝贺

④ 1941 年 8 月 7 日，泰戈尔逝世，十几万人送别泰戈尔

上海的街中心竖立的泰戈尔的半身铜像

CONTENTS

目　录

主要人物

萨萝达·黛维

（Sarada Devi）

泰戈尔的母亲，生育 15 个孩子，贤妻良母。

德本德拉纳特·泰戈尔

（Debendranath Tagore）

泰戈尔的父亲，原始梵社负责人。

达尔卡那特·泰戈尔

（Dwarkanath Tagore）

泰戈尔的祖父，梵社创始人罗摩·摩罕·罗易的挚友。

喀沙布·钱德拉·森

（Keshab Chandra Sen）

德本德拉纳特·泰戈尔的弟子，公共梵社负责人。

迪钦德拉纳特·泰戈尔

（Dijendranath Tagore）

泰戈尔的大哥，哲学家、诗人。

索顿德拉纳特·泰戈尔

（Satyendranath Tagore）

泰戈尔的二哥，英国殖民统治时期第一位印度籍文官。

赫蒙德拉纳特·泰戈尔

（Hemendranath Tagore）

泰戈尔的三哥，负责少年泰戈尔的学习。

乔迪林德拉纳特·泰戈尔

（Jyotirindranath Tagore）

泰戈尔的五哥，音乐家、戏剧家，泰戈尔的艺术领路人。

甘达南蒂尼·黛维

（Jnandanandini Devi）

泰戈尔的二嫂，印度新式纱丽的设计者。

伽达摩波莉

（Kadambari）

泰戈尔的五嫂，比泰戈尔大两岁，无微不至地照顾少年泰戈尔的生活。

波利亚纳特·森

（Priyanath Sen）

孟加拉文学家，泰戈尔的文友，泰戈尔长女的媒人。

罗亭德拉纳特·泰戈尔

（Rathindranath Tagore）

泰戈尔的长子，小名罗梯，泰戈尔农村改革项目负责人。

波罗蒂玛·黛维

（Pratima Devi）

泰戈尔的长媳，国际大学艺术团和舞蹈教育负责人。

埃尔姆赫斯特

（Leonard Elmhust）

英国人，泰戈尔农村改革项目主要赞助者。

贾加迪什·钱德拉·博斯

（Jagadish Chandra Bose）

印度著名物理学家，现代雷达、电视和太空通信奠基者，泰戈尔全力支持其
从事科学研究。

玛杜丽洛达·黛维

（Madhurilota Devi）

泰戈尔的大女儿，小名蓓拉，患肺病去世后，泰戈尔为其设立玛杜丽洛达奖
学金。

蕾努卡

（Renuka）

泰戈尔的二女儿，患肺病，泰戈尔带她去多地疗养，仍不治而死。

米拉

（Mira）

泰戈尔的小女儿，饱受家暴之苦，离婚后与父亲住在圣蒂尼克坦。

威廉·罗森斯坦

（William Rodenstein）

英国著名画家，泰戈尔获诺贝尔文学奖之路的开辟者之一。

威廉·巴勒特·叶芝

（William Butler Yeats）

爱尔兰诗人、剧作家。 泰戈尔成名作《吉檀迦利》序言撰写者。

艾兹拉·庞德

（Ezra Pound）

美国诗人，泰戈尔诗歌评论者。

弗里尔·安德鲁斯

（Freer Andrews）

英国牧师，泰戈尔教育理想的支持者，长期在国际大学执教。

索明德拉纳特·泰戈尔

（Shamindranath Tagore）

泰戈尔的小儿子、掌上明珠，小名索弥，患霍乱意外病死。

尼汀德拉纳特

（Nitindranath）

米拉的儿子，泰戈尔最宠爱的外孙，小名尼杜，因病客死德国。

迪琼特罗拉尔·罗易

（Dwijendralal Roy）

孟加拉诗人、剧作家，一度称赞泰戈尔，后来无端攻击泰戈尔。

维多利亚·奥坎波

（Victoria Ocampo）

阿根廷女作家，泰戈尔的崇拜者，悉心照顾泰戈尔在阿根廷养病。

罗曼·罗兰

（Romain Rolland）

法国思想家、文学家，泰戈尔曾就音乐与他交谈。

阿尔伯特·爱因斯坦

（Albert Einstein）

德国物理学家，泰戈尔曾就哲学和科学与他深谈。

谭云山

（Tan Yunshan）

泰戈尔创办的国际大学中国学院首任院长。

苏巴斯·钱德拉·鲍斯

（Subhas Chandra Bose）

印度国大党主席，印度国民军创建人。 泰戈尔多次就国内外形势和印度的未来与他深入交谈。

莫汉达斯·卡拉姆昌德·甘地

（Mohandas Karamchand Gandhi）

尊称"圣雄甘地"，印度政治家，国大党主席，泰戈尔就争取民族独立多次与其交换意见。

第一章

红日升起：
光耀家族的门楣

1861 年 5 月 7 日，黎明时分，加尔各答朱拉萨迦街区，一个新生婴儿响亮有力的啼哭声，飘出产房，飘出红楼，袅袅地向外扩散时，一轮红日从东方地平线上升起，冉冉地升到空中，少顷，灿烂的阳光洒满印度的蓝天。这个啼哭的婴儿，就是后来享誉世界的一代伟人泰戈尔。

小儿罗毗

婴儿的母亲萨萝达·黛维共生了十五个孩子，泰戈尔是她第十四个孩子。

泰戈尔呱呱坠地的第二天，她的大儿子迪钦德拉纳特兴冲冲地来看望母亲。年过四十的萨萝达·黛维有气无力地对他说："老大，你爸爸在喜马拉雅山修行，快打电报告诉他，我又生了个儿子，平安无事，叫他回来看看吧。"

"好的，我这就去电报局。"迪钦德拉纳特说着转身出屋。

过了一星期，德本德拉纳特风尘仆仆地回到家中，三步并作两步走进卧室，抱起包裹着小儿子的褓褓，喜上眉梢。婴儿一头黑发，天庭饱满，鼻梁笔挺，嘴唇上下翕动，好像在叫"爸爸"。德本德拉纳特乐得合不拢嘴，轻轻吻一下婴儿细嫩的脸蛋儿。

"你给小儿子起个名字吧。"萨萝达·黛维笑眯眯地看着丈夫。

德本德拉纳特思忖片刻："小儿子是早晨太阳升起时出生的吧？ 就叫'罗毗'吧，它的意思是太阳。 我们家族男孩儿的名字的后半部分都是'因德拉纳特'，它的意思是神王。'罗毗'和'因德拉纳特'连在一起，意思就是'太阳神'，你看可以吗，太太？"

萨萝达·黛维温顺地点了点头。

"罗毗！"德本德拉纳特冲小儿子叫一声。

罗毗睁开眼，转动着明亮的小眼珠，似在说："我在呀，爸爸。"

德本德拉纳特咧嘴笑了："哈哈，这小子有灵气，日后一定有出息，光耀泰戈尔家族的门楣！"

祖父达尔卡那特

泰戈尔家族在加尔各答已有几百年历史。

泰戈尔的高祖父尼勒莫尼买了商人毗湿努贾朗的一亩地，在一条胡同里造了几间普通房子，奠定了泰戈尔家族祖宅朱拉萨迦的基础。 尼勒莫尼的三个儿子是罗摩洛琼、罗摩莫尼和罗摩波洛卜。 1784 年，一家人搬到朱拉萨迦。 尼勒莫尼属上层婆罗门中的"比拉里"种姓①。 他声名显赫、家产丰厚，未把唯一的女儿嫁给"比拉里"种姓人，而为她在印度教上层种姓家庭中选择了乘龙快婿，但他的三个儿子娶的妻子仍全是"比拉里"种姓。

1791 年尼勒莫尼去世，泰戈尔的曾祖父罗摩洛琼成为族长。 他擅长经商，

---

① 印度四大种姓是婆罗门、刹帝利、吠舍和首陀罗。婆罗门是僧侣的种姓，婆罗门拥有解释宗教经典和祭神特权。刹帝利是武士的种姓。吠舍是商人的种姓。首陀罗是社会下层贫民的种姓。

家中的财产有增无减。 罗摩洛琼没有儿子，他弟弟罗摩莫尼的儿子达尔卡那特过继为他的儿子。 罗摩莫尼结过两次婚。 第一任妻子蒙卡·黛维生了拉达纳特、查赫·黛维、拉希比拉斯和达尔卡那特。

1807 年，罗摩洛琼辞世时，泰戈尔的祖父达尔卡那特十二三岁。 他的亲生父亲罗摩莫尼和伯父罗摩波洛卜依然健在，然而，管理家产的责任却落到达尔卡那特的大哥拉达纳特肩上。 可能是因为拉达纳特精通英语才让他当家。 罗摩洛琼的遗孀奥洛卡·黛维监督家产管理，1838 年去世。

达尔卡那特小时候刻苦学习波斯语和英语，能讲一口流利英语，这为他日后经商铺平了道路。 当时，马丁特斯①公司的贸易蒸蒸日上、声名大振。 达尔卡那特跟该公司职员过从甚密，有了经商头脑，年轻时就开始做生意。 起初，他当了马丁特斯公司的会计，协助购买丝绸和蓝靛。 积累了几年经验后，就单独接英国的订单。 在经商的同时，购置了大量土地。

1793 年，印度实施永久性田产制度，地主的产权、税款等事务出现各种复杂问题。 达尔卡那特仔细研究了税务和产权事宜，获得了丰富的知识和经验。他的主要田产是位于比拉希姆普尔乡的祖传庄园。

在最高法院律师法尔古逊的指导下，他成为法律专家。 短短几年之内，成了孟加拉甚至比哈尔邦的许多地主的法律顾问。 他经常去法院办事，结识了许多政府官员，二十九岁就成为佐比斯乡的税收员和盐政代理的财务主管。 六年后，升迁为税务和酒业部门的财务主管。 他当地主的顾问也有大笔收入。 这期间，他买了马丁特斯公司的一些股票，成为该公司的股东。 当时，加尔各答有洋人开的银行，没有一家孟加拉银行。 1829 年，他与几位洋人联手创建联合银行。 1838 年，加尔各答银行倒闭。 作为联合银行的大股东，他负责处理多个财务问题。

---

① 马丁特斯系英国商人。

这期间，东印度公司根据议会法令被迫退出商贸领域，达尔卡那特向公司辞职，建造卡尔·泰戈尔贸易公司大楼，在处理公司事务的同时，在希拉伊达哈和其他地方收购蓝靛厂。希拉伊达哈的楼房至今被称为"商务楼"。他还租赁了拉尼甘杰的煤矿，管理极为出色。罗摩纳格尔的糖厂是他非凡才能的又一标志。此外，他又增购北孟加拉的大片农田。那多尔①的地主拉贾·罗姆克里斯纳·罗易厌恶尘世，决意出家修行，拍卖大量财产，达尔卡那特以信托公司的名义，收购了他的全部财产。

达尔卡那特乐善好施，得到他的资助，多项公益项目得以如期完成。建造印度教徒学院、医学院、地主协会办公楼，开通英国和印度之间的快递邮政服务，普及印刷机运用等方面，他都率先给予资助。罗摩·摩罕·罗易②推行各种公益和社会改革事业，他是罗易的主要赞助人。虽然他不接受罗易的宗教观点，但罗易的"亲谊协会楼"、梵社③寺庙等建设项目，都得到他的大力支持。

达尔卡那特早年笃信毗湿奴教④，一家人是毗湿奴教派信徒，但随着财富快速增长，他的宗教信念渐渐淡漠，不再坚守印度教徒的一般习俗。

对于 19 世纪的印度教徒来说，前往英国是个极大胆的举动，但 1842 年，达尔卡那特毅然首次出访英国。回国之后，他担心大家族成员和亲戚的宗教信仰会因他与洋人密切交往而受到伤害，便搬出祖宅，住在他的办公大楼。

1844 年，达尔卡那特第二次前往英国。同行的有他的外甥诺宾·穆库帕达耶和小儿子诺根德拉纳特。这一年，在他的游说和资助下，有四位孟加拉学生前往英国攻读博士学位，其中两名学生的费用全部由他负担，另外两名学生的

---

① 那多尔是北孟加拉的一个县，今属孟加拉国。

② 罗摩·摩罕·罗易（1772—1833），印度社会改革家，梵社创始人。

③ 梵社是近代印度教改革团体之一，1828 年，由罗摩·摩罕·罗易（1772—1833）在加尔各答创立。其教义和实践称为梵教。19 世纪 40 年代初，德本德拉纳特继任梵社领袖。1866 年，青年激进派成立一个新的团体，叫作"印度梵社"，原来的梵社改名为"原始梵社"。

④ 以大神毗湿奴为最高神的印度教教派。

奖学金来自政府基金。

他在英国生活奢华，挥金如土，人称"达尔卡那特王子"。 1846年，他客死英国，享年五十一岁。

父亲德本德拉纳特

泰戈尔的父亲德本德拉纳特在孟加拉被尊称为"圣哲"，最早给他这个称号的是梵社成员。 他是达尔卡那特的长子。 他的母亲蒂格姆波丽恪守教义，性格刚烈，在当地妇孺皆知。 达尔卡那特常与洋人一起用餐饮酒。 蒂格姆波丽发誓"与丈夫断绝一切关系，一辈子坚守梵行，直至归天"。 德本德拉纳特的宗教虔诚可能源自母亲。

1817年，德本德拉纳特出生，他的少年、青年时代是在富裕和奢华中度过的。 1829年，德本德拉纳特结婚时，只有十二岁，妻子萨萝达·黛维六七岁。

在祖母奥洛卡·黛维的影响下，德本德拉纳特从小养成吃素的习惯，但年轻时置身于灯红酒绿之中，未能洁身自好。 成为当家人后，他放任自流，纵情享乐。 从十八岁到二十一岁，过着奢侈生活。 达尔卡那特为了让儿子脱离奢靡环境，任命他为联合银行的司库。 1838年，他的祖母撒手人寰，彻底改变了他的生活。 他坐在焚尸场祖母的遗体旁，油然而生一种淡然面对尘世的心愿。 祖母的去世把他的人生领上一条新路。 当时，他二十一岁。

后来，为彻悟古圣梵典的真谛，他开始学习梵文，阅读梵文经典。 他的宗教观渐渐脱离流行的观点和信仰，但他的宗教求索没有进入无信仰和无神论的场域，而是朝感知梵天①真相的方向迈进。 他产生的坚定信念是偶像，不是天

---

① 印度神话中的创造大神。

帝。 他怀念小时候见过的罗摩·摩罕·罗易，带着兄弟一起发誓，绝不膜拜偶像。 后来，他加入"知识之灯协会"，研究宗教。

有一天，罗摩·摩罕·罗易出版的《伊沙奥义书》①脱落的一页，几经波折，到了他手上。 他不懂上面用梵文写的一句话"天帝存在于宇宙万物之中，应以奉献换取幸福，切莫贪婪!"，就去请教梵社的梵文学者罗摩·昌德拉·比达巴格斯，明白了其中的含义后，他特别高兴。 之后，更加刻苦地学习《奥义书》。

1839 年 10 月 6 日，二十二岁的德本德拉纳特成立了"爱梵协会"，首批十位成员是他的家人和亲朋。 1840 年 6 月，他建立一所"感悟梵天"学校，目的是遏制基督教思潮泛滥，用孟加拉语讲解科学知识和宗教典籍。 学校上课，免收学费。 同年，他以罗摩·摩罕·罗易为榜样，出版了《伽陀奥义书》②的孟加拉语译本。

1843 年，德本德拉纳特出资创办了《感悟梵天》杂志。 奥卡亚·库马尔·达多是第一任编辑。 在霍杜亚附近，罗摩·摩罕·罗易放弃的校舍成了印刷《感悟梵天》杂志的车间。 在他的不懈努力下，奄奄一息的梵社恢复了一些生气。 12 月 21 日，他正式皈依梵教，全身心地投入梵社的改革。 以后他的大部分时间都用于实现他这一天的誓言。 当时，他二十六岁。 皈依梵教后，德本德拉纳特一心一意地宣传梵教。 当时，基督教的牧师们无情地攻击印度教和印度教社会，印度国内的有些学者顽固地认为古籍中的理论是金科玉律，而印度教学院一帮坚持唯理论的学生则对宗教冷嘲热讽。 德本德拉纳特左挡右拦，从围攻中奋力拯救印度教和文化。

————————

① 《伊沙奥义书》被认为是印度古代哲学典籍《奥义书》的基石。它是一本以简短而深邃的诗歌形式写成的经典。
② 《奥义书》有广义和狭义之分。广义《奥义书》指印度某一类哲学文献,现存的多达两百多种。《伽陀奥义书》是其中之一。

1848 年初，联合银行倒闭，卡尔·泰戈尔公司的大门上锁，德本德拉纳特采取节约开支等严厉措施过节俭的生活。 尽管资金短缺，正常的宗教活动却没有中断。

前后大约十年时间，德本德拉纳特热心于梵教宣传。 他的高尚品德和毅力使他赢得了许多朋友。 然而，他的兄弟、弟媳妇和其他亲戚全反对他的宗教观点。 在他家里，他的家人们对摆神像祭祀的要求越来越强烈了。

1854 年，他的三弟吉林德拉纳特过世，家族中出现了各种纠纷和芥蒂。 吉林德拉纳特在世时主管家族事务，照看生意。 他一去世，所有事务落到了德本德拉纳特的肩上。

有一次，他从山区回加尔各答的路途中遇见二十岁的年轻人喀沙布·钱德拉·森①，收这位才华横溢的青年为徒后，他全身的力量仿佛陡增了数倍。

在喀沙布·钱德拉·森的协助下，德本德拉纳特有条不紊地开展梵社的各项工作。 1859 年 4 月 24 日，梵教学校竣工。 他和喀沙布常去学校，分别用孟加拉语和英语演讲。 从那时起，喀沙布成为他的得力助手。

1860 年 7 月 25 日，德本德拉纳特登上祭坛讲经。 次日，他的二女儿苏古玛丽出嫁。 按照梵教教规，他主持的婚礼上首次不摆神像。

他彻底改变了陈旧程式。 为了废除偶像崇拜，婚礼上甚至不让摆放杜勒希树叶、木苹果树叶、芦苇叶、象征毗湿奴大神的黑石、几罐恒河水和一盆祭火。他制定了全新程序，送女出嫁。

停止了对宅神的祭拜，德本德拉纳特的注意力转向家中对梵天的集体祈祷。 彩棚下，他每天对梵天祈祷，原来置放神像的地方建了祭坛。 用刻有梵教基本经咒的白大理石砌成祭坛的基座。 祭神彻底取消，但他组织了一些新式庆

①　喀沙布·钱德拉·森(1841—1884)，近代印度教改革家、梵社的第三代领袖。

典。 比如，杰斯塔月①初六，款待女婿。 加尔蒂格月②初二，按时在家举行姐姐在弟弟额上点吉祥痣等大众喜闻乐见的庆典。 这些庆典弥补了取消古老宗教仪式造成的空白。

德本德拉纳特进行的改革主要是废除偶像崇拜和破除封建迷信，是在维护印度教古老传统规则基础上的有限改革，而喀沙布·钱德拉·森思想开放，日趋激进，强调要进行印度教的结构改革，主张汲取伊斯兰教"人人皆兄弟"的平等理念，打破种姓壁垒，允许不同种姓人之间通婚，遏制歧视下层者，甚至宣扬不佩戴象征印度教徒身份的"圣线"。 德本德拉纳特不同意他的观点，1864 年与他发生激烈争论。 喀沙布·钱德拉·森还宣称要进行社会制度改革，他成立印度改革协会，出版杂志《正当举止》，杂志上面刊登维护农民权益的文章，伤及了地主阶级的利益，遭到了德本德拉纳特的强烈反对。 以喀沙布·钱德拉·森为首的激进派与以德本德拉纳特为首的保守派最终分裂。 激进派被称为印度梵社，保守派被称为原始梵社。

眼看喀沙布·钱德拉·森的主张得到越来越多的人的支持，影响越来越大，德本德拉纳特心灰意冷，扔下所有社会工作，周游全国。 他一生的后四十年，是在旅途中、在圣蒂尼克坦、在修行冥想和思考问题中度过的。

母亲与兄弟姐妹

泰戈尔的母亲萨萝达·黛维堪称贤妻良母。 她是普通印度教家庭的贞洁女人，在古老传统的印度教习俗中度过了她的少年和青年时期。 从 1843 年到

---

① 印历 2 月，公历 5 月至 6 月。
② 印历 7 月，公历 10 月至 11 月。

1861 年的十八年，是德本德拉纳特的精神求索期。 她是否完全赞同丈夫的精神求索，不得而知。 因为在各种宗教活动中，她仍遵从陈旧习俗。

德本德拉纳特忙于各种社会事务，经常在外游历。 这时，在当家人的位置上，萨萝达·黛维以坚忍不拔的意志和毅力，处理这个大家庭的各种杂事。

几十年光阴悄然流逝，直到她的第十四个孩子——泰戈尔出生。

听说父亲回来了，泰戈尔的哥哥姐姐们全来到他的书房，嘘寒问暖。

"你们又有了个弟弟。"德本德拉纳特对儿女们交代，"你们的母亲年纪大了，身子骨不太好。 过几天，我又要去山里冥想修行。 你们要帮她照顾好小弟弟。 罗毗到了上学的年龄，你们要为他挑选合适的书本，指导他学习。"

"您的话我们记住了，您放心吧。"大儿子迪钦德拉纳特代表弟妹们表态。

在生活上照顾泰戈尔、在学习上循循引导泰戈尔的几个长兄和四姐，才华横溢，知识渊博。

大哥迪钦德拉纳特在诗歌、哲学、音乐和数学方面具有非凡天才。 二十六岁那年，他把梵文诗《云使》译成孟加拉语。 无论从哪个角度审视，他写的诗《死梦》都堪称佳作。 听说，当时在文苑有一种说法，除了往世故事，很难再找到别的诗歌素材。 另外，麦克尔·默屠苏登·达多①用含有大量梵文词汇的语言写了《因陀罗吉特伏诛》，除了他那种语言和自由体之外，写长诗是很难的，然而，迪钦德拉纳特为打破这两种陈旧观念，提笔写了《死梦》。 在《感悟梵天》杂志上，迪钦德拉纳特发表了大量耐读的作品。 从 1877 年到 1883 年，他是杂志《婆罗蒂》的首位编辑。 他一生的大部分时间主要用于东方和西方哲学研究，著述颇丰。

二哥索顿德拉纳特是第一位印度文职官员，一直在孟买政府部门任职。 他

---

① 麦克尔·默屠苏登·达多(1824—1873)，现代孟加拉文学奠基人。

的梵文文学造诣颇深，最早把马哈拉斯特拉邦修行者的情况介绍给孟加拉读者，对孟加拉文学也做出过巨大贡献。 1905 年，他的译作《薄迦梵歌》《云使》以及著作《我的童年》《我在孟买的生活》《佛教》相继出版，广为流传。

五哥乔迪林德拉纳特是剧作家和音乐家，在文学、音乐和绘画领域卓有建树。

四姐索尔纳古玛丽是著名作家，孟加拉女性作家的第一部长篇小说《灯灭》就出自她的手笔。

纵观印度历史演变，泰戈尔诞生于送旧迎新的一个重要时代的转折阶段。

1757 年英国侵略者施展阴谋诡计收买内奸，打败孟加拉邦藩王希拉兹杜拉，实行殖民统治，印度人民饱受苦难。 一百年后的 1857 年，士兵大起义爆发，席卷全国，震撼殖民统治大厦的柱石。 四年后泰戈尔出生，在他的少年、青年时期，印度将掀起波澜壮阔的民族独立运动。

这个阶段印度在社会改革领域已取得令人瞩目的进展。 罗摩·摩罕·罗易于 1828 年建立梵社，推行社会改革，反对偶像崇拜、种姓隔离、寡妇自焚殉葬等陋习。 泰戈尔家族在破旧俗、立新风方面为社会树立了榜样。

此外，新文化运动硕果累累。 麦克尔·默屠苏登·达多在孟加拉文坛艰苦探索，打破传统"波雅尔"两行押韵的格式，创造了每行十四个字母的无韵诗体。 般吉姆①开长篇小说之先河，用孟加拉语创作第一部长篇小说《要塞统帅的女儿》。 白话文的剧作和散文作品也大量涌现，为后人创作提供了可资借鉴的规范作品样式。

泰戈尔家中编辑出版了文学刊物《婆罗蒂》，在兄长的启发、扶持和激励

---

① 般吉姆·钱德拉·查特吉(1838—1894)，第一位现代孟加拉语小说家，孟加拉文学刊物《孟加拉之镜》创刊人。

下，少年泰戈尔写的大量习作在上面发表。 泰戈尔家的朱拉萨迦祖宅是当时著名文学家、哲学家经常聚会的场所。 浓郁的家庭艺术氛围为泰戈尔日后成为文学巨匠奠定了基础。

　　一言以蔽之，在政治、宗教和文学等诸多领域，为泰戈尔成为伟人所需的历史舞台已搭建完毕，只等他登台大显身手。

　　一转眼，泰戈尔到了读书的年龄，家里人便开始安排他读书的事。

家教严格

　　三哥赫蒙德拉纳特有一天把泰戈尔叫到书房，一脸严肃地说："罗毗，你快六岁了，该读书了。父亲出门前叮嘱过，大哥研究东方和西方哲学，是个大忙人。二哥在古吉拉特邦当县长，鞭长莫及，教不了你。你的学习，由我管。你小七哥苏蒙和外甥沙达①比你大两岁，已经上学，家里又请了几位老师教他们，你在家里和他们一起念书吧。"

　　"念什么书呀？"泰戈尔用疑惑的目光望着三哥。

　　"父亲交代过，首先要下苦功夫学梵文。"赫蒙德拉纳特不紧不慢地说，"印度古籍是用梵文写的，不懂梵文、读不懂古书，就搞不明白古代的许多事情。孟加拉语大量词汇源自梵文，懂梵文才能进行词源研究、明白词义，才能更好地使用我们的孟加拉语。"

　　"还学别的吗？"泰戈尔怯怯地问。

---

①　泰戈尔大姐的儿子。

"要学标准的孟加拉语，从字母开始，孟加拉语是我们的母语，学好了孟加拉语，才能创作文学作品，尤其是诗歌。 课本嘛，可用葛里迪巴斯①用孟加拉语改写的史诗《罗摩衍那》②。"

赫蒙德拉纳特想一想又说："另外，为了让你们身体强壮，有自卫能力，打算请一个教练，教你们摔跤。 条件允许的话，再请一个大学生来教自然科学知识。"

泰戈尔转动着眼珠小声问："苏蒙和沙达他们会欺侮我吗？"

"不会！"赫蒙德拉纳特宽他的心，"万一欺侮你，告诉我，我揍他们。"

赫蒙德拉纳特制订的家教计划，第二天就开始严格实施。

天刚亮，泰戈尔就被叫醒，急忙起床穿上训练服，冷得哆嗦着走出门，来到院外北侧一块叫作"谷仓"的空地上。 以前租地的佃户按规定在这里缴粮，泰戈尔家族的谷仓能储存一年的粮食。 为把"谷仓"前这片地建成摔跤场，先挖松半米深的土，再泼洒几十斤菜籽油，搅拌后夯平，地面非常坚实。 由于是泥地，在地上摔倒也不会很疼。 三哥从城里请来一位有名的独眼摔跤手，在他的指挥下，泰戈尔、七哥苏蒙和外甥沙达一次次抓住对方的手臂，奋力把对方摔倒。 泰戈尔毕竟小两岁，被摔倒的次数大大多于苏蒙和沙达。 六点左右，训练结束，泰戈尔带着一身尘土回屋，母亲见了十分心疼，赶紧端来一盆水，细心地为他擦洗。

走廊里的时钟敲了七下，三人开始学孟加拉语字母："玻、坡、摸、佛、得、特、讷、勒……"最初学的两行诗"细雨霏霏，树叶战栗"深深地印在泰戈尔的脑子里，让他终生不忘。 文学课本是改写的史诗《罗摩衍那》中悉多③的

---

① 葛里迪巴斯(1381—1461)，中世纪孟加拉诗人，把印度史诗《罗摩衍那》从梵文译成孟加拉语。

② 印度古代梵语史诗。原为民间口头创作，在长期流传中屡经增润，相传由印度诗人蚁垤编写定本。

③ 史诗《罗摩衍那》中的女主人公。

故事。 教他们梵文的是老师赫龙姆波·达笃罗特诺。

　　第二天，天空阴云密布。 泰戈尔在外宅甬道旁的游廊里看一本小人书，突然听见沙达大声叫道："警察！ 警察来抓人了！"在泰戈尔的印象中，警察拧着犯人的胳膊，走进阴森的警察所，就像鳄鱼用锋利的牙齿咬住猎物，然后消失在深水里一样。 他真以为警察来抓他了，吓得浑身发抖，腾地站起来，撒腿就往内宅跑去，一种莫名的恐惧使他觉得好像真有什么人在身后紧追不舍。 他一口气跑到母亲的房间，声音发颤地说："妈，沙达说警察来抓人了。"

　　母亲不动声色地安慰他："别怕，警察不敢到这儿来。"接着吩咐站在房门口的女佣："去把罗毗的三哥叫来。"

　　赫蒙德拉纳特一进房间，母亲劈头盖脸责问："这是怎么回事？ 沙达这浑小子说警察来抓罗毗，罗毗吓坏了。"

　　"沙达是逗他玩儿的吧。"

　　"不许这样恶作剧！"母亲厉声说。

　　"是，我这就去教训他。"

　　仆人拧着沙达的胳膊一进屋，赫蒙德拉纳特厉声训道："你搞什么鬼名堂？罗毗虽比你小两岁，可他是你舅舅。 一点儿规矩都不懂，竟敢这样吓唬他。 罚站一小时，再这么胡来，抽二十鞭子。"

　　沙达低垂着头："今后不敢了——"

　　见苏蒙和沙达上午在家里上完课后，下午又乘马车去学校上课，泰戈尔呜呜哭着对赫蒙德拉纳特说："三哥，在家没意思，我跟他们一起去上学。"

　　"你还没到上学的年龄嘛。"

　　"不，我就是要去——"

　　"现在你哭着要上学，往后你为了不上学，哭得更凶。"三哥警告他。

　　三哥的预言，不久便应验了。

多次转学校

凭借眼泪的力量，泰戈尔提前进了东方学校。 看到同班学生背书结结巴巴，被老师勒令站在长凳上，平直地伸出两条胳臂，两摞写字板压在两只手上，他脆弱的心灵受到比写字板更重的压力，泪水在眼里打转。

泰戈尔上学不用功，听老师讲课不专心，但模仿老师十分用心，神态、动作极为逼真。 他在祖宅的游廊里上课，想象栏杆就是他的学生。 他端来一把椅子，坐在它们面前，手执木板，一本正经地讲课。 这些"学生"中间，哪一个是好孩子，哪一个是淘气包，他心里清清楚楚，甚至品学兼优的栏杆和顽皮透顶的栏杆、聪明的栏杆和愚笨的栏杆的面孔的差异，他也一目了然。 他的木板一次次重重地落在淘气的栏杆的身上，它们皮开肉绽，活着但求一死，以得到永久安宁。 在木板的重击下，它们越是龇牙咧嘴，他越是生它们的气。 当然，栏杆与学校的学生迥然不同，但此刻模仿得惟妙惟肖的泰戈尔，与某些处罚学生的教师在心理上是没有丝毫区别的。

泰戈尔在东方学校读书的时间不长，后来，转入师范实验小学。

赫蒙德拉纳特发现，在学校里传授的知识非常有限，为扩大三个孩子的知识面，请了几个家庭教师上午来家授课。

他们中师范实验小学的老师尼尔格穆勒·戈萨尔先生，异常瘦弱，皮肤干皱，话音尖细。 泰戈尔轻声俏皮地对沙达说："他是一根披着人皮的细藤条。"

从六点到九点，三个孩子跟他学习，用的教材有奥卡尔·库马尔编写的《美术入门》《人性与事物》和沙特葛里·达多编写的《动物进化》，以及麦克尔·默屠苏登·达多的诗集《因陀罗吉特伏诛》。 他们在家里学到的知识大大多于学校里的教学内容。

星期日上午，希塔纳特·达多先生以神咒般的语言为他们上自然课，生动的讲解激起了他们学习的浓厚兴趣。 达多先生绘声绘色地说，点火加热，玻璃杯里下层的水变轻，向上流动，上层较重的水，向下流动，于是水咕嘟咕嘟地响起来。 他用火柴点燃火，烧玻璃杯里的水，为他们演示。 泰戈尔见此情景，万分惊讶。 之后，在老师的耐心讲解和演示下，他又弄清楚了牛奶中的水是另一种物质，加热的话，水可以变成气体，脱离牛奶，他心里感到特别高兴。 从此，星期天上午这位老师要是不来，他就觉得，这一天就不是货真价实的星期天。

学了几个月孟加拉语后，三个孩子开始学习英语。 英语老师奥古尔是医学院的一名学生，傍晚来为他们上课。

对英语不感兴趣的泰戈尔不喜欢这位老师，每天都希望他突然生病，不能来上课。 可这位老师身体强健，天天让学生的希望落空。 只有一次，医学院的洋学生和孟加拉学生之间爆发冲突，凶狠的洋人掷过来的一把椅子击中了他的脑袋，顿时血流如注，医生为他缝了几针。 他头疼得厉害，但康复得相当快，这出乎泰戈尔的意料。

那天黄昏，下着瓢泼大雨，马路上积了齐膝深的雨水，泰戈尔家花园后面的池塘里的水快要溢出来了。 在雨季黄昏欢悦的氛围中，三个孩子兴奋的心田仿佛盛开了一朵金色的花。 规定的上课时间已经过了三四分钟，仍不见老师的身影，但今天他究竟来不来，说不准。 泰戈尔把椅子搬到临街的游廊里，恍惚又紧张地望着胡同的转弯处。 突然，街道那转弯处出现了老师的身影。 泰戈尔心里感慨万端："别人能像他这样吗？ 不能，绝对不能！ 这天黄昏，在我们楼前的胡同里，绝不可能出现像这位英语老师这样忠于职守的第二个人。"

有一天，奥古尔先生耐心地对三个孩子说，英语并非枯燥无味。 为了说明学英语很有意思，他感情充沛地朗诵了一段课文，说不清那是诗还是散文。 泰戈尔听了觉得很古怪，嘿嘿地笑了起来，打断了他的朗诵。

泰戈尔形象地把英语比作城堡，把学英语比作头撞城堡，常常撞得头破血流，也进不了城堡。奥古尔先生当着他们的面，表扬他的另一个聪明学生，说他们三个孩子太不用功了，然而，这种抑此扬彼的做法未能引起泰戈尔对那个孩子的钦佩。当然，他为此感到惭怍，但那本黑封面的英语课本在他眼里始终是一团漆黑。所以一拿起书本，他的脑袋就耷拉下来。往他眼皮上喷水，叫他在走廊里跑步，也没有持久效果。这时，恰好大哥迪钦德拉纳特从教室外的游廊走过，见他一副昏昏欲睡的样子，就对老师说："下课吧。"

奥古尔先生常常独辟蹊径，往三个孩子枯燥的学习生活中，吹进印刷书本之外的温煦的南风。有一天，他出人意料地从口袋里掏出纸包着的一个"秘密"说："今天我让你们见识见识上帝创造的一个奇迹。"说罢，他打开纸包，取出人的一根气管，详细讲述了气管所有的功能。泰戈尔了解后，心里受到强烈震撼。

后来，奥古尔先生带三个孩子去参观医学院的解剖室。解剖台上是一具老妇人的尸体，见了尸体，泰戈尔的心跳并未加快，但地板上放着的一条腿使他震惊不已，肢解的人体太触目惊心了，太难看了！地板上那条发黑的刺目的腿给他留下的印象，久久挥之不去。

离开师范实验小学，泰戈尔他们进了洋人办的名叫孟加拉研究院的一所学校。入了学，令泰戈尔感到十分开心的是，比起前两所学校，在这儿享受到了充分的自由。学习用功当然好，不用功也没有人管。他特别佩服那些放荡不羁的学生。有的学生在手心上反写"ass"（驴），冲别人喊一声"hello"（喂），假装亲热地在他的背上拍一下，"ass"便清晰地印在他的背上了。有的学生走着走着，冷不丁把剥了皮的香蕉往旁人的头上戳一下，一转眼不见了人影。也有学生"咚"的一声给你一拳，像老实巴交的好人似的扭头望着别处，看他那副样子，会错认为他是非常文静的人。 在泰戈尔看来，这种种顽皮行为是针对皮肉的，并不伤害人的心灵。 这些只能称作恶作剧，而不是侮辱。

这所学校规模很小，收入很低，泰戈尔他们让校长感动的一大优点是：他们每月准时交学费。 各门功课的学习未成为他们扛不动的负担，做的作业中有许多严重的错误，可后背也未落下一块伤疤。 当然，那位老谋深算的校长严禁老师体罚，并不是因为他有一颗慈悲心。

他们逃学的帮手是一位教波斯语的老师。 大家称他"蒙西"，这位中年老师瘦骨嶙峋。 泰戈尔淘气地说：他的骨骼仿佛是用一块黑蜡布包裹起来的，体内既无血液也无脂肪。 泰戈尔请他帮忙，他立即给校长写信，说明泰戈尔请假的必要性。 校长收到他的信，从不深入调查，因为他心中有数，不管泰戈尔上不上学，在班上绝不会是垫底的学生。

喜欢读书

相对于教科书，泰戈尔更喜欢读家里的杂书。

三哥的书柜里，摆着厚厚的一本拉琼德罗腊尔·米德拉①编辑出版的趣味性插图月刊《知识大全》的合订本，泰戈尔趁三哥不在，开了书柜取出合订本。回到自己的屋里，仰面躺在木板床上，胸前捧着十六开的合订本，饶有兴致地阅读关于捕鲸的报道、法官审讯的滑稽故事、格里斯纳·库马利的连载小说，不知不觉度过了假日的中午时光。

读完《知识大全》，他又在大哥的书柜里找到杂志《幼稚的朋友》的合订本，上面登载着英国痴情男女的爱情故事的孟加拉译文，他一面读一面感动得

---

① 拉琼德罗腊尔·米德拉(1822—1891)，孟加拉语言学家、散文家、批评家。

掉眼泪。

二哥买了一套沙罗达贾郎·米德拉和奥卡耶·索尔卡尔先生编纂的《印度古诗选》，泰戈尔毫不费力地就把它弄到手。 毗达波迪用迈蒂利方言写的诗句，晦涩难懂，他不得不用更多的时间钻研。 他不依赖注释，自己反复吟诵体会。 将诗中多次运用的生僻字记在一本小日记本里，对于特殊的语法现象，开动脑筋弄懂后也做了笔记。

泰戈尔在家里学到的知识，比在学校里学到的不知多多少倍。 日复一日，上学使他像磨粉机一样枯燥地转动着，忠于职守的三哥赫蒙德拉纳特每天为这部嘎吱作响的破机器加油。 在泰戈尔眼里，三哥是个不讨人喜欢的严厉监工。

码上解读
➡ 才华横溢的大师
➡ 赤子之心的诗人
➡ 无问西东的旗手
➡ 东方精神的智者

举行了削发、左肩挂圣线①的宗教仪式后，少年泰戈尔急得整天抓耳挠腮、愁眉不展，心里直嘀咕："挂着这玩意儿怎么去上学？ 学校里那些洋人的孩子对印度的牛抱有浓厚兴趣，但绝不会看得起我这个肩挂圣线的光头婆罗门！ 即便不朝我的光头投掷什么破烂儿取乐，也肯定会奚落嘲笑我。"

正当他心事重重的时候，仆人进屋对他说："老爷叫你，有事对你说。"

泰戈尔来到三楼父亲的屋里，德本德拉纳特和颜悦色地问他："你愿意跟我一起去喜马拉雅山吗？"

泰戈尔喜出望外："愿意！ 愿意！"

这是泰戈尔首次出远门，家里特意为他做了新衣服。 该做什么颜色、什么款式的衣服，德本德拉纳特对仆人一一作了交代。

1872 年 3 月，德本德拉纳特带着小儿子和随从启程前往喜马拉雅山。 动身之前，按照惯例，德本德拉纳特把全家人叫到游廊里，举行祈祷仪式。 泰戈尔向长辈们行了摸足大礼，跟父亲上了马车。

---

① 印度婆罗门家庭的孩子正式成为婆罗门的仪式上，在胸前系的一根线，称为"圣线"。

毛茸茸的绒布圆帽戴在光头上不舒服，泰戈尔摘下拿在手里。 德本德拉纳特看到了，用不容违抗的口气说："戴上帽子！"在德本德拉纳特面前，子女们必须衣着整洁，泰戈尔乖乖地戴上了帽子。

前往喜马拉雅山的途中，父子俩在波勒普尔住了几天。

不久前，比泰戈尔大两岁的他的外甥沙达和父母游览过波勒普尔，回来后天花乱坠讲的旅行故事，那些高楣名门的见过世面的少爷绝不会相信，但年少的泰戈尔却信以为真。 沙达煞有介事地对小舅舅泰戈尔说，如没有特别的能耐，上火车非常危险，脚一滑就完了。 火车启动时，必须使出吃奶的力气坐稳，不然让人一推，便没影儿了。

泰戈尔惴惴不安地走进车站，没有滑倒，毫不费劲儿地上了火车，也没有飘起来，坐在位子上，才明白他被骗了。

火车向前飞奔。 列车两侧，一排排绿树镶嵌的广阔原野，葱郁树木掩映的一座座村落，画一般迅速往后滑动，仿佛虚景里的湍流。 日暮时分，父子俩准点抵达波勒普尔。

波勒普尔的新奇世界

下车上了轿，泰戈尔闭上眼睛，他宁愿波勒普尔的一切奇迹明天能够清晰地显现在他的眼前。 他觉得提前在苍茫暮色中窥见奇迹的影子，明天的乐趣就将是不完整的。

翌日清晨，泰戈尔满心疑惑地走出卧房。 来波勒普尔之前，沙达告诉他，此地与世界其他地方最明显的不同之处是当地的卧房与院里厨房之间的甬道，虽无布篷遮盖，走在上面，却完全感受不到阳光照耀和清风吹拂。 心中充满遐想的泰戈尔到处寻找这种甬道却一无所获，才省悟到沙达又骗了他。

泰戈尔是在城里长大的孩子，从未见过稻田。 书中读到放牛娃的故事，就在想象的画布上，一丝不苟地勾画放牛娃的容貌。 泰戈尔从沙达口中得知，波勒普尔遍野是金黄稻谷。 沙达在那儿和牧童每天做的游戏是从稻田运回雪白的大米，煮成香喷喷的米饭，和牧童一起享用。 泰戈尔出门急切地举目四望，唉，沙漠边缘地区哪有什么稻田！ 他走走停停，边走边想，恍然大悟："什么一望无际的稻田，完全是外甥的弥天大谎。"

泰戈尔当时还小，可德本德拉纳特并未阻止他外出游玩。 旷野表层的土壤让雨水冲走，裸露出绛红的鹅卵石。 形状奇异的小石堆、洞穴，一条条细流，颇似小人国的地貌。 当地人称起伏的沙丘为"库亚伊"。 泰戈尔用衣摆兜着捡到的五颜六色的石子，欢天喜地地回到父亲身边。

德本德拉纳特没有露出不悦神色，也不说泰戈尔耐心地捡石子是可笑的举动，相反，惊喜地赞叹："啊，这些石子真好看，在哪儿捡到的？"

泰戈尔洋洋得意："还有好多好多，成千上万颗呢，我要每天去捡！"

"很好，很好，用石子装饰那座土山吧。"德本德拉纳特为小儿子出主意。

当地人挖池塘，挖出的泥土堆在南边，形成土山似的高台。 德本德拉纳特每天拂晓登上高台，坐在蒲团上祈祷，目睹旭日在他前面的地平线上升起。 他鼓动泰戈尔用石子装饰的就是这个高台。

离开波勒普尔的时候，泰戈尔未能带走一堆堆辛苦捡回的可爱的石子，心里很难过。 他还不懂得运石子不容易，运费高得惊人。

沙丘地里有一个蓄满雨水的深潭，碧澄的水漫过潭口，汩汩流向沙地，几条小鱼神气活现地逆水游泳。 泰戈尔异常兴奋地跑回来向父亲报告："我发现了一股十分美丽的泉水，弄几罐来吧，可以喝，也可以冲澡。"

"太好了！"德本德拉纳特快活地附和，随即派人去汲水，以此作为对发现者的奖赏。

随后几天，泰戈尔常去勘探那片沙丘地，寻觅前人未发现的"宝藏"，他是这个面积不大、鲜为人知的小王国的李文斯顿①。 这是一个用倒置的望远镜观察到的小国度：沙丘低矮，涧水细瘦，孤零零几株矮小的野黑浆果树和野枣树，几条游鱼约一寸长。 当然，发现者也很年幼。

大概是为了培养泰戈尔的责任心和谨慎办事的习惯，德本德拉纳特给他几块钱，要他学算账，并把他那只昂贵的金表让他上弦，全然不管可能出差错。早晨，他带着儿子出去散步，遇见化缘的僧人，吩咐儿子布施。 最后结算，账目怎么也对不上，剩余的钱比账面上的数字多出许多。 他跟儿子开玩笑："看来我应该聘你当我的账房先生，钱在你手里会膨胀哩。"儿子及时而认真地为他的表上弦，由于认真得过了头，金表不久后不得不寄回加尔各答修理。

德本德拉纳特有一本梵语《薄伽梵歌》，他在喜欢的章节上画了记号，叫儿子抄录那些章节及孟加拉语译文。 儿子在家是个无足轻重的男孩儿，此时接此重任，自然感到不胜荣幸。

在波勒普尔逗留期间，泰戈尔爱坐在花园旁边一株幼小的椰子树下，伸直腿，把日记本放在腿上，在上面写满诗句，觉得这样就是诗人的姿态。 有一天，头顶烈日，坐在寸草不长的石榻上，他写了一首名为《大地之王的失败》的充满英雄豪情的诗，然而，充沛的激情未能使那些诗作免遭失传的下场，他最卖力的载体——封面考究的日记本，后来杳无踪影。

离开了波勒普尔，德本德拉纳特父子先后在萨哈卜甘杰、达那普尔、阿拉哈巴德、坎普尔等地小住，而后到达旁遮普省首府阿姆利则。

阿姆利则的丰富多彩

在泰戈尔的心目中，阿姆利则的金庙和梦中的天宫一样。 好几天早晨，他

---

① 李文斯顿(1813—1871)，苏格兰的传教士和探险家。

跟着父亲前去瞻仰湖中央锡克教的庙宇，那里经常举行宗教活动。 德本德拉纳特坐在锡克教徒中间，突然声调悠扬地与他们一道唱颂神曲。 他们听见一个异乡人竟能唱颂他们的神曲，惊异之余，极为热情地对他表示欢迎。 他归来时总带着他们馈赠的冰糖和甜食。

有一天，德本德拉纳特把金庙的一位歌手带回住处，请他唱祈祷歌曲。 也许，给他的赏钱少一些，他也会满意。 多给钱造成的恶果是，想为德本德拉纳特父子俩唱歌的歌手蜂拥而来。 费了好大的劲儿，才能把他们挡回去。 在住处找不到德本德拉纳特父子俩，歌手们开始在街道上"袭击"他们。 每天早晨，父子俩出去散步，常有歌手背着弦琴突然出现在他们面前。 在街道的僻静处，泰戈尔和父亲冷不丁看见他们的弦琴，就像不熟悉猎手的鸟儿望见枪管就吓得魂飞魄散一样，然而，"猎物"也变得聪明起来了，他们的琴声起了开空枪的警示作用，远远地就把父子俩轰走。

暮色降临，德本德拉纳特坐在花园前的游廊里，叫儿子为他唱梵天①颂歌。 月亮升上了天空，月光透过树荫落在游廊里。 泰戈尔唱起贝哈格调的颂歌：

　　天帝啊,没有你谁能克服危机?
　　谁能穿越人世间的一片漆黑?

德本德拉纳特低着头，双手交抱在胸前，静静地聆听儿子悦耳的歌声。

此后一年的玛克月②，家里过节，泰戈尔一天写了几首歌，其中一首是《我看不见藏在眼中的你》。 那时候，德本德拉纳特住在恒河畔的宗朱拉亚，把泰戈尔和五哥乔迪林德拉纳特叫去。 他让乔迪林德拉纳特拉风琴，叫泰戈尔一首

―――――――――

①　印度神话中的创造大神。
②　印历 10 月,公历 1 月至 2 月。

接一首唱新谱的歌曲，有几首甚至唱了两遍。 听完歌曲，他风趣地说："一个国家的国王如果精通本国的语言，具有欣赏文学作品的能力，他会重奖诗人，但从国王那儿无望得到奖品的话，本人愿意'越俎代庖'。"说罢，他出人意料地把一张五百卢比①的支票递到泰戈尔手上。

离家出发前，德本德拉纳特说要教泰戈尔英语，带了《彼得·保利的故事》等几本英文书籍。 他选了《富兰克林②传记》作为泰戈尔的教材。 他认为传记类似于小说，孩子读了能提高文学水平，但他在教泰戈尔的过程中发现他犯了个错误。 富兰克林是著名的历史人物，但他奉行的狭隘的实用主义宗教政策刺伤了德本德拉纳特的心。 他讲解了这本书的几章，看到富兰克林不乏机智地宣扬根深蒂固的世俗观念的例子和有关人世间的说教，不以为然，忍不住当着泰戈尔的面表示反对。

在这之前，除了背诵普玻得维编写的梵文语法书之外，泰戈尔没有读过其他梵文作品。 德本德拉纳特教泰戈尔学习由伊舍尔昌德拉编写的第二册梵文初级读本，叮嘱儿子务必熟记序言中的单词的写法。

泰戈尔学习孟加拉语，探究词汇的来源，不知不觉，在学习梵文方面有了很大的进展。③ 德本德拉纳特鼓励儿子学习最古老的梵文作品。 泰戈尔把学到的梵文单词颠来倒去地摆弄，组成很长的复合词，随心所欲地在词尾添加孟加拉语的辅音字母 ong，使先人使用的古代语言成为今人的语言。

此外，德本德拉纳特还为儿子讲解帕罗格托尔撰写的有关天文学的英文科普读物中的内容，儿子一面听一面用孟加拉语做笔记。

在阿姆利则住了将近一个月，四月下旬，德本德拉纳特父子向达拉霍希进发。 喜马拉雅山的召唤已使泰戈尔心神不定，在阿姆利则再也待不下去了。

---

① 印度货币单位。
② 富兰克林(1706—1790)，美国政治家、物理学家。
③ 孟加拉语的许多词汇来源于梵文。

波格罗达山的快乐时光

达拉霍希是赞巴王国的波格罗达山上的一个小村子。 波格罗达山海拔 7819 英尺。 他们的住所就在波格罗达山上。

父子俩早晨喝了牛奶，吃了面饼，离开旅店上路。 乘坐滑竿儿上山，他们一路望见山谷里一片片早熟的春季作物，像蔓延的绚丽火焰。 泰戈尔怕漏看了什么，一整天眼睛睁得大大的。 山路转弯处、沟壑里，挺拔的树木枝繁叶茂，浓荫匝地。 高山像千年修行的隐士，几泓涧水好似山的女儿，在它怀里撒娇，随后淙淙奔出冷寂的暗洞，穿过树荫，滑下苍苔斑斑的褐黑岩石。 脚夫在阴凉处放下滑竿儿，稍事休息。 泰戈尔在心里贪婪地说："为什么要离开景色幽美的山区呢？ 在这儿定居多么快活啊！"

德本德拉纳特在路上让儿子保管小钱箱。 显然，泰戈尔不是保管钱箱的合适人选，因为这只钱箱里有一路上要花的许多钱。 如果把钱箱给随从吉苏里·查笃则保管，他是可以放心的。 他让儿子挑起这副特别重的担子是为培养儿子办事谨慎的习惯。 有一天到旅馆投宿，泰戈尔没把钱箱还给他，随手放在房间的桌子上，他见了生气，训了儿子一顿。

从阿姆利则前往波格罗达山途中，每天傍晚住进旅馆，父子俩经常讨论天文现象。 黄昏时分，德本德拉纳特把椅子搬到旅馆外面坐下，山区的夜空中，一颗颗星星神奇而清晰地闪现着。 他教儿子识别天上的星宿，为儿子讲解天文现象。 泰戈尔直到晚年对天文学仍有浓厚兴趣，缘由就是喜马拉雅山之旅跟父亲学到的天文知识。

到了波格罗达山所在的帕格罗塔亚，父子俩住在最高的波格罗达山上。 虽说已是五月，天气仍然寒冷，阳光照不到的阴坡冰雪尚未融化。

　　泰戈尔外出游玩，享有充分自由。　即使住在最高的波格罗达山上，德本德拉纳特也从不阻止儿子去爬山，从不害怕发生意外。　住所下面的山坳里有一大片雪松。　儿子常常挂着铁尖顶手杖在树林里玩耍。　巍然矗立的雪松像巨大的魔鬼，拖着长长的身影。　它们都已几百岁了，它们眼里，一个渺小的男孩儿——泰戈尔无所顾忌地在它们身边走来走去，它们没对他说一句话！　泰戈尔觉得，进入树荫产生的特殊感觉很像触到阴冷滑腻的蛇皮。　树底下枯叶上杂糅的光影，有如原古巨蟒的奇特花纹。

　　住所靠外一间屋是泰戈尔的卧室。　夜里躺在床上，透过玻璃窗遥望，朦胧的星光下，山顶的积雪闪着暗淡的光泽。

　　记不清多少个夜里，泰戈尔睡眼惺忪地看见德本德拉纳特身穿赭色道袍，端着蜡烛台，轻手轻脚走到外面镶玻璃的游廊里，坐下做宵祷。　不知又睡了多久，迷迷瞪瞪地感觉到父亲在轻轻把他唤醒。　夜色尚未全部消散。　按照父亲定的课程表，这时候泰戈尔应该背诵梵文初级读本中"nor""norou""nora"等变形词。　寒冷的清晨，他第一次尝到了钻出暖被窝极其艰难的滋味。

　　凝望着红日喷薄升起，晨祷完毕，德本德拉纳特喝一碗牛奶，命儿子肃立身侧，诵念《奥义书》中的经文，做一次祈祷。　之后，他带儿子出去散步。　他走得很快，别说泰戈尔，连成年仆人也跟不上他。　途中，泰戈尔只得走羊肠小道，抄近路赶回住所。

　　德本德拉纳特回来后，泰戈尔照例学一小时英语。　10 点左右，用冰冷的雪水洗澡，一回也不许少。　仆人不敢违抗他的命令，就往雪水里加一瓢热水。　为了给儿子壮胆，他讲述年轻时如何在刺骨的冷水里洗澡的情景。

　　喝牛奶对泰戈尔来说是一桩苦差事。　德本德拉纳特能一连喝几碗牛奶，但儿子未继承他喝牛奶的本领，在父亲身边，儿子必须跟他一起喝。　无奈，只得求仆人做手脚。

　　用完午餐，德本德拉纳特再次授课，但儿子已经支撑不住了。　由于清晨起床过早，他一面听课一面打瞌睡。　看儿子实在支持不住，德本德拉纳特宣布下课。　可一霎间泰戈尔的困意冰消雪化，精神抖擞地出了大门，朝众山之王——喜马拉雅山奔去。　中午，泰戈尔经常拄着尖头手杖，独自从这座山爬到那座山，德本德拉纳特对儿子单独行动从不表示担心。

德本德拉纳特在山上和儿子常常谈论家里的事。　一收到家里谁寄来的信，他就让儿子给他送来。　大哥、二哥从加尔各答寄来的信，德本德拉纳特让儿子念给他听。　潜移默化，儿子学会了应该用怎样的格式写信。

二哥索顿德拉纳特寄来的一封信中写道："繁杂琐事缠身，像脖子上绕着绳索，苦不堪言……"德本德拉纳特问儿子此处几句话是什么意思，儿子如实谈了自己的看法，德本德拉纳特没有想到儿子与自己意见相左，而且狂妄地不认可他的看法。　就这几句话，父子俩争论了很久。　换成别人，必定对儿子厉声训斥，吓得儿子大气不敢出一声，可德本德拉纳特大度地听儿子争辩，耐心地为儿子泰戈尔解释，直到儿子心服口服为止。

德本德拉纳特对儿子讲了许多令他捧腹大笑的故事。　他讲过一个牛奶掺水的故事：因为怕养牛人往纯牛奶里掺水，主人派一个仆人去监督，不一会儿，又怕刚去的仆人捣鬼，就派第二个仆人去监督第一个仆人。　主人老不放心刚派去的仆人，不停地派仆人。　派去的仆人越来越多，牛奶也就越来越稀，最后透明得像乌鸦的眼珠子。　养牛人为自己辩护，对主人说，监督的仆人再增加，稀牛奶里可以养螺蛳、蚌和虾了。　第一次听父亲给他讲这个故事，他肚子都快要笑痛了。

在山区度过难忘的几个月之后，德本德拉纳特吩咐随从吉苏里·查笃则送泰戈尔返回加尔各答，泰戈尔虽万般不舍，也只好从命先回家去了。

少年泰戈尔的诗创作与歌曲创作是同步进行的。 受家学渊源影响，泰戈尔很早就开始了写歌作诗。

歌曲创作

创作歌曲是泰戈尔家族的优良传统，19 世纪 70 年代，孟加拉尚未掀起如火如荼的爱国运动，泰戈尔家族成员就以极大的热情，为一年一度的杜尔迦大祭节①的庙会创作充满爱国热情的歌曲。 泰戈尔大哥写了《印度，你明月般的面庞蒙上了灰尘》，二哥写了歌曲《胜利属于印度》，堂兄克南德拉纳特写了《羞怯如何歌唱印度的光荣》。 这些歌曲似晨鸟的啼鸣，唱出印度人民盼望祖国独立的心声。

少年泰戈尔是听着兄长创作的歌曲，学唱歌曲，演唱歌曲，渐渐萌生写歌的愿望的。

泰戈尔常躲在门廊里听三哥练习唱歌。 有一次，三哥以贝哈格调吟唱"你缓缓地行走"。他偷偷地记住了调子，晚上唱给母亲听，令她惊喜万分。

---

① 杜尔迦大祭节是印度宗教节日，每年 10 月初开始。

　　泰戈尔父亲的挚友坎塔先生是歌曲爱好者，把泰戈尔当作得意门生。 他教泰戈尔的一首歌名叫《哦，放下波罗兹的笛子》。 教会了，拽着泰戈尔到各个房间为长辈演唱。 他弹三弦琴，泰戈尔演唱。 长辈们听了热烈鼓掌，交口称赞，泰戈尔深受鼓舞，信心人增。

　　创作歌曲，五哥乔迪林德拉纳特是泰戈尔的启蒙老师。

　　有一段时间，五哥天天一面手拉小风琴一面创作新曲，他熟练的手指跳舞般弹叩着音板，孟加拉旋律从音板泠泠地流泻出来。 一曲快要哼成弹成了，他就让在隔壁房间看书的泰戈尔配歌词。 泰戈尔一面听一面在纸上写出来，然后把稿纸递给乔迪林德拉纳特。 乔迪林德拉纳特弹小风琴，看着歌词唱了一遍，还表扬泰戈尔"用诗的形式，抒写你对世界的认知，非常之好"。 泰戈尔兄弟俩创作歌曲，配合默契，方式奇特。 一讨论文学、歌曲创作，总有说不完的话。

　　1878 年 7 月，泰戈尔赴英国途中在二哥在艾哈迈达巴德的住处住了几天。他在楼房的露台上踯躅，完成了自己配曲的第一首歌《你看这月色溶溶的静夜》：

　　　　你看这月色溶溶的静夜。

　　　　缓缓地极缓地——极缓地唱歌吧！

　　　　黑夜在唱酣眠之歌，

　　　　把你的甜蜜嗓音融入夜的嗓音吧！

　　　　像夜里无声的露水，

　　　　像夜里无声的轻飔，

　　　　像夜里无声的月光，

　　　　女友啊，极缓地——极缓地吟唱！

　　　　夜的魔幻制约的大千世界，

在寂静之海的海边酣眠；

激昂高亢的歌声啊，

别掀起静海的波澜！

海滩多么安静！——在海风的轻抚下坠入睡梦，

你如打瞌睡吻海滩之足，

吻的声音会把它惊醒。

所以我说极缓地——极缓地唱歌吧，

把你的甜蜜嗓音融入夜的嗓音吧！

这首歌是泰戈尔歌曲创作之路上的重要里程碑。

诗歌创作

师范实验小学的老师沙特卡里听说他喜欢诗歌，有一天，把他叫去问道："听说你几个哥哥是才子，你也写了不少诗？"

"随便写写，写不好。"泰戈尔腼腆地说。

"哎，功到自然成嘛。"沙特卡里先生知道如何激发学生的潜能，提议："我给你两行诗，你放学回家再配两行，四行必须押韵，明天拿来给我看。"

"好的，谢谢您，我尽量配好。"

沙特卡里先生给他的两行是：

折磨众人的是炎炎烈日，

雨霖的承诺消除了恐惧。

次日，泰戈尔按时交给他配写的两行：

> 惊恐的鱼儿潜入湖底，
>
> 此时此刻快乐地戏水。

沙特卡里先生看了连声叫好。　随后又给他两行，练习持续了许久，他的写作技巧和押韵能力有了明显提高。

在沙特卡里先生的指导下，泰戈尔练习写了奇数行押行中韵、偶数行也应押韵的"特里波迪"韵式诗：

> 杜果酱倒进牛奶里，再放进香蕉一只，
>
> 　里面又放些甜食——
>
> 搅拌，咕哧咕哧，四下里一片沉寂，
>
> 　蚂蚁哭着爬进盘子。

这首寓言诗朴素无华，可见苦思冥想选择恰当词语的痕迹。

实验小学的校督戈宾德是个矮胖子，皮肤黝黑，穿一件黑制服，每天坐在二楼办公室里检查各班的点名册。　他是学校里手执权杖的法官，学生们全怕他。不知怎的听说泰戈尔会写诗，一天刚下课，他突然派人把泰戈尔叫到他的办公室。

"你会写诗？"他问。

"是，会写。"泰戈尔毫不犹豫地回答。

"好，你写一首关于秋天的诗，明天上午送来。"

第二天，泰戈尔走进校督戈宾德的办公室，递上校督的命题诗：

空落的路上听见辚辚车声，

这不是秋云轻微的怒吼。

宁静的大地期待谁的光临，

激动的泪水浮上她的眼眸！

谁的项链正射出耀眼金光，

四下里闪烁着秋天的晶莹！

清晨盛开的马拉蒂花倒向

谁身上穿的洁净的衣裙？

谁的甜笑、芳香的气息催开

林中的花塞法利、卡弥尼？

那是天鹅的啼鸣、缠绵低语？

不，是芳躯摇响佩戴的首饰。

离开盖拉莎圣山的天国乐园，

孟加拉来了快乐的绝色美女。

"嚯，十四行诗，想象力丰富，意境很美，看来你真能成为诗人。"戈宾德大声夸道，"走，去读给高年级的学生听听。"

戈宾德把泰戈尔带到享受奖学金的一班学生面前，鼓励他："念给他们听！"泰戈尔读完，教室里响起一阵热烈掌声。

突然，一名大个子学生站起来，挑衅说："戈宾德先生，他这么小，能写这么好的诗？ 是剽窃哪部诗集里的诗吧。"

"混账！"戈宾德吼道，"是我昨天让他写关于秋天的诗的。 你以为写诗容易？ 这样吧，你写一首关于夏天的诗，明天给我送去，你能抄到也行。"

大个子学生嗫嚅着："我不知道哪儿有这种诗。"

"哈哈……"教室里爆发出一阵哄笑声。

发表《献给印度教徒大聚会的礼物》

1874 年，十三岁的泰戈尔参加第九届印度教徒大聚会，朗诵了花几天时间写的《献给印度教徒大聚会的礼物》，以下为节选：

一

坐在喜马拉雅山的石座上，
手操弦琴的广博仙人①边弹边唱——
歌声震撼山岭树林，
震撼山中凛冽的寒风。

四

诗人在专注地弹唱：
"印度啊你为何这样？
笑笑吧！该笑的日子，
你的表情却如此痛苦。"

七

那时的圆月洒下快乐，
微笑的朝阳倾洒喜悦。
自然美景令人心旷神怡，

---

① 印度史诗《摩诃婆罗多》的作者。

鸟儿的歌声令人陶醉。

八

那样的情景已不复存在，
那幸福的时光一去不回。
四下里笼罩着悲凉气氛，
看不到让人欢快的笑容。

九

来吧，晦日之夜的黑暗！
让印度的森林成为荒原！
月亮太阳沉入浓厚乌云，
砸碎自然坚硬的锁链。

十八

印度的骷髅能否重新
获得充满活力的生命？
烧成一堆灰烬的印度，
还能闪射出熠熠光辉？

十九

如果不能，印度怎么还
会有笑声？还会有笑颜？
记忆中浮现昔日的光荣，
能不流下悲伤的眼泪？

二十

抹尽我的全部记忆！

空虚的心在空虚中消失！

让我不死的生命沉入

悠悠岁月的无边海水！

　　这首诗 1875 年 2 月 25 日在《甘露市场报》上发表，是泰戈尔首次发表的署名诗作。 诗中通过广博仙人的口，对比印度今昔，对印度沦为英国的殖民地、群众蒙受苦难，表达了心中的悲伤和对民族复兴的期望。

码上解读
❀ 才华横溢的大师
❀ 赤子之心的诗人
❀ 无问西东的旗手
❀ 东方精神的智者

泰戈尔读了不少书，阅读面很广，但是对教科书不感兴趣。在圣泽维尔学校年终考试不及格的消息使他的父亲和哥哥姐姐极为震惊和焦急。德本德拉纳特为此召开家庭会议，商讨如何规划他的未来。最后索顿德拉纳特建议出国学习这条路："罗毗到了国外，心无旁骛，按照教程学习，获得法律系一张文凭并不难，回国当律师，应该没有问题。"

为出国做准备，索顿德拉纳特安排泰戈尔住在好朋友阿达罗摩家中，请他从英国回来的女儿帮助泰戈尔提高口语水平。

初相识

这天，索顿德拉纳特带着泰戈尔来到一幢楼门前，按了一下门铃。

"来了——"里面传出女子的娇柔的声音。

开门的是安娜·达尔卡尔，阿达罗摩的女儿，这个个子高挑的姑娘，容貌姣美，既有马拉塔族女人特有的温柔热情，又有现代知识女性的豪爽大方。

"索顿叔，您好。"安娜·达尔卡尔指指索顿德拉纳特身后的泰戈尔，"这位是索顿叔的小弟吧？"

第五章

难忘初恋：
甜蜜美好又充满遗憾

泰戈尔局促地点点头。

索顿德拉纳特兄弟俩在客厅里刚落座，阿达罗摩一阵风似的进来，一面与索顿德拉纳特拥抱，一面说："上次打商业官司，幸亏你为我辩护，最终胜诉，使我免受巨额经济损失。"

"这是我的职责所在，阿达罗摩兄不必念念不忘。 这次愚弟罗毗为长见识，要在您府上住些日子，给您添麻烦了。"

"哪里，哪里，索顿兄不必客气。"阿达罗摩爽快地说，"安娜·达尔卡尔在家暂时没有工作，给罗毗讲讲英国的情况，对她来说是一件愉快的事情。 安娜·达尔卡尔在英国专修英国文学，在语言上是能够帮助罗毗的。"

"我下个月来接他，一起去英国。"索顿德拉纳特说。

"放心吧。"阿达罗摩拍拍索顿德拉纳特的肩膀，"你接回的罗毗今后与英国人交往肯定能够从容不迫、应对自如。"

次日，泰戈尔告诉安娜·达尔卡尔，他读过雪莱的诗歌，还尝试着译了一首雪莱的十四行诗。 安娜·达尔卡尔从书柜里取出《雪莱诗选》，让他读了几首，柔声笑道："罗毗，你的发音有印度人的通病。 通病来自《英—孟字典》中用孟语字母标英语单词的发音。 英语的有些元音、辅音，孟语中没有，比如，v和ð，照字典的标音学习，肯定不准。 你把 thin 中的 th 念成 t，把 thin 念成 tin，thin 意思是'细的'或'瘦的'，而 tin 意思是'罐头'。 发音不准，'瘦的'变成'罐头'啦。"

"经安娜姐一讲解，我茅塞顿开啊。"泰戈尔感激地说，"否则，到了英国，英国人听我这么说，还不笑掉大牙。 与你相比，我的英语实在太差了。"

"可你也有强项啊。"安娜·达尔卡尔说，"听索顿叔说，你在家庭刊物《婆罗蒂》上发表了不少诗歌，在学校里是大名鼎鼎的诗人。"

"不过是习作而已。"泰戈尔的谦虚语气中透出一丝自豪。

怦然心动

二人相处得很愉快，在安娜·达尔卡尔的引导和帮助下，经过两星期的反复推敲，泰戈尔将自己在杂志上发表的叙事诗《诗人的故事》翻译成了英文。这首诗描写一个诗人与山区少女的爱情。

在温湿海风吹拂的二楼宽敞的阳台上，放松地坐在藤椅上的安娜·达尔卡尔说："罗毗，为安娜姐朗诵吧。"

"好的。"泰戈尔用浑厚的嗓音深情地开始朗诵：

一天下午诗人躺在一棵大树底下，一个少女走到他的身边问道："疲倦的旅人，你是谁？"

诗人对姑娘讲了心里话——沉重的话语，如同冲出大山胸脯的火红岩浆。

姑娘听着流泪了，那泪水像琼浆玉液渗进诗人的心里。诗人倦乏的心似乎找到了庇护所，他疲累的头贴着她的暖怀。

从此，两个人手拉手一起游玩。带着诗人进入远处树林的"莲花"，仿佛是森林女神。走累了，就在诗人怀里小睡。

心心相印是何等幸福——终生不分离。无忧无虑——两颗心天天沉浸在缱绻的情爱之中……

然而，诗人仍觉得人生的空虚无从消除。有一天离开"莲花"，去周游世界！在异国他乡，诗人发觉自然美景中没有"莲花"，一切全是空虚。

他匆匆返回离别三个月的山区，看见"莲花"躺在冰川上睡着了。

诗人疯了似的哀号："莲花——莲花——"一次次吻她没有血色的冰冷嘴

唇。

　　他仰天发问：人一死，世上的一切就全没了？"莲花"，愿你的爱情世代铭刻在我的心扉，永不磨灭！

听完泰戈尔朗诵，安娜·达尔卡尔已是泪流满面。 她一面抹泪，一面动情地说："罗毗，这个爱情故事太动人了。 你朗诵得声情并茂，完全进入了角色。真的，听了你这样的朗诵，即使躺在死榻上，我也会苏醒过来。 今后，不知我的爱情能否铭刻在谁的心扉。"说罢，她含情脉脉地看了泰戈尔一眼。

泰戈尔领会了她目光的含义，不禁怦然心动。

第二天，泰戈尔去客厅找安娜·达尔卡尔，想和她商量再修改他认为不太顺口的诗行。 安娜·达尔卡尔看书困了，斜靠着沙发打瞌睡，一双精美的薄手套放在茶几上。 泰戈尔没叫醒她，随手拿起手套打量着。 这时安娜·达尔卡尔醒了，对拿着手套的泰戈尔说："按照英国的习俗，谁'偷到'熟睡姑娘的手套，谁就有权吻她。"说罢，把粉红的香腮送到泰戈尔面前，微闭双眼。 泰戈尔情不自禁地轻轻吻了一下，一缕醉人的女人气息透入他的心扉，他顿时心旌摇晃。

遗憾分别

泰戈尔和安娜·达尔卡尔朝夕相处的亲密情状，阿达罗摩看在了眼中，他暗暗高兴，立即打电话给索顿德拉纳特："索顿兄，在我看来，泰戈尔和安娜有共同爱好，趣味相投，是天造地设的一对。 希望你和我一样，玉成这桩美满婚姻。"

"阿达兄有此美意，我举双手赞成。"索顿德拉纳特言不由衷地说，"不过事关重大，我得禀告家父，由他定夺。"

索顿德拉纳特很快得到他意料中的回复，父亲不同意这桩婚事。 理由一是安娜比泰戈尔大三岁，不合丈夫年纪必须大于妻子的孟加拉风俗；二是泰戈尔尚未拿到对他一生至关重要的文凭，草草成婚，必然毁了美好前程。 父亲下命令，要他立即带泰戈尔前往英国，不得耽搁。

索顿德拉纳特当即遵照父命行事，从安娜家接走泰戈尔。 临别之际，安娜·达尔卡尔对泰戈尔说："我要叮嘱你一句，今生今世，你不要留胡子。 这样，你的面部轮廓就不会被遮住。 再见到你，我就能认出你。"

"我记住了，一定不留胡子。"泰戈尔一叠声地说道。

9月20日，泰戈尔在孟买登上"普那"号客轮，五点整，"普那"号客轮起锚，拉响汽笛，缓缓离开码头，前往英国。 泰戈尔站在甲板上，朝安娜家遥望，心里哀伤地说："安娜，别了，但你像'莲花'一样，把纯真的感情镌刻在我的心扉。"

和未等到诗人归来的"莲花"一样，安娜·达尔卡尔再未见到心仪的泰戈尔。 两年后，安娜·达尔卡尔嫁给苏格兰人哈罗德·利特戴尔，随丈夫移居英格兰，在爱丁堡定居。 她郁郁寡欢，于1891年去世，年仅三十三岁。

泰戈尔八十岁时不无歉疚地写道："大家知道，我没有信守不留胡子的诺言，但想看我不留胡子的人，早已不在了。"

码上解读
❀ 才华横溢的大师
❀ 赤子之心的诗人
❀ 无问西东的旗手
❀ 东方精神的智者

在艾哈迈达巴德和孟买分别住了四个月和两个月之后，十七岁的泰戈尔和二哥前往英国。

海上的头六天，泰戈尔尝到了被大海折磨的滋味。 他上船不久就病倒了。 起不了床，舱房黑咕隆咚，小得可怜。 为了不让海水溅进来，窗户全关死了。 他像印度那些阳光下不准露面孔、肢体不许让和风吹拂的大家闺秀一样，过了暗无天日的六昼夜。 一连六天，没有力气抬一下脑袋。 他毫无胃口，没吃一口饭菜。

六天后，客轮即将抵达亚丁湾，大海平静了一些。 从床上爬起来，四肢仿佛是偷来的一件肥大衣服，极不熨帖。 出了客舱，他蹒跚着走上甲板，斜倚船舷。 在舱内闷了几天，此时沐着海风，有一种死而复生的舒畅感觉。

泰戈尔对大海不像以前那样尊重了。 想象中的大海和他目睹的大海相去甚远。 站在岸边觉得大海宏阔、壮丽，但到了海上，它似乎变样了。 感觉上的变化是有缘由的。 他伫立于孟买的海滩遥望大海，蓝天碧水在地平线交汇。 他曾遐想穿透地平线的屏障，扯起地平线的帷幔，面前便出现无边无垠的碧水。 地平线后面说不清道不明的东西，曾在他的想象中浮荡；那时未想到地平线后面还有地平线。 行至大海中央，客轮仿佛不动了，稳定在地极圈内。 地极圈如此窄小，严重限制了想象的飞翔。

第六章
留学英国：
接触西方文明

四五天后，泰戈尔和二哥先后抵达意大利、巴黎，经英吉利海峡，到了英国。

初到的不适与努力

泰戈尔到英国后，住在波雷伊顿的二嫂家里。 天气越来越冷。 走到户外一看，寒气袭人，满天皎洁的月光，大地覆盖着白雪，与泰戈尔往常看到的世界迥然不同。 他觉得这好像是梦境，又像是别的什么，近处的景物退到了远处，宛如一位洁白的修士，一动不动，身穿沉思之袍。 走到户外，他看到的一种令人惊诧的宏阔的美，此后再没有见过。

侄儿侄女听到泰戈尔讲英语的古怪声调，觉得可乐。 英语单词"Warm"（温暖）中的字母"a"，读起来像"o"，而英语单词"Worm"（虫）中的"o"，读起来像"a"，这绝对不是轻易能掌握的，可泰戈尔不知道怎样对孩子们说清楚，只能怨自己时乖命蹇，只能让他们嘿嘿的笑声在他头上飘过去。 其实，他们应该嘲笑很难掌握的英语发音规则。

为实现长辈的心愿，成为一名出色律师，回国有一份体面工作，他进入一所公立学校。 这所学校的校风很好。 英国学生对他非常友好，常常把橘子、苹果等水果塞进他的口袋，转身跑开。 他在这所学校里学习的时间不长。 二哥的朋友塔罗格纳脱·帕里德先生当时恰好在英国。 他认为，泰戈尔老和兄嫂住在一起是长不大的。 他说服了二哥，把泰戈尔带到伦敦，先让他一个人住在一所公寓里。 公寓与里津德公园隔街相对。

屋里没有像样的家具。 摆着的一架手风琴大概是天神恩宠的象征。 下午天很快就暗了，他全神贯注地弹琴唱歌。 偶尔有几个印度同胞来看望他，以前他与他们只见过一两面，但当他们起身告辞走出大门时，他真想挽留他们，拉他们到房间里再坐一会儿。

天气奇冷，天空灰蒙蒙的，白昼像死人的眼珠暗淡无光。 泰戈尔不熟悉附近的街道，没有一个熟人，独自默默地坐在屋里望着窗外消度时光。 里津德公园里的树木落尽了叶子，直挺挺地矗立着，仰望着天际，弯曲瘦弱的枝条挂着雪花。 泰戈尔朝那儿一望，就感到一股寒气渗进骨头。 在他看来，伦敦的冬季特别冷。

住在公寓里的那段时间，一个英国人每天来教他拉丁文。 此人瘦骨嶙峋，身穿的衣服破旧，如同冬天赤裸的树木，他也躲不过寒风袭击。 猜不准他有多大年纪，不过看一眼就明白，他比实际年龄老得多。 每天教书的时候，他似乎找不到合适的词语进行讲解，一脸不安的神情。 大多数日子，他心情郁闷、没精打采，仿佛再也扛不动肩上的重任。 有时讲解莫名其妙地卡壳，两只眼望着空中，似乎无力将他的神思重新拉到初级拉丁文语法中来。 看着这位被精神负担和写作的重任压得佝偻的、饿得形容枯槁的老师，泰戈尔心里充满怜悯，尽管心里明白，跟他学习拉丁文不会有长进，但总不忍心开口说“你别再来了”。

泰戈尔住在公寓里的时日，是在效率不高地学习拉丁文中度过的。 同这位老师告别、按照规定付给他酬金的时候，他嗫嚅着说：“我浪费了你的时间，没有教给你什么知识，我不能收你的钱。”泰戈尔费了不少口舌，才说服他收下酬金。

留学期间，泰戈尔兴致勃勃地参加各种社交活动。

有一天，泰戈尔出席穆大夫举行的晚宴。 宴会毕，一位精通声乐的中年妇女弹了一支曲子。 女主人热情地请他唱歌，他知道英国人并不特别爱听印度歌曲，但盛情难却，勉为其难地唱了首歌。 唱完歌他听到，女宾中响起一阵虚伪的笑声。 有的女宾机灵地把笑声转化为咳嗽；有的假装拾落在地上的东西，弯下腰隐藏笑声；有的无计可施，把脸藏在伙伴的背后，比较镇静地，互使怪异的眼神。 那位中年妇女的脸上，漾着一丝轻蔑的微笑。 泰戈尔满脸通红，全身的热血变成冰水。 之后，客厅里有人对他大加赞扬，但领教了女宾们的笑声之后，他没有把赞扬声收进耳朵。

有一次他去参加舞会，走进客厅。 煤气灯光下，客厅十分明亮，上百位美女的丰姿之光使煤气灯光黯然失色，这儿正欢度"容貌"节。 一进客厅，不禁觉得眼花缭乱。 客厅的一侧，乐师们在弹钢琴、拉手提琴、吹笛子。 四周墙边，摆着椅子。 墙上的几面镜子反射出耀眼的煤气灯光和迷人的美姿。 舞厅的木地板不铺地毯，打上蜡，在上面行走不小心会摔倒。 地板越滑，越适合跳舞。 因为在光滑的地板上行动自如，脚不费劲儿，轻飘飘地滑过来滑过去。

泰戈尔不善于与生人交往。 有的舞种，他跳得非常熟练，也不愿和陌生人一起跳。 他内心不喜欢邀请别人跳舞的方式。 当然，与经常交谈的人跳舞，心情是愉快的。 如同玩纸牌那样，谁与水平极差的人合作，免不了对搭档发火，舞场上的女人，也常常对舞技蹩脚的舞伴流露出厌烦情绪。 泰戈尔担心，他的舞伴说不定在跳舞的时候暗暗诅咒他应尽早归天，舞跳完了，才松了口气，舞伴似乎也卸下了肩上的重担。

由帕里德先生安排，泰戈尔进入伦敦大学文学院学习，在那儿第一次见到帕里德先生的儿子洛肯。 洛肯比他小四岁，但小小年纪，英语说得已相当流利。 泰戈尔在《人生回忆》中写道："若说我俩在图书馆里一刻不停地说笑，那是夸大之词。 我们也讨论文学、评论文学作品，我从不觉得我的少年朋友是个稚童。 虽然他读的孟加拉书比我少很多，可他的理解力轻而易举地弥补了这方面的欠缺。"

教泰戈尔英语文学的是亨利·莫尔利教授。 他的教学方法成功地带领泰戈尔跨入英语文学之门。 泰戈尔在他的指导下，明白了文学不是语言教学的工具，文学趣味主要得用心去体味。 泰戈尔后来多次极为感激地提起他的名字。可惜泰戈尔在伦敦大学学习的时间没超过三个月。

强烈的民族自尊心

身居异国、具有强烈民族自尊心的青年泰戈尔，痛心地发现个别旅英孟加拉人的民族劣根性。 他们缺乏应有的人格尊严，在英国人面前唯唯诺诺、低声下气。 发生争执时，小心翼翼地选择最软的词语驳斥对方，讲了不同意见，急忙表示十二万分的遗憾，请对方给予十二万分的谅解。 可在同胞面前，这种人完全是另一副面目。 一个旅居英国三年的孟加拉人，对在英国仅住了一年的孟加拉人，态度十分傲慢。 对与之争论的同类的观点，他不时嗤之以鼻："荒谬绝伦！"或者当面讥笑："你这个傻瓜！"

有一天，泰戈尔和朋友谈论印度的祭祀，父母故世，一家人吃素，不化妆，等等。 一个旅英年轻人认为这是陋习。

"为什么是陋习？"泰戈尔吃惊地反问。

那个年轻人表示，亲戚亡故，如果英国人吃素，印度人不吃素，他就加倍憎恨不吃素的印度人，并认为正因为印度人不吃素，印度才如此衰落。

一位定居英国的孟加拉绅士抱怨："印度的女孩儿不会弹钢琴，不能像英国姑娘那样落落大方地接待客人、几天后登门回访。"

如此这般，他们历数一件件小事，拿印度和英国作比较。

餐桌上一般手持刀叉朝下切食物，可那些旅英孟加拉人专注地研究朝下切食物的原因是什么，哪种外套的款式时髦，现代贵族穿肥裤还是窄裤，跳华尔兹舞还是波尔卡舞、玛祖卡舞，吃了鱼再吃肉还是吃了肉再吃鱼？ 这些鸡毛蒜皮的事情，他们竟然反复琢磨符合不符合人家的习惯，非弄个水落石出不可。 泰戈尔心里想，这种锲而不舍的精神，英国人听了恐怕也要自叹弗如。 其实，用刀切鱼吃，英国人见了不会惊讶，他晓得你是外国人，但旅英孟加拉人在场，少不得让你尝尝讽刺的滋味。

泰戈尔注意到一桩怪事：某些旅英孟加拉人在洋人面前抨击同胞和本国风土人情，措辞之激烈，远远超过从小在印度长大的英国人的咒骂。

泰戈尔见到一个旅英孟加拉青年，随心所欲地胡诌瞎编，开心地嘲笑印度的怪人怪事。他说印度有个名叫帕维贾尔吉的团体，由吟唱毗湿奴颂歌的歌手组成，还详细地介绍他们的巡回演出。他甚至呆拙地模仿印度土著舞女跳的不登大雅之堂的舞蹈，逗得英国人一面欣赏一面捧腹大笑，他便更加得意。他由衷地希望谁也不把他当印度人看待。

泰戈尔在写给亲人的信中，对这些人崇洋媚外、无聊地模仿英国陋习的拙劣行为进行辛辣的讽刺。对某些英国人的傲慢、偏见和无知，也作了无情抨击。

异国的深厚友谊

后来，他搬到名叫斯格特的一位德高望重的医生家里。

一天，他拎着箱子走进他的家门。家中只有这位银髯皓首的医生、家庭主妇和他们的大女儿。两个小女儿听说一位印度客人要住在她们家里，吓得要命，逃到亲戚家去了。直到她们获悉，他并未为她们的家庭带来严重危险，心上的一块石头才落地，重新回到家里。

斯格特，他的夫人，他们的四个女儿、两个儿子、三个仆人、泰戈尔，以及名叫戴维的一只狗，组成一个特殊家庭。斯格特是医生，须发几乎全白了，但体格健壮，精神矍铄。他性格温善，和蔼可亲。斯格特太太像对自己的孩子一样疼爱泰戈尔。天冷他不穿厚衣服，少不得受她的嗔怪。一日三餐，她觉得他吃少了，就非要他吃到她认为肚子已填满为止。英国人惧怕洗澡，哪天他偶尔咳嗽两声，她马上命令他停止洗澡，叮嘱他服十几种药。 临睡前，吩咐仆人端来热水，看着他洗了脚才放心离去。

泰戈尔和斯格特的孩子们关系融洽。 他们叫他“阿泰尔叔叔”。 小女儿埃塞尔希望泰戈尔是她一个人的阿泰尔叔叔。 她哥哥汤姆提出当泰戈尔侄儿的要求，她非常恼火。 汤姆故意逗她生气，大叫一声“阿泰尔叔叔”，她立刻紧紧地搂着泰戈尔的脖子，噘着小嘴，呜呜哭泣。

纯朴的汤姆一刻也闲不住。 他长得胖乎乎的，头特别大，常常一本正经地提些古怪的问题。

“喂，阿泰尔叔叔，耗子成天干什么？”有一天他问泰戈尔。

叔叔回答：“它们偷吃厨房的食物。”

汤姆皱着眉头想了想：“偷吃？ 嗯，为什么偷吃？”

“它们饿了。”

这答案引起汤姆的反感。 汤姆受到的教育是，不问一声拿人家的东西，属于不道德的行为。

埃塞尔不顺心哭鼻子，汤姆总是好言劝慰：“哦，可怜的埃塞尔，别哭了，可怜的埃塞尔！”

埃塞尔觉得自己是贵妇人，有一回坐在椅子上板着脸，怒斥汤姆：“别来打搅我！”

汤姆不小心摔痛了直掉眼泪。 泰戈尔逗他：“嘿，男子汉哭什么！”这时埃塞尔快步跑到泰戈尔身边，神气活现地说：“阿泰尔叔叔，我小时候在厨房里摔倒了，可我没哭。”

泰戈尔在心里惊叫一声：“我的天，她小时候！”

不长的时间内，泰戈尔与斯格特一家人结下了深厚友谊。 二小姐有一天实话相告：她们起初听说一位印度绅士要住在她们家，心里怕极了。 她和小妹妹躲到亲戚家里，一个星期不敢回来。 后来得到确切消息，这个印度人没有文身，两片嘴唇没有缝合挂上首饰，这才放心地回家，但头两天同泰戈尔说话，仍不敢正面看他，大概是怕见到奇特的模具里浇铸成的面孔吧。

在斯格特家里，一晃几个月过去了。 二哥归国的日期渐渐临近。 父亲特意给泰戈尔写信，要泰戈尔务必跟二哥一道回国，泰戈尔读着信，欣喜若狂。

离别之际，伤感的斯格特太太握着泰戈尔的双手，流着泪说："既然你这么快就要走，你为什么到我们家来呢？"

"我会回来看您的。"泰戈尔安慰她。

《旅欧书札》出版

泰戈尔在《婆罗蒂》上发表的系列书信，在不同圈层引起不同的反响。 他对旅英孟加拉人的详细描述，从英国归来的年轻人当然是不爱读的，而书信中介绍欧洲妇女争取自由、用大量笔墨谴责英国社会陋习的内容，则激发了他与国内长辈的矛盾。

作为《婆罗蒂》的主编，他的大哥迪钦德拉纳特对在英国的小弟的这些观点很不以为然，在书信的注解中写了很长的评议。 之后数月，大哥与小弟之间争论不断，他们一个是保守派哲学家，另一个是新派诗人。

他在《婆罗蒂》上发表的系列信件，可能是父亲要他回国的主要原因。 显然，长辈们对他的某些"恣意妄为"感到不满。 索顿德拉纳特的假期还有几个月，但他提前结束休假，带着妻儿和小弟于 1880 年 2 月回国。

旅居英国的一年半是泰戈尔人生的一个特殊阶段。 他是在少年向青年过渡的关键时刻去英国的。 他出国时像少年，归国时像青年。 他在英国获得学习欧洲音乐的大量机会，饶有兴致地参加舞会、宴会、郊游等活动。 与女性交谈、交往，渐渐克服了拘谨心理。 他洪亮、优美的嗓音引来许多人的羡慕目光。

从英国返回印度大约一年半之后，在《婆罗蒂》上刊登的他的书信，以《旅欧书札》为名正式出版。 这是他用白话文写成的第一本书。

在《旅欧书札》中，找不到斯格特的两个女儿喜欢泰戈尔的蛛丝马迹，泰戈尔也从未明确表示他是否喜欢她们，不过诗作《两天》中并非不曾泄露他的心迹。"冬天来了，下起了大雪。 枯枝上没有树叶、果实"等诗行中描绘的，不是孟买或孟加拉，而是英国冬天的景象。

码上解读
❦ 才华横溢的大师
❦ 赤子之心的诗人
❦ 无问西东的旗手
❦ 东方精神的智者

第七章

顺利完婚：
爱情之花初绽

泰戈尔从英国返回印度不久，在哥哥姐姐的劝导和父亲的压力下勉强同意娶亲成家。

以三嫂甘达南蒂尼为首的相亲团相中了在泰戈尔家族田庄当差的玛达波罗易的女儿伐波达丽尼。伐波达丽尼中等身材，虽不是花容月貌，却也端庄秀丽，皮肤白净，性格温柔文静。在村里的小学读过两年书，识一些字。泰戈尔觉得她的名字中的"伐"（bho）是浊音爆破音，听了觉得不柔和、不悦耳，就为她改名为"穆丽纳里妮"，其中的"纳里妮"与他的长诗《少年之歌》女主人公"诺丽妮"相近，一上口就有一种亲切感。

据说结束相亲踏上归程的前一天，岳母大人亲自下厨，做了一百零八道菜，摆了满满几桌，其中有红烧恒河大鲤鱼、咖喱鸡块、清炒秋葵、炸素丸子、蒸南瓜、甜食、水果，等等。泰戈尔为了讨岳母达卡娅尼欢心，一百零八道菜都尝了尝，一面尝一面笑着对丈母娘说："妈，您得给我一把带叉的挑杆儿，好把伸手够不着的几碗菜挑过来吃。"

岳母听了，开心得咯咯咯笑了起来。

按照孟加拉婚俗，男方到女方家迎亲，先在女方家举行婚礼，但德本德拉纳特坚持在加尔各答遵照原始梵社规则举行婚礼。人微言轻的玛达波罗易委曲求全，表示同意。圣哲立刻派管家送去各种器物和婚服。 管家按照他的吩咐，做了大量甜食在村里分发，揭开迎亲的序幕。

婚礼在即。 泰戈尔寄给好友波利亚纳特·森一封请柬，上面写道：

下星期日,孟历 1290 年阿克拉哈扬月①24 日的吉祥时刻,举行罗宾德拉纳特·泰戈尔的盛大婚礼。那天下午,谨请光临朱拉萨迦 6 号德本德拉纳特·泰戈尔府邸,出席婚礼,鄙人和亲眷将感激不尽。

　　　　　　　　　　　　　　　　　你忠诚的泰戈尔

泰戈尔大哥迪钦德拉纳特为婚礼作诗一首，表达对小弟的关怀和期望：

长夜渐渐消逝！ 月亮②独自在

空中等待升起的太阳③。

时光流逝,它编花环用的

几枝夜来香已无芳香。

花冠要戴在太阳头上,为此祝福你,

编花冠用美丽的金色莲花④,

这是你⑤金笔的礼品,稍不注意,

如落下,就落到莫达拉⑥国王手中吧。

---

① 公历 1883 年 12 月。
② 诗中的"月亮",是泰戈尔大哥迪钦德拉纳特的自喻。
③ 暗喻泰戈尔。
④ 暗喻泰戈尔的新婚妻子,泰戈尔为妻子起的名字的意思是莲花。
⑤ 这儿的"你",指泰戈尔。
⑥ 莫达拉是印度一个古国的名字。

1883 年 12 月 9 日，朱拉萨迦祖宅里张灯结彩，唢呐吹奏喜乐，二十二岁的泰戈尔与十一岁的穆丽纳里妮喜结良缘。

按照泰戈尔家族的传统，新郎泰戈尔婚前最后一顿饭放在阿巴宁德罗纳特·泰戈尔①家里。 阿巴宁德罗纳特的母亲是穆丽纳里妮的远房大姐，她在身上也洒了一些姜黄水②，请泰戈尔食用婚前点心。 泰戈尔身穿鲜红的绸衣，神采奕奕，看上去像德里的皇上。 围坐在周围的女眷们不住地逗他："哎，新郎官，你看见新娘了吧，感觉怎么样？ 中意吗？ 喜欢吗？"泰戈尔低着头，面带羞涩，默默把掰成小块的点心送进嘴里。

新娘穆丽纳里妮身段藤蔓般苗条，身绕大红纱丽，戴着面纱。 新娘的亲戚，人称"老贡古利的女人"，带着新娘围着泰戈尔走了七圈，之后，新郎新娘沿着走廊，走到正式结亲的地方，"老贡古利的女人"把新娘的纤手送到泰戈尔手上，完成送亲使命。 新郎新娘随后进入洞房。 洞房里有象征一对新人早生贵子的几个米罐。 泰戈尔一进洞房就把红纸封口的米罐倒扣在桌子上。

他的小婶德里普拉·桑德丽诧异地说："罗毗，你这是干什么？ 耍起米罐来了。 干吗倒扣在桌子上？"

泰戈尔没有按婚俗先去岳父家而先在自己家里当新郎，可能让人觉得有悖常理。 他幽默地回道："婶子，你不知道吗？ 一切全乱套了。 所以嘛，把米罐翻了个身。"

接下来该唱歌了。 德里普拉·桑德丽对新郎泰戈尔说："你唱首歌吧，洞房里有你这个优秀歌手，别人谁敢唱呀。"

泰戈尔不好推却，清一下嗓子唱道：

---

① 阿巴宁德罗纳特·泰戈尔(1871—1951)，泰戈尔堂侄，著名画家，孟加拉艺术学院创始人，泰戈尔逝世后，任圣蒂尼克坦国际大学校长。

② 孟加拉婚俗，身上洒姜黄水，能保持洁净。

哎呀，这温柔的姑娘，

是谁呀，好像宁静的闪电，

十五皎洁的月光

辉映着她的清秀的脸。

哦，望着她的面庞，

再不想收回目光，

她像多才多艺的仙女，

这位美女究竟是谁？

这是泰戈尔的四姐索尔纳古玛丽创作的剧本《春节》第二场中的一首歌曲。

泰戈尔一面唱一面深情地瞧着新娘子。 新娘子十分害羞，面纱蒙着面孔，低垂着头，一动不动地坐着。

德本德拉纳特没有出席泰戈尔的婚礼，但知道小儿媳妇的文化水平与泰戈尔太悬殊，特地在写给三儿子的信中吩咐："送小儿媳妇去洛雷多霍斯学校学习英语。 不让她和其他女学生在一个教室上课，让老师单独教她。 做她上学穿的衣服花的钱和每月的学费十五卢比，均作为家庭费用支付。"这封信显示出这位老人对小儿媳妇的殷殷关怀之情。

欢快的婚礼进行时，突然传来泰戈尔大姐夫沙罗达波洛萨特在希拉伊达哈田庄病逝的噩耗。 大概是天意。 大姐夫英年早逝，改变了泰戈尔的人生航向。

第八章

五嫂自尽：
意外打击刻骨铭心

泰戈尔五嫂伽达摩波莉自杀身亡的消息，像晴天一声霹雳，震颤泰戈尔家族朱拉萨迦祖宅大楼。

泰戈尔听到这个噩耗，"咚"的一声坐在椅子上，两眼发直，半天默不作声。

他拉开抽屉，取出夹在书里的五嫂的照片，凝视着五嫂清秀的脸，脑子里浮现与五嫂相处的一幅幅画面……

姐弟般一起长大

伽达摩波莉 1859 年出生于东孟加拉贾索尔县，是泰戈尔家族产业的文书沙姆·甘古里的三女儿，原名马坦吉丽。 九岁嫁给十九岁的乔迪林德拉纳特。 出嫁前没上过学，只认识几个孟加拉语字母。 泰戈尔家族的长辈，觉得她的名字有些土气，为她起了个文雅的新名字"伽达摩波莉"，孟加拉语的意思是杜鹃。

乔迪林德拉纳特天资聪明，英俊潇洒，受过良好教育，特别喜欢音乐创作，但在家里，与几乎是文盲的伽达摩波莉一天说不上几句话。

确实，九岁的伽达摩波莉不懂什么文学艺术，只能在生活上照顾好丈夫。 乔迪林德拉纳特在一楼公事房处理公务，她精心为丈夫准备各种食品，一点或一点半钟，用托盘送到公事房去。 做完家务事，她便闲得发慌。

朱拉萨迦整座楼房分为两部分，外宅和内宅，女眷住在内宅。 没有特殊原因，男人一般不能随便进入内宅。 新娘子伽达摩波莉住在内宅，七岁的泰戈尔起初只能远远地窥望纤细手腕上戴着金镯子的五嫂，不敢贸然走到她跟前，然而，两人的拘谨不知不觉消失了，每天有说有笑，总有说不完的悄悄话。

日子一天天过去，不是亲姐弟的两个人一起读书一起讨论，慢慢地，和亲姐弟一样亲密。 私下里，泰戈尔叫她小姐姐；当着其他人的面，按照家族的规矩，称呼她五嫂。 不和五嫂待在一起，泰戈尔心里就感到空落落的。

泰戈尔练习写诗，他正蹙着眉头考虑如何往下写时，伽达摩波莉一边推门进来一边问道：“罗毗，你在忙什么呀！ 三天没有去我那儿了。”

“没干什么。”泰戈尔随手合上练习本。

“骗我吧！”伽达摩波莉挪开压着练习本的泰戈尔的手，翻开练习本，“哟，小弟写诗哪，想当诗人啊？”

“我的同学乔迪波罗卡希鼓动我写的，练着玩呗。”

伽达摩波莉一面看一面吟诵：

> 云中移动的洁白的月亮，
> 往大地倾洒琼浆般的月光。
> 马洛亚山提着芳香的花篮，
> 身子在花海里轻轻地摇晃。

“哎哟，不错啊！”伽达摩波莉称赞道，“写得很美嘛，月亮像人似的，倒水似的倒月光。 马洛亚山也像人了，提着花篮，在花海里晃着身子。 哎，第一、第二和第四行还押韵，念起来很顺口嘛。”

"小姐姐过奖了。"泰戈尔被夸得有些不好意思。

"你这首诗叫什么名字呀？"伽达摩波莉问。

泰戈尔以期待的目光看着五嫂："还没起哩，小姐姐起一个吧。"

伽达摩波莉沉吟片刻，说："你在写一个少年的故事，就叫《少年之歌》吧，怎么样？"

泰戈尔情不自禁地拍手道："好啊，就叫《少年之歌》。"

"你这首长诗要献给谁呀？"

"当然是献给我的小姐姐。"

"有人把诗献给我，我太幸运了。"五嫂兴奋地吻了一下泰戈尔的额头。

经过几个月的苦思冥想，反复修改，少年泰戈尔完成了《少年之歌》的写作，这首长篇叙事诗是泰戈尔的尝试之作，由多个小故事组成，全诗行数逾三千。他在扉页上用饱含深情的笔触写了献词：我把这些诗歌献给你。很长时间，我坐在你身边写诗，把诗念给你听。诗的字里行间充满你爱怜的回忆。所以，我觉得，不论你在何处，这些诗句都会映入你的眼帘。

陪伴

1875 年，泰戈尔十四岁，长期疾病缠身的母亲去世。

伽达摩波莉是家中年纪最小的媳妇，婆婆去世，她义不容辞地充当起母亲的角色，照料泰戈尔的衣食住行，尽快让他忘记失去母爱的悲痛。

后来，泰戈尔前往英国学习。留学历时一年五个月，1880 年 2 月回国。这是伽达摩波莉最难熬的一段时光。在泰戈尔的大家族中，她没有倾心交谈的伙伴，孤独，寂寞，在别人眼里是一个孤傲的女人。为打发难熬的时光，她把三楼楼顶打造成精致的小花园。她摆了一排栽在桶里的棕榈树，周围放了一盆

盆栀子花、夜来香、夹竹桃、查梅利花①、金色花，还买了几只笼子，养了松鼠
和各种小鸟。 她称楼顶花园为天国乐园。 白天，给花浇水，给小动物喂食，逗
逗松鼠，跟鹦鹉说说心中的苦闷。 接着坐在花丛中的一把椅子上读《罗摩衍
那》，沉浸在悉多幽居茅屋中的情节描写之中。

　　泰戈尔提前回国的消息舒展了伽达摩波莉一年多来拧紧的眉头。 泰戈尔刚
回到加尔各答，就同五哥夫妇在恒河畔五哥的朋友穆朗先生的别墅里度过了几
天愉快的时光。 擅长烹饪的五嫂亲手为他做了咖喱虾和炒饭，这是他在国外想
吃但吃不到的美味佳肴。

自杀未遂

　　回到朱拉萨迦祖宅几天后，伽达摩波莉为丈夫洗衣服，照例掏了掏口袋，在
一件马甲的口袋里掏出一封信，展开信纸一看，脸色变得煞白。 这是加尔各答
一位当红舞女写给她丈夫的信，里面充满调情的肉麻字眼儿。 伽达摩波莉在心
里骂道："不要脸！ 在家里文质彬彬，可在外面拈花惹草。 怪不得对我冷冰冰
的，外面有相好的了。 和他一起过日子真没意思，我不活了，成全他们！"

　　说罢，她走到桌子前，拉开抽屉，取出装鸦片的一个瓶子，倒出比平时为安
神而吸食的两倍量，一口吞下，倒在床上。 过了一会儿，胃里疼痛难忍，长一
声短一声地呻吟起来。 幸好乔迪林德拉纳特及时发现她吞食鸦片，把她送到医
院抢救。

　　伽达摩波莉自杀未遂。 为了让她完全康复，乔迪林德拉纳特带她离开朱拉
萨迦，去外地旅游。 三楼的房间空无一人。 泰戈尔在三楼感到特别落寞孤独，

_____

　　①　孟加拉地区的一种花。

思前想后，似乎明白了五嫂轻生的原委，提笔写《星星自杀》：

> 一颗星仿佛完全疯狂，
>
> 从光明的海岸
>
> 跳进黑暗的海洋……
>
> 它活着时，
>
> 我知道是什么曾伤害它。
>
> 离开闪光的星星的幽静之地，
>
> 它心情极为痛苦，
>
> 所以今天它奔向无星无人黑暗的地方！
>
> 它去把心中的火气
>
> 沉入黑暗之中，
>
> 它走进黑暗，
>
> 熄灭脸上的光彩。

　　诗中的"星"，是伽达摩波莉的象征。"乔迪林德拉纳特"的拼音是 jyotirindranath，头两个音节 jyoti 的意思是"光"，孟加拉语中单词"光明""光彩"的头两个音节也是 jyoti。 诗中这两个单词，暗喻乔迪林德拉纳特。 诗中含蓄地责怪乔迪林德拉纳特平时对妻子冷漠和行为不检点，差点儿使伽达摩波莉丧命。

　　伽达摩波莉在外地休养了一段时间，身体基本康复，回到朱拉萨迦祖宅，却明显感到女眷们对她的生分甚至冷淡。 她进入这座老宅已经十几年，可未生一儿半女。 她隐隐约约听到上了年纪的女佣的议论："这女人生不了孩子，还要以死吓唬五少爷，不让他和其他女人好呀，这不是明摆着要让五少爷绝后嘛。"

　　母性受到压抑的伽达摩波莉，看到怀里抱着孩子的女眷，总是投去羡慕的目光。

夏季的一天，伽达摩波莉接过回娘家来的四姐怀里的乌米拉，在她小脸上亲了一口，放下后和四姐聊了一会儿家常，不曾注意乌米拉一歪一扭地走出书房。 四姐和泰戈尔聊起了《王后集市》的写作进展，这时，外面传来沉闷的一声"咚"和乌米拉的哭喊声。 四姐冲到门外，见乌米拉趴在楼梯口，满头是血。"乌米拉——"四姐尖叫一声。

乌米拉没有救活。

朱拉萨迦的大楼里立即泛起诽谤的恶浪。

"这女人就是个丧门星，碰谁谁倒霉。"

乌米拉的意外摔死吓蒙了伽达摩波莉，她睡不着觉，昏昏沉沉，心里嘀咕着："我要是一直抱着她，不让她出屋就好了。"

"乌米拉的不幸完全是个意外，你不要太自责了。"泰戈尔劝了她一会儿，换了话题，"《王后集市》写完了，你帮我看看，觉得哪儿需要修改，告诉我。"

1883 年 12 月 9 日，二十二岁的泰戈尔奉命结婚。

婚后第二天，按照父亲的要求，泰戈尔就去公事房向总管学习填写进货单、出货单，查看账本合同，忙得不可开交。

泰戈尔不无歉意地说："五嫂，我刚成家，家里一大堆事儿，又要准备去当田庄的'老爷'，实在分不开身。 等几天有了闲工夫，就去找你。"

"好吧。"伽达摩波莉悻悻地返回三楼，等泰戈尔有空找她，对他谈对《王后集市》的看法。

离开人间

转眼已是 1884 年 4 月 19 日，乔迪林德拉纳特创办的航行公司举行第一艘货船"索罗吉尼号"启航仪式。 早晨，乔迪林德拉纳特出门时，关照妻子："上午我去安排一下，仪式下午举行，过了十二点，我回来接你。 你稍微打扮打扮。"

乔迪林德拉纳特走后，伽达摩波莉打开化妆箱，面颊上施了淡淡的胭脂，眉心描一颗鲜红的吉祥痣，穿一条天蓝色纱丽，戴一副金手镯，拿着一本小说坐在一把藤椅上读，等丈夫回来带她去船上。

时间一分一秒地过去，下午两点、四点、晚上八点、十点、十二点，不见丈夫的身影。 伽达摩波莉身心极度疲惫，心里愤恨地说："他和往常一样，只顾自己寻欢作乐，早把我忘了。 我没给他生一儿半女，他早想把我一脚踢开另找女人。 可气的是，我这么多年尽心尽力照顾罗毗，他一娶媳妇，有人照顾了，也把我抛在脑后了，对他来说，我也是多余的。 那些可恨的仆人，把我当个吃人的女魔鬼，盼我吃饭噎死、走路摔死。 我这样活着有什么意思，不如一死了之。"想到这儿，她猛地拉开抽屉，把一瓶生鸦片全倒进嘴，一仰脖子，吞进肚里。

第二天早晨，乔迪林德拉纳特踹开房门进屋，只见伽达摩波莉气若游丝，目光僵直地盯着天花板。 两天后，抢救无效，无牵无挂的伽达摩波莉离开人世。

听到五嫂自杀身亡的消息，泰戈尔感到他站立的大地轰然塌陷，一瞬间他坠入黑暗的无底深渊。 他在暮年之作中写道："数十年弹指间逝去。 我对你的回忆融合在年年岁岁的自然景色里。 你纤柔的身姿深深地印在不可撼动的土地上。 我弦琴的魔力来自你纤指最早的抚摸。 是你首先从绿岸将少年的轻舟推入人世之河，轻舟才扬帆远航。　如今我在河中央一唱渔歌，你的名字便和歌声一起荡漾。"

1883 年冬天的一个早晨，北风呼啸，帕德玛河水呜咽般潺潺流淌，寒流比往年来得早，黄叶萧萧飘落的一棵苦楝树上，几只乌鸦冷得瑟瑟发抖，凄厉地哀鸣，拍扇着疲软的翅膀，飞向灰暗的天空。这时，从希拉伊达哈田庄走出一队送葬的人。泰戈尔的大姐绍达米妮跌跌撞撞走在棺枢后面，呼天抢地地哭号。

送葬队伍行至帕德玛河畔，几个家丁把泰戈尔的大姐夫沙罗达波洛萨特的棺枢抬到一堆洒了酥油的檀香木上，一点火，檀香木堆啪地燃起熊熊烈火，在圣哲的祈祷声中，不到一个时辰，棺枢化为灰烬。

处理完丧事，圣哲带着悲恸欲绝的大女儿，乘船回到加尔各答。

勇挑大梁

第二天一早，圣哲把泰戈尔叫到书房，神色凝重地说："你大姐夫数十年如一日，兢兢业业掌管田庄，是我们家族的大功臣，可惜积劳成疾，不幸过世了。你二哥是印度的人中翘楚，在西印度任官职，料理家事心有余而力不足。这些年你三哥处置朱拉萨迦老宅一摊子杂事，不久前大病一场，刚刚痊愈，需要休息。你五哥是文艺界的名人呀，整天与演员、歌手、舞女厮混，对田产不屑一顾。 你大哥临时管了一段时间，可他的兴趣在哲学研究方面，管理不上心，粮食生产情况不太理想。 看来，要由你来挑大梁了。"

"爸，我对田产也一窍不通啊。"田产是全家族的经济来源，泰戈尔怕管不好影响大家族的生计。

"不懂可以学嘛。 想当年你爷爷过世，我年纪没有你大，就撑起这个大家庭了。"圣哲用鼓励的口气说，"当年我肚里的墨水可没有你多哟。 你年轻力壮，脑子活络，只要用心学习，遇事勤问，加上我这个老头儿给你当军师，相信不出半年，你就能把田庄管理得井井有条。"

"那我先学什么呀？"见父亲肯当他的顾问，泰戈尔才同意管一段时间。

"先去一楼公事房，在总管那儿查看账本上的收支数额和每天的进货单、出货单，摘录重要数据，熟悉经营流程。"圣哲说，"每星期向我汇报，我会及时给你指点。"

在一楼公事房翻看账本，弄清楚三个庄园的粮食生产规模、佃户人数、收租放贷流程，从田庄的小文书到总管的所有业务，以及存在的老大难问题后，泰戈尔只身前往北孟加拉地区任田庄总管。

泰戈尔家族在北孟加拉有三个乡的土地：一、卡里格拉姆乡，公事房在波迪索尔村；二、沙哈查特普尔乡，公事房在帕尔格那；三、比拉赫姆普尔乡，公事房在希拉伊达哈。

经管卡里格拉姆乡的田庄

泰戈尔先去了卡里格拉姆乡。 他的船行驶的河道时而宽阔，时而狭窄。 两岸陡峭，树荫浓密。 有一段河道，水流湍急，十几个船夫拉纤，木船才能缓慢前行。 前面是宽大的"贾兰"沼泽地，水从那儿涌进河道。 费劲儿地撑篙，绕过一个个危险的漩涡，他的船进了沼泽地。 四周水泽茫茫，时而遇到杂草丛生的小土丘。 水浅的地方，船触到河泥，大约一个小时，船夫下水推船，异常辛苦。 途经比拉赫姆普尔乡，河水仿佛不流动。 河面上漂浮着水浮萍，闻见像村里池塘静水似的难闻气味。 到了晚上，周围无数蚊子飞舞，叮得他全身瘙痒难忍，他实在受不了，就有了半道返城的念头。

在河上艰苦航行三天，泰戈尔终于到达波迪索尔，入住了位于纳格尔河畔的庄园两层办公楼房。 这是西式风格的建筑，正门两根十米高的石柱托着的四方形平台上，趴着两只警惕地注视门外的石狮。 正方形楼房中间，是一个院子。

黄昏时分，泰戈尔外出散步。 广袤的原野，宏大的静默，只有在沙土里筑窝栖息的不知名的鸟儿，随着暮色渐浓，见他在它们幽秘的巢外来回走动，以怀疑、焦虑的音调冲他喊喊喳喳地啼叫。 一钩下弦月悄然洒下清辉。 河畔一串浅浅的足印朝田野延伸过去，他低着头一面走一面思考田庄的问题。

泰戈尔每天乘船查看水稻和黄麻的长势。 途中，他的船泊在小河转弯处，河岸很高，一百米开外看不见他的船。 从北面走来拉纤的船夫，一拐弯忽然看见杳无人迹的原野尽头奇怪地泊着一艘船，大为惊异，脱口说道：

"咦，这是谁的船呀？"

"看上去像地主家的嘛。"

"干吗停在这儿，不停在庄园里？"

"八成是来呼吸新鲜空气的吧。"

这样的对话，他听过好几次了。 显然，当地人以为泰戈尔是来游山玩水，调节一下生活节奏，不知道他肩负重任，要长期在乡下掌管田庄。

他的木船渐渐驶近村庄。 村里有几幢茅屋和土坯房，此外，有几座草垛、酸枣树、杧果树和竹林。 三四只山羊在啃草，几个光屁股男孩儿在玩耍。 河边简易码头上，有的人在洗澡，有的人在洗衣服，有的人在刷碗擦盘。 一位害羞的村妇腋下夹着汲水的陶罐，两个手指稍稍撩开面纱，好奇地望着站在船头的年轻地主。 她刚洗完澡的孩子，一丝不挂，通体黑亮，拽着母亲覆膝的裙裾，目不转睛地瞅着陌生人。

　　泰戈尔起初不熟悉田庄中某些不成文的规矩，面对有些人的款待、奉承和恭维，有些无所适从。 泰戈尔为人正直，不习惯听下层平民低声下气地赞美他。 早晨起床，他正在写作，管家进来恭敬地说，他该去处理田庄事务了。 无奈，只得告别艺术女神，急忙起身去公事房，一连数小时处理了一大堆杂务。当佃户们诚惶诚恐地提出申诉、小头目双手合十谦恭地站在两边时，他心里觉得好笑，同他们相比，他似乎是掌握生杀大权的大人物，只要使个眼色，就能救他们的命，而脸上一露出厌恶神色，他们就可能呜呼哀哉。 他端坐在椅子上，装模作样，仿佛与众不同，是他们命运的主宰。

　　他在心里慨叹："这是人世间一桩多么可笑的怪事呀！ 其实，在内心世界，我和他们一样，是有痛苦也有快乐的'穷汉'。 在这个世界上，我也有许多小的要求，也有许多寻常原因让我伤心落泪，过日子也得看有些人的脸色！ 这些养儿育女、牵牛扛犁下地干活儿、操持家务的心灵朴实的农民，对我有多大的误解啊！ 他们不知道我和他们一样是一个俗人。 为维持这种误解，我每日必须衣冠楚楚，摆出威严神态，说话语气严厉。 这样的隔阂不知道哪天才能打破！"

　　农民和佃户与泰戈尔相处了一段时间，发现他是古道热肠的开明地主，于是一有困难就上门求助。

　　有一天，他在公事房里处理杂务，同佃农交谈，问他们有什么要求时，突然来了五六个男孩儿，神色庄重地站在他面前。 不等他发问，他们中间一个口齿伶俐的孩子就以纯正的孟加拉语演讲般地开始说道："大人，承蒙天帝垂恩，您光临此地，我们这群不幸的村童真乃三生有幸啊！"他以抑扬顿挫的语调大约演讲了半小时，好几次背错，抬头眨巴着眼睛望着天空，想了想，纠正了继续往下背。

泰戈尔终于听明白了，他们的学校缺少椅子、凳子。他讲了缺少椅子、凳子的严重后果："我们端坐于何处？受我们膜拜的老师当坐于何处？督学光临我们学校，我们恭请他坐于何处？"

听着这个小男孩儿口若悬河、滔滔不绝的演讲，泰戈尔觉得好笑。这个男孩儿演讲，"日日"这个词，他不用孟加拉语单词"ohoroho"，而用梵文词"rohoroho"，"越过"这个词，他不用孟加拉语单词"otikromo"，而用梵文词"otikroya"。以缺少椅子、凳子为内容的孟加拉语演讲，掺杂这么多梵文词，让人听了感到真有点儿不伦不类、古里古怪。

其他佃农和管家见这个小家伙"精通"文言文，惊叹不已。他们在心里怪他们的父母："爹妈舍不得花钱让我们念书，要不然，我们也能像他这样用纯正的语言提出自己的要求。"一个人用胳膊肘碰碰另一个人，用嫉恨的语气说："这个小家伙是谁教的？"

他的演讲尚未结束，泰戈尔打断他说："放心吧，我会给你们购置足够的椅子、凳子。"但他仍不罢休，停了片刻，从被打断的地方重新开始他的演讲。他锲而不舍地说完最后一句话，向泰戈尔鞠躬行礼，带着他的小伙伴兴高采烈地回家去了。泰戈尔假如不答应提供椅子、凳子，他未必伤心，但他下苦功夫背下的演讲词，不让他讲完，他将感到恼怒。所以虽然手头有许多急事，泰戈尔仍耐着性子、神态自若地听他从头至尾背了一遍。

泰戈尔每天与佃农接触、交谈，与他们的隔阂不知不觉消弭了，心中洋溢着对佃农的爱怜，不愿意他们有任何愁苦。见他们像天真的孩子用充满诚意的声音埋怨，心里非常感动。当他们把对自己的称呼由"您"改为"你"、毫无顾虑地责备他时，心里像注满蜜一样，甜丝丝的。好几回听着他们絮絮叨叨，忍不住笑出声来，见他笑，他们也嘿嘿地笑了。

一天傍晚，泰戈尔出去散步，一个佃农远远地喊道："喂，请站住！"他好生诧异地收住脚步。佃农上前俯身伸手沾他脚上的尘土，抹在胸口、头上，说："俺这辈子有福了。"他发烧，咳嗽，三天米饭不曾沾牙。今天有了食欲，吃了顿饭，心里高兴，特意来沾泰戈尔足上的吉祥的尘土。泰戈尔不知道他足上的尘土能否起护佑的作用，但佃农的尊敬和爱戴是真诚的。看着这位老人皱纹纵横的脸上漾着稚童般的纯真，他觉得在这古老的土地上，唯有美和真情永远不会衰老，世界因此生机勃勃，他创作的源泉永不枯竭。

经营沙哈查特普尔乡的田庄

在波迪索尔村解决了问题后，泰戈尔启程前往下一站沙哈查特普尔。

沙哈查特普尔的田产是泰戈尔爷爷于 1807 年购置的。1842 年，他又买下经管靛蓝作坊的一个英国人的二层楼房，据说当时只花了十三卢比十安纳①。这幢楼共有十四间屋子，正面八间，两侧六间。②

途中，他看到，有的河段上竖立着许多布网的竹竿，鱼鹰在空中盘旋，随时准备俯冲下来叼起入网之鱼。儒雅的白鹤单腿伫立在水边的淤泥上，似在沉思。种类繁多的水禽不可胜数。水中漂浮着水草。泥沙淤积成的稻田，不用施肥，生长着葱绿的水稻。静水上飞舞着蚊蚋。

傍晚时分，泰戈尔乘船抵达沙哈查特普尔码头。一轮明月升上天空，远远近近看不见船只，月辉在水面上粼粼闪光。月夜清澄，河岸幽寂，远处树木掩

---

① 印度货币单位，16 安纳等于 1 卢比。
② 沙哈查特普尔距县城 40.2 公里，今属孟加拉国希拉吉甘杰县。

映的村庄在沉睡，除了蟋蟀嚯嚯的叫声，听不见别的声音。

　　泰戈尔花了几天时间拜会乡绅名流和县长。　沙哈查特普尔邮局设在公事房一楼，泰戈尔每天去取信，成了邮政局长的熟人。　邮政局长在当地工作多年，博闻强记，有一肚子故事。　泰戈尔喜欢听他神聊，每回都能从他口中听到稀奇古怪的逸闻趣事。

　　有一天，他对泰戈尔说，当地人对恒河非常虔敬，谁的亲戚死了，从焚尸场把死者的一块骨头捡回来，碾成粉，保存起来。　哪天遇到喝过恒河水的人，就把一撮骨粉撒在枸酱叶上，卷成枸酱包，请他嚼食。　他们认为，死者的部分遗体这样就能通过他接触恒河的圣水，灵魂得到净化。

　　泰戈尔听了笑着说："这是您胡编的吧？"

　　他故作正经，皱着眉头想了想说："当地人真是这么说的呀。"

　　后来，泰戈尔以邮局这位光杆儿司令为原型，创作了短篇小说《邮政局长》，在《行善者》杂志上发表。　泰戈尔送给他一本，他脸上现出惊喜的笑容。

　　一天下午，村庄码头上的一幕把泰戈尔深深吸引住了。

　　河岸上放着一根很粗的桅杆，几个光屁股小男孩儿蹲在地上商量了一会儿，觉得他们齐声喊着号子，推动桅杆，会是一种很有趣的新游戏。

　　怎么想就怎么干！　他们一面推桅杆一面高喊："小伙伴们干哪，嗨哟！　用力推哪，嗨哟！"桅杆转一圈，他们中间就爆发出一阵大笑。

　　一个女孩儿一声不吭，走上前去，严肃而平静地坐在桅杆上。

　　男孩儿们愣住了，饶有兴味的玩耍戛然而止。　其中两个男孩儿歪着头寻思了一会儿，似乎觉得解决眼下这个难题的最好办法，是向她屈服。　他们悻悻然走出一丈来远，懊丧地望着坐在桅杆上神色肃穆的女孩儿。　他们中一个顽皮的小家伙走过去，试探着轻轻推一下女孩儿。　她不搭理他，照样悠然自得地坐着休息。 年龄最大的男孩儿，指了指旁边可供她休息的地方，可她使劲儿摇摇头，双臂交抱在怀里，扭一下身子，挺直腰杆儿稳坐不动。 不料，那男孩儿猛地把她摔倒，男孩子们欢呼着又开始滚动桅杆。

不久，两个男孩儿抓住一个同伴的手和脚，一左一右地甩了起来。 接着发生了意料中的意外，两个男孩儿一松手，被晃悠的男孩儿咚地落在地上。 他爬起来，气呼呼地撇下伙伴们，走到远处的草地上躺下，头枕着交握的双手。 年龄最大的男孩儿急忙跑过去，把他的头搂在怀里，心怀歉意，请他原谅，关切地问："身上哪儿碰疼了吗？ 小兄弟，别生气，快起来吧！"不一会儿，两个男孩儿像两只小狗，手拉着手又亲热地玩开了。 不到两分钟，屁股摔疼的男孩儿又被同伴们抓住手脚甩起来。

目睹这一幕，泰戈尔在心里感叹："这些孩子多么自由！ 世界上所有的孩子能像他们这样在大地的乐园里游玩，那该多好呀！"

数日后，泰戈尔在船上观赏了另一种景象。 码头前站着一群村妇。 好像有一个人即将踏上旅途，其他人是来送行的。 村妇中间的一个女孩儿最为引人注目，她长得比较丰盈，看上去有十四五岁。 她脸色黝黑，但很俊俏，假小子似的剪了短发，把她的脸衬托得更加俏丽，表情里透出聪慧、机智和纯朴。 她怀里抱着婴儿，毫不羞赧地好奇地看一眼船上的泰戈尔。 在她脸上看不到一丝木讷、狡黠和不完美。 她那羼杂少年气质的少女神态，吸引住了泰戈尔的目光。最后，启程的吉时到了。 岸上的人依依不舍地把那脸蛋儿圆润、容光焕发的朴实的姑娘送上了船，她大概是看望了娘家的亲人要回她的婆家去。

帆船徐徐离开码头。 送行的女人们站在岸上，目送帆船远去。 一两个女子撩起纱丽下摆，慢慢地擦着眼睛、鼻子。 梳着马尾辫的一个小女孩儿，扑到一个老太婆怀里，搂着她的脖子，头靠着她的肩膀无声地啜泣。

阳光照耀的河岸，充溢着深沉的悲愁。 整个上午好像回荡着一支忧伤的乐曲。 辞别亲人，姑娘登船远航，四周的气氛悲凉，甚至有一种生离死别的感觉。 帆船漂浮着远去，伫立送别的人，擦着泪眼，转身回家。 乘船远去的姑娘消失了。

这一幕引发了泰戈尔无限遐想："这深沉的悲伤，离去的和留下的人，都将忘却。 痛苦是暂时的，可忘却是永恒的。 痛苦是真实的，可忘却是不真实的。 在一次次离别和诀别之际，人蓦然省悟，这痛苦是刻骨铭心的真实，并认识到，只有在幻觉中才能无忧无虑。 世界上没有一个人能永生，我们不仅不可能长生不老，而且不会永远被人记住！ 除了孟加拉流行的悲凉乐调，没有一首歌会伴随所有的人，伴随世世代代的人。"

经管希拉伊达哈的田庄

希拉伊达哈是泰戈尔家族田产的大本营，是他们在北孟加拉最大一片土地的公事房所在地。 如今位于孟加拉国库斯蒂亚县古玛尔卡里乡的这个村子，原名叫库尔谢特普尔，距县城十五公里。 泰戈尔的爷爷于 1807 年购置这儿的肥沃土地，成为远近闻名的大地主。 家族的旧公事房原先在河边，因担心河堤决口，旧房坍塌落入河中，1892 年在距河边大约一公里处造了一幢三层楼房，整个居住区约一千两百九十五公亩，共有十八间屋子。 透过二楼窗户，帕德玛河清晰在目。 办公楼外的花园内，杧果树、榴莲树等树木郁郁葱葱，两个池塘里碧水清澈见底。

泰戈尔于 1889 年 11 月来到希拉伊达哈，直接经管田庄至 1901 年。 在此期间，时常乘船去卡里格拉姆乡和沙哈查特普尔乡，巡视那儿的农作物。

他首次来希拉伊达哈时，早晨起床，但见满天灿烂阳光。 秋天的河里储满了盈盈碧水，河水差不多与岸堤平了。 稻田里荡漾着迷人的绿浪，雨季过去，村庄里的树木愈加繁密，洋溢着生机。

中午下过一阵雨。 傍晚，太阳坠入帕德玛河边的椰树林里。 他在河边缓缓地踱步。 暮霭正降落在他前面远处的杧果园里。 转身返回时，椰子树后面，天空抹上了一层金辉。 世界美得如此奇妙，袒露着宽广的胸怀和深挚的情愫。

黄昏时分，泰戈尔静静地坐在船上，河面似镜，河岸罩上了暮色，天边夕阳的余晖渐渐变得暗淡，他全身心感受到了低眉垂眼、安详无语的自然之神的阔大的轻抚。 自然之神恬静、慈祥、圣洁，她的愁思蕴含无限仁慈。 从村庄、田野到星光灿烂的天国，处处充盈温馨，置身其间，他为孟加拉水乡的美景所陶醉。

泰戈尔家族的土地分布在帕德玛河两岸。 帕德玛河是恒河的主要支流，长三百六十六公里，河面宽阔。 每到雨季，洪水泛滥，波涛汹涌，沉船事件时有发生。

泰戈尔乘船外出多次遇险。 他返回希拉伊达哈的途中，高挂的新帆鼓满呼呼的劲风，船行似箭。 雨季的河道里水快要溢出来了，波浪喧哗着翻涌。 上午10点半光景，戈鲁伊河的大桥遥遥在望。 桅杆会不会碰撞大桥，水手们发生争论。 木船继续向大桥驶去。 船工们很有信心地说，不必担心，木船正驶入逆流，到了桥前面，如果看到桅杆会碰到桥身，马上落下帆，木船就会自行后退，但是，到了桥跟前发现，桅杆肯定将与桥相碰，而且桥前有个急速旋转的大漩涡，使河水完全改变了流向。 显然，前面等待他的是船翻人亡的危险，然而，来不及调整了，转眼间木船朝大桥冲了过去。 桅杆咯吱咯吱倾倒下来，他惊恐地对船工们说："你们快闪开，桅杆砸了脑袋，你们就完了！"在这紧急关头，许多村民热情救助，大家才上了岸，可穆斯林水手喃喃说道："是真主救了我们，要不就没命了。"

泰戈尔在写给妻子的信中心有余悸地说："桥下水流极为湍急，我不知道我能否游上岸，但木船肯定要沉没。 这次旅途中，有过两三次这样的险情。 途中，桅杆卡在很粗的榕树树枝中间，也发生了类似的危险。 在码头，拉升桅杆，绳子断了，桅杆倒下来，差一点儿砸死人。 船夫们都说，这次航行险象环生。"

前往卡里格拉姆乡或沙哈查特普尔乡，一连数日，泰戈尔以船为家，船是他的住所。 在船上，没人干预他如何消度时光。 上了船，意味着进入松快的闲暇。 他可以自由地思考和想象，阅读想阅读的书籍，写想写的作品；把脚搁在桌上，久久凝望河面，沉浸于灿烂阳光之中。

几个月的巡视途中，孟加拉农民的赤贫和生存环境的恶劣，震颤了泰戈尔的心。

雨季洪水淹没村庄，当地人坐在大缸里，将竹片当桨使用，往返于农舍之间。 洪水如果继续上涨，涌入住房，他们将不得不蹲在高高搭起的竹架上。 黄牛日夜立在齐膝深的水里，可吃的青草日益减少，等待它们的是死亡。 一条条蛇离开灌满水的洞穴，盘踞在茅屋顶上。 无家可归的各种动物与村民同居。

村外黑乎乎的树林里，树叶、葛藤、蔓草泡在水里腐烂，到处漂浮着人畜的粪便和垃圾。 沤泡黄麻的臭水绿油油的。 大肚子细腿赤裸的小孩儿在泥水里玩耍，全身脏极了。 散发臭气的死水上面雾团似的蚊群嗡嗡飞舞。

经过这些卫生条件极差的村落，泰戈尔浑身汗毛竖起。 每回看见身裹潮湿纱丽的家庭妇女把下摆挽在膝盖上，像受折磨的牲畜似的在风雨中拨开水上的污物，洗锅洗碗，心里就非常难受。 他难以想象村落里的人忍受着这样的苦难。 农民家里有的患风湿病，有的两腿浮肿，有的感冒、发烧，婴儿不住地啼哭。

他在心里慨叹："目前没有办法救助他们，只能看着他们一个个死去。 乡村这种愚昧、落后、贫困、肮脏、无人关注的困境，太触目惊心了。"

怜贫惜穷

泰戈尔怜贫惜穷，具有大爱精神。 在航行途中，遇到轻生者或受害者，都毫不犹豫地施救。

雨季的一天，帕德玛河上突然风狂雨骤，船夫把船泊在一片沙洲旁，等待天空放晴。 泰戈尔坐在船窗旁边，望着涛翻浪涌的河面。 突然，看到一个人在沙洲的水稻中间，伸手蹬脚，怎么也站不起来。 他凝神观察，不错，那儿有一个人。 他对船夫说："哎，有个人躺在那儿，看样子还活着，快去把他抬到船上。"船夫们七手八脚把他抬到船上，他确实还活着。

泰戈尔学过顺势疗法，身边有一只药箱，给他喂了药，让他喝了一杯热牛奶，换了干净衣服。 他慢慢地神志清醒。 泰戈尔了解了这人的来历和前因后果，原来他叫特里贝尼，一个亲人也没有了。 他是船上干活儿的船夫，患了霍乱。 船上的老爷叫船工把他抬下船扔到稻田里，后来，他就失去了知觉，现在也不知道自己要去哪里。 泰戈尔对他说："这样吧，你待在我的船上，从今天起在我的船上当伙计。"后来，特里贝尼当了船老大。 这个特里贝尼常对人说："老爷是我的大恩人。 我希望某一天躺在他脚边闭上眼睛长眠。"

另一天，帆船在帕德玛河上疾驶，泰戈尔坐在船顶上。

天空中阳光渐渐明亮了，一阵阵强劲的风吹到他身上。 他注视着雨季河中涨满的河道，忽然看见河面上漂浮着一个人，连忙指挥船老大捞人，哪怕水很急，他觉得"无论如何得把他捞上来，不能眼睁睁地看着一个人死去"。 几个船工迟迟疑疑，不敢下到水流湍急的河中救人。 泰戈尔火了，脱了上衣和鞋子，一边动手解拴着快艇的缆绳，一边说："把他捞上来，赏你们五卢比。"看到泰戈尔发火，船工才行动起来。 塔朗和罗姆格迪开着快艇朝那个人驶去。 泰戈尔在船顶上为他们加油："好样的，往前，再往前。"

与汹涌的巨浪搏斗了半小时，船工们终于把那个人抬到船上。 这是一个女人，还没咽气。 泰戈尔立刻抢救，喂了热牛奶和白兰地酒，过了一会儿，女人苏醒了，羞怯地缩成一团，坐在船的角落里，嘤嘤哭泣。 泰戈尔问了她半天话，她一声不吭。 末了，船靠岸，泰戈尔叫来公事房的管家。 这女人一见管家吓得脸色煞白，哭哭啼啼地说，她是一个下等种姓人的老婆，丈夫老打她，她一气之下跳河自尽。

泰戈尔把她男人叫来，脸色冰冷："你认识她吗？"

"认识，是我老婆。"

"你还知道你是她男人，不感到愧疚吗？"

训了他几句后，泰戈尔说："把她带回家去吧。"

"老爷，我老婆跳河的丑事儿四处传开了，我这会儿带她回去，全村没人理我，理发师傅不给我理发，洗衣房不洗我的脏衣服。 我咋办呀！"

泰戈尔把村里的头面人物叫去，告诉他们不得歧视他，随后派人用轿子送那个女人跟着丈夫回家。

泰戈尔在河上救人的故事在当地传为佳话。

天长日久，泰戈尔对帕德玛河产生了感情。 他的想象中，如同大象是雷神因陀罗的坐骑，这帕德玛河是日夜为他效力的坐骑。 它不太驯顺，略显野烈，但他仍想伸手抚摸它的脊背和颈项，以示爱怜。 到了旱季，水位下降了很多的帕德玛河，透明，清癯，像肌肤白皙、娇俏苗条的少女，身裹的柔软纱丽十分熨帖。

泰戈尔在乡下，接触到了以前在城里从未接触过的社会底层形形色色的人物——勤劳朴实的村姑，天真无邪的顽童，渡船上助人为乐的船夫，帕德玛河上体魄强健、性情豪爽的水手，满怀忧愁的邮政局长，凶神恶煞般欺压平民的警察，以及阿谀奉承、死皮赖脸乞求布施的毛拉①、婆罗门。

1894 年 7 月 5 日中午，泰戈尔诗兴大发，坐下刚写了五六行，一位毛拉找上门来，见他伏案写作，下保证似的说："鄙人只说两句话。"毛拉两小时说完这"两句话"起身离去时，只听岸边有人高声叫道："大王，小民求见已七大了，您的侍从一直从中阻拦。"

听话音此人绝非等闲之辈，泰戈尔立刻告诫侍从不得再次阻拦。 来者是一位身着赭色道袍的婆罗门，长须疏发，天庭饱满，眉间是一颗檀香痣，神色庄重地走到他面前，展开一张很大的纸。 泰戈尔估摸是一份申请。 谁料婆罗门亮开嗓门儿，抑扬顿挫地朗读起来。 原来是一首诗。 婆罗门大声赞颂居住在婆伊贡塔仙境的保护大神毗湿奴，他肃穆地聆听着。

长诗描写毗湿奴的仙境生活，采用隔行押韵的"特里波迪"诗体。 颂诗先对他的父亲德本德拉纳特进行了盛赞，进而转向吹捧泰戈尔。 此时，他心里忐忑不安起来，心里说："我的诗才和乐善好施'像阳光普照大地，驱散了愚昧和贫穷的黑暗'，这种比喻不管多么优美，可对我来说，委实是一则奇闻。 诚然，为仁慈扬名并非坏事。"

泰戈尔耐着性子听完颂诗，说："请去田庄公事房吧，我还有其他事情。""您忙您的。"婆罗门眯着眼，"您明月般的容颜，容小民瞻仰片刻。"说罢，站在泰戈尔跟前，显出惊奇的神色，泰戈尔连声催他下船。 婆罗门说："布施的物品，请写在这张纸上，我马上到管家那儿去取，颂诗也会念给他听。"

泰戈尔不由得感慨万端，他和婆罗门操同样的行当啊。 他靠朗诵诗歌获取报酬。 当然，有几回从人家门口空手而归，跟这位婆罗门一样。

---

① 伊斯兰教职业称谓。

拉开创建合作社的序幕

孟加拉农民世世代代受转世论的束缚，认为今世的痛苦是前世的报应，祈祷来世投生于豪门富户，终生享福。怀着这种幻想，他们得过且过，无所作为，没有发愤图强的习惯，谁也不奋力挣脱今世贫穷的枷锁。尽管如此，泰戈尔仍经常思考如何改善农民的命运。

泰戈尔在希拉伊达哈开展多种种植和经营各种农作物的试验。指导佃户播种进口的美国玉米种子，种的玉米长势良好，还引进了马特拉斯邦的细长稻种。此外，他的农舍里试验养蚕，雇了十来个人在周围的村子里采摘桑叶，昼夜清洁筐箩，忙得不可开交。

几个庄园中，希拉伊达哈是泰戈尔一家人唯一居住过一段时间的庄园。

泰戈尔坐在屋顶上，看见农民牵着牛、扛着犁下地劳动。他们每户只有一小块地，耕完地就回去，他觉得他们分散劳作浪费体力，对他们说："你们凑钱买台拖拉机，耕地既快又好。大家一块儿干活儿，不要计较土地肥瘦，收成公平分配，打下的粮食堆在一个场院里，以合理的价钱卖给商人。"

他们听了面露难色："您出了个好主意，可是谁来领头呢？"

这个问题拉开了泰戈尔创建合作社的序幕。后来，他在距圣蒂尼克坦学校不远的斯里尼克坦买了一幢房子，继续在希拉伊达哈开创合作社事业。他得到英国朋友埃尔姆赫斯特的大力支持，把斯里尼克坦改造成独立的实验区，他的不懈努力使实验区取得了长足进展。另外，他送儿子罗梯和有志于农业研究的桑达斯·昌德拉出国学习农业和畜牧业，从各方面为推广合作社做人才和技术准备。

泰戈尔家族在奥里萨邦的田产是泰戈尔爷爷达尔卡那特购置的。 达尔卡那特去世，田产由儿子德本德拉纳特、吉林德拉纳特和诺根德拉纳特继承。 其中一部分田产在奥里萨的旁杜亚附近。 如今，在奥里萨的三分之二田产在泰戈尔父亲的名下。

体验路途的艰辛

1891 年 8 月的一天，泰戈尔乘轮船前往奥里萨巡视田庄。 这艘轮船上到处是煤灰，很脏。中午，酷热难忍，他浑身汗淋淋的，非常难受。轮船上有形形色色的旅客，一个酷爱音乐的旅客，半夜里照样弹奏民间歌曲，搅得他不能安心休息一会儿。 更倒霉的是，轮船在苏里运河里搁浅，甲板上坐满旅客，他有气无力、萎靡不振地躺在一个旮旯儿里，吩咐仆人晚上烙几张空心饼，可端来的是几个不成形的炸面团，没有配炒菜或凉菜。 他瞥了一眼，面露诧异和不悦之色，仆人连忙说："俺给您煮一碗杂烩吧。"夜已深了，他没有同意，勉强吃了几块饼干，在人群中躺下。 蚊子在空中飞舞，蟑螂在四周爬来爬去。 有一位旅客躺在泰戈尔的脚边，使他动弹不得。 四五个旅客睡得很死，鼾声如雷。 几个被蚊子叮得睡不着的旅客在抽水烟，消磨时光。 后来，泰戈尔精疲力竭地在卡达格码头下船，住在四哥毗伦德拉纳特的同学哈里波洛卜家里，业已发胖的哈里波洛卜现为律师，开玩笑说，泰戈尔从小有鲁莽的毛病，至今未改，突然现身"穷乡僻壤"搞得他措手不及，未做好招待他的充分准备。

次日，泰戈尔在帕里亚码头上船，前往田庄。

轮船在运河上航行。 一路过去，酸枣树和椰子树密布，掩映着一座座村庄，到处都是一片片秀丽的景色。 下午四点到达达尔普尔，泰戈尔换乘轿子，以为只有十九公里的路程，晚上八点左右就可以到达庄园。 他在小轿里，空间狭小，仿佛是被硬塞进去似的。 路况糟糕，有的地方是一尺来深的泥浆，有的地方根本没有路，只好在积了许多水的稻田里哗啦哗啦涉水而过。 天上布满阴云，四下黑乎乎的，淅淅沥沥地下起了雨。 由于油没浸透，火把时常熄灭，不得不鼓起腮帮子重新把它吹出火来。 火把时灭时着，轿夫怨声不断。 艰难地走一段路，前面是一条河，轿夫们从肩上放下轿子，但船迟迟不来。 火把慢慢地熄灭了。 在漆黑的河边，家丁们用嘶哑的嗓子大声呼叫艄公，从对岸传来回声，可听不到艄公的应答声。 青蛙呱呱的聒噪，蟋蟀嚁嚁的鸣叫，在夜空回响。 泰戈尔暗自担心，今天恐怕要蜷缩在轿子里过夜了。 泰戈尔的陪同波罗达一看船没有希望来了，与轿夫商量了半天，他们口中念诵着保护神毗湿奴，头顶着轿子下河了。 费了九牛二虎之力，终于到了对岸。 这时已是夜里十点半钟。泰戈尔茧蛹似的蜷曲着身子斜躺着，刚有一星儿睡意，一位轿夫脚一滑，轿子晃动起来，他顿时苏醒，胸口突突地狂跳。 之后，一直处于半睡半醒的状态，半夜时分，才进入旁杜亚的庄园。

两天后，雨停云散。 前些日子，好像完全忘了世界上还有太阳似的。 十来点钟，突然阳光普照，他仿佛见到了一样崭新物件，万分惊喜。 这一天天气晴好，四周极为宁静、安谧。

在这种安宁的气氛中，泰戈尔动手写了不朽诗剧《齐德拉》。《齐德拉》的序言中说："我心里早就有把《摩诃婆罗多》的故事改编成诗剧的愿望。 最后，我到了奥里萨一个名叫旁杜亚的幽静村庄，终于有了令人快乐的动笔机会。"

遭受英国殖民者的傲慢对待

1893 年 2 月初，泰戈尔带着侄子波楞德拉纳特再度前往奥里萨查看农作物生长情况。 他们乘船在运河上航行，到达一个叫格达克的地方，住在格达克法院的法官比哈里拉尔·古卜达家里。 比哈里拉尔是印度第二批孟加拉文官之一，与泰戈尔家族过从甚密，与泰戈尔熟识。 泰戈尔对他非常尊敬，一年后把自己的第一部短篇小说集献给他，表示对他的敬意，也作为奥里萨之行的纪念。

在格达克期间，发生了一件使他极为气愤的事情。

比哈里拉尔先生为他设宴接风，当地一所公立学院的一位英国教授应邀出席。 他相貌丑陋，一双狡猾的眼睛下面镶着鹰钩鼻，下巴几乎有两英尺①，胡子刮得干干净净，两腮凸隆，可谓一只膘肥体壮的"约翰牛"②。 当时，殖民政府试图干预印度传统的陪审制度，遭到了各阶层民众的反对。 可"约翰牛"仍固执地提出这个话题，侈谈什么"印度道德水平低下""不可过分信任印度人的为人""他们不配当陪审员"，等等。 一个外国人应孟加拉人的邀请，来到孟加拉人中间，竟然无所顾忌地大放厥词！ 泰戈尔愤然起身离开餐桌，在客厅的一个角落里坐下，沉着脸，不知如何把心头的悲愤对苦难的祖国母亲诉说。

在普里，泰戈尔再次见识了英国官员的傲慢。 一天，比哈里拉尔夫妇带着泰戈尔礼节性地去拜访县长威尔士先生。 在威尔士的会客厅坐了五分钟，秘书

---

① 作者在这儿用了夸张手法。
② 英国人的绰号。

告诉他们，明天上午再来，那时才能见到县长。后来，洋县长和太太听说法官来了，写信深表歉意。泰戈尔在苦涩的心里说："这是我们印度人的过错呀。我们去申请职位，总在洋人规定的时间上门等候，垂首对他们施礼。我这个起了孟加拉名字的人，蹦蹦跳跳，大声呼叫县长和县长夫人说要做礼节性拜访，当然是出乎他们意料的。虽说次日县长见了我，但我能开心吗？但如拒绝邀请，会使比哈里拉尔左右为难。"

经受皮肉之苦

在比哈里拉尔陪同下，泰戈尔和波楞德拉纳特游览了普里的名胜古迹布波纳沙尔庙。当时，没有通往普里的铁路。他们乘四轮马车到卡塔朱利换乘轿子。从格达克到普里，道路平整，路基很高。越是走近普里，路边树木越是稀少。不时见到庙宇、旅馆和大池塘。行脚僧、游客、乞丐很多。突然，一片树林后，出现宽阔的沙滩和蔚蓝的海洋。

布波纳沙尔庙有一百多间诵经室，许多诵经室里，如今不点灯，不吹法螺，然而，诵经室依凭沉默的力量，以骤然涌动的情感波澜，展现宏远、繁丰和神奇，亢奋游览者的心。

庙堂基座上刻满取材于往世故事的画像，到处是艺术家艰辛劳动的印记。游览布波纳沙尔庙，欣赏精美的建筑和雕塑，令数月一直奔忙的泰戈尔的身心得到极大放松。

泰戈尔从旁杜亚踏上归途。他身材高大魁梧，乘坐一只木船，船舱很小，稍不留神一抬头就撞到舱顶木板，疼得龇牙咧嘴。所以，一直低头耷脑，免得受新的皮肉之苦。入夜，蚊子叮得他通宵难以入睡，他在心里咒骂老天太不公道！

在这种境况下，泰戈尔吟成《水路》：

　　茕茕斜卧舱一隅，遥想长思愁满腹。

　　油灯红一点，彻夜与吾伴。

　　睡神何曾合双目？遥想长思愁满腹。

　　郁郁寡欢眼一双，离人心间常浮荡。

　　风狂雨更肆，霹雳磨利齿，

　　夜空号哭徒悲伤。离人心间杳眼荡。

　　泰戈尔在巡视奥里萨的田庄期间，经受了富家弟子难以想象的艰辛困苦，磨炼了意志。他领教了殖民主义官员的骄横傲慢，增强了民族自尊心。奥里萨之行，是他人生路上的一笔精神财富，弥足珍贵。

码上解读

　❦ 才华横溢的大师
　❦ 赤子之心的诗人
　❦ 无问西东的旗手
　❦ 东方精神的智者

1883 年 12 月，泰戈尔成亲后不久，奉父命去希拉伊达哈经管祖传田庄，前后长达 10 年之久。

泰戈尔虽然出身于名门望族，却从无老爷的架子，向来平易近人。他深入田间地头，与农民广泛接触、亲切交谈，得以感知他们善良纯朴的性格，了解他们的极度贫困、愚昧无知、封建迷信和生存环境的恶劣。渐渐地，他开始思考采取什么办法才能逐步改善农民的生活，帮他们摆脱苦难的命运。

贫民启蒙教育一波三折

泰戈尔到乡下不久写信给侄女英迪拉，信中谈了初步感想："世界上确有苦难，目前只能让它暂时存在，但苦难中应该给人一条狭小的出路，给人一丝希望、一丝光明。有些人宣称，任何时代，给世界上所有人以维持生计的最基本的日用品，是不切实际、永远实现不了的幻想，不可能人人吃得饱、穿得暖，大部分人只能半饥半饱，永远找不到改变这种状态的道路。他们这番话是何等残酷啊！"

泰戈尔在巡视途中在许多村子里开展调查。

他从希拉伊达哈前往帕里索尔途中，乘船目

睹农民劳作和生活旅程的美丽画卷，心里充满新奇感，同时，也看到农民的愚昧无知，心里受到强烈震撼。

有一天，田庄旁边的村里着火。村里人吓得惊慌失措。邻村的穆斯林赶去灭火，为阻止火势蔓延，动手拆几间房子。可这个村子的人不知好歹，不让拆房。泰戈尔派去的人强行把他们推开，帮助拆房，及时扑灭大火，才保护了大部分农舍。大火扑灭后，他们对泰戈尔说："谢天谢地，您派来的'爷们儿'推倒茅屋，我们才捡了条命。"他们十分感激"爷们儿"动武。挨打，他们可以忍受，但就是不让拆房灭火。他们的愚昧让泰戈尔哭笑不得。

印度教徒自古以来有依赖富人的陋习。在他们眼里，财主是村里的钱匣子，办学校、开诊所、修建庙宇、清除池塘的淤泥……有关公益的事，都由富人一手操办。乡下人尊称财主为"巴普"或"先生"。久而久之，一个村子的面貌能否焕然一新，就看财主愿不愿意慷慨解囊。泰戈尔曾称赞这种风俗，可他在农村生活一段时间后，认识到这种风俗不利于培养农民自强自立的精神。

看到乡村土路高低不平、坑坑洼洼，泰戈尔派人从田庄公事房到库斯蒂亚县城修了一条土路。他对路旁村里的农民说："我出钱雇人修了这条路，你们出行方便多了，今后你们可得把这条路保养好啊。"他们的牛车横穿土路，轧出很深的路辙，雨季积水，无法行走。他又找他们，说："路况这么糟糕，你们有责任哪。你们一起动手，不一会儿路就修好了嘛。"不料，他们竟阴阳怪气地说："哼，我们把路修好，老爷从库斯蒂亚乘车回来可就舒服喽。"

泰戈尔发现，他们不能容忍对别人有利的事儿。他们为了不让别人获益，就拒绝干事儿，最后，即使自己受罪，心里也痛快。看到农民如此愚昧固执，泰戈尔感到当务之急是想办法让他们学习文化、明辨事理。考虑再三，泰戈尔在他们村中央造了一间房子，聘请了一名教师。可当地的印度教徒却以种种借口拒绝送孩子上学。让他感到欣慰的是，邻村的穆斯林对他说："印度教徒对读书不感兴趣，让那位老师到我们村，教我们的孩子。我们付工资，一天管三顿饭。"

穆斯林村庄的这所小学，一直没有停办，但在其他村庄，他推广的教育计划全落空了。

启动合作生产试验

早春时节，泰戈尔来到一个村子里，站在村公所一层游廊里，朝南眺望，看到大约有十五平方公里的田野里，许多农民在各自的地里干活儿。 他听村长说，有的农民有两英亩地，有的有五英亩地，最多的有十几英亩地，分散交错，田埂弯弯曲曲，牵牛下地得绕行，很费时间。 春耕时节，有的农户有好几头牛，能及时耕地、播种。 可有的农户因为没有耕牛，用锄头翻地，经常错过时节，耽误播种。

泰戈尔脑子里突发奇想，如果在农民中间成立一个孟加拉语中叫"somobay"（意谓合作社）的组织，大家经过协商，同意把农田连成一片，使用目前欧洲生产的拖拉机耕地，及时播种，就可节省大量人力，大幅度提高粮食产量。到了收获季节，用收割机收割庄稼，粮食按各自的土地分配，他们的收入必然增加，能过上衣食无忧的生活。 然而，他又想到，农民们愿意让土地连成一片吗？ 购买昂贵的拖拉机的钱从何而来？ 谁来教不识字的农民开拖拉机？ 泰戈尔一时找不到答案。 他想通过试验解决这些问题。

1904 年 7 月 22 日，泰戈尔在弥纳尔瓦剧场发表著名演讲《本国社会》。 基于目睹的乡村社会现实，他在讲话中说，印度的中心在农村，农村的问题是印度的主要问题，把生命力注入农村就是为印度造福。

1908 年 2 月 11 日，泰戈尔在巴波那国民会议上发表讲话，提出农村改革的具体设想："应鼓励孟加拉每个村子培养自给自足的能力。 如能建立一个个联合体，或者把一个个村庄的人们组织起来，土地连成一片，使用现代农机从事农业生产，就可节省大量开支，提高效率，增加收入。　建议几个村子组成一个联合体。　协助每个联合体的负责人采取妥善处理村务和消除匮乏的措施，确保这个联合体在本地区扩展，接下来这种自治试验可在全邦开展。　应协助他们举办培训班，以便建立自己的学校、工厂实验室、宗教活动场所、集体商品仓库和银行。　每个联合体建一个祭祀大棚，村民们可以在那儿一起干活儿，一起娱乐。有关负责人坐在一起，通过协商，调解村里的纠纷和诉讼案件。"

1908 年 7 月，泰戈尔在比拉赫姆普尔乡把他的设想变成行动。　他把这个乡划分为五个行政单位，挑选五位负责人，主管村社，组织村民们参加公益活动。遵照泰戈尔的意见，阿杜尔·森等几位志愿者制定了乡村改革试验五大任务：一、改善乡村卫生条件；二、开展初级教育；三、开展基础建设，包括挖井、筑路修路和清除树林里的枯枝败叶；四、帮助农民摆脱债务负担；五、成立仲裁小组，解决农村民事纠纷。

按照试验计划，在卡里格拉姆乡和波尔格纳乡的波迪索尔、卡马达和鲁笃亚尔村成立卫生所，卫生所有专职医生和一两张病床。

为扫除文盲，建立了二百多所免费初级夜校，晚上为不识字的成人上课。扫盲结束，教他们语文和算术，讲解历史、地理和卫生知识，以及突发事件中的自救措施。　此外，还传授提高粮食产量、防火和防洪等方面的知识。

搞基建项目，实行以工代款。　在七八个月之内，解决了波尔格纳乡基建项目几千卢比的资金问题。

泰戈尔亲自推行新贷制，把田产收入的部分款项，以百分之九点五的利率贷给需要资金的佃户。　谁需要借多少钱，由阿杜尔·森等人核准。　佃户借了钱，回去种地。　作物成熟，收获的粮食，送到地主的公事房，借款可获得百分之三的豁免。　计算粮食的总价，还清本息，剩余的粮食归佃户。　如果所剩不多，再豁免百分之六的利息。　这项制度实行以后，卡里格拉姆乡和波尔格纳乡的佃户，渐渐摆脱了沉重的债务负担。

泰戈尔吩咐阿杜尔·森在各村成立仲裁小组，以减少吵架和打官司等令乡村不安定的问题。 此前，泰戈尔家族的田庄里曾试行这种调解制。 阿杜尔·森按照他的要求在各村开会，仲裁小组纷纷成立。 此后几个月，波尔格纳乡再没有人上县级法庭打官司。

此外，泰戈尔通过村社负责人，鼓励佃户从事副业生产，在住房四周和田埂等地方种菠萝、香蕉、青枣等水果，增加收入。 从菠萝的叶子中提取坚韧纤维，把木棉树枝、葡萄藤用于筑栅栏。 他还鼓励农民选用优良土豆品种和美国玉米种子以提高单产。

1911 年，泰戈尔在希拉伊达哈写给儿子罗梯的信中说："我的设想是，这儿若干户农民每人付五至十个卢比，共同购买、使用一台脱粒机，在农民中间就可以顺利地开展农业合作生产。 需要资金，我们可以向银行贷款，这样就可在这儿推广使用脱粒机。"从这封信可以知道，大约半个世纪之前，泰戈尔就考虑通过创办合作社解决农业问题，认为通过银行筹措资金是农村发展的有效办法。

培养农业技术人才

印度是一个农业大国，孟加拉百分之九十的人从事农业和畜牧业生产。 泰戈尔发现，印度奇缺懂农业技术的人才。 乡下农业生产方式非常落后，粮食单产很低，农民生活很苦，农村现状急需改善，比如引进欧洲的拖拉机以提高生产效率。

1906 年初，泰戈尔的长子罗梯高中毕业，想出国去学当时许多青年想学的法律，毕业回国后当律师。 没料到泰戈尔对他说："我想送你去外国学习先进的农业科学知识。 不光学习制造、使用脱粒机、拖拉机等农机，也要学习种子改

良和有关经济作物的知识。"泰戈尔接着说："农民光种粮食是很难富裕起来
的，发展副业是一条重要的致富之路。 我引进了美国玉米种子和曼特拉茨细粒
水稻种子，收成比使用传统作物种子高许多。 良种培育和推广，也是你应该学
习的知识。 我相信，比起当律师，掌握了各种农业知识，今后在农业领域，你
必有更大作为。"

至于上哪所大学，泰戈尔也早已为儿子计划好了。 他送儿子和桑达斯一起
去美国的伊利诺伊大学学农业知识。

1906 年 4 月，罗梯和桑达斯经日本前往美国，在伊利诺伊大学学习三年
半。 1909 年 9 月，二十一岁的罗梯获农业学学士学位，学成归国。 泰戈尔带
着罗梯回到希拉伊达哈，乘船巡视田庄，希望他将学到的知识用于孟加拉的乡
村建设。 泰戈尔对罗梯介绍当地的风土人情、田庄的农作物生长情况、目前存
在的问题以及他对农村改革的设想，鼓励他在乡下研究作物栽培，一辈子为农
民服务。 在希拉伊达哈的办公大楼内，泰戈尔为儿子建立了简陋的实验室。

罗梯的同窗桑达斯也按时回国。 他学的是畜牧业，原本想在加尔各答郊区
建一家奶牛场。 后来，接受泰戈尔的意见，在学校的资助下，在圣蒂尼克坦建
了奶牛场，为学校师生提供需要的新鲜牛奶。

后来，泰戈尔还安排罗梯在伊利诺伊大学短期进修植物学，帮助他奠定了
植物学和动物学的良好基础，之后去剑桥大学深造，进行两年研究，回国后，既
进行农业研究，也开展农业教育，培养了更多的农业人才。

当圣蒂尼克坦的学校初具规模，可以把农业研究和教育结合起来时，泰戈
尔着手把希拉伊达哈的实验室搬到圣蒂尼克坦。

1914 年 4 月 14 日，泰戈尔在圣蒂尼克坦附近斯里尼克坦的苏鲁尔村购买的
一幢旧楼内，建立了罗梯的实验室。

1918 年 7 月，孟加拉合作组织协会出版了一份新报纸《宝库》，泰戈尔撰写
的《合作社》不久在《宝库》上发表。 他坚信合作社在促进农业发展中将发挥

重要作用。 他多次说过，农村发展不能指望外部力量。 没有农民的合作，农村发展就是一句空话。 泰戈尔用通俗易懂的语言在这篇文章中讲述了成立合作社的可能性、必要性，以及当下合作社对穷人来说尤为迫切的缘由："这种合作生产方式是我国消除贫穷的唯一办法。 不仅在印度，在世界其他各国，合作社也将是重要的农业生产机制。 富人依仗金钱，廉价购买穷人的体力，导致金钱和物力集中于一座座豪宅，而在大部分地方，在强悍金钱的控制下，饥寒交迫的穷人抬不起头来，但在合作社体制中，不容狡狯和特权肆意妄为、培育暴发户。合作社的成员可以一起奋斗，共同富裕。"

启动斯里尼克坦国际大学农村改革项目

1921 年 9 月 27 日是泰戈尔进行农村改革试验的一个重要日子。 相貌英俊、身材高大的英国青年埃尔姆赫斯特到访圣蒂尼克坦。 "我在美国康奈尔大学读书时，曾听过您的演讲，您对印度农村改造的真知灼见开阔了我的视野。"埃尔姆赫斯特以称赞的语气对泰戈尔说，"我对您的农村发展项目很感兴趣。我觉得，这是一项可能惠及印度亿万民众的大好事。"

泰戈尔看到埃尔姆赫斯特有如此见识，心里觉得遇到了一位域外知音。"你是我遇到的第一个外国支持者。"泰戈尔脸上露出兴奋和喜悦，对他介绍说，"我在圣蒂尼克坦附近的苏鲁尔村买了一幢旧楼，花了大约两千卢比，进行修缮，焕然一新，已适宜居住。 我儿子罗梯原先在希拉伊达哈建的实验室搬到了这座楼内。 库斯蒂亚县泰戈尔公司的工厂的一些设备，比如电动机，多年不用，这次全搬来了，另外，还建立了专业图书馆。 可以说，已具备开展实验的必要条件。 尼帕尔·昌德拉·罗易带着几位老师，已在村里着手实验，但实验全面铺开，需要招募更多的员工和志愿者去组织当地农民。 此外，需要购置几公顷土地，推广新农机，试种优良种子，但我办这所私立学校，由我支付一切费用，时常捉襟见肘，东凑西借，实在拿不出资金全面实施在苏鲁尔村的实验项目，我儿子的研究计划基本上仍停留在纸上。"

"我可以助你一臂之力。"埃尔姆赫斯特这句话出乎泰戈尔意料。 他告诉泰戈尔，他的女友斯吉雷德女士钦佩泰戈尔的博大胸怀，同意每年提供五万卢比资助。 泰戈尔起身紧握埃尔姆赫斯特的手："你们这是雪中送炭，解决了我的一大难题啊。 由衷地感谢你们。"

有了埃尔姆赫斯特的慷慨资助，1922 年 2 月 6 日，泰戈尔正式宣布启动斯里尼克坦国际大学农村改革项目。

埃尔姆赫斯特带着桑特斯·米德拉、沙迪达·罗易等六个学生，开着一辆福特牌汽车，在斯里尼克坦周围的村庄进行考察。 看到当地农民将砍伐的树木当作燃料，每年种两季作物，索取土地的营养；往地里施的农家肥主要是牛粪，数量太少，土地极为贫瘠。

考察结束，埃尔姆赫斯特同泰戈尔进行深度交流。 对于农村最迫切需要解决的问题，埃尔姆赫斯特和泰戈尔一致认为：当务之急是把土地的营养归还给土地，应善待土地，多施绿肥、农家肥。 另外，要植树造林，改善自然环境。

此后，埃尔姆赫斯特举办培训班，国际大学的十名学生接受培训，埃尔姆赫斯特亲自为他们授课。 他与泰戈尔的儿子罗梯等十个学生，组成农业研究小组。

1922 年 7 月 28 日，埃尔姆赫斯特在加尔各答作题为《对土地的掠夺》的演讲，讲述当地农民从农田索取、不设法增加土壤肥力的落后耕作方式。 由国际大学的老师波罗杜特古玛尔·森古卜达译成孟加拉语。 演讲稿在国际大学学报上发表时，泰戈尔把题名改为《对土地的强盗行径》。

泰戈尔完全赞同埃尔姆赫斯特的观点，他在题为《维护社会健康和生命之路在何方》的文章中说，印度人常说，人是在圆圈似的路上行进。 从泥土流出的生命之泉，如果不沿着圆圈似的路返回泥土，生命必然受到打击。 农田种植作物，没有这个循环，我们的农田就越来越贫瘠。 树木、生物把从自然获得的财富送回自然，保持着这个循环，破坏循环的是人类。

泰戈尔常去斯里尼克坦了解项目进展情况，和工作人员一起商讨如何解决出现的新问题。

从1922年起，埃尔姆赫斯特每年为斯里尼克坦农业发展项目捐款五万卢比。 在他的资助下，在斯里尼克坦的小型农场，研究改善土壤，采用良种，提高粮食单产；成立农民互助性质的合作社，推广用农机种地；成立卫生院，为农民治病，开展疾病预防工作；成立手工艺品作坊，举办妇女培训班，鼓励妇女参加手工艺品生产；为穷人的孩子和孤儿建立第一所免费学校。

1924年，国际大学和斯里尼克坦的月刊《土地女神》正式出版。 主编是国际大学历史系教授福宁特罗·巴苏和斯里尼克坦的农学家桑达斯比哈里·巴苏。 创刊号的第一篇文章由泰戈尔撰写。

1930年，埃尔姆赫斯特首次到访圣蒂尼克坦的十年后，2月10日，适逢斯里尼克坦年会，泰戈尔热情邀请埃尔姆赫斯特夫妇来参加年会。 年会上，泰戈尔带头起立，与二百七十三位与会者一起，以热烈掌声对埃尔姆赫斯特夫妇表示真诚感谢。

十多年间，泰戈尔为合作社筹措资金，不辞劳苦，四处奔走。 由于斯里尼克坦农业研究项目逐年增加，经费又遇到困难。 1935年3月，埃尔姆赫斯特再次来到圣蒂尼克坦，同泰戈尔商量解决办法。 他答应继续提供资助，并告诉泰戈尔，经他游说，英国的达丁顿信托公司也同意为斯里尼克坦农业研究项目提供资金支持。

为印度树立模范村

泰戈尔在学校里设立植树节，他对学生们说："我们应立下大面积造林的誓言，有效地遏制气势汹汹的风沙。"他在圣蒂尼克坦举行的植树节上发表的讲话《森林女神》中强烈指责了人类肆意挥霍、破坏森林的恶劣行径。 他说："人类贪婪地收下自然的馈赠，一旦有限的赠礼不敷享用，便无情地砍伐树木，造成沙漠卷土重来的恶果。 由于水土流失严重，波勒普尔的地表露出了骨骼，灾害步步逼近。"泰戈尔在农村也提倡开展植树运动。 在他的直接指导下，卡里默罕·高斯和苏古玛尔·贾达吉在斯里尼克坦四周的村庄分发农作物的种子、果树苗，提供大量柴薪型的树木幼苗。

1924 年 2 月 6 日上午，泰戈尔主持斯里尼克坦乡村改革计划实施两周年纪念活动。 下午在群众大会上发表讲话，总结两年来斯里尼克坦取得的显著成就，鼓励员工们再接再厉。

在印度，绅士看不起农民，称他们为"庄稼佬"。 耕地历来是被人瞧不起的行当，是首陀罗种姓人的活计，但泰戈尔多次参加在斯里尼克坦举办的耕耘节活动，并亲自下地扶犁耕一会儿地，他认为耕耘节是密切知识分子与农民关系的重要手段。

他在植树节活动现场朗诵了六首诗，下面是其中的《祝福》：

哦,年幼的长寿者,快装满生命的川资①!
让露湿的和风把世界恩赐的力量送给你!

———————————

① 盘缠。

哦,幼树,你的簇簇新叶光洁、柔润,

啜吮阳光,在宝库中不动声色地储存

恬静的生命力。登上斯拉万月①的雨坛,

我热诚地欢迎你,对你表达良好祝愿——

…………

一百年之后,你翠绿的倩姿里仍有我们

留下的友谊。那个时代的许多新嘉宾

走来坐在你的绿荫下。那天这儿隆重

庆祝新雨节,以弥漫世界的你的芳馨,

给我们送份请柬。在这欢乐的日子,

愿你的绿叶你的百花的鲜艳绵延万代。

泰戈尔唱的这首歌,为你祝福,必将

融入雨云的轰鸣,融入金色花的芳香。

1932 年 2 月 6 日,在斯里尼克坦合作社成立十周年纪念会上,泰戈尔在讲话中用通俗的语言告诉与会农民:"在我们穷得快死的日子,让我们捋起袖子说道,哪怕生活中便利少一些、舒适少一些,我们也要用我们自己生产的产品。这应成为全体印度人的誓言! 这是认知祖国、亲近祖国的最好办法!"

1933 年,在斯里尼克坦农业发展中心成立十一周年庆祝大会上,泰戈尔作题为《被忽视的乡村》的讲话,通过落后的农村与富庶的城市间的对比,深深表达了对农村被忽视的强烈愤懑之情:"……如今,对将临的变革的畏惧,充斥整个社会。 现在是牢记这句话的时候了:那些自诩为高贵者的人,剥夺群众的权利,他们失去的将更多。 因为,他们不啻债台高筑,而且应受的惩罚,也累积

———————————

① 孟历 4 月,公历 7 月至 8 月。

得很高了。"

1939 年，泰戈尔在对斯里尼克坦合作社工作人员所作的重要讲话中说："我一个人无力承担整个国家的责任，我的精力应放在搞好一两个村庄上面。要赢得农民的心，首先要学会和他们一起劳动，这并不容易，是劳筋伤骨的苦修。我如果能使三四个村庄摆脱愚昧和困厄的桎梏，就是为整个印度树立一个小小的榜样。……你们树立起来的这几个模范村就是我的印度，有了这几个模范村就真正获得了印度。"

泰戈尔的宏伟计划是在斯里尼克坦为印度树立几个模范村，继而在全国推广合作社制度，彻底消除贫穷。尽管历史无情地宣告，泰戈尔这种不触动土地私有制的改良主义试验未能取得预期效果，合作社的种子未能在各地开花结果，但他一生忧国忧民的拳拳赤子之心，彰明昭著，令后人钦佩。

码上解读
❖ 才华横溢的大师
❖ 赤子之心的诗人
❖ 无问西东的旗手
❖ 东方精神的智者

1898 年年底，泰戈尔全家迁居希拉伊达哈，住在景色秀美的田庄，这儿，便成为他的朋友们的休养所。 他们中的贾加迪什·钱德拉·博斯先生是印度近代史上驰名世界的大科学家。

鼓励博斯坚持科研

贾加迪什·钱德拉·博斯于 1858 年 11 月 30 日出生于英属印度孟加拉管区迈门辛赫县，从小爱好文学，1879 年毕业于加尔各答的圣·泽维尔学院，获文学学士学位。 在这所大学中，基督教神父尤金·拉方特发现他智力超群，鼓励他去英国学习自然科学。 1880 年，博斯前往伦敦学习医学，但由于生病无法继续学业。 后来，在姐夫阿南德·莫汉·巴苏的帮助下，考入剑桥基督学院攻读自然科学。 1884 年获物理学学士学位，1885 年回到印度，被聘为加尔各答大学物理系教授，这在印度人中是第一人。 博斯入职不久，就到希拉伊达哈去见泰戈尔，诉说心中的郁闷和委屈。

博斯闷闷不乐："系主任说印度人的智商不如英国人，教书不如外国教授，给我的薪水不得多于英国教授的一半。"

泰戈尔一听火了："岂有此理！ 这太欺侮人

了！你怎么办？打算辞职吗？"

"不——"博斯咬着牙说，"我绝不放弃这难得的教学阵地，印度复兴需要许多人才，我要把学到的知识传授给本国学生，为培养印度科学家竭尽全力。"为了对校方的歧视表示抗议，博斯甚至决定一分钱不拿。

对此，泰戈尔大声称赞道："我支持你。你这样做突显出我们印度人的民族骨气。"还表示愿意从经济上给予支持。

除了薪资不平等，博斯在科研的具体工作上也举步维艰，他说："校方分配给我的实验室，只有二点二平方米，简直就像是单身小牢房。"泰戈尔鼓励他说，坚持就是胜利，还安慰他："这儿空气新鲜，楼里有空余房间，周末有空来这儿休息，放松一下大脑。"周末，在泰戈尔的邀请下，博斯在希拉伊达哈休息两天，养精蓄锐，然后回到大学，精力充沛地投入教学和科研。

在大学入职一年半中，他每天上课四小时，课余时间在简陋闷热的小实验室里做实验。忍受着屈辱和冷漠，在科研之路上艰苦跋涉，他完成一个个课题，撰写多篇论文，阐述他的新发现、新观点，论文多次发表于《伦敦皇家学会杂志》上。

在科技界强烈呼吁和社会舆论的压力下，校方在他执教的第三个年头，同意付给他与英国教授同样的薪金。

之后的六七年里，他在无线电波研究领域取得六项成果。鉴于他的高水平论文，伦敦大学于 1896 年 5 月授予他物理学博士学位。

1895 年，他在德国科学家海因里希·鲁道夫·赫兹 1888 年首先证实电波的存在后，率先成功制作波长约为五毫米的无线电波发射器，在加尔各答市政大厅公开进行人类文明史上首次无线电波发射、接收的实验，引起轰动。由于英印总督亲自过问和校方的嘉许，他得以前往英国伦敦，至 1897 年，在英国进行深入研究。

1898 年 7 月 24 日，博斯在英国皇家科学协会作题为《论电波》的演讲，在众多科学家面前再次公开展示他的发现，表演无线电波的发射、接收技术，详细讲解每个环节。 这是博斯在国外首次做的无线电波发射和接收的实验。 年迈的威廉·汤姆森·开尔文教授听了他的演讲，挂着拐杖走到他跟前，向他表示祝贺，并邀请他和夫人到他家做客。《泰晤士报》上发表的消息中写道："在英国皇家科学协会举办的讲座上，最引人注目的是博斯教授关于电波的演讲。"爱因斯坦也称赞说："应为博斯先生的每一项发明建造一座凯旋柱。"

泰戈尔闻此喜讯，以热情洋溢的语言写了一封贺诗（节选）：

> 哦,兄弟,世界上默默无闻、
> 　没有名气的诗人的歌吟,
> 给你送去的母亲的真诚祝福,
> 　已被泪水浸透。
> 母亲的声音微弱,祝福只能
> 　传到你心中。

博斯的发明为现代雷达、电视和太空通信奠定了基础。 为此，世界电气电子工程学会称他为无线电科学之父之一。

如果他拓展研究领域，进入实用电子学，就可能是 1901 年荣获诺贝尔物理学奖的首位印度科学家。 遗憾的是，他没有申请此项发明的专利。 他认为，他的科研是为推动文明发展，而不是让它倒退。

与博斯相互扶持

从伦敦回到印度后，博斯停止了微波研究，原因之一是他想搞清楚金属对电波有无反应，之后，又想弄明白植物的生命现象。　所以，许多人忘记了他在微波研究方面的成就，同时，他在研究植物生命方面，也取得了非凡成就。

从 1900 年 7 月到 1902 年 10 月，博斯再度赴英国，进行为期两年多的科研。　这是一段极为艰辛的岁月。　这次，校方未批准他离职留薪的申请，他必须解决自己和妻子的生计问题。　花光了不多的积蓄，博斯一筹莫展，陷入困境，看来只能打道回国。　这使矢志不渝从事科研的博斯异常痛苦。

泰戈尔知道这个情况后，立即写信给博斯，热情鼓励他专心搞研究："如果你从事这项研究必须在英国待五六年，思想上就做好充分准备吧。　不要急于回国，中断了你的研究。"对于其可能面临的经济压力，泰戈尔还贴心地对他说："在我面前，你不要有一丝犹豫。　需要多少钱，请告诉我。　你脱离原单位，不拿薪金，一年需要为你提供多少资助？　我也许可以想些办法，确保你无后顾之忧地顺利地继续从事研究。"

博斯回信告诉泰戈尔，他大约需要两万卢比。　这么大的数额让当时的泰戈尔感到十分为难。　由于泰戈尔主管的家族公司经营不善，负债累累，一时根本拿不出这笔款子。　情急之中，他想起钦佩他的诗才、乐善好施的土邦王公拉达克索尔·马尼克，便连夜赶往特里普拉首府阿加尔塔拉。　他不理会别人的冷言冷语，不顾及别人的白眼和怪异目光，把帮助博斯走出困境当作为友谊和国家做事，神情坦然地走到王公的官门口。

泰戈尔将博斯的困境和自己的无奈如实相告。　幸运的是，王公拉达克索尔·马尼克非常仗义，非常信任泰戈尔："您是博斯先生的朋友，当然也是本王的朋友，帮他渡过难关，本王责无旁贷。"他还吩咐秘书给泰戈尔开了一张一万五千卢比的支票，解了博斯的燃眉之急。

泰戈尔在国内为博斯筹款奔波，不辞辛劳，而充分认识到泰戈尔作品价值的博斯，则在英国四处托人，为翻译、出版泰戈尔的作品疏通渠道。

他在信中充分肯定泰戈尔作品的价值："我把你的作品译成英文，读给英国朋友听，他们听着听着感动得流泪了。俄国王子克鲁波特金读了短篇小说《喀布尔人》的译文，说这是他从未读过的哀婉动人的故事，这使他想起他的祖国——俄国的那些最优秀的小说家。"

他在信中鼓励并试图帮助泰戈尔走向世界："你是属于世界的作家，我要看到你名扬四海。你不应老待在穷乡僻壤。你为什么只用孟加拉语写诗呢？可以把小说译成英文，然后，我会想办法在这儿出版你的小说。"

博斯把短篇小说《喀布尔人》的译文寄给《哈帕斯》杂志。可该杂志编辑回复说，该杂志不登翻译小说。无奈，他写信征求泰戈尔的意见："你要是允许我替你起个笔名，我就不说是译文，用你的笔名再试投一次，你说行吗？"

为彼此喝彩

博斯解除了后顾之忧，心无旁骛地进行研究，在植物生理学方面取得若干开创性成就。

1901年5月10日，伦敦皇家学会中央大厅举行讲座，王子克鲁波特金和诸多著名科学家出席。博斯作题为《无机物对机械和电刺激的响应》的演讲。他以平静的目光扫视一下会场，专注而从容地开始演讲、做实验。他把选择的一种植物的根浸在有毒的溴化物溶液中，仪器和植物连接起来，屏幕上显示了随着温度上升植物脉搏的痉挛减弱、终结，与金属颤动相似。实验持续了数分钟，证明植物与其他生物和人类一样有感情。最后，他展示了他制造的人工眼，其观察能力大于肉眼，在场的人看了惊叹不已。博斯不善言辞，不擅长组织英语长句，但那天晚上，他的语言表达堪称完美，讲得比以前任何时候都流畅，语句既沉稳又具有美感，博得一阵阵热烈掌声。

　　博斯的叙述推翻了英国物理学家奥利弗·约瑟夫·洛奇爵士的某些观点。
洛奇爵士出席讲座，原本想为难他，但听了他的讲解，认为他的工作足够出色。
英国的权威教授们看了他的立体镜的结构感到十分惊讶，并表示会为其研究提
供仪器上的帮助，还为他分析了留英与归国两种选择分别对从事研究的利弊，
希望他留在英国的大学里继续做研究。

　　泰戈尔得知博斯在研讨会上大获成功，立即寄去一首贺诗（节选）：

> 啊，著名的雅利安学者贾加迪什，
> 你是印度哪位古老圣哲的年轻后裔？
> 建成石城中尘土干燥的无形净修林。
> ············
> 啊，苦修者，以雷鸣般的声音诵念
> 娑摩吠陀，呼喊"苏醒！起来！"，呼唤
> 死抱典籍的人停止无用的学术争论！
> 呼唤世上无知的傲慢者和你的门生——
> 愿他们站在你已点燃的祭火的四周！
> 愿满怀忠诚敬意、善于思考的印度
> 再次返回，不急不躁，坐在心无迷惘、
> 素不贪婪、纯洁平静的师尊的祭坛上！

　　博斯收到贺诗后在回信中表示，他疲倦且孤寂，他庆幸有泰戈尔可以分享
他的幸福，分担他的愁苦。关于去留问题，博斯心里犹豫不决。他写信对泰戈
尔讲了他的矛盾心情："一方面，我刚接触这个研究项目，在国内能否建生理实
验室，至今是个问号。另一方面，我的身心不能切断与苦难祖国的关系。"他
放不下自己的祖国："如果大家扔下责任来到国外，今后谁来履行责任呢？"他

恳请泰戈尔为他指点迷津："你告诉我什么是我的福祉吧，你了解我的一切，你为我确定我该做的正事吧。"

1901 年 6 月，博斯在伦敦皇家学会中央大厅宣读论文《金属与普通植物的电响应》。 由于某些英国科学家的阻挠，伦敦皇家学会没在其刊物上发表这篇论文。 1902 年 3 月，博斯再次在伦敦学会就生物学宣读内容相同的论文。 他在 3 月 21 日写给泰戈尔的信中说："这么多年来，这是我首次大获全胜。"泰戈尔立即回信表达心中的欢悦和骄傲："今天得到你最终成功的消息，我的心像被新生雨云的雷鸣振奋的孔雀，翩翩起舞。 此时，我实实在在品尝到了澎湃的喜悦。 ……你在欧洲大陆插遍印度的胜利大旗，再返回祖国，如同加里波第①取得最终胜利才解甲归田。"

博斯在英国写给远在印度的泰戈尔的信中抒写了绵绵思念之情，表达了与泰戈尔朝夕相处的强烈愿望。 泰戈尔在回信中再次给予他热情鼓励。

泰戈尔用孟加拉语写的两篇科普文章《科学家博斯的胜利消息》和《是固体还是生物》，在《孟加拉之镜》上发表，介绍博斯的研究成果。 博斯在信中谈了他的读后感："你用通俗易懂的语言，毫不费力地诠释科学真理，着实让我惊喜不已。"

11 月 29 日，博斯在写给泰戈尔的信中用幼树、鲜花与大地的关系，比喻他和祖国的关系，他说："幼树长大，开出鲜花不单单靠树枝。 靠祖国的营养，我才活着。 从古至今，印度的祭火从未熄灭。 亿万印度儿女以自己的生命保护祭火，它的一星火苗越过千山万水，落到了这儿。 我是你们生命的一部分，与你们同甘共苦，你要时刻提醒我记住这一点，这样，遇到重重困难，我就不会沮丧，从而为你们夺取胜利。"

---

① 加里波第(1807—1882)，意大利民族解放运动领袖。

经过一番思想斗争，博斯毅然于 1902 年 10 月回到印度。 1903 年 2 月 2 日在欢迎博斯归国的招待会上，演唱了泰戈尔创作的歌曲《胜利属于你》：

胜利属于你！
戴在祖国母亲颈上的荣誉
花环永葆丽姿！
印度的心声长久
默默地忍辱负重，
今日你把觉醒的心声
传遍人间大地。

回国后，虽然仪器不全，经费不足，但博斯仍坚守科研阵地，扩展研究的深度和广度。 从 1902 年至 1907 年，他撰写了《在生命和非生命中的反应》《作为生理研究手段的植物反应》《比较电生理学》三部论著。

1906 年，泰戈尔把《渡口集》献给博斯，献词（节选）中写道：

朋友,你知道,细小之物
实际上并不细微——
哪儿存在些许真实，
世界就在哪里。
你振作精神进入
害羞闭眼的万物，
生与死,光与影，
带来风暴的音讯。
这是我含羞的青藤。

1913 年 11 月 13 日，泰戈尔被授予诺贝尔文学奖。 三天后，博斯写信对他表示热烈祝贺："朋友，这么多年来，没看到胜利花环戴在你胸前，我心里非常郁闷。 现在，这种郁闷不复存在了。"圣蒂尼克坦的校园里，为泰戈尔荣获诺贝尔文学奖举行庆祝会，数百人与会，由博斯主持。 博斯把象征他研究事业的一盆含羞草送给泰戈尔。

友谊延续一生

为摆脱校方掣肘、自主发展民族科学事业，博斯下了筹措资金建立自己的研究所的决心。

挪威的世界著名小提琴家、作曲家奥尔·布尔的遗孀莎拉·布尔极为赏识博斯的杰出才华，从 1906 年到 1909 年前后四次赞助他两万美元，用于购买建研究所需要的地皮。 1910 年 7 月 14 日，重病中的莎拉·布尔立下遗嘱，留给她视为儿子的博斯两万美元，用于建造研究所大楼和购置设备仪器。 莎拉·布尔的大数额捐款使研究所得以建成。

1917 年 11 月 30 日是博斯五十九岁生日，以他的名字命名的研究所宣告成立。 这实现了他多年的梦想。 此前，博斯写信给正在美国访问的泰戈尔，请他为揭幕仪式写一首歌。 泰戈尔回信说："实现你夙愿的日子到来了，但这也是整个国家的夙愿在你身上得到了体现。 旧的人生中培育新的人生。 把你的生命特质转化为印度的生命特质吧。 之后，那永恒的生命之河向前潺潺流动。"

泰戈尔在旅途劳顿中抽空创作，寄回下面这首在揭幕仪式上演唱的歌曲（节选）。

啊，今天让祖国母亲的殿堂大放异彩，

啊，一群优秀儿女会聚一堂。

啊，吉祥的法螺已吹响。

实现黑夜里多年的期冀，

接受"光明"的谆谆教诲。

啊，大家穿上出征的服装！

啊，吉祥的法螺已吹响！

高喊"胜利属于人中俊杰人中翘楚"

啊，胜利属于探索的先驱，

啊，夺取胜利，夺取胜利！

同年，博斯被授予爵士称号。

博斯后来侧重于研究植物生理学，不断取得新成就，1920 年当选为英国皇家学会会员。

1926 年，博斯把撰写的论著《植物的神经机制》献给泰戈尔。

1928 年，博斯七十岁，邀请泰戈尔出席他的祝寿庆典，泰戈尔因身体原因未能出席。他写了一首诗作为贺礼。他在信中说"你知道我的心意。能有你这个朋友，我感到荣幸。我以恒久的形式，把这种荣幸织入诗韵中。我对你的回忆，永存未来的心中，这是我的快乐。我没有能力协助你的科研事业，但友情是人世之路上的盘缠。"

1928 年 11 月 30 日，博斯七十岁寿辰庆祝活动上，宣读了泰戈尔的贺诗（节选）：

朋友：

当年你探索的领域冷冷清清，

被困难包围，猜忌弥漫的黄昏，

你的诗人朋友就把英雄的花环

挂在你胸前。他从来没有企盼

民众的赞许。在你空落的祭盘上，

艰苦岁月里贫穷之灯闪烁着微光，

今日与华灯齐声高呼：光荣啊，你和

你的朋友！光荣啊，你神圣的祖国！

这首诗中，通过生动奇美的意象，讲述博斯从事植物学研究的艰辛，赞美他为印度赢得的巨大荣誉。

泰戈尔的儿子罗梯在回忆文章中说："他们两人，一个是诗人，一个是科学家。 只说他们彼此关心，友谊深厚，是不全面的，他们之间有一种心灵的关系。"

印度文学巨匠泰戈尔和顶级科学家博斯，在印度遭受殖民统治的艰难时期，为了祖国的荣誉，数十年互相鼓励，相互帮助，克服前进道路上的重重困难，在各自领域取得举世瞩目的非凡成就。 他们以赤子之情培育的纯正友谊，在跨界名人中间树立了典范。

扫码上解读
才华横溢的大师
赤子之心的诗人
无问西东的旗手
东方精神的智者

遵从父亲的意见，蜜月结束之后，泰戈尔把十一岁的新婚妻子穆丽纳里妮送到洛雷多霍斯女子寄宿学校学习英语。鉴于她的文化基础较差，校方派一名教师单独为她上课。寒暑假回到家里，她按照泰戈尔为她定的课程表刻苦学习孟加拉语、英语和梵语，提高文化水平。在泰戈尔的指导下，她用孟加拉语改写梵语简易读本《罗摩衍那》，还在公园路索登特罗纳德府上公演的泰戈尔剧作《国王和王后》中扮演纳拉亚妮。渐渐地，她在文艺方面与泰戈尔有了越来越多的共同语言。

承担养育儿女的责任

1886年，十四岁的穆丽纳里妮生下长女蓓拉，忙于哺育照看孩子，几乎就没有时间再学习。从1890年到1900年，泰戈尔主管家族田庄，在北孟加拉和奥里萨邦各地奔波，养育女儿的担子，落在缺少生活经验的妻子肩上，她时常感到疲乏，感到寂寞。1888年11月27日，泰戈尔的儿子罗亭德拉纳特·罗梯出生，十六岁的穆丽纳里妮有了两个孩子，天天忙得不可开交，异常辛苦。穆丽纳里妮还是个少女，社会阅历欠缺，不善与富家子女相处，难免有些磕磕碰

第十三章

难得一知己：
伉俪情深世无其匹

碰，满腹委屈，只能在信中对丈夫诉说。

　　泰戈尔在回信中好言劝慰：小妹，你不要无谓地伤心，尽量怀着一颗平静而满足的心，应对各种事件。　我时刻在心中这样努力着，使自己在人生旅途中成熟起来。　……人的一生是短暂的，苦乐时刻在变化。　淡定面对哄蒙欺骗、损人利己是困难的，但不这样面对，人生的负担将渐渐难以承受，就不可能守护心中的崇高理想。　如果做不到这一点，如果一天天在不满意和烦躁中、在与客观环境中的一些细小阻力的对抗中消度岁月，那么，这一生就会碌碌无为。　博大的恬静、高尚的淡泊、超越功利的情义、不谋私利的行为……这体现人生的成功。　……我知道，你为我受了不少苦，可我坚信，在爱的宽容和吃苦受累中获得的那种幸福，在心遂意满和自我满足中是没有的。　眼下我的唯一希望，是让我们的生活尽量简朴，让我们四周的环境宁静、欢悦，让我们的人生旅程远离奢华、充满善德。　国家的事业高于个人的事情。　……我如此急切地要让你们远离加尔各答的利益之神的石庙，来到这僻静乡村，是因为在这儿，有一点儿东西就觉得足够了，不会误认为谎言就是真实。　在这儿，时刻牢记誓言，不是件难事。

　　1890 年 8 月初，二哥索顿德拉纳特获得休假机会，前往英国度假。　泰戈尔怀念留学期间结识的英国朋友，和他一起前往英国，然而，与上次出国留学不同，这次有了家庭牵挂，一路上对妻儿的想念越来越浓烈，以至于梦境中回到妻儿身边。　他在信中描写了梦中的情景：星期日夜里，我的灵魂脱离躯壳，飞回了朱拉萨迦。　你睡在一张床上，身边躺着小丫头蓓拉。　我同你稍稍亲热了一番，我说，小媳妇，你记住，今天夜里，我脱离身躯，回家与你团聚了。　等我从英国回来，我要问你，你可曾见到我。　接着我吻了蓓拉，又悄悄地回到船上。　我病倒的时候，你们会想起我吗？　……旅途中我神魂不宁，急于回到你们身边。　回国进了家门以后，再也不想到哪儿去了。

　　泰戈尔在沙哈查特普尔巡视水稻和黄麻生长情况，远离亲人，心里空落落的，过几天就写一封信诉说思念："今天我离家来这儿已整整一个月了。　我发觉，田庄里杂事缠身，居然已住了一个月。 之后，我的心就往家里飞去了。"
他担心妻子的身体，信中叮嘱："下次写信告诉我，上午、下午你是否到楼顶上
散步。 另外，告诉我是否遵守其他生活规则。 我估计你把脚搁在椅子上，轻轻
地摇晃着，舒舒服服地读小说。 你头晕好些了吗？"

泰戈尔在乡下，白天很忙，要处理佃户的问题，主持乡村小学的会议，安排
新年度农田承租仪式，没有足够时间进行文学创作，在写给妻子的信中抱怨说，
处理田庄事务，非常麻烦，与他的诗歌创作毫无关系，还说"看来，诗歌和俗事
难以和睦相处"，甚至说他心里不愿过乡绅生活，为不能协调理想和现实而感到
苦恼。

独自在外的泰戈尔，在约定的时间收不到妻子的信，他心情沮丧，胡猜乱
想，回信中表示不满："我从未见过像你们这样不知感恩的人。 ……我不断写
信，养成了你们的坏习惯。 ……你如果一星期写两封信，我会认为这是莫大的
奖励。 ……我为何这么傻，以为每天给你写信，你也许心里会快活点儿，不写
信，你会担忧，究竟如何，只有上天知道。"收到妻子应付差事般的干巴巴的
信，忍不住在信中吐露心中的不快："我难道没有权利知道你黄昏时分的心思？
我难道是只知道白天干活儿的人？ 为什么不写信告诉我你心里想的一切？ 看
了你前两天的来信，我如坠五里雾中。 琢磨半天也不知道你说的是什么意思，
好像有一条毯子捂着你的心。 唉，算了！ 研究玄奥的心理活动，不会有成果，
最好是囫囵吞下信中所有的话。"

当然，泰戈尔深知，妻子出生于一个普通家庭，在学识、文化和志趣等方
面，两人有天壤之别。 所以，他从不强迫妻子去做违反她心愿的事情。 他在信
中体谅地对妻子说："你不必想方设法让我开心，有真诚的爱就足够了。 如果事
事处处，你的想法和我完全一致，当然很好，但实际上是不可能的。 我如能把
我想知道的一切也让你知道，我想学的知识，你也和我一起学，那是一件非常幸
福的事情。 这样，生活中，两个人事事处处携手并进就会容易一些。 做任何事

情，我无意把你抛在后面，但逼你受苦，我也于心不忍。 每个人有自己的兴趣、爱好和收获，我没有本事把我的一切完全融入你的天性。 所以，没有必要为那些事发牢骚。"

　　泰戈尔常年在农村处理田庄事务，与妻子聚少离多。 二女儿蕾务卡出生后，沉重的家务压得她快喘不过气来了。 她多次要泰戈尔考虑让她和孩子去希拉伊达哈居住，这样，泰戈尔处理杂务之余，可腾出手帮她一把，减轻她的负担，然而，泰戈尔对搬家一直犹豫不决，原因是，朱拉萨迦祖宅里，传统大家庭的伙食实行供给制，每天做的饭菜配送给各家，伙食经费来自田产，但谁离开加尔各答到外地生活，就得花自己的月份钱维持生计。 泰戈尔的月份钱有限，担心单靠月份钱维持不了正常生活。 最后，促使泰戈尔毅然迁居的直接原因是孩子的教育问题。 妻子虽上了两年学，文化水平有所提高，但还不能为孩子上课。 再说，他不想让孩子像他小时候那样，到"监狱"般的公立学校读书。 孩子的学习是头等大事，泰戈尔不敢掉以轻心，咬了咬牙，回到加尔各答，请了几个人，帮他一家人带着必要用品，1898 年年底，举家迁居希拉伊达哈。 起初，一家人住在一只船上。 后来受糟糕天气的影响，才决定搬到公事房居住。

做好丈夫的贤内助

　　在希拉伊达哈，穆丽纳里妮不用看别人的脸色行事，说一不二，有权决定大小事情，是泰戈尔名副其实的贤内助。

　　在家庭学校中，泰戈尔工作繁忙，聘请英国人洛伦斯教孩子英语，为他们打下较为牢固的英语基础；聘请曾在泰戈尔家族的田庄里当过差的贾格达南德·罗易教算术和科普知识；自己动手自编教材，由浅入深地逐步讲解梵文语法，而穆丽纳里妮也把几个短篇英语小说译成孟加拉语，读给孩子听。

在日常生活中，泰戈尔的文友来访时，她亲自下厨，以丰盛菜肴招待客人，深得客人称赞。

穆丽纳里妮和泰戈尔一样善良，对贫苦人民有恻隐之心。

有一天，穆丽纳里妮正在对仆人交代需要进城采购的作料，一个名叫莫拉·辛格的旁遮普人进屋，"扑通"一声跪在她面前，声音悲凄地说："太太，救救我全家人吧。"原来他上有老下有小，妻子多病，一家老小全靠他挣钱过日子，可他好几个月找不到工作，一家人陷入了绝境。听着莫拉·辛格的哀求，善良的穆丽纳里妮心生恻隐。泰戈尔当时不在田庄，她做主收留了他，让他在公事房看门，每月工钱十五卢比。莫拉·辛格人高马大，身体强壮，饭量惊人，一天要吃两公斤面粉烙的饼。一个月下来，十五卢比只够他买面粉，剩不下一卢比寄给家人。为此，他整天愁眉苦脸。这消息传到穆丽纳里妮的耳朵里，她马上把他叫去，听他讲了实情，当即拍板，每天由公事房送给他两公斤面粉，解决了他的吃饭问题。后来，他的工钱涨了，每天仍供他两公斤面粉，确保他一家人的正常生活。为此，莫拉·辛格逢人便说：太太是有菩萨心肠的大善人哪。"

她在住房后面开辟了一块菜地，带着孩子种了菜花、茄子、黄秋葵、西红柿和黄瓜。一家人吃不完，就把一篮篮蔬菜送给账房、管家等人的家眷。另外，一周两次把多余蔬菜送给田庄拨专款为低收入勤杂工办的小食堂。那些下层贫民为此对她万分感激。

穆丽纳里妮在希拉伊达哈受到佃户的尊敬，度过了一生中最愉快的两年时光。

1901 年 5 月的一天，穆丽纳里妮准备返回加尔各答，为大女儿玛杜丽洛达置办结婚用品、筹备婚礼。泰戈尔为主持在北孟加拉举行的一年一度的租地新契约签字仪式，之后独自回到希拉伊达哈的家中，在写给在加尔各答的妻子的信中说："前天下午，我回到了希拉伊达哈。屋子空荡荡的。这地方全家一起住惯了，有一家人生活的各种印记，一个人刚到这儿，起初有些心神不定。 尤其是一路劳顿，走进家门，看不到一个能照顾我的、让我高兴的和关心我的人，心里不禁感到空落落的。"

穆丽纳里妮还用自己的实际行动支持泰戈尔在圣蒂尼克坦筹建的寄宿学校建设。 由于这所学校的学生不用交费，穆丽纳里妮就承担起了照顾年幼学生的日常生活、饮食起居的责任。 她每天带着女佣为学生做饭、洗衣服、打扫宿舍。 学生们就像生活在家里一样，亲切地管她叫"妈妈"。 听到他们叫自己"妈妈"，她心里甜丝丝的。

有一天，学生迪伦发烧。 穆丽纳里妮派女佣把他从宿舍接到家里。 他烧了三四天，应该喝牛奶和西米汤。 可十岁的迪伦不习惯喝西米汤。 穆丽纳里妮让他坐在自己身边，一边轻轻抚摸他的后背，一边柔声说："我的宝贝，我的心肝，把西米汤喝了，就会退烧。"她就这样哄着迪伦把一碗西米汤喝完。 后来，迪伦对人谈起他生病时穆丽纳里妮对他的照顾，眼睛不知不觉就湿润了。

穆丽纳里妮作为贤内助，在泰戈尔办学经费短缺、经济负担沉重的时候，为他分忧解愁，毅然典卖首饰，以解燃眉之急。 她从不因丈夫自掏腰包办学而发牢骚，从不把心思放在化妆打扮上。

恩爱夫妻阴阳相隔

穆丽纳里妮十一岁成亲，婚后十余年间先后生了三女两儿，做没完没了的家务，帮助丈夫管理学校，过度的操劳终于压垮了她的身体。 1902 年 8 月，泰戈尔临时去库斯蒂亚查账，回到圣蒂尼克坦，泰戈尔本想安静地休息几天，可天有不测风云，穆丽纳里妮突然病倒了。

有一天下雨，她应邀到蒙瑟夫先生家中做客，在他家不慎摔倒，受伤了。当时，她又怀孕了。在波勒布尔治疗未见好转，大祭节放假头一天，泰戈尔急忙把她送往加尔各答。泰戈尔请波罗塔卜·马宗达等名医为妻子诊治，同时，亲自采用顺势疗法，配合医生的对抗疗法。

大儿子罗梯跟着去了加尔各答，小儿子索弥和小女儿米拉还小，留在圣蒂尼克坦。穆丽纳里妮病情稍稍缓解，泰戈尔叫她安心睡一会儿，她昏昏沉沉地说："你把索弥留在圣蒂尼克坦，离开他，我能睡得着吗？这你还不懂？"

穆丽纳里妮卧床两个月。卧室里没有电扇，十分闷热。泰戈尔唯恐女佣照顾不周，天天亲自为她扇风喂药。穆丽纳里妮病情越来越重，知道将不久于人世，就叫泰戈尔打电报给二女婿索登特拉纳德·帕达贾尔查，要他火速从美国回印度，与蕾努卡圆房，了却她一桩心事。

穆丽纳里妮最不放心的，是她离世后，索弥和米拉无人照看。她姑父的二房拉兹洛吉·黛维从乡下来加尔各答看望她。拉兹洛吉·黛维虽是二房，却一向受到她的尊重。她握着拉兹洛吉的手，用充满期待的口气说："小姑妈，我起不了床，几个孩子没人照看，可怜啊。您要是肯来照看他们，我闭了眼也能放心了。"

"你会好起来的，别胡思乱想。"拉兹洛吉安慰她，"你放心，我会像你一样，照看索弥他们的。"

穆丽纳里妮弥留之际，已不能说话。泰戈尔把罗梯叫来，坐在她身边。她望着儿子，眼角沁出一滴滴泪珠。罗梯后来写的纪念母亲的文章中说："我现在怀疑，母亲当年得了阑尾炎。当时，不知道什么叫阑尾炎，医院里还不会做阑尾炎手术。"

穆丽纳里妮去世那天晚上，泰戈尔让罗梯和其他孩子去旧楼三层睡觉，一种莫名的恐惧使他们辗转反侧，难以入睡。天快亮了，罗梯走到走廊里，目不转睛地注视着红楼。整座红楼笼罩着黑暗，一片沉寂。

子夜时分，穆丽纳里妮停止了呼吸。 泰戈尔含泪松开她冰凉的手，走上楼顶，不让别人跟着他，独自在楼顶踱步。 黎明时分，穆丽纳里妮的遗体送往焚尸场。 他朝焚尸场方向凝望，神色凄楚，面颊上泪痕斑斑。 上午，他把妻子在世时常穿的一双皮凉鞋递到儿子手中，说："这双凉鞋给你了，好好保存吧。"罗梯把凉鞋捧在胸前，"哇"的一声哭了起来。

穆丽纳里妮于 1902 年 11 月 23 日去世，年仅二十九岁。 泰戈尔当时四十一岁。 大女儿玛杜丽洛达十六岁，二女儿蕾努卡十二岁，大儿子罗梯十四岁，小儿子索弥八岁，小女儿米拉六岁。

清点妻子的遗物时，泰戈尔在抽屉里发现他以前写给她的信，触物生情，潸然泪下，在心里喃喃自语："你把温暖生活的几许印痕悄悄地万分珍惜地存放在家里。 浩浩荡荡的历史长河中，毁灭之涛卷走多少星辰！ 你从中取出这几样无足轻重的东西，收藏起来，在心中絮叨：'谁也无权拿走我这些珍宝。'"

回首往事，想到妻子一生支持自己的文学和教育事业，泰戈尔心里充满感激之情，同时，也意识到过去对妻子关心照顾不够，有时说话未掌握好分寸，可能伤了妻子的心。 他后悔不已，但仍想弥补一下。 他在诗中说：

朝夕相伴的岁月里，

　她一次次慷慨奉献。

而今,我已没有

　回报她的时间。

她的夜已化为黎明，

　你接她走了,哦,大神——

我只能把感激的礼物

　呈献在你的足前。

　　经历了与妻子的诀别，在泰戈尔眼里，死亡已不令人恐惧了。妻子离世，让他更深切地感受到生活的美好。

　　　　你在我的生活中
　　　　糅进了死的甘甜。
　　　　你用永诀的光芒
　　　　耀亮我暗淡的心房；
　　　　在我不灭的忆恋上
　　　　投映夕照色彩的变幻。

　　印度人认为妻子是丈夫的半身。这种观念源自神话传说：喜马拉雅山之女婆婆蒂嫁给毁灭大神湿婆，即与他合为一体，不可分离。所以湿婆具有双重性别。泰戈尔或多或少受到这种观念的影响，他说"爱情意味着两个人的世界，在爱情中一加一还是一"。所以，他觉得妻子仍与他形影不离：

　　　　啊,你在我生命中生活,
　　　　在我心头把期望诉说——
　　　　　我深切地感到你
　　　　　十分神秘地在我的体内
　　　　化为另一个我。
　　　　啊,你在我生命中生活。

　　泰戈尔施展想象，跨越阴阳界限，营构绮丽意境，以真挚的语言，在诗中暗示他今后不娶继室：

今朝弃家登程归去的人儿

临别留下赠言：

"有个客人日后专程来接你，

擦干你的泪眼！"

她还说："以世俗生活的蒺藜，

编条奇异的花串，

你告别祖居，把完美的花环

送往新建的宫殿。"

  一首又一首悼亡诗，流出泰戈尔的笔端，或直抒胸臆，或委婉含蓄。情感真挚的诗句感人至深，不知多少读者读着读着流下了眼泪。泰戈尔写的二十七首悼亡诗，汇编成《怀念集》。在顶级文学大师中，写如此多的悼亡诗的诗人，大概只有泰戈尔一人。

  泰戈尔四十一岁丧妻，之后不乏爱慕他的女子，甚至颇有才气的阿根廷女作家维多利亚·奥坎波也委婉地对他倾诉了相爱之意，但泰戈尔坚守自己的誓言，不为所动。像他这样驰名世界的大文豪甘愿独处数十年，世所罕见。他真正做到了"以专一的爱"终生偿还妻子的情债。

码上解读
❀ 才华横溢的大师
❀ 赤子之心的诗人
❀ 无问西东的旗手
❀ 东方精神的智者

泰戈尔结婚的第三个年头，大女儿玛杜丽洛达·黛维出生，小名叫蓓拉。这一年，泰戈尔二十五岁，妻子十四岁。

大女儿出嫁

玛杜丽洛达自小灵性超群，泰戈尔动身从加尔各答返回希拉伊达哈田庄时，四岁的玛杜丽洛达依依不舍地抓着他的衣摆，说："爸，我不让你走！"这句极平常的话，在泰戈尔敏感的心中激起了感情波澜，他就此写了长诗《不让你走》。当年 11 月的《求索》杂志发表泰戈尔的著名短篇小说《喀布尔人》，小说主人公弥妮的原型就是玛杜丽洛达。

光阴如箭，转眼间，玛杜丽洛达十四岁了。她容貌姣美，亭亭玉立。泰戈尔的侄女英迪拉夸她继承了她爸的俊美的基因。按照当时的婚俗，玛杜丽洛达已过了结婚的年龄。仰慕泰戈尔家族的名门大户的媒人，一个个满怀希望走进朱拉萨迦的大门，又一个个垂头丧气走出大门。没人想到，为玛杜丽洛达找到如意郎君的竟是泰戈尔的文友——不善交际的波利亚纳特·森。

1901 年 7 月的一天，波利亚纳特·森风尘仆仆地来到圣蒂尼克坦，面见泰戈尔，破天荒地充当媒人角色。 已故比哈里拉尔·贾格拉波尔迪先生是泰戈尔非常崇拜的诗人，原来是他家的三公子萨拉特·昌德拉·贾格拉波尔迪很想与泰戈尔的大女儿结为夫妻。

波利亚纳特认为，双方是世交，均为诗书人家，门当户对。 他向泰戈尔详细介绍了萨拉特的情况："萨拉特年已三十，是个成熟的男子。 他是加尔各答大学的优秀生，在管区学院获得一等哲学硕士学位。 1894 年通过法学考试，目前在比哈尔邦的莫扎夫尔普尔市当律师。"玛杜丽洛达十四岁，双方年龄差距较大，不过后来考虑到萨拉特的一些优势，泰戈尔也就同意了。

然而，彩礼问题令泰戈尔十分头痛。 萨拉特的哥哥对泰戈尔说，彩礼是家境和名望的体现，泰戈尔家族是加尔各答第一富豪，所以，他们要两万卢比。泰戈尔一听吓了一跳，沉默半晌，极力让心绪平静下来，说："泰戈尔家族今不如昔。 我这个小家的月份钱减了一半，入不敷出。 两万卢比，对我来说，无疑是天文数字。"来为他们的弟弟提亲的阿比纳斯和里希格斯交换一下眼色，脸上毫无表情，看来无意减少彩礼。"二位兄弟，"波利亚纳特心里也对阿比纳斯索要高额彩礼颇为不满，"罗毗兄说的是实情。 再说，他这几年在圣蒂尼克坦办学，不收学费，投入不少资金，生活相当拮据。 二位务必减少部分彩礼，促成这桩婚事。"阿比纳斯和里希格斯说回家商量商量再给答复。

泰戈尔回到圣蒂尼克坦写信给波利亚纳特，讲了他的实际困难。

波利亚纳特兄：

关于蓓拉的妆奁，很难说何时可置办齐全，但无论如何要为她筹措一万卢比左右。可能一部分是现款，其余的分期支付。当然，分期支付对我相当不利，但囊中羞涩，也只好如此。

昨天的信中，我已清楚地对你谈了我对妆奁的看法。硬着头皮去做超出财力的事情，是不应该的。我绝不会一意孤行，惹家父生气，让全家人不满意。当下，我绝不会为难家父。死缠硬磨，或许能达到目的，可我不会这样做。

目前，有望在别处借到一部分钱。所以，暂时不知道要跟你借多少。万一别处借不到，星期五再写信告诉你具体数额。

经过与阿比纳斯和里希格斯兄弟俩几轮商谈，多次书信往来，讨价还价，他们最后同意把彩礼降至一万卢比，不肯再降。另外提出一个条件，一万卢比必须在成亲三天前交到男方手中。这是让泰戈尔感到丢颜面的苛刻条件。

泰戈尔向父亲禀报此事。圣哲德本德拉纳特当即说，孙女成亲第二天，他为孙女祝福，同时给五千卢比贺金，但坚决不同意在婚礼前给钱。泰戈尔东凑西借，终于凑足一万卢比。接着写信告诉萨拉特的两位哥哥，一万卢比彩礼，婚后第二天支付，否则，请他们另择佳丽。萨拉特的两位哥哥权衡再三，退让一步，表示同意。

婚事就这样基本定下了，但又迎来了新的问题：萨拉特的年龄在朱拉萨迦祖宅引发了难听的风言风语：

"新郎三十岁，是个小老头儿呀，只比老爷小十岁，他怎么开口叫老爷'爸'呢？"

"叫太太'妈'就更不好意思了，他比太太还大三岁哪！"

泰戈尔不理会这些闲言碎语，认定只要女婿人品好，有学问，今后善待玛杜丽洛达，他这个当父亲的就算尽责了。

按照泰戈尔家族的规矩，萨拉特在婚前两天皈依梵教。1901 年 6 月 14 日，玛杜丽洛达的婚礼在朱拉萨迦祖宅正式举行。

婚礼结束，泰戈尔亲自送女儿女婿前往女婿的工作地点莫扎夫尔普尔。与女婿相处几天，他对女婿的人品有了较多了解，在写给妻子的信中说："他很爱蓓拉，今后也会很爱蓓拉，这是毋庸置疑的。他意志坚定，勤快能干，毫不懈怠，能够挣钱。 像真正的男子汉一样爽快、洒脱。 为此，我特别喜欢他。"

在莫扎夫尔普尔期间，穆卡吉学校特地举行欢迎会，授予泰戈尔荣誉证书。这是他一生中首次获得荣誉证书。

二女儿出阁

回到加尔各答，泰戈尔自己也不曾想到，玛杜丽洛达出嫁刚一个半月，二女儿蕾努卡也出阁了。

二女婿名叫索登特拉纳德·帕达贾尔查，没人做媒，是他自己找上门的。他坦率地对泰戈尔说了他想娶蕾努卡的缘由："我钦佩您创办学校、教育救国的理想。 我愿意为实现您的理想出一份力。 另外，听说您二女儿待字闺中，我愿意娶她，而且不要一分钱嫁妆。"

"哦——"前些日子为置办大女儿的妆奁，泰戈尔四处借钱，筋疲力尽，狼狈不堪，听他说不要聘礼，感到既意外又欣慰，"你是学什么的？"

"学对抗疗法，已获得硕士学位。"

"顺势疗法，治病也很有效。"学过顺势疗法的泰戈尔说，"你要是愿意，我可以送你去美国深造。"

"那太感谢您了。"

"这样吧，"泰戈尔说，"过两天你就和蕾努卡成亲，然后出国学习。"

除了索登特拉纳德不要彩礼让泰戈尔如释重负外，他送女出嫁的另一个原因，是蕾努卡从小脾气特别固执，受到数落、处罚、严加管束，照样我行我素。他认为，离开娘家，女儿才能有所改变，总待在父母身边，习性是改变不了的。

妻子穆丽纳里妮听说他要为蕾努卡操办婚事，大吃一惊："你说什么？ 两天后要把她嫁出去？ 蕾努卡还小呀，再说她身体也不好。"

　　"可以只举行婚礼。"泰戈尔说了个两全之策，"等索登特拉纳德学成回国，再圆房。"

　　由泰戈尔做主，1901 年 8 月 9 日，年仅十岁零六个月的蕾努卡与索登特拉纳德仓促成婚。操办完两个女儿的婚事，放下肩上的"两副担子"，泰戈尔感到全身轻松，在心中长出了一口气。

小女儿举行婚礼

　　一晃又过了六年，一个小伙子托人上门求婚，想娶泰戈尔的小女儿米拉。他声称他愿意出手取下泰戈尔肩上最后"一副担子"，不过前提是，泰戈尔出资帮他出国镀金。这个小伙子名叫诺根德拉纳特，他父亲巴蒙昌德拉是波里萨尔县梵社的忠实成员。小伙子志向远大，可家境贫寒，一家人连出国买船票的钱也凑不齐。

　　泰戈尔听了他求婚的条件，心里很是反感，这不是变相地索要彩礼吗？但有一天，勉强同意见这个小伙子一面。诺根德拉纳特相貌堂堂，脸上充满朝气，谈吐举止文雅，很讨泰戈尔喜欢。

　　1907 年 6 月 7 日，年仅十三岁零四个月的米拉，在父亲的张罗下，和诺根德拉纳特的婚礼在圣蒂尼克坦寺庙里举行。当时学校已放假，婚礼不是特别热闹。婚礼结束，泰戈尔带着女儿女婿前往波里萨尔看望亲家，他还会见当地的文学家，鼓励他们成立孟加拉文学协会分会。

　　泰戈尔信守诺言，为诺根德拉纳特提供出国学习的一切费用。不仅如此，还帮助他父亲还清一笔债，提供他弟弟的学习经费，真心期望他与米拉相濡以沫、白头偕老。结婚三星期后，1907 年 6 月 28 日，诺根德拉纳特动身前往美国，在伊利诺伊大学学习农业和畜牧业。泰戈尔的意愿是让小女婿也掌握农业科学知识，今后回国，和儿子一起参加农村改革，为农民服务。

　　在泰戈尔的年代，盛行童婚制和妆奁制。　女儿出嫁，要陪送丰厚嫁妆，否则就被男方瞧不起，甚至受到虐待。　为此，无数女孩儿命运悲惨，无数家长深受其害，不幸的是，泰戈尔也是那些受害者之一。

　　19世纪末，英国垄断资产阶级以各种卑鄙手段掠夺印度的财富，掌握了印度的经济命脉。印度民族工业在市场、设备供应和资金来源等方面都受到排挤，举步维艰。20世纪初，印度各地饥荒、瘟疫不断发生，广大群众陷入深重的苦难。

　　1905年，印度近代史上爆发第一次以争取民族独立、实现民族自治为目标的革命运动。

　　这次运动的导火线，是英印总督冠松爵士炮制的孟加拉分割方案。其实，1903年12月3日，殖民当局在加尔各答发表的文告中，就已透露冠松爵士分裂孟加拉的险恶用心。当时的孟加拉由比哈尔、奥里萨、西孟加拉和东孟加拉（即现在的孟加拉国）组成，面积47.25万平方公里，人口约7850万。按照分割方案，把阿萨姆与拉吉夏希、达卡和吉大港这三个区合并，成立"东孟加拉和阿萨姆邦"。西孟加拉和比哈尔、奥里萨，仍称孟加拉邦，新孟加拉邦大部分人是印度教徒，首府加尔各答是印度政治文化中心。"东孟加拉和阿萨姆邦"，经济文化上相对落后，大部分人是穆斯林，首府达卡。

　　回望历史，可以看到，印度教徒率先接受西方教育，在政府中获得较多职位。穆斯林囿于旧文化传统，接受西方教育较晚较少，在政府中获得职位也较少。为此，一些穆斯林知识分子和王公遗老心里充满怨恨。 在政治和经济上难以抹去与印度教徒的差异而与之平起平坐，他们便暗暗心生另起炉灶的念头。

在印度争取民族独立需要团结各阶层力量，尤其应联合穆斯林的重要历史时刻，两个教派在各方面的差异，以及某些穆斯林知识分子和王公遗老有分道扬镳的倾向，被狡黠的英国殖民统治者看到了，并不失时机地加以利用。 策划孟加拉分割，目的就是制造和煽动印度教徒和穆斯林之间的对立和摩擦，破坏印度人民的团结，挫败印度民族独立运动，尽可能延长殖民统治。

看透殖民当局的阴谋

泰戈尔深知穆斯林和印度教徒的芥蒂是反分割运动的障碍。 他在《疾病和治疗》中坦言："我们应该承认，穆斯林和印度教徒之间确实存在矛盾。 双方不仅貌合神离，而且严重对立。"泰戈尔警告说："明争暗斗，最终将使心灵、国家、文化和人性产生裂痕。"

1904 年 5 月，他在《孟加拉之镜》上发表的文章《孟加拉分治》中说："我们没有失望的任何理由。 想以孟加拉分治来彻底分裂孟加拉人民，是白日做梦。 分裂阴谋将使我们的团结意识大大增强。 以前，我们麻木地待在一起，如今，我们幡然苏醒，团结一心。 外来势力如与我们作对，我们爱的力量必然觉醒，奋起抵抗，这就是我们真正的收获。"

1904 年 6 月 16 日，他在《孟加拉之镜》上发表的文章《谈国家》中指出："这次他们搞孟加拉分治，促使我们丢掉对英国文明的幻想，印度真正赢得了我们的心，这是最大的收获，它绝不亚于获得金钱。"

英国殖民当局在推行孟加拉分治的同时，妄图割断孟加拉人的文化、历史和经济纽带。 为此，狡诈的英国政治家提出更恶毒的肢解孟加拉语的方案。

1904 年 3 月 11 日，英印政府成立的改革委员会公布孟加拉语教育改革计划。改革委员会声称，初小（一年级到四年级）使用的大部分教科书，部分是用梵文化的语言编写的，其中有些术语，乡下人看不懂。所以，建议所有学校的标准教科书，首先用英语编写，之后译成各地的方言。该委员会认为，仅比哈尔邦，至少需用三种方言，即用特利胡迪方言、布兹普里方言和穆伊梯里方言翻译教科书，而在孟加拉邦，至少要用四种方言，即北部、东部、中部和西部方言翻译教科书。

改革委员会的方案出炉后，在加尔各答大会堂，由拉蒙特罗逊德尔·特里贝迪先生①主持的会议上，泰戈尔发表题为《有效方法》的演讲，猛烈抨击这个方案。1905 年 3 月，这篇演讲在《孟加拉之镜》上发表，尖锐指出："显然，当局把分裂我们的国家当作头等大事，但在英国，则把保持各地英语的统一当作要事。在英国，为农民谋利和维护语言的完整两者的利益是一致的。对此，没有人持异议。所以，那儿五个聪明的脑袋合并成一个脑袋，其中也不可能产生'把语言分割成四块，以减轻农民的些许苦恼'的想法。在某个特定时节，因民众的教育存在某些缺陷，便采用一系列措施把本国方言的迥异渐渐固定的行为，无异于用斧头砍国家共同福祉之树的根部，这一点，行政当局的西方官员们，以及他们忠实的孟加拉委员，比我们知道得更清楚。"

信奉印度教、伊斯兰教、佛教和基督教的孟加拉人，千百年来创造了孟加拉语和文学，他们从中体悟到了共同感情，英印政府为粉碎这种感情，装作民众的知心人，而实际上，是在他们中间制造分裂。

泰戈尔在《分割孟加拉》这篇文章中，忧心忡忡地说："孟加拉一旦一分为二，孟加拉人的衣食住行大概不会有太大损失，给我们带来的唯一恶果是，原先整个孟加拉处于一个行政管理体制中，孟加拉人的内心每时每刻有团结一致的

_____

① 　拉蒙特罗逊德尔·特里贝迪(1864—1919)，孟加拉语作家，曾任孟加拉文学协会主席。

感觉，孟加拉人有欢聚一堂的许多时机，这样的时机一旦失去，我们在凝聚力量的道路上就会遇到重重障碍。"

8月7日，在波苏帕迪纳特·巴苏先生的豪宅庭院，举行杜尔迦女神大祭节庆祝活动，泰戈尔应邀出席并作讲话。大祭节庆典基本上是印度教活动。泰戈尔注意到，抵制分治运动的标志都来自印度教，具有教派特性。可孟加拉邦，不是印度教徒的，而是印度教徒、穆斯林、佛教徒和基督教徒的。各个教派的人，几百年来生活在这片土地上。孟加拉分裂，意味着各种教徒的分裂，而不是印度教徒的分裂。抵制孟加拉分割，各个教派的人都应参加，而不只是印度教徒参加。开展这项运动，应让各阶层各种职业的人心甘情愿地参加。

泰戈尔明确指出，抵制孟加拉分割运动中，这些印度教标志非但不能把穆斯林拉到自己的身边，反而会把他们推得更远。所以，他呼吁穆斯林也参加大祭节活动："啊，朋友们，在今天这个杜尔迦大祭节的日子，把我们的心送往孟加拉国各地吧。从北方喜马拉雅山脚下到南方波涛汹涌的大海边，从东部河流纵横如网的边陲到西部山峦绵延的边地，送去我们的心！对刚刚结束耕种回家的农民致以节日的祝贺，对把牛群赶回牛棚的牧童致以节日的祝贺，对来到法螺吹响的寺庙里的香客致以节日的祝贺，对面对太阳落山的方向完成祷告的穆斯林致以节日的祝贺。今天孟加拉所有浓密树荫覆盖的村庄上方，金秋的天空倾洒着溶溶月辉，让你们欢聚的心灵一遍遍咏唱的祖国颂歌回响在这神圣宁谧的暮空！"

支持群众抗议运动

1905年7月4日，英国议会批准孟加拉分割方案。8月7日，在市政大厅举行的群众会议对此作出回应，宣布从此放弃申请呼吁等活动而将进行直接斗争。　各县的许多代表和学生、市民出席会议。　会上，纳伦特罗森建议抵制英国货。　建议通过之后，孟加拉各地群众在数百次会议上，宣誓反对分割方案，抵制英国货。

由于中学和大学的志愿者的积极参与，抵制英国商品的活动在各地迅速扩展。　学生是一支生力军，举行集会、游行，在商店外设置警戒线，阻止装卸和售卖英国货。　他们头顶着本国服装和物美价廉的商品到各个村庄推销。　泰戈尔的爱国歌曲是他们高唱的战歌。

9 月 1 日，冠松爵士在西姆拉宣布，从 10 月 16 日将正式实行孟加拉分治。冠松爵士宣布的这一决定，立刻引发了各地群众的抗议活动。

9 月 3 日下午 4 点半，在学院广场举行抗议集会，与会的约四千五百名学生光着脚举着旗子。　集会结束，他们高唱泰戈尔创作的《金色的孟加拉》：

> 金色的孟加拉，我爱你，
>
> 你的天空你的和风
>
> 永远在我心中吹奏情笛。
>
> 啊，母亲，
>
> 春天你的杜果花香使我陶醉，
>
> 啊，母亲，
>
> 秋天我在农田看见你甜蜜的笑意。
>
> …………
>
> 母亲，我匍匐着向你顶礼，
>
> 赏赐我你足上的尘粒，
>
> 它将是我桂冠上的宝石。
>
> 我要把穷人的财富献给你，
>
> 啊，母亲，

我决不允许从异域舶来的绞索

作为你颈上的首饰。

接着他们在市内游行。 集会组织者宣布，10 月 16 日一旦真的实施分治，他们将举行为期三天的哀悼活动，参加者一律不穿鞋子，不披披肩。

泰戈尔当时住在查尔康特土邦的吉里迪。 反对孟加拉分治运动在整个孟加拉激起的热情之波使他心潮澎湃。 他的激情抒写在他创作的爱国诗歌中。 他用保乌尔调创作了《我头触我祖国的泥土》《母亲，你难道要把你的孩子送到别人家门口》《你沉寂的恒河掀起波涛》《母亲，别人离开你只管离开，我决不离开你》《如果听到召唤没人走来，独自前进吧》《不要理睬骂你是疯子的人》《有些亲人会离开你》《出生在这个国家，荣幸无比》《无所畏惧》《你们不说话，未唤醒村庄》《哦，别用泪水浸湿泥土》《兄弟，别一次次摇晃，让我看到你昂首挺胸》《哦，心儿，日夜满怀信心》《我们列队在路上前进，一家家门口高唱你的名字》《今天从孟加拉的心中》《哦，舵手，征程已开始》《你真这么强大》《适得其反》《今天大家从各地会聚一堂》《兄弟，别胡思乱想》等二十首爱国歌曲。

10 月 16 日，孟加拉分割法生效，孟加拉各地立即掀起抗议浪潮，加尔各答各界群众举行罢市，印度报刊用黑色边框报道了这则消息。

参加互结圣线的爱国活动

9 月 17 日，在太阳神图书馆举行的群众代表会议上，为了鼓舞民众斗志，会议通过了泰戈尔提议的在手腕上结圣线①的行动计划。

---

① 在行人手腕上系象征团结的黄线。

《孟加拉人》日报上刊登了有关手腕上结圣线的通告：

日期：10月16日。时间：红日东升起至晚上第一个时辰。要求：这期间
应保持平和心态。材料：三根黄线。口号：兄弟们，携手并肩，人人平等。做
法：不分上层人、下层人，不分印度教徒、穆斯林、基督教徒，以自愿为原则，只
要是孟加拉人，在手腕上结圣线。请把口号写在纸上，连同圣线，寄给那天不
在本邦的人。

10月18日，《孟加拉之镜》上发表的泰戈尔的文章中说："10月16日，孟
加拉被法律分割为两部分，但天帝没有分裂孟加拉人民，为了以特殊方式铭记
和告诉民众这一重大事件，我们以传统方式在彼此手腕上结黄色圣线，一边结
圣线一边高喊'兄弟兄弟，站在一起'。"

拉蒙特罗逊德尔·特里贝迪①呼吁10月18日这一天进行绝食，对分治表示
抗议，并建议面对孟加拉吉祥女神宣誓保卫孟加拉。

为了不忘记这一天的屈辱，泰戈尔创作了爱国歌曲《孟加拉的泥土孟加拉
的河水》，展示孟加拉的秀丽景色、财富、力量、语言，表达孟加拉人心中最美
好的理想，祈求天帝祝福。

孟加拉的泥土孟加拉的河水，

孟加拉的清风孟加拉的果实，

充满善德吧，充满善德吧，

充满善德吧，啊，天帝！

孟加拉的房屋孟加拉的集市，

---

① 拉蒙特罗逊德尔·特里贝迪(1864—1919)，里奔学院物理和化学系的教授和系主任。

孟加拉的森林孟加拉的田野，

充满善德吧，充满善德吧，

充满善德吧，啊，天帝！

孟加拉人的誓言孟加拉人的希望，

孟加拉人的事情孟加拉人的语言，

成为真实，成为真实吧，

成为真实吧，啊，天帝！

孟加拉人的生命孟加拉人的心灵，

孟加拉人家里所有的兄弟姐妹，

团结起来吧，团结起来吧，

团结起来吧，啊，天帝！

这一天，泰戈尔与民众一起参加在加尔各答举行的互结圣线活动。 上午，他参加歌颂祖国协会组织的游行，站在游行队伍的最前列，走到恒河码头，与孟加拉许多著名人士一起高唱《孟加拉的泥土孟加拉的河水》，下河沐浴，以互结的圣线与广大民众紧紧联系在一起。

下午，在加尔各答环形路广场，举行大民族官即联合会大楼奠基仪式。 印度各民族团体的大集结，即大联合的设想，这一天在孟加拉人浪漫的心中终于有了雏形。 这次仪式的主宾阿南德·穆汉·巴苏是公共梵社创建人之一和孟加拉民族主义运动先驱之一。 那天，孟加拉群众认为他是为联合会大楼奠基的最合适人选。 在病榻上躺了多日的阿南德·穆汉·巴苏，搂着志愿者的肩膀，用瑟瑟发抖的双手为联合会大楼奠基。 他的英语讲话由诗人阿苏杜斯·乔德里宣读，孟加拉语译文由泰戈尔宣读。

创作爱国歌曲

在反对孟加拉分割运动期间，泰戈尔写的大部分歌曲抒发炽热的赤子之情，极大地激发了民众的爱国热情。 创作爱国歌曲，在庙会等公共场合演唱，是泰戈尔家族的优良传统。 通过这些歌曲，他赞美祖国母亲。 这些歌曲在群众的心中掀起爱国激情的狂澜，使他们认识到自己的力量。

孟加拉群众如此坚定、强硬地拒绝英国政府炮制的孟加拉分割方案，史无前例。 浩浩荡荡的群众队伍举行游行，朝位于巴格帕查尔的波苏帕迪纳特·巴苏①的寓所方向行进。 泰戈尔也在游行队伍中。 成千上万的民众高唱泰戈尔写的新歌《适得其反》：

> 他们的铁链愈是冷硬，
>
> 更多的锁链定将粉碎。
>
> 他们血红的眼睛愈是凶狠，
>
> 我们的目光愈加敏锐。
>
> 没有时间再做美梦，
>
> 必须立即履行责任。
>
> 他们愈是狂呼乱叫，
>
> 昏睡过的我们愈加清醒。
>
> 他们愈是疯狂破坏，
>
> 更多的建筑拔地而起。

————————————

① 波苏帕迪纳特·巴苏是加尔各答的富豪。

他们愈是残酷镇压，

反抗的浪潮愈加汹涌澎湃。

你们不可丧失信心，

身边站着清醒的世界主宰——

他们愈是蹂躏宗教，

他们更多的军旗坠落尘埃。

唱完《适得其反》，又唱另一首泰戈尔的歌曲《你真这么强大》：

你真这么强大能撕碎天帝的管束？

你真这么强大？

你真这样骄横能把我们的破立管住？

你真这样骄横？

永远把我们往后拉往下摁，

你没有这种力气，我们不再忍受。

弱者有推翻高压统治的力量。

不管你多么厉害，我们有天帝保佑。

削弱我们的力量，你们也活不了几天。

你的航船将沉没，带着沉重货物。

泰戈尔创作的爱国歌曲中，有的描写孟加拉母亲的美貌，如《你何时从孟加拉的心中走来》《孟加拉的泥土孟加拉的河水》和《金色的孟加拉》。有的礼赞祖国，如《我头触我祖国的泥土》。《金色的孟加拉》后来成为孟加拉国国歌。

随着时间的推移，这些歌曲的历史背景虽已远逝，但抒发的家国情怀不会

消失。 超越当时的特定情境，这些充满爱国激情的歌曲将会世代流传，鼓舞人
们不懈追求美好的幸福生活。

码上解读

❧ 才华横溢的大师
❧ 赤子之心的诗人
❧ 无问西东的旗手
❧ 东方精神的智者

1913 年 11 月 13 日，诺贝尔文学奖评委会宣布，把诺贝尔文学奖授予印度诗人泰戈尔。

这则消息通过电波迅速传遍世界，引起各种各样的反应。 印度和其他东方国家，对把诺贝尔文学奖首次授予东方国家的作者普遍表示欢迎，兴奋喜悦之情溢于大量报道。 一些西方国家的有识之士对诺贝尔文学奖评委会对东方文学的认可表示赞同，原本期望获得该奖的个别国家则表示失望，甚至不满。

泰戈尔本人对获得诺贝尔文学奖感到非常意外。 他在美国写给侄女英迪拉的信中说："我至今想不明白，我翻译的《吉檀迦利》别人怎么会这么喜欢。 我不能用英语写作，这是一清二楚的。 为此，我从不自责，从不内疚。"

英文译作《吉檀迦利》诞生

1912 年泰戈尔访问英国之前，他被译成英文的作品仍寥寥无几。

最初发表的英文译作是 1911 年 4 月在《现代评论》上发表的两首英译诗，由阿南德和泰戈尔共同署名。 此后几个月，《现代评论》上刊登了《出生》《告别》和其他几首泰戈尔诗歌的译文。

　　当时，在英国从事科研的孟加拉科学家贾加迪什·钱德拉·博斯不仅读过大量泰戈尔的作品，也熟悉西方文学作品，他一直认为泰戈尔的作品可与西方佳作媲美，热情鼓励他把孟加拉诗歌译成英文，介绍给西方读者。 他在信中催促泰戈尔尽快访问英国，与英国文学界建立正常的交流渠道，有针对性地把自己的作品推向西方世界。

　　泰戈尔收到他的信，深受鼓舞。

　　1912 年 3 月 19 日，他启程前往英国访问。 这天早晨，他的几件行李已送到旅伴迪金特洛那特·米德拉医生的卧铺舱里。 不少亲友手捧鲜花和花环到加尔各答码头送行。 时间一分一秒地过去，却迟迟不见泰戈尔的踪影，大家脸上不禁浮现焦虑的神色。 最后才有了确切消息，泰戈尔病了，来不了码头。 原来，这几天天气特别炎热，再加上迎送一批批来访的客人，泰戈尔累垮了，只能听从医生的劝告，明智地取消出访计划，待身体稍好一些，再确定出访事宜。

　　休养期间，泰戈尔回到了希拉伊达哈。 在幽静的水乡，泰戈尔动手翻译诗歌，在两个月内译了六十多首，取名《吉檀迦利》。

　　休息了一段时间后，5 月 24 日，泰戈尔在儿子罗梯和儿媳波罗蒂玛·黛维的陪同下，前往孟买，重又踏上出访的旅途。 之后，他们在法国马赛港下船，直奔巴黎。 在巴黎只待了一天，6 月 16 日，经多佛抵达伦敦。

　　泰戈尔到了伦敦，首先拜访威廉·罗森斯坦爵士。

　　罗森斯坦一见泰戈尔，像印度人一样双手合十："千盼万盼，总算把您这个老朋友盼来了。"

　　两人坐在一张长沙发上，泰戈尔回忆道："加尔各答一别，两年过去了。"

　　罗森斯坦回忆起前年去印度采风时，在朱拉萨迦府上向泰戈尔的堂侄、画家阿巴宁德罗纳特请教印度绘画技法的情景。 他们还一起回忆了罗森斯坦在画室门口遇见泰戈尔并为他画一幅素描的旧事。

　　泰戈尔再次表示感谢，同时从包里取出一本手写的译本递给罗森斯坦，说道："最近几个月，我在希拉伊达哈译了六十多首，旅途中又译了十几首，总共八十三首①，我为拙译取名《吉檀迦利》。"

　　"《吉檀迦利》是什么意思？"罗森斯坦一面问一面翻开泰戈尔的手抄本。

　　泰戈尔解译说："《吉檀迦利》是孟加拉单词'献歌'的音译。"

　　"哦，原来是这样。"罗森斯坦轻声吟读第一首：

　　　　你使我万世永生，这是你的快乐，你一再倒空我的心杯，又一再斟满崭新的生命。

　　　　你携带这小巧的苇笛，翻过高山，越过深谷，吹出永远新鲜的乐章。

　　　　在你甘露般的抚摩下，我这颗小小的心，在欢乐中突破局限，唱出难以言喻的歌词。

　　　　你无穷的赐予，只放在我小小的手中，一个个时代消逝，你不停地赐予，我的手总可以受纳。

　　"哦，这不像译作，我读了觉得是原创。"罗森斯坦称赞道，"语言清丽易懂，意境阔大神奇。　您刚才说这本译著的名字是'献歌'。　想必您是把您的诗歌献给诗中的'你'的。　可这个'你'是谁呢？"

　　"印度梵教的创造大神梵天。"泰戈尔解释说，"印度教徒相信，梵天无处不在，无时不在。"

　　"明白了，采用与大神交流的形式，通过歌曲讲述志趣，表达喜怒哀乐。其实，西方诗人也喜欢这种形式。　所以，接受您的诗作，对他们来说，是不难的。"罗森斯坦提议道，"泰戈尔先生，我想把您的手抄本打印出来，让更多的

---

　　① 　泰戈尔后来又译了二十首，《吉檀迦利》正式出版时共有一百零三首。

英国诗人阅读、欣赏，获得美的享受，您看可以吗？"

"当然可以。"泰戈尔当即同意。 其实，这也是他到英国后想做的第一件事。

罗森斯坦办事雷厉风行。 第二天把泰戈尔翻译的诗歌打印几份，寄给与他关系密切的几位作家，想听听他们对泰戈尔译作的反应。

安德鲁·塞西尔·布拉德利①读后说了一句很有分量的话："在我看来，一位伟大诗人来到了我们中间。"斯托福德·奥古斯都·布鲁克②读后给罗森斯坦的回信中说："我怀着赞扬和感激的心情读了这些译作，我从中得到了精神慰藉、快乐、爱和美，它们比我能表述得更为深挚，我希望我配阅读这些佳作。"爱尔兰诗人叶芝觉得英译版《吉檀迦利》已近完美。

也因此，泰戈尔与英语世界的作家建立了联系，先是拜会了布鲁克，然后参加了与诸位诗人的聚会和欢迎会。

布鲁克在见到泰戈尔前，曾和大多数读过《吉檀迦利》的读者一样，以为泰戈尔是清教徒或苦行僧，而泰戈尔在拜会布鲁克之后写的《斯托福德·布鲁克》中说道："他是一位老人，大概已年过七旬，但在他的身心中，衰老未能举起胜利旗子。 他有着令人惊讶的青春活力。 我一次次觉得，老人身上洋溢着蓬勃的朝气时，是最美的。 因为，青春是真正的珍宝。"

《吉檀迦利》获叶芝认可

在一次聚会中，诗人叶芝、欧内斯特·里斯、梅·辛格莱、埃兹拉·庞德等

---

① 安德鲁·塞西尔·布拉德利(1851—1935)，英国文学批评家，《莎士比亚悲剧》作者。
② 斯托福德·奥古斯都·布鲁克(1832—1916)，英国著名作家。

出席。 叶芝以感情丰沛的声音读了泰戈尔的几首诗，获得满堂喝彩。

欢迎会在特罗克达尔饭店举行，几乎所有英国大文豪和名人都出席了招待会，场景盛大，热闹非凡。

此前，旅英印度人组织——印度协会首次出版了一定数量的《吉檀迦利》，开辟了让西方世界熟悉泰戈尔的渠道。

主宾叶芝致欢迎词。 欢迎词中，叶芝除表达对泰戈尔的欢迎之外，还深情地高度评价了泰戈尔的作品："我不知道，当代是否还有人能用英语写类似的作品，能与这些作品媲美。"他将泰戈尔视为天才人物，他把发现泰戈尔的作品视为"生活中一件大事"。 对于泰戈尔本人及其高尚品质，他不吝溢美之词：泰戈尔是一位杰出的抒情诗人。 他为他的诗谱曲，之后教人朗诵和演唱。 他的同胞就这样唱那些歌曲，如同三四百年前在欧洲演唱配曲的诗。 他所有诗歌的唯一内容，是上帝的爱。 当我琢磨在我们西方国家，是否有与其相似的著作时，我想起托马斯·阿肯皮斯①的著作《模仿基督》。 两部作品确有相似之处，但两个作者有天壤之别。 托马斯·阿肯皮斯为罪恶的思想所困扰，他心中没有对人性的爱，爱进不了他冷酷的心，但泰戈尔热爱人性。 他的诗歌中，对人性美的细腻描写，体现出他锐利的观察和深挚的爱。

随后，叶芝读了《吉檀迦利》的三首译作。 其中两首是第二十二首和第九十五首，它们分别是：

> 七月浓郁的雨影中，你隐秘地走来，避开所有瞩望的人，像子夜那般悄无声息。

> 今日黎明微闭着眼睛，不理会呼啸的东风的热切呼唤。厚厚的雨幕，许久遮盖着清醒的蓝天。

---

① 托马斯·阿肯皮斯(1380—1471)，德国作家。

树林里鸟啼停歇，一家家关闭着大门。在这冷清的路上，你是茕茕独行的旅客。啊，我唯一的朋友，我最爱的人，我寓所的门是敞开着的——不要像梦一样在门前走过。

我记不清楚我跨进今生的门槛的时辰。

是什么神力，在无穷奥秘之怀将我孕育，如花苞午夜里在树林里绽放？

清晨当我看见满天霞光时，立刻觉得我不是这世界的陌生人，那不可思议的，无名无形的，以我亲生母亲的姿势，把我搂在臂弯里。

甚至在死亡里，同样不可知的，将以我熟悉的面目出现。因为我爱今生，我知道我必定也爱死亡。

当母亲从婴儿口中挪开她的右乳时，他立刻哭泣，但他马上又从左乳得到甜丝丝的慰藉。

叶芝朗诵毕，泰戈尔在答词中表示了深挚的感谢："来到英国，你们时刻以真情接待我，我难以用语言表达我是多么感动。"此外，他还以《吉檀迦利》为基础，谈到了他个人对东西方文明的差异化和共同点的认识，并表达了殊途同归的美好期待。 他深情地说道："我的寻求教益之行，跨越了一千六百多公里，事实证明，它是成功的。 虽说我们的习俗不一样，但我们的内心是相通的。 如同尼罗河畔形成的雨云，葱绿了恒河畔的农作物，东方天空阳光的不瞬目光下面形成的理想，也许应该渡海，进入西方——为得到那儿人心中的真诚问候，也为把它在那儿的一切希望变为现实。 毫无疑问，东方是东方，西方是西方。 上帝如不垂怜，不会发生意外，但双方是可以相聚的。 ——不——依凭友情、平和心态和彼此充满敬意的相识，总有一天将欢聚一堂。 正因为存在差别，它们的相聚才是成功的相聚。 因为真正的差别是不可能消除的——它将把双方带到人类的公共祭坛前面，带到神圣婚礼上聚首的地方。"

泰戈尔从不为他的英语作品而自鸣得意。他坦诚地请叶芝修改他的译作，可叶芝却非常认可《吉檀迦利》，对某些就修改向他提问的人说："谁如果说'这些译作的哪句话是可以修改的'，那他真懂文学吗？"

叶芝在为《吉檀迦利》作序后，泰戈尔出于对叶芝的尊重，没有对序言做任何改动。他说："读了他作的序言，我感到惭愧。毫无疑问，这为我做了极宝贵的装饰。"

叶芝为《吉檀迦利》所作序言（节选）如下：

我好几天随身携带这些译文手稿，在火车上、公共汽车上、餐馆里阅读，我常常不得不合上手稿，以免陌生人看到我读了是多么感动。我的印度朋友告诉我，这些抒情诗是原创，充满微妙节奏、不可转译的色彩佳酿和全新韵律——在他们的心境，展示一个我毕生梦想的世界。作为一种至高无上的文化产物，像青草和灯芯草一样从普通土壤中长出来。诗歌和宗教合二为一的传统，已走过几个世纪，广收博采已学的和未学的隐喻和情感，通过学者和贵族的思想，又将其送到民众中间。如果孟加拉文明完整无损，如果一个共同思想，像一个人的预言，进入万物，而不和我们一样，进入彼此不了解的一群人的头脑，那些诗句中一些最微妙的东西，将进入几代人中间，遇到路上的祈求者。

随着岁月流逝，旅行者会哼着用那些诗句谱写的歌，在公路上行走，在河上划船。恋人彼此等候的时候，会在喃喃低语中发现译本中的这些诗句，这种对上帝的爱，是一个神奇海湾，在那儿，他们交织着更多痛苦的激情，可以沐浴净化，可以焕发青春。每时每刻，诗人的心儿不卑不亢地袒露，因为它知道，那些人能够领会，它已融入他们的生活环境。旅行者穿着棕色衣服，灰尘落在身上也不明显，倩女在床上寻找从她皇室的情人的花环上掉落的花瓣，仆人或新娘在空房子里等待主人回家,这些是向往大神的心灵中的影像。印度的七月,大雨倾盆,花儿和河流,吹奏海螺,心儿也许充满团圆或分离的情绪;有个人坐在河边的船上弹琴,就像中国画中充满神秘意味的人物之一,他就是上帝自己。整个民族,整个文明,对我们来说,是极其陌生的,似乎被置于这样的想象中。

自文艺复兴开展以来,欧洲圣人的作品——不管他们的比喻和文思的一般结构是多么熟悉——已经不再引起我们的关注。我们知道,我们最终必定离开这个世界。我们习惯于在疲倦或兴奋之时,考虑自愿放弃。但是,读了这么多诗、看了那么多画、听了那么多音乐,其中,肉体的呼求和灵魂的呼求似乎合二为一,我们怎能狠心地冷酷地离弃它们呢? 可能的话,我们会发现,就像在这本书中,充满谦恭的话。“我已获得假期,兄弟们,祝我一路顺风吧!我向你们大家鞠躬,然后启程。我交还我开门的钥匙,放弃我寓所的所有权。我只要求你们最后说几句温和的话。多年来我是你们的邻居,我给予的少,获取的多。现在天已破晓,我房间昏暗角落里的灯,已经熄灭。我已听到召唤,准备启程了。”(第九十三首)这是我们自己的情感,当它远离凯皮斯或约翰的十字架,就会哭泣。“因为我爱今生,我知道我必定也爱死亡。”(第九十五首)然而,这个译本不独表现我们的离情别绪,也洞悉一切。我们不知道我们爱上帝,我们大概很难相信他,然而回顾我们的生活我们发现,在我们勘查森林之路的过程中,在山峦幽寂之处我们的欢欣中,在我们所说的神秘中,在我们所爱的女人身上,激情创造这种隐秘的甜蜜。“我的国王,你不邀自来,步入我的心间。你就像一个素不相识的普通人,在我今生流逝的亿万瞬息上,打上了无限的印记。”(第四十三首)这不是牢房和苦难的神圣;仿佛得到提升,进入描绘灰尘和阳光的画家的炽热情绪。

我们创作的长篇巨著的每一页,似乎没有酿造写作快乐的特质,当然,对某些总体设计是有信心的,就像我们打仗挣钱,满脑子是政治——是正做的一切无聊的事情——而此时，泰戈尔先生，就像印度文明本身一样，满足于发现灵魂，感佩于它的自然天成。他似乎经常把生活与某些人更爱的我们时尚之外的东西，以及世界上似乎更有分量的东西，进行比较，似乎总谦恭地认为他的道路对他而言是最好的。"回家的男人瞥我一眼，笑了笑，我不觉满心羞愧。我像女乞丐似的坐着，拉起纱丽遮盖着脸，当他们问我要什么东西时，我垂下眼皮，默不作答。"（第四十一首）

另一天，回忆他昔日生活的不同状态。他说："围绕是非曲直进行争论，我耗费了大量时日。闲暇的日子，是我的游伴的欢悦，把我的心往你那儿拉去；我不知道为什么忽然召唤我走向无谓的、不合情理的结局。"（第八十九首）

在其他文学作品中找不到的一种纯真，一种朴素，使鸟儿和树叶，像亲近孩子一样亲近他。季节嬗变——这种大事，就像在我们的情思前，在我们与它们之间发生。有时，我想知道，他是从孟加拉文学还是从宗教获得这些的，而有时，一想起鸟儿飞到他哥哥手掌上，我便欣喜地发觉，它是遗传的。确实，当他谈到孩子时，这种品质，似乎就是他身体的一部分。"他们用细沙建造房子，用空贝壳做游戏。他们用枯叶编了一只船，嬉笑着让它漂向大海。一群孩子在无边世界的海滩聚会，他们还不会游泳，他们还不会撒网。潜水员潜水采集珍珠，商人的货船行驶在海上，他们捡了一堆鹅卵石，又把它们抛扔。他们不去寻找珍珠宝石，他们还不会撒网。"（第六十首）

9 月份，叶芝来到伦敦，为了精益求精，和泰戈尔一起对初稿作了必要的修改。

泰戈尔回国后不久写信对罗森斯坦说："我曾有同叶芝一起改稿的快乐日子，我相信，他诗笔的神力帮助我的英语获得了些许永久感染力。'我应在你们文学史上找到我的位置'，其实，这对我的名声来说完全没有必要。由于你，也许，尤其由于叶芝，促成了这件意外之事。"

《吉檀迦利》大受欢迎

《吉檀迦利》的出版大受欢迎，这是泰戈尔未想到的。

在英国，1912 年 11 月初，印度协会出版了七百五十册《吉檀迦利》，原来只想把数量有限的《吉檀迦利》分发给印度协会成员，没想到《吉檀迦利》在伦敦出版，大受欢迎。 1913 年 4 月，泰戈尔回到伦敦得知，首版《吉檀迦利》已经售罄。 于是，罗森斯坦会见麦克米伦公司版权负责人，商量再版《吉檀迦利》。

几乎所有报刊都对它大加称赞。 年末，《泰晤士报》的文学版上写道："在诗歌领域，许多人认为，今年，印度神秘诗人罗宾德拉纳特·泰戈尔自己翻译的诗歌，是最为珍贵的。"

《吉檀迦利》并非孟加拉诗集《献歌集》的译本。《吉檀迦利》共有一百零三首诗，其中五十三首译自孟加拉语诗集《献歌集》，十六首译自《歌之花环集》，十五首译自《祭品集》，十一首译自《渡口集》，三首译自《儿童集》，其余五首分别译自《怀念集》《幻想集》《收获集》《献祭集》和剧本《旧书院》。

泰戈尔认为，《吉檀迦利》收入了他表现精神的最佳诗作和歌词。《吉檀迦利》一出版就在英国和其他英语国家的文学界引起巨大轰动。 此前，在文学史上，尚无一个译本如此震撼人们心灵的例子。 人们喜欢这个译本，不只因为它是表现精神的诗集，作为纯诗歌作品，它也颇受赞誉。 总之，当时的知识分子，尤其是文学家，读了这位外国诗人的作品，极为惊喜。

《吉檀迦利》得到了文学界及市场的肯定之外，还得到了来自英国等欧美国家的广泛关注。

在英国，杰出的小说家梅·辛格莱评论过《吉檀迦利》。在罗森斯坦的寓所中，叶芝那天傍晚朗诵泰戈尔的诗歌时，她也在场。她在一篇文章中回忆当时的场景："罗森斯坦的客厅那天变成了一座神庙。"她把泰戈尔的诗歌与阿尔加侬·查尔斯·斯温伯恩①及雪莱的诗作了比较，写道："与斯温伯恩的诗相比，泰戈尔的诗歌更加甜美，而与雪莱的激情、哲理和主观情愫相比，泰戈尔的诗歌无疑更加深沉。"在她看来，泰戈尔与所有西方诗人迥然不同。他与英国人心目中严肃的诗人约翰·弥尔顿不是一个等级的，甚至华兹华斯也不能与泰戈尔相提并论，因为他是复杂而拘谨的诗人。这位女作家极其兴奋地宣布，英国任何神秘主义诗人都不能与泰戈尔同日而语。

在美国，最早发表评论《吉檀迦利》文章的杂志可能是 1912 年在芝加哥问世的《诗刊》。《诗刊》在当时是一本最新的以服务美国年轻诗人为宗旨的杂志。当时二十六岁的青年作家艾兹拉·庞德就《吉檀迦利》写道："泰戈尔的《吉檀迦利》进入英国诗坛和世界诗歌文学史，是非同寻常的一件大事。在此，我要怀着真挚而坚定的信念说，由于泰戈尔来到伦敦，友情也来到了世界各民族身边。"

在德国，哲学家鲁道夫·克里斯托弗·欧肯不是诗人，读了《吉檀迦利》，用不太规范的英语给泰戈尔写了一封信，表达对泰戈尔的赞美和对其作品深深的喜爱，其中一段如下：特别神奇的是，作为一个虔诚的教徒和艺术家，你是怎样展示自然和人类生活的各种和谐和生动景象的呢？在我们的现代文学中，没有能与你的歌曲相提并论的东西……我希望，我们一起思考人类共同面对的重大问题，没有人像印度人和德国人一样为解决这些问题做了这么多工作。

在印度国内，看到英译本《吉檀迦利》出版的盛况，印度人比外国人更加惊讶。此前，泰戈尔在国内并无用英语创作的名气。因为，他无须用英语写任何

---

① 阿尔加侬·查尔斯·斯温伯恩(1837—1909)，英国诗人和剧作家。

文学作品。 因此，许多人认为，也许是在叶芝和安德鲁斯的帮助下，泰戈尔翻译了《吉檀迦利》。 叶芝确实帮助过泰戈尔，可那种帮助达到怎样的程度，只要阅读罗森斯坦的自传，就可知晓。 他在自传中写道："我知道，在印度，有人说，《吉檀迦利》的成功很大程度上归功于叶芝改写了泰戈尔的英译。 证明这种说法是错误的，很容易。《吉檀迦利》的英文和孟加拉文的原始手稿，一直由我保存。 叶芝在手稿一些地方写了少量修改建议，但付梓的主要文本，出自泰戈尔的手笔。"

10 月 14 日，拉哈尔市号客轮停靠在孟买港，泰戈尔下船，两天后回到加尔各答。 他这次出国，长达一年四个月零十二天。

荣获诺贝尔奖

《吉檀迦利》出版不到一年时间，英国皇家文学院院士斯塔杰·穆尔向瑞典文学院推荐泰戈尔为诺贝尔文学奖候选人。

瑞典文学院大部分院士赞成把诺贝尔文学奖授予泰戈尔。 瑞典作家魏尔纳·海顿斯坦对此最为积极。 1913 年 11 月 13 日，诺贝尔文学奖评委会的会议上，宣读了海顿斯坦的推荐信，随即决定把诺贝尔文学奖授予泰戈尔。

海顿斯坦是读了安德列·比滕申根据英译本译成瑞典语的《吉檀迦利》才写推荐信的。 推荐信中说："我阅读《吉檀迦利》的诗歌时，深受感动。 我不记得过去的二十多年里，是否读过能与之媲美的抒情诗。 它们给我数小时的欢悦，仿佛让我畅饮清凉新鲜的泉水。 这炽热的爱的虔诚，充盈他的各种情思、他心灵的纯洁和他优雅天然的庄重风格，这一切浑然交融，形成罕见的深邃的精神美。 在他的作品中，没有任何引发争论、令人厌烦的成分，也没有虚荣、世俗和微贱的成分。 如果可以说，有个诗人具备获得诺贝尔奖的品质，那么此人就是他……我们终于找到了一个理想确实高尚的诗人，这是第一次，而且也许在未来很长一段时间内是最后一次，让我们有幸在一个高贵的名字出现在所有报纸上之前就发现他，不过，如果要做到这一点，我们就一定不能再等一年，以至于耽搁并错失这一机会。"

瑞典文学院的院士中，有一位院士（瑞典一位著名诗人的孙子）以前读过泰戈尔的孟加拉语原作。泰戈尔只有《吉檀迦利》这一本书送到瑞典文学院评审。瑞典文学院仅评议了这一本译著，就承认了泰戈尔的崇高文学地位。

瑞典王子曾访问过印度。他来到朱拉萨迦泰戈尔家族的祖宅，参观阿巴宁德罗纳特的画室，并与泰戈尔结识。他在他写的游记《阳光普照的地方》中写道："在我的一生中，我从未度过在印度教诗人罗宾德拉纳特·泰戈尔的寓所中那种印象深刻的时光。"有人猜测，泰戈尔与他的短暂相识，对他获得诺贝尔文学奖起了一定作用。

11月13日，宣布把诺贝尔文学奖授予泰戈尔。

在加尔各答，最早发表这则消息的是《帝国晚报》。它的消息中说："这是首次承认大英帝国的本土文学是一支具有世界影响的力量。这也是一位亚洲人首次从瑞典文学院手中获此殊荣。这史无前例的时刻，八千英镑已奖给一位诗人。他创作使用的语言，对授奖国家瑞典来说，是百分之百的外语。"

听到获奖消息，泰戈尔首先想到的是罗森斯坦。三天后，他在写给罗森斯坦的信中说："听到授予我诺贝尔文学奖的消息的那一刻，我心里充满对您的挚爱和感激。这份荣誉，对我来说，是巨大考验。这几天的电报和贺信，压得我喘不过气来。心里对我不怀丝毫敬意的人，没有读过我一行诗的人，表达他们欢乐的嗓门儿最高。我没法对您描述这样的狂喜搞得我多么疲惫。过度的不真实是可怕的。说实话，他们在展示的是我获得的荣誉，而不是我。"

泰戈尔获得诺贝尔文学奖的消息传遍加尔各答的大街小巷。泰戈尔的崇拜者准备向诗人表达超常的敬意，忙得不亦乐乎。 最后决定，各界代表乘坐专列，从加尔各答前往波勒布尔，在圣蒂尼克坦对诗人表示热烈祝贺。

11 月 23 日，五百名男女乘坐专列来到学校，参加圣蒂尼克坦杧果园里举行的庆祝会。 他们中间有许多知名人士和学者。 庆祝会由贾加迪什·钱德拉·博斯主持。 各个机构、组织和教派的代表对诗人表达崇高的敬意。 英国脚下的印度的一个优秀儿子，从欧洲一个独立国家获得天才应得的荣誉，为此，他们不仅感到光荣，更感到自豪。 接着，泰戈尔对代表的祝贺致答词。

许多人认为，答词是不合时宜的，而有些人认为，答词是恰如其分的。 耿直的诗人在答词中直抒胸臆。

首先，对于"以国家的名义给予我的荣誉"，泰戈尔很清醒，他表示"我没有能力坦然全部接受"。 他还补充道："那些民众的领袖，那些奔忙的英雄，理应得到群众给予的荣誉。 带领群众做事，他们需要这份荣誉，但诗人没有那种鸿运。"

然后，关于诗歌创作及其意义，他娓娓道来："人的心田是诗人创作的领域。 触及心灵的友善中，才有他诗性的成功，但人心的韵律丰富多彩——那儿，有的地方云彩飘移，有的地方阳光普照。 所以，当诗人希求友善的作物时，决不能说，不分男女老少，他将获得全体民众的友善。 点燃祭火的人，可以把所有树木当作燃料使用，而承担编织花环的责任的人，只有从树枝和绿叶后面采三四朵花的权利。

"有的人从某个诗人的作品中得到快乐，有的人对他的作品相当冷淡，有的人则直接给予打击，有的人的打击落到他身上。 我和你们都知道，我的诗作，也未能躲过这种人性的法规驱策的各种行动。 国民手中的诋毁和侮辱，投到我的命运之上，数量不是很少，这些年，我无声地收下了。 这时候，我缘何从国外获得荣誉，我至今也不太明了。 我坐在大海的东海岸，向他呈献祭品，他在大海的西海岸伸出右手，收下我的祭品。 这是我事先不知道的。 我收到他的恩惠，意味着我获得了真实。"

最后，他重申了立场："我双手合十告诉你们，真实尽管严酷，我也会把它顶在头上，但我不能接受短暂而虚假的激情。"他表示："总之，不管出于哪种原因，欧洲给了我荣誉的花环。这和我国没有真挚关系。凭借诺贝尔文学奖，不可能提高任何作品的质量，也不可能增加任何作品的意蕴。所以，你们作为全国的代表，向我赠送荣誉之礼时，我怎能不知羞耻地收下这份荣誉？这份荣誉，我能保存多久？我的这一天，不会成为永远。落潮又会出现，那时，泥泞中的贫乏又会渐渐显露。我要让我的心远离其中的狂热。通过我的作品，我从你们中间某些人那儿获得了友善。他们早已奖给我难得的财富，但如果说我以新的方式表明我有从民众那儿获得新的荣誉的资格，那是很不恰当的。"

未从泰戈尔口中听到想听的话，出席庆典的某些客人有些沮丧。

路透社发布的有关泰戈尔获得诺贝尔文学奖的消息传遍世界，引起各种不同反应——有正面的、负面的，也有正面负面交织的看法。一本小诗集，而且又是译著——怎么会被认为适合获得世界最高文学奖——各国就此展开了探究。当时，没有一份报纸不曾发表过这位孟加拉诗人的获奖消息和或长或短的评论。《吉檀迦利》出版后的一年中，就此书的长处和瑕疵展开各种评议。

诺贝尔文学奖获得者公布之前，就泰戈尔的诗歌和人生哲学发表的所有评论，不管说了些什么，其中都未从政治的角度进行尖刻质问。这期间，对《吉檀迦利》进行过评论的英国优秀文学家，有埃特蒙德·古士、拉塞尔·阿贝尔科姆比、厄内斯特·里斯、斯托福德·奥古斯都·布鲁克、罗伊斯·迪克森、塔杰·穆尔、弗吉尼亚·伍尔芙和青年作家艾兹拉·庞德等人。

但一宣布把诺贝尔文学奖授予泰戈尔，玩弄政治的欧洲富翁们控制的报刊的腔调就变了。媒体抛开诗歌，注意力集中到了泰戈尔身上。关于诗人的国籍、民族，他们的脑子里浮现出许多问题。这类办报人的议论，是不能当作西方态度的良好表现被接受的。 他们的批评别有用心。 承认东方的优长，他们往往犹豫不决。 因为，承认东方的卓越天才，在东方国家横行霸道的借口就站不住脚了。 为此，他们必然对瑞典文学院宣布诺贝尔文学奖得主这件事说三道四。

另外，许多国家出于政治和文化原因，期望本国某位作家获此殊荣。 希望落空后，它们不约而同地开始攻击泰戈尔、他的诗歌和瑞典文学院。 某些人反对的理由是，泰戈尔是东方人，不是高加索的白人，他名字的发音难死了。 英国抱怨说，托马斯·哈代①健在，为何把世界的最高文学奖授予英属印度的一个诗人？ 法国指责说，为何不把最高文学奖授予像阿纳托尔·法郎士②这样一位受世界欢迎的小说家，而授予一个亚洲人？ 德国人多年来为彼得·罗塞格尔③获得诺贝尔文学奖而奔走，他们的一份报纸宣称："所有欧洲国家纷起抗议罗宾德拉纳特·泰戈尔。"那些愤怒的国家发泄完火气仍不罢休，它们开始探寻评奖中间的隐秘意向。 维也纳的德文报纸《新闻自由报》发表文章说："这仍然是斯德哥尔摩评委会成员的秘密。"著名的英文报纸《每日新闻和领导者报》发表文章说："瑞典文学院院士们是东方派，他们很难容忍阿纳托尔·法郎士的'怀疑论'和托马斯·哈代的'悲观论'。"

而在印度，并非无人感到惊奇，尤其是那些将自己的作品译成英文、寄到英国的作者。 他们认为，泰戈尔那种内容简单的《吉檀迦利》如果可以获奖，他们的作品为什么不能获奖呢？

1914 年 1 月 29 日，在加尔各答政府大楼举行诺贝尔文学奖证书和金质奖章转交诗人的仪式。 孟加拉总督卡麦伊格尔对泰戈尔说："您知道，1913 年 12 月

①　托马斯·哈代(1840—1928)，英国诗人、小说家。
②　阿纳托尔·法郎士(1844—1924)，法国作家、文学评论家。
③　彼得·罗塞格尔(1843—1926)，奥地利诗人、作家。

10 日，在首都斯德哥尔摩，国王陛下的代表，代表您从瑞典国王手中接受了诺贝尔文学奖，并按照您的嘱托，表达了诚挚的感谢。那天的晚宴上，宣读了您发过去的电报，主办方表达了由衷的感激之情。"

泰戈尔在打给瑞典文学院的电报中说："衷心感谢广博的理解使遥远成为邻近，使陌生人成为兄弟。"

1921 年 5 月 24 日，泰戈尔访问瑞典，到达瑞典首都斯德哥尔摩，诗人卡尔费尔德等作家在车站月台上迎接泰戈尔，车站外聚集着大批欢迎的市民。泰戈尔在瑞典科学院发表演讲：

我很高兴，我终于来到你们的国家。你们认可我的作品，授予我诺贝尔文学奖，我深感荣幸，让我借此机会对你们表示感谢。

记得那天下午，我收到我作品的英国出版商发来的一份电报，得知我被授予文学奖。对我学校的孩子和老师们来说，这是一件大喜事，整个下午是在欢庆的气氛中度过的。日暮时分，我独自坐在平整的楼顶上，扪心自问，究竟是何原因，我的诗歌为西方所接受、所称道——全然不管我属于不同的民族。全然不管我与西方的儿童天各一方，相隔万水千山。在此我对你们坦言，我为此并未乐不可支，而是怀着一颗疑惑的心向自己发问，那时我感到我是谦卑的。

我用孟加拉语写完《吉檀迦利》的诗歌之后，把它们译成与我通晓的母语完全不同的英语，当时并无出版的期望。可我前往西方国家的时候，随身带着手稿。你们知道，这些诗歌送到英国民众面前，最早有机会阅读手稿的一些人，对它大为称赞。我被接受了，西方的心扉随之对我敞开了。

我活在世上五十年，远离社会活动，远离西方，可几乎在片刻之间，我被西方接受，这委实是个奇迹。这使我非常惊讶，但我觉得，这可能有深层的意义。我在隐居之地度过了好些年，远离尘世生活，远离西方精神。我给他们带来了浓郁的闲情逸致、心境的宁静和恒久的情感。这些恰恰是过于繁忙的西方民众所需要的情愫，他们在内心深处渴望安宁，永久的安宁。我从小就在异常幽静的恒河岸边接受文艺女神安排的训练。那些年的"淡定"储存在我的本性中，所以我可以带出去，呈现在西方人面前。我奉献给他的一切，被他感激地接受了。

我知道，我不应该把那些赞美当作对我个人的赞美而接受。是我心中的东方把它的东西给了西方。难道东方不是具有博爱精神的母亲？难道西方，以及西方的儿童玩耍做游戏受了伤，或者感到饥饿时，转过身子面对的一位安详的母亲，不是东方吗？难道他们不期盼有食物从她那儿送来吗？他们精疲力竭时，难道不期待夜间安心歇息吗？他们难道会失望吗？

我是幸运的，当西方又转过身子面对东方，寻找一些营养之时，我来到了这儿。我之所以能代表东方，是因为我得到了东方朋友们的首肯。

我可以让你们放心的是，你们给我的奖金，没有被我挥霍。我个人无权接受它。所以，我用它做其他事情了。我把它捐给了东方的孩子和学生，然而，它像一颗种子，播进土壤，发芽生长，又回到播种者手中。它成为果实，为他们带来好处。我用你们给的这笔钱创办和管理一所大学。我觉得，这所大学应该是西方学生前来和东方兄弟会见的所在。他们可以一起工作，追寻真理，努力发现千百年隐藏在东方的珍宝，测算人类需要的东方的精神养料。

印度在它文明的光荣历史上的一天，有了一所重要大学。我乐意提醒你们想到这一天。阳光灿烂之时，它不会蜗居井底。它属于全世界。印度文明充满辉煌、智慧和财富。这所大学不会只为印度孩子所用。它敞开大门，迎接各国人士。在这所大学里，东方和西方的学生相聚一堂，共享精神佳肴。

我很高兴，我属于这个伟大时代。当东方和西方即将走到一起的时候，我也为我做了一些实事、对这个伟大时代有所表示而感到高兴。它们双方正迎面走来，即将见面。它们收到了彼此会见、携手共建未来的崭新文明和伟大文化的邀请。

　　我已走到你们面前,恳请你们以人类团结的名义,以爱的名义,以上帝的名义,关注我们的大学。来吧,我盛情邀请你们走进我的大学。

　　这次访问圆了泰戈尔对瑞典人民表达由衷感激的梦。 与此同时,他通过宣传《吉檀迦利》和国际大学, 表达了对东方文明与西方文明互鉴互学互融的真诚愿望。

1919 年 4 月 13 日，位于旁遮普邦的阿姆利则发生一起惨案，震惊世界！泰戈尔嫉恶如仇，维护正义，和广大印度人民一起，强烈谴责英国殖民当局血腥屠杀印度民众的滔天罪行。

第十七章
直面惨案：
爱国勇士嫉恶如仇

惨案发生

阿姆利则惨案发生的直接原因是罗拉特法案。

英印政府为调查和镇压印度革命者的活动，于 1917 年 12 月 10 日成立一个专门委员会，主任委员是英国人罗拉特法官，所以，该委员会又称罗拉特委员会，其实它的真名是"煽动法委员会"。

罗拉特委员会出台报告，认为：此前给予印度过多自治权，革命活动过于频繁，这将不利于英国的殖民统治。对此，泰戈尔在一篇随笔中，借助意象，嘲讽该报告："看到用绳子捆住马的两条腿的窘样，梵天急忙说：'回去，回去，回你的马厩中去。'"他暗喻该报告把印度人当马，五花大绑，关进马厩，连外出活动的权利也不给了。

之后，罗拉特委员会提出了准备制定一项为镇压革命活动、修改印度法律的法案，即"罗拉特法案"。 该法案如果在印度议会通过，印度人民的人身自由将被扼杀。

为了不让这个法案通过，印度各地举行声势浩大的抗议集会。 1918 年 12 月，国大党在德里率先反对这个法案，使英印政府陷入困境。 罗拉特法案被提交至立法院讨论，遭到印度议员的一致反对，但他们的人数很少，1919 年 3 月 23 日，法案通过，成为法律，自 4 月 1 日起执行。 按照该法律，警察可随意逮捕政府怀疑的人，不经公开审讯，长期监禁。 这意味着印度人民完全失去政治自由，因而遭到广大民众的强烈反对。

法案通过七天后，印度各地举行罢工。 德里的民众与警察发生冲突，多人伤亡。

4 月 6 日，全国罢工。 警察挥舞棍棒殴打群众，群众奋起反抗，有些地方出现打砸抢现象，政府的侦探趁机制造事端，挑起武斗。 旁遮普邦政府宣布在全邦实行军事管制，禁止四人以上的游行和集会。 行政和司法部门由军队掌控。 阿姆利则和拉合尔市的行政部门，分别由英国将军金纳德·戴尔和约翰逊接管。

旁遮普邦所有报刊受到严格控制，于是，旁遮普与外界几乎隔绝。

4 月 10 日凌晨，两名民族主义活动家在旁遮普被捕。 约三万市民聚集在市政府门前，要求释放他们，遭到警察和骑兵的镇压。 民众奋起反抗，傍晚占领火车站、电报局和电话局。 当晚，戴尔将军率军队进入阿姆利则，实行宵禁。

4 月 13 日，约五万人在阿姆利则的贾利安瓦拉巴格广场举行集会，抗议殖民当局的暴行。 戴尔将军闻讯极为恼怒，率领九十名士兵赶到现场，没有发出任何警告就下令开枪，广场上顿时响起凄厉的惊叫声和撕心裂肺的哭号声。 射击持续十分钟，广场上到处是尸体，流淌着一股股殷红的鲜血，惨不忍睹。 据英国官方公布的数字，三百七十九人中弹身亡，一千一百三十七人受伤。 但据收尸人估计，约有五百具尸体。

大屠杀后，在旁遮普邦其他地方的镇压并未结束，对民众的暴行和羞辱越发猖狂。 军警在十字路口扒光所谓违法者的衣服，用皮鞭抽打，强迫违法者像牲畜一样在路上爬行。

泰戈尔致信甘地

泰戈尔在孟加拉邦密切关注旁遮普的事态变化，表示这条法律违背印度民众与生俱来的正当权利，印度人民绝对不会接受。

泰戈尔在 4 月 11 日宣布军事管制两天后，给倡导全国罢工和"和平抵抗"并被传"被捕"的甘地写了一封公开信。 这封信于 4 月 16 日在加尔各答《印度时报》上发表。

信中，他表达了对甘地"和平抵抗""坚持真理"运动的支持，他说道："消极抵抗是一种力量。"但与此同时，在这场善与恶的交战中，泰戈尔也早早地预感到危险的来临："各种形式的力量，是非理性的——它像一匹蒙着眼睛拉四轮车的马。 当各种力量似乎可能获得成功，具有诱惑力时，其内在危险迅速增加……通过制造恐慌，或者发怒，我们的当局已对我们展示，他们伸出爪子的必然后果是驱使我们中间的一些人走上充斥愤恨的秘密之路，使另外一部分人走上彻底堕落之路。"

危机来临之际，甘地站在了群众和人民之中，是人民的领袖，泰戈尔对其表示了崇高的敬意："您站在我们中间宣传您对理想的信念，您深知，这种理想就是印度的理想。 ——这种理想既反对暗中报复的怯懦，也反对被恐怖吓出来的屈服。 您在需要提醒她认识自己使命的时候回到您的祖国，带领她走上真正获胜的道路，消除她目前政治的软弱。"

泰戈尔深切盼望祖国的独立和人民权益的自由，他清晰地认识到："自由的珍贵礼物，从不施舍给人。 我们必须夺取它，拥有它。 印度某一天有机会获得它时，能对以前靠霸权统治她的人表明，她在道义上是优胜者。"

他在信中指出斗争的艰苦性和长期性："印度应当自觉进行忍受苦难的修炼，苦难是'崇高'的桂冠。 她应用对善德的执着信念武装自己，泰然自若地面对嘲笑精神力量的傲慢。"

泰戈尔在信中祈祷："但愿任何企图削弱我们精神自由的东西，挤不进您前进的队伍，但愿为真理事业所作的牺牲永不退化为光说空话的狂热。"

信后附有泰戈尔的一首诗：

让我高昂着头，坚信你是我们的庇护所，各种恐惧是对你拙劣的不信任。

对人的恐惧吗？可世界上哪有这样的人？这样的国王？啊，王中之王，谁与你势均力敌？世世代代，谁在真理中支托着我？

人世间，哪种势力能夺取我的自由？你的手臂难道不穿过地牢的厚墙，抚摸囚徒，让他获释？

难道我必须怀着对死亡的恐惧，抓住这具躯体，像守财奴守护他不多的财产？我的灵魂难道年年岁岁不曾呼唤你永恒生命的盛宴？

让我知道，一切痛苦和死亡，不过是片刻的影子；弥漫在我和你的真理之间的黑暗势力，不过是红日东升前的白雾；只有你，永远属于我，你比威胁、嘲笑我男子气概的权力的一切骄傲，高尚得多。

放弃爵士称号

泰戈尔和安德鲁斯在圣蒂尼克坦只听到有关阿姆利则惨案的零星消息，不清楚具体情况。 一个月后，他才听到了有关阿姆利则惨案的确切消息。 泰戈尔在5月22日写给好友拉努的信中表达了心中的悲愤之情："你们正在旁遮普邦，大概已听到这令人悲痛的消息。　……我能忍受天空炽热的阳光，但忍受不了人间的酷热。　痛苦的烈火快把我的肋骨烧成灰了。"

　　泰戈尔在圣蒂尼克坦坐立不安，5 月 27 日去了加尔各答。　第二天上午会见拉马南德·贾特巴达耶①，同他就阿姆利则惨案交换意见。　泰戈尔建议，立即呼吁召开抗议大屠杀的集会，但没有一个人赞成。　最后，他决定单独行动，5 月 29 日晚上，动笔写信，次日，他把信寄给英印总督切姆斯福特的同时，还送到报社发表。　写信这件事，他没有告诉家人，包括儿子罗梯。　除了安德鲁斯，没人知道他写信。　在这封信中他宣布放弃爵士称号②。　6 月 1 日，他在写给拉务的信中说："我请他收回这件废物。　我说，我心中充满悲痛。　我在沉痛之上再也承受不了那称呼的重压了。　所以，我把它从头上取了下来。"

　　在国内如此恶劣的形势下，泰戈尔给总督写这封信，需要多大的勇气，略一思忖，对他的钦佩之情便油然而生。　当时，正实施"印度国防法"。　泰戈尔心里清楚，因为这封信，他可能受到英国政府的严厉惩处。　比起他写的这封信，旁遮普许多人因更轻的反政府言行而被终身监禁在荒岛上，财产统统没收。

　　6 月 2 日，加尔各答的日报上刊登泰戈尔宣布放弃爵士称号的英文信。　日报《大地》的号外上刊登孟加拉语译文。　具体内容如下：

　　阁下：

　　　　政府在旁遮普邦为平息当地动乱所采用的有关罪行，令人极为震惊，并让我们意识到，作为在印度的英帝国平民，我们处于无助的境地。

　　　　不适当的严厉惩处，伤害了不幸的人们，也损害带他们走出不幸的方法。

　　　　我们相信，除了在近代和较远时代一些明显的例外，在文明政府的历史上，是

　　　———————————

　　①　拉马南德·贾特巴达耶(1865—1943)，《外乡人》和《现代评论》的主编。

　　②　1913 年泰戈尔英译本《吉檀迦利》获诺贝尔文学奖，1915 年获得英国政府授予的象征骑士精神的爵士称号。

没有此类事件的。想到一个掌握极为有效的行政机构、能破坏人民生活的政权，对手无寸铁、束手无策的民众采取的这种措施，我们只得坚定地认为，它把道义抛在一边，别指望获得政治上的任何好处。

有关我们旁遮普邦的兄弟受到侮辱和迫害的报道，已经穿透受压的沉默，传到印度的每个角落；我们人民心中持续迸发的义愤，受到统治者的鄙夷。也许他们想象着给了当地人"有益的教训"而自鸣得意。这种冷漠态度受到大部分英国人办的印度报纸的称赞。在某些情况下，这些报纸甚至非常冷酷，它们嘲笑我们的苦难，却未受到同一个当局的最低限度的检查，而当局听着代表受害者的组织要求审判的悲怆呼声，无动于衷。获悉我们的呼吁毫无作用，在我们的政府内部，惩罚的狂热，正眩惑我们政府内部高贵的政治眼光；政府宽宏大度，这本来是很容易的，且有利于它保持体制和正常传统。这时，我能为印度做的唯一事情，是与恐惧中惊愕的亿万国民同声抗议，并承担一切后果。

当荣誉的徽章不合时宜地在屈辱中闪光时，我感到羞愧。对我来说，我只希望消除一切特殊差别，站在被认为无足轻重、必定沉沦、不配当人的印度人民一边。在此情形下，这是迫使我不得不怀着敬意和遗憾，请求阁下让我放弃爵士称号的缘由，不言而喻，我曾荣幸地从您前任的手中接过他的女王陛下授予的称号，我至今赞赏他的高尚情怀。

您忠实的罗宾德拉纳特·泰戈尔

加尔各答

1919 年 5 月 30 日

由拉马南德创办的孟加拉语杂志《外乡人》上的一篇报道清楚地阐明了泰戈尔致信切姆斯福特，公开宣布放弃爵士称号的背景：

　　目前没有办法弄清楚旁遮普邦究竟发生了什么事情，发生的原因是什么。因为，未经政府审查官员的许可，任何消息不得发表。所以，只有英裔印度人的报纸的消息和政府新闻官发布的消息才能传到全国各地。其他邦的人不准进入旁遮普，但其他邦的英裔印度记者允许进入。根据军管法，旁遮普被审讯的被告，不得聘请其他邦的律师为其辩护。离开旁遮普的人被搜身，检查身上是否携带信件。旅客进火车站，也要搜身。严禁通过邮件向其他邦的报纸传送消息。看到只允许发布官方消息，旁遮普政府不准外地人进入旁遮普邦进行调查，人们心里越发怀疑，政府官员在拼命掩盖在旁遮普发生的事情。听到政府审核发布的消息以及民间不顾禁令的各种传言，人们大致知晓了旁遮普邦发生的惨案。为此，民众心里既愤慨又惶恐。之后，不断传来有些人被判绞刑、送到海岛上终身监禁和其他判重刑的消息。

　　拉蒙特罗逊德尔教授弥留之际看到星期六《大地》上发表的泰戈尔公开信的孟语译文，很想最后见泰戈尔一面。他让女儿转告泰戈尔，"我已没有坐起来的力气了。我想沾一些您足上的尘土"。6月2日，星期一上午，泰戈尔匆匆赶到他的病榻旁，眼含热泪，为他读了公开信原文。这是他在人世间最后一次听人读信。他深情地摸了一下泰戈尔的脚。泰戈尔说了几句话，向他告辞，他便昏昏沉沉睡着了，这一觉竟成为长眠。

　　泰戈尔的公开信在国内外引起各种不同的反应。

　　英国日报《英国人》的编辑写道："它不会造成令人担忧的变故。不管罗宾德拉纳特·泰戈尔爵士是否同意政府的政策，对时局都无关紧要，但这位孟加拉诗人不仅是一个爵士，还是一个普通孟加拉老爷，似乎对英国统治的声誉、安全和正义至关重要。"英国《每日先驱报》的评论说："泰戈尔这封信足以证明，印度领导人不会为获得爵士称号而放弃与生俱来的权利。"

印度国内报纸纷纷称赞泰戈尔写这封信。晚报《印度每日新闻》写道："泰戈尔写这封信是冒险。"记者写的一篇报道中既赞许又担忧："罗宾德拉纳特放弃他的爵士称号，是向当局提出挑战，这比马德拉斯的苏布拉曼尼亚·伊耶博士退还他的爵士称号要严重得多①。"阿拉哈巴德的《独立报》报道："从多个角度而言，泰戈尔这封信都是非同寻常的，但也许最突出的一点是，它完全忠实于目前所有同胞的民族感情。"

但也有的报纸说，对泰戈尔来说，早先接受女王给予的爵士称号，就是一大错误。这种看法不是没有一点儿道理。因为，朱拉萨迦的泰戈尔家族具有强烈的民族气节。对照泰戈尔在20世纪初叶的群众运动中表达的政治观点，接受爵士称号，确实是不相宜的。四年后，泰戈尔纠正了这个错误。民众从帝国主义者身边接回了舍弃爵士称号的"罗毗先生"。

著名律师哈桑·伊玛姆6月2日读了泰戈尔的公开信，在打给泰戈尔的电报中说："刚才读了您写给总督的信。印度不啻要重视，而且应感谢您为捍卫她的权利而提出的严正抗议，您的行动正如我们所期望的那样，请接受我最诚挚的敬意！"

纪念阿姆利则惨案

1920年3月29日，泰戈尔应甘地邀请，乘车前往艾哈迈达巴德，主持古吉

---

① 苏布拉曼尼亚·伊耶爵士（1842—1924），系马德拉斯高等法院代理首席大法官，国际神智学会副主席。国际神智学会主席安妮·贝赞特夫人（1847—1933），1893年去印度，积极从事教育和慈善事业，在印度建立了一所印度大学。马德拉斯政府指责安妮·贝赞特夫人从事扰乱治安的活动，1917年6月16日，她被拘捕。苏布拉曼尼亚·伊耶对此表示抗议，宣布退还爵士称号，此举远不如泰戈尔抗议阿姆利则惨案中英军的暴行宣布放弃爵士称号可能遇到的风险之大。

拉特邦文学会议。4月9日，泰戈尔返回孟买，得知4月13日举行阿姆利则惨案一周年纪念会，召集人是真纳①。应真纳的要求，泰戈尔撰写了书面发言（节选）：

　　有人以维持法律和秩序为借口，在旁遮普邦犯下滔天大罪。像火山喷发一样，骤然发生的可怕罪行，在他们背后留下了理想的废墟和灰烬。四年来，恶魔般的镇压，以熊熊烈火灼烧、以鸩毒污染天帝创造的这个世界，贾利安瓦拉巴格广场是恶魔气焰嚣张的见证。如今，人类在难以忍受的痛苦的血迹斑斑的漫长道路上蹒跚而行，踩着深重罪孽。那些滥用权力的人心中，充满冷漠和残忍。他们心中，既无一丝怜悯，也无对遇到外界抵御的丝毫担心。这些当权派的懦弱在于，他们残酷地对手无寸铁、毫无戒备的村民使用杀人武器，丝毫不感到惭愧；他们在肮脏的审讯丑剧的幕后，对所谓犯人进行难以言说的折磨。他们心中一刻也不曾想到，这是对他们人性的羞辱。……

　　兄弟们，禽兽般的恶势力傲慢而得意地在践踏人的灵魂，人们高喊"灵魂不可战胜"口号的时候就要来到。我们绝不承认道义的失败。被打败的人在道义领域成为胜者的时候来到了。

1920年7月泰戈尔再度访问英国时，印度有人建议建造贾利安瓦拉巴格大屠杀纪念碑。对此，泰戈尔强烈反对。校刊《圣蒂尼克坦》的一篇文章中表达了他的观点：

　　目前正在审核旁遮普发生的惨无人道的事件。我们先不从国家政策的

---

　　① 穆罕默德·阿里·真纳(1876—1948)，政治活动家，印巴分治前任穆斯林联盟主席，被尊称为巴基斯坦国父。

角度谈论此事，也不议论某些当权派。从本性的角度评判此事，有必要先谈一谈国人的性格。只造成痛苦的事件不会污辱谁，但若有人像禽兽一样对待别人，那样的耻辱，就会扩大痛苦。对我们来说，旁遮普事件中，有那种耻辱的根由。我们知道，在我们的性格深处萌生卑微成分，以致不只痛苦强加到我们头上，我们的人性也因此遭到凌辱。这是我们内在缺陷的表征。不管压迫多么严酷，我们能够忍受，但绝不能忍受自我羞辱。我们期望听到旁遮普的豪言壮语，当我们听不到时，首先应责怪自己。恰恰由于这个原因，我要说，借助某种标志永远记住旁遮普事件，对我们来说，不是什么光荣的事情。值得铭记的是英雄主义，而不是懦弱。对手无寸铁的无辜民众动武，是懦弱；卑下地承受武力镇压，也是懦弱。怀着履职的荣誉感，昂首挺胸，拿起武器，不怕受苦受难，才不会失败。在压迫者和被压迫者都未显示勇气的地方，还有什么值得我们隆重纪念？我们帝国的统治者，在坎布尔和加尔各答留存了做过的坏事的标志①。我们难道还要仿效他们？这种仿效难道不是我们真正失败的体现？

就阿姆利则惨案发表的铿锵有力的声明和讲话，彰显了泰戈尔嫉恶如仇的伟大爱国者的高大形象，将永远铭刻在维护正义的印度人民和世界人民的记忆之中。

码上解读
- 才华横溢的大师
- 赤子之心的诗人
- 无问西东的旗手
- 东方精神的智者

---

① 指某些英国殖民者的纪念碑。

十几年间，泰戈尔多次经受失去心爱子女的巨大痛苦，但他凭借非同寻常的忍耐力，保持心境平静，在人生路上继续前行。

二女儿罹患肺病

1901 年 8 月，二女儿蕾努卡结婚后不久，不幸患上肺病。 泰戈尔听到这个坏消息，忧心如焚，立刻请加尔各答的名医为她诊治。 蕾努卡的病情时好时坏，医生建议泰戈尔带蕾努卡到景色秀丽的山区疗养，多呼吸新鲜空气，这有助于她康复。

泰戈尔接受医生的建议，心情沉重地带着小女儿米拉、小儿子索弥和虚弱的蕾努卡，动身前往疗养胜地哈扎里巴格。 1902 年 3 月中旬，泰戈尔一行到达哈扎里巴格。 蕾努卡的病情没有好转。 5 月中旬，泰戈尔又带着蕾努卡去喜马拉雅山区的疗养胜地阿尔莫拉。

虽然山路崎岖难行，受了不少罪，但令他感到欣慰的是，一路上蕾努卡身体尚好。 这地方风景如画，空气新鲜，住房舒适。 周围的花园里花儿盛开，果园里硕果累累，环境确实有利于养病。

两周后，泰戈尔在信中对好友波利亚纳特·

森倾诉心中的感慨："我驾驶着家庭之舟，在狂风暴雨中前进。 不知哪天能抵达港口，抛锚停泊。 几个孩子天各一方。 学校在东边，我拖着半病之躯，在西边漂泊。 我心里多想让离散的家人赶快团聚啊。 危难层层叠峙，命运此时为何把那么多难事压到我的肩上！ 或许，所有这些是一种精神支柱，能让我在暴风雨中保持镇定。 没有这些感情之链，航船恐早已沉没了。"

泰戈尔在阿尔莫拉住了一个月，见蕾努卡的病情略有好转，叮嘱小舅子好生照看女儿，便只身返回加尔各答，处理其他杂事。

有一天，他突然收到从阿尔莫拉打来的一份电报，得知蕾努卡病情恶化，连夜乘车赶往阿尔莫拉。 到那儿见蕾努卡的病情有所缓解，便暂时推迟下山计划。 另外，女婿索登特拉纳德也已赶来，泰戈尔心里稍稍踏实了一些。 此后一个多月，他一边照顾儿女，一边创作诗集《儿童》。

泰戈尔原本想在阿尔莫拉多待些日子，但蕾努卡似乎感到生命之灯将要熄灭，不愿死在无亲无故的外地，执意下山。 8 月 25 日左右，泰戈尔带着她离开阿尔莫拉，下山费了一番周折，艰难地回到加尔各答。 回去后，虽竭尽全力救治，然而，奇迹没有出现，蕾努卡的病情急转直下，在祖宅去世，距她母亲辞世仅九个月。

泰戈尔首次感受到了白发人送黑发人的难忍剧痛。

小儿子患上霍乱

1907 年杜尔迦女神大祭节后，泰戈尔的朋友斯里斯·昌德拉的儿子索洛吉·昌德拉去蒙格尔他舅舅家玩。 泰戈尔爱玩的小儿子索弥也跟着去了，不幸在那儿患上霍乱。 泰戈尔收到电报，火急火燎地从加尔各答赶往蒙格尔，途经波勒布尔，带上教授布奔特罗纳德。

泰戈尔到达索洛吉·昌德拉的舅舅家时，黑夜正缓慢地消逝，索弥生命之灯的火苗越来越微弱，天快亮时，啪地灭了。 泰戈尔坐在隔壁房间里，没人敢去告诉他索弥死了。 当时，他正沉浸于养大索弥的回忆之中。 过了一会儿，他把布奔特罗纳德叫去，平静地说："这段时间我能做的都做了。 剩下的事情，你去处理吧。"

布奔特罗纳德等人先在恒河里沐浴，处理完后事，回到家里，见泰戈尔仍像石雕似的，一动不动地坐着。 斯里斯·昌德拉先生见状，号啕大哭。 少顷，他们来到泰戈尔身边，斯里斯·昌德拉极为悲伤，泪水哗哗地流出眼眶，布奔特罗纳德也泪流满面，过了一会儿，泰戈尔眼里也慢慢地沁出一滴滴泪水，在脸颊上滚落下来。 看到他流泪了，他们稍稍放心一些。 刚才看到他石雕般沉闷哀伤的样子，真的吓坏了。

当天，泰戈尔一行返回波勒布尔。 火车停靠在沙赫布甘杰车站，旧交马杜尔先生①捧着食品盒站在车厢外同泰戈尔交谈。 片刻之后，布奔特罗纳德悄声把在蒙格尔发生的不幸事件告诉马杜尔先生。 他一听惊愣住了。 刚才跟泰戈尔交谈时，根本不曾察觉发生了这起令人悲伤的事件。 泰戈尔刚才一直面带微笑和他叙旧。

回到圣蒂尼克坦的第二天上午，他把布奔特罗纳德叫去，说了几句话，眼睛湿润了，话也说不出来了。 他大哥迪钦德拉纳特轻手轻脚走进来，没有说话，默默地用手抚摩他的后背，时不时喊一声"罗毗，罗毗"。 这悲伤的情景催人泪下。

索弥的长相酷肖父亲，是泰戈尔的掌上明珠。 他的早逝给泰戈尔带来难以消弭的悲恸。 他去世时年仅十一岁。 整整五年前的同一天，他母亲在加尔各答去世。

_____

① 泰戈尔的一个朋友。

泰戈尔在写给圣蒂尼克坦的老师的信中，也表达了面对人生痛苦的达观态度："您听到的消息不是谣传。 斯里斯·昌德拉的儿子索洛吉·昌德拉去蒙格尔他舅舅家玩儿。 索弥兴致勃勃地跟着去了，但没有回来。 ……我接受天帝给予的一切。 如果给予更多的痛苦，我也能承受，决不会趴下。"

一语成谶，"更多的痛苦"果然又降临到他的头上。

长女患肺病

1918 年 5 月 16 日，泰戈尔的长女蓓拉也因患肺病不幸离世。

蓓拉和萨拉特结婚数年后，泰戈尔送女婿去英国深造。 回国后，萨拉特任高等法院律师，两口子在朱拉萨迦祖宅住了四年，后与泰戈尔小女婿为一些鸡毛蒜皮的小事经常吵架，在这场说不清道不明的家庭纠纷中，他责怪泰戈尔偏袒小女婿，一怒之下，搬到父亲家居住，与岳父泰戈尔断绝关系。 泰戈尔 1913 年荣获诺贝尔文学奖，萨拉特也没对岳父表示祝贺。

1917 年，蓓拉得了肺病，泰戈尔常去探望，并承担她的治疗费用。 蓓拉的病情一天天恶化。 泰戈尔住在朱拉萨迦祖宅。 波洛桑达·昌德拉教授每天开车送泰戈尔去看望蓓拉。 女婿萨拉特对他恨之入骨，对他视而不见，泰戈尔不理睬他的粗野无礼，强压心头怒火，和颜悦色地与爱女聊天，鼓励她与病魔作斗争。

有一天上午，波洛桑达·昌德拉像往常一样把泰戈尔送到那儿，自己在车里等候。 几分钟后，泰戈尔回来了，默默地上了车，他神色凄楚地说："在我进她房间之前，一切都结束了。 顺着楼梯往上走，听到噩耗，没上楼就回来了。"

他在车里沉默无语，被送到朱拉萨迦，他像平常一样对波洛桑达·昌德拉说："上去坐一会儿。　……"沉默片刻，语气悲切地又说："我真的无能为力了，我早知道她会走的，但每天上午去，握着她的手，她像小时候一样，看着我说：'爸爸，给我讲个故事吧。'我想起什么就给她讲什么，现在，故事全讲完了。"说着，他一声不响，神情悲怆。

那天下午，他原定要做一件事情，波洛桑达·昌德拉对他说："原先的计划改一下吧。"他说："不，为什么改哩，没有必要。"下午，与往常一样，他神态正常地在七彩画院与人交谈，心中的巨大悲恸没在脸上流露出来。

泰戈尔家族人人知道他特别疼爱长女。　在圣蒂尼克坦的他曾写信给儿子罗梯说："我知道，蓓拉快要走了。　我没有勇气走到她跟前看她的脸。　我的思想在这儿能超越生死，但在加尔各答做不到。　我在这儿祝蓓拉一路走好。　我知道，我已无能为力了。"蓓拉原先身体很好，结婚十几年却没有生下一儿半女。这也是让泰戈尔异常伤心的原因之一。

蓓拉离世后，泰戈尔心中的悲痛在《遁逃的女孩》中流露出来：

　　　　常听人说："某某没了。"
　　　　我纠正道："别说
　　　　他没了。"那是假的。
　　　　为此
　　　　绝对无法接受
　　　　心里被搅出的痛苦。

　　　　对人来说，
　　　　往返平分秋色。
　　　　两者的语言
　　　　各载希望的一半。

我盼望心灵

汇合的大海充满"有"与"无"的平等。

蓓拉生前爱花，泰戈尔吩咐仆人在她的遗体上撒满花瓣。 1918 年 5 月 16 日出殡，送往焚尸场火化。 泰戈尔儿媳说，那天蓓拉看上去仍很漂亮。

为了纪念爱女，泰戈尔在圣蒂尼克坦设立了"玛杜丽洛达奖学金"。

外孙患不治之症

当时在印度，肺病被视为不治之症，是打不败的病魔。 这个病魔多年来在泰戈尔的家庭上空盘旋。 1932 年，又嗖地冲下来，夺走了泰戈尔唯一的外孙尼汀德拉纳特（小名尼杜）的生命。

一年前，尼杜只身前往德国，学习印刷技术，不幸也患上肺病。

泰戈尔结束波斯访问，回到国内，听说尼杜病得很重，立刻派老师迪伦德拉·莫汉·森陪同小女儿米拉前往德国看望外孙，同时写信给在英国的安德鲁斯，请他过去帮助米拉找好大夫为尼杜诊治。 安德鲁斯收到信，马上动身，在意大利的热那亚与米拉会合，一道前往德国。

8 月 7 日，二十岁的尼杜病逝。 次日，住在波洛桑达·昌德拉家中的泰戈尔听到这则噩耗，写了《母亲》，赞美女人对儿女的慈爱：

母亲的痛苦是宇宙的财富——

自己不能保存，

是给大千世界的礼物。

　　泰戈尔对个人和家庭的不幸向来保持沉默，但他的悲痛心情常流露在诗作中。 那段时间他写的几首诗中，虽极力隐藏，但仍未能掩饰住生离死别的阴云。 他在《奔跑》中写道：

　　　　"别走,别走！"谁徒劳地流泪哀求？

　　　　人世是流动的洪水，

　　　　此岸的一切朝彼岸漂去，

　　　　无底的泪河载负母亲

　　　　凄楚的慈爱,去换亲人的心，

　　　　哦,悲痛者,末了

　　　　无忧之海上飘逝你悲痛的水泡。

　　难能可贵的是，泰戈尔能很快走出丧失亲人的悲痛阴影。 在得知尼杜去世之后的8月份，他写了《再次集》的一部分散文诗，同时动手创作中篇小说《两姐妹》。

　　他在得知外孙尼杜去世的消息后写信给米拉说："我非常喜欢尼杜，此外，想到你的境况，胸口就压上一块悲恸的巨石，但在众人面前，让自己最沉重的悲痛变得轻淡。 那种悲恸阻碍正常的人生旅程、引来大家的目光时，它是渺小的。 我没有对任何人说给我让路。 大家只管一如既往地行走，我也和大家一起走。

　　"在索弥走的那天晚上，我在心里说，让他在浩茫宇宙中一路走好吧，别让我的悲恸把他往回拉一步。 同样，听到尼杜走了的消息，我好几天喃喃自语，从此我没有责任了，我只能祝愿他在步入的无涯世界中成为有福之人。 我的照顾到不了那儿，可我的爱也许能到达，否则，我心里怎会至今充满爱呢？

　　"在索弥离去的第二天晚上，我在火车上看到，夜空在月光中飘浮。 哪儿也没有减少什么的痕迹。 心儿说：'确实没有减少，一切在万有之中。'我也在其中。 我手头尚有未做的事情。 只要我活一天，那事情之河就流淌一天。 但愿我有生活的勇气，永不倦乏，开创的每项事业都不中断。 坦然接受发生的一切，同时，内心完全平静地接受留下的一切，在这方面不犯错误。"

小女儿被家暴

如果说泰戈尔丧失亲人的悲恸可以被他豁达的人生观慢慢淡化的话，那么，他小女儿受到女婿诺根德拉纳特的家暴虐待，促发他心中的悲伤，就几乎难以消释。

泰戈尔原先指望诺根德拉纳特结束在伊利诺伊大学的学业，回国发挥一技之长，全心全意参与他的农村改革试验项目，并支持他把圣蒂尼克坦学校逐渐扩大成一所大学，然而，他的希望很快就彻底破灭了。 诺根德拉纳特是个"绣花枕头"，他相貌英俊，却游手好闲，不愿脚踏实地地做事。 一不高兴就打米拉，把她当出气筒。

泰戈尔好言相劝，他听了心里极为怨恼。 在富于艺术趣味的文明家庭中长大的米拉，实在受不了诺根德拉纳特的粗暴行为，1918 年，带着儿子尼杜和女儿南蒂达，离开诺根德拉纳特回了娘家，住在圣蒂尼克坦，泰戈尔为她的住所起名"花苑"。 有时，她也随泰戈尔回朱拉萨迦住几天。 泰戈尔在日常生活和培养儿女方面，尽力帮助米拉。 后来，诺根德拉纳特四处托人，总算找到一份稳定工作，写信给米拉，要她带着儿女回加尔各答，和他一起过日子，但米拉断然拒绝。

泰戈尔在写给儿子罗梯的信中，无比悲愤地说："米拉结婚那天晚上，走进浴室洗澡，一条眼镜蛇呼地竖起身子，咝咝吐芯子。 今天我觉得，那天假如眼镜蛇咬她一口，她就不会受那么多罪了。"他说出如此"毒话"，说明他对米拉遭到女婿的折磨是何等气愤、何等伤心、何等无奈！

诺根德拉纳特写信给泰戈尔，要他把米拉送到他身边。泰戈尔躬身反思，省悟不同环境中长大的米拉与诺根德拉纳特，情趣相去甚远，当年把女儿许配给诺根德拉纳特，实在是太草率了。痛定思痛，他回信历数了诺根德拉纳特的恶劣本质和家暴行为，断然拒绝了他的要求。

之后，诺根德拉纳特在信中企图以不利的社会影响强迫泰戈尔改变主意："米拉不住在丈夫家，住在父亲家里，她可能会受到左邻右舍的谴责。"泰戈尔对自己的想法不仅没有丝毫动摇，甚至明确表示支持女儿的行为："米拉在信中对你说，她全然不理会别人说三道四，为此我很高兴。不是每个人一生命都好、都有幸福，没有幸福就没有吧，但要是没有自由，就太惨了。现在，米拉安心住在这儿，只求心境平静地生活。"软硬兼施，毫无效果，诺根德拉纳特在信中威胁说："再不把米拉送回来，我上法院告您。"泰戈尔在回信中毫不示弱："悉听尊便！米拉不怕对簿公堂，我也准备奉陪到底。"

米拉 1920 年与诺根德拉纳特分居后，一直住在圣蒂尼克坦。在父亲的帮衬下，过着孤单而平静的生活。她于 1969 年去世，享年七十五岁，在三姐妹中是最长寿的。

米拉的不幸人生再次告诉后人，当时，解除陈规陋习桎梏的束缚，是何等艰难。盛行的包办婚姻制，曾毁掉包括泰戈尔女儿在内的无数女性的绚丽青春。

码上解读
❧ 才华横溢的大师
❧ 赤子之心的诗人
❧ 无问西东的旗手
❧ 东方精神的智者

1912 年，泰戈尔访问英国期间，听说迪琼特罗拉尔·罗易在国内报纸上接连发表攻击他的文章，大惑不解，心里说："罗易兄，我一直真心诚意支持您的文学创作，称赞您的文学成就，对您也算不薄吧，你怎能翻脸不认人，无端攻击我呢？"

文友友好交流

迪琼特罗拉尔，1863 年 7 月 19 日出生于书香门第，父亲是一位作家和歌手，两位哥哥和一位嫂子也是作家。 受家庭文学氛围熏陶，他从小喜欢文学。 1884 年获加尔各答管区学院硕士学位，得到政府奖学金前往英国学习农业，毕业后成为英国皇家农业学会会员。 学习期间，他出版了英语诗集《印度抒情诗》。 他一生创作了大约五百首歌曲。 他的歌曲被称为"迪琼特罗拉尔歌曲"，其中《满目稻谷满目鲜花》《孟加拉，我的母亲，我的乳妈，我的祖国！》受到民众欢迎，流传很广。

1882 年，迪琼特罗拉尔在上学期间就发表《雅利安歌谣》第一卷。 从英国回到印度，在政府部门任职。 大约九年后，主要精力转移到文学上面。 1894 年，他的《雅利安歌谣》第二卷出版，其中大部分作品是歌词，其余是诗作，爱情诗和毗湿奴教派风格的诗居多。

《雅利安歌谣》第二卷出版后，泰戈尔撰文欢迎这位新秀步入文坛，在评论文章中赞扬说："其中一些诗，是相当完整的——一开口读就能诱发美感和心中情感的共鸣，而那些歌的意蕴，在乐音的配合下，可能获得更多新意和表现力。"他还援引《雅利安歌谣》的一首歌，说很容易体味到歌中悲悯和诙谐的融合。　1894 年 11 月，《求索》上发表迪琼特罗拉尔的诗作《文书》。　泰戈尔对这首诗也予以充分肯定。

几个月前，泰戈尔在《求索》上发表诗作《爱情的加冕》。　读了这首诗再读《文书》，不难发现，迪琼特罗拉尔从《爱情的加冕》中获得灵感，写了《文书》。《文书》的题旨是，家庭生活中"爱情"戴上桂冠，落入家庭矛盾的旋涡，遭到冷遇，是十分可悲的，与被流放无异。　这首诗有别样趣味和笑料，可人物的结局令人扼腕喟叹。

泰戈尔读了《文书》，似乎考虑过在诗中如何添加滑稽元素。　此后在散文集《五行》中就此进行了深入探究。

1897 年，迪琼特罗拉尔发表用韵文和散文创作的喜剧《离别》。　他把这个剧本献给泰戈尔。　献词中说：

亲爱的朋友，您是我幽默歌曲的支持者。所以，谨把有多首幽默歌曲的这个剧本送到您手上。

凡事有两个方面，即严肃与轻松。《离别》中有这两种元素。您和您以前的诗人们，吟唱充满愁绪的离歌。我——期望获得令人羡慕的诗人的荣誉。我只是设法唤醒离愁中的幽默元素。我写作的目的，不是嘲笑或讽刺你们的离情，而是在不大的篇幅内展示离别中纯真的逗笑元素。在您和像您一样的真诚的人眼里,这出戏若能获得一丝成功,我将认为我付出的辛劳是值得的。

迪琼特罗拉尔

迪琼特罗拉尔登门拜访泰戈尔，泰戈尔热烈祝贺了《离别》的发表，并感谢他把这部剧作献给自己。 迪琼特罗拉尔接着说，他对泰戈尔一向心存感激之情，他在泰戈尔作品中学到很多表现手法。

之后，迪琼特罗拉尔还希望能在泰戈尔家中的舞台上上演喜剧《离别》，并请他给予指导，泰戈尔立刻表示支持。 为此，迪琼特罗拉尔万分感激。

次年，迪琼特罗拉尔出版诗集《雨天》。 泰戈尔在《婆罗蒂》上发表的评论中充分肯定《雨天》的艺术特色，泰戈尔说："他倒进韵律的旧模具里的诗作中，新颖之光芒和古典之沉稳融为一体。 我们相信，诗人在心里意识到了这一点。 他培育幽默的星云，渐渐在韵律的框架内凝聚起来，成为孟加拉文学幽默天空的一颗恒星。"

友谊出现裂痕

泰戈尔在 1899 年创作的诗剧中进行了新的试验，剧本中的押韵格式是他的首创。 迪琼特罗拉尔那时写的几个剧本中，可以看到他接受了泰戈尔诗剧的押韵格式。 他分别于 1900 年、1903 年和 1908 年写的剧本《冷酷者》《达拉巴依》《悉多》，也和泰戈尔诗剧那样，取材于往世故事或历史故事。 对此，苏古马尔·森①博士说："《冷酷者》的自由体，是对泰戈尔诗体的粗糙模仿。 其中几首歌曲大致也是泰戈尔歌曲的仿造。"

---

① 苏古马尔·森(1901—1992)，印度语言学家和评论家。

1902 年 9 月 19 日，迪琼特罗拉尔的诗集《轰响》出版。 泰戈尔在评论中对它也大加赞赏："《轰响》极大地丰富了孟加拉诗歌文学。 它闪射着新奇光芒。……印度文学理论著作中讲述了诗作的九种情味。 许多诗人把这九种情味用于九种情境。 迪琼特罗拉尔毫不胆怯地在一个场合举行九种情味的节日庆典。他的诗作中，'滑稽''悲悯''慈爱''艳情'和'奇异'，这五种情味的哪一种，何时用到了哪个人物的身上，无法预测。"

但迪琼特罗拉尔的诗剧演出，未获得预期成功，《冷酷者》未登上舞台。 迪琼特罗拉尔由此认识到，采用自由体，难以表达有大量梵文单词的戏剧中的各种情感，对白的流畅步步受损。 他意识到了创作这类剧本的失败。

泰戈尔对迪琼特罗拉尔的剧本成败未作评说。 他向来称赞他喜欢的作品，对不喜欢的作品则保持沉默，这是他的一贯作风。

二人分道扬镳

在群众爱国运动兴起的 20 世纪初叶，迪琼特罗拉尔创作的历史剧《波洛达卜辛格》受到全邦民众欢迎。 泰戈尔对该剧未作评论，冷峻的沉默似乎挫伤了迪琼特罗拉尔的自尊心。 两位文友由此开始分道扬镳。

当时，著名剧作家格里斯·昌德拉·高士把泰戈尔的长篇小说《眼中沙》改编的剧本，在加尔各答的经典剧院上演。 阿玛伦特罗纳德·达多等四位加尔各答的顶级演员分别扮演剧中的四位主要人物。 迪琼特罗拉尔因种种原因，言谈中竟流露出对泰戈尔的不满。

1904 年 9 月 14 日，《孟加拉人》副主编斯里哈里莫汉·莫卡吉出版的《孟加拉语作家》收入在世和已故作家的小传。 泰戈尔撰写的小传着重勾勒了他诗歌创作的历程。 迪琼特罗拉尔读了泰戈尔的小传，出人意料地大为恼火，狂妄地表示，泰戈尔写充满欲望的低俗作品，如果声称获得神的启示不感到犹豫、羞耻，那么，为了弄清事实，他要公开而明确地证明，那些作品未得到神的嘉许。

阅读泰戈尔的一封回信，可以知道，两位文学家之间已有了很深的隔阂：

亲爱的迪琼特罗拉尔：

我实在搞不明白，您为何强调说，您不能加入我的歌颂者的行列。您本可以说，"我不能加入谴责您的某些人的行列"。无端说这些不该说的话，究竟是为何呀？

…………

也许您相信，我四周有一群歌颂者。换句话说，您与那些说赞美话的人意见不一致。您责怪他们的头脑或天性，称他们的赞美是"歌功颂德"。他们假如确实像您想的那样，那么，夸赞自己是比他们高尚得多的人，无论如何是多此一举。从中只能披露您内心的过度气恼。

…………

您的第二条指控是，按照您的说法，在我们家演出我们自己写的剧本，是为自己做广告，在您家和其他人家里，我听到您唱您写的多首歌曲，从不认为那样唱是为自己做广告，甚至您让您的孩子唱您歌曲的副歌，与客人分享时，我心里，也希望别的贵客心里，一刻也不对您产生这种怀疑。当您朗诵诗歌时，从您口中听到您写的诗，我一次也不觉得这样做是反常的。我每次从中获得纯正快乐，从不厌烦。

…………

说自己的事儿，"洋洋得意"，在所难免。动笔写小传，离开本性，小传是写不成的。由于不可避免的"自鸣得意"，我写小传的开头就祈求谅解。但愿您不认为那是故意显示傲气而不得不期望别人原谅的无奈之举。

听说您曾说过，我二哥朗诵我的诗，是为我做广告。您这么说，是因为您担起了说"烦人的事情"的责任。我从未听到别人说过这种话，并非因为除了您没人说真话。……您也知道，他朗诵诗，不是为宣扬泰戈尔家族，而是出于对我的关爱，想品尝诗味，但您在心里恼火的情形下，似乎受到了打击，不再平静地关注"应承认的事实"。

"在原始梵社只演唱我们写的歌曲"，这话是不符合事实的。在原始梵社唱的有些歌曲，没人知道是谁写的。没人为我们的哪首歌做广告。哪首歌是我们的，除了猜测，没法知道。

"关于我和我们全家，您可能毫不犹豫地当着我和公众的面，说出您心里的想法"，您对我做出这样的警告——做得好啊——我到了这把年纪，如获得什么教训，那我希望，您烦人的举止，对我来说，不会是不能忍受的。

泰戈尔

泰戈尔不幸被辱

大约一年后，筹备波里萨尔全邦文学会议，泰戈尔被推选为会议主席。 迪琼特罗拉尔写给东道主德波古玛尔的信也充满了不平："尽管我强烈反对泰戈尔充满欲望的作品，但我坦率地承认，当下文坛，他是最合适的人选，目前没有一个人的才华能与他并驾齐驱。 不消说，这件事情上存在分歧。"

之后，迪琼特罗拉尔多次批评甚至抨击泰戈尔的作品。 对于泰戈尔的名诗《金色船》，他称它是一首朦胧诗，还批评说这首诗不可理解，自相矛盾，毫无意义；在《诗歌欣赏》的文章中，他用大部分篇幅抨击泰戈尔诗作《生命之神》；认为泰戈尔写的几首情歌是庸俗作品的典型案例，还声称"必须清除诗歌中蔓延的歪风邪气"；以《齐德拉》为例，他评价道："至今没有诗人像泰戈尔先生那样把罪恶描写得熠熠生辉。"

大多数情况下，泰戈尔没有回应迪琼特罗拉尔的攻击，当然，从泰戈尔在希拉伊达哈写给好友的信中，我们可以看出，他对迪琼特罗拉尔的纠缠不休早已厌倦甚至厌恶："算了吧，告一段落，让我这条命舒坦些吧。 上天保佑，除了他，但愿没第二个人来折磨我这个上了岁数的人。 让所有的罪恶消失吧！"

哪怕如此，仍不能拔除迪琼特罗拉尔心底的怨恨之刺，据说他甚至扬言："泰戈尔为什么不亲自走上角斗场？ 向他那些无能的弟子射箭有什么意思？"他的激将法未奏效，泰戈尔照样听而不闻。 泰戈尔的沉默让迪琼特罗拉尔感到很难受，让他决计把泰戈尔拽进他写的剧本，狠狠地羞辱他一番。

迪琼特罗拉尔借新版讽刺剧《欢乐的告别》增添的内容讽刺泰戈尔，在序言中含沙射影："该剧本中没有人身攻击，只是对愚蠢、虚伪、装腔作势、倚老卖老作了淋漓尽致的嘲讽。 ……在诗坛兜售格调低下作品的人，是文学的敌人。不揭示这种诗中隐藏的危害和污秽的人，是不履行对文学的责任。"但阅读新版《欢乐的告别》的读者，不相信他的话。

1912 年 12 月 16 日，新版《欢乐的告别》在明星剧院演出。 迪琼特罗拉尔亲临剧院期望看到预期的戏剧效果，但看到观众们怒形于色，只好灰溜溜地离开剧院。

后来，泰戈尔的英译本《吉檀迦利》在英国大受欢迎，为此，他名扬四海。迪琼特罗拉尔拒绝承认泰戈尔获得的荣誉是孟加拉人的荣誉、印度的光荣，甚至借助剧本《欢乐的告别》对泰戈尔进行人身攻击。 剧本对白中，他把泰戈尔喻为不学无术的"诗人""隐士"，说泰戈尔"到英国转了一圈"，骗到了"诗学博士"学位和"桂冠诗人"称号，以此来发泄他多年心头积蓄的怨气。

伟人不计前嫌

《欢乐的告别》上演后，迪琼特罗拉尔的心情似乎变了。 七年来，他枉费一番心思，他的才华暗淡不了泰戈尔的天才。 他曾为月刊《印度》写的一段话，在他去世后不久，像天意一样应验了。 他写道："我们的统治者假如关心孟加拉文学，毗达沙戈尔①、般吉姆和默屠苏登·达多早就获得贵族爵位，泰戈尔也可获得爵士称号。"

1913 年 5 月 17 日，迪琼特罗拉尔去世，德波古玛尔写了他的传记。 泰戈尔应德波古玛尔的请求为《迪琼特罗拉尔传》作序。 关于两人的关系，序言中说：

> 从迪琼特罗拉尔尚未为孟加拉读者熟悉之时开始，我从他的诗创作中获得了莫大快乐，毫不犹豫地承认他的诗才。我与他的关系是实实在在的，也就是说，我确实看重他的才华。这是值得铭记的。我的不幸在于，这儿许多读者，把迪琼特罗拉尔带到与我作对的人中间，引起一场论战。我在这儿斗胆说，这不是我主导的论战，不是我主动促发的。从西面刮来的一阵风骤然爬到风暴的肩上，在床上、衣服上、椅子上留下厚厚的一层尘土，离去了。我也弄不明白，在我们的生活中，为何经常不知从哪儿刮来一阵阵误解的风，但一时的成见，不管怎么厉害，终究不会长久。我恳求孟加拉读者，不要费心保存那些尘土，保存也派不上用场。……某个时期的杂志上积存的某个时期的

---

① 伊索尔·昌德拉·毗达沙戈尔（1820—1891），著名孟加拉教育家、社会改革家和散文家。

　　一些垃圾不是文学的永久刊物的庆典之物。我同迪琼特罗拉尔相识，是值得怀念的，我由衷地尊重他的才华。我在我的作品和言行中，从未对他表示不尊。发生一些意外之事，不过是虚幻。我找不到它发生的缘由，也不相信别人能够找到。

　　大约九年后，泰戈尔在给迪琼特罗拉尔的儿子的回信中说："我从未和别人谈及伤害你父亲的话。我始终尊重你父亲。我从英国写给他的信中谈了我的态度。听说他躺在病榻上收到我的信，写了回信，但没有送到我手上。"

　　泰戈尔不计前嫌，为曾大肆攻击他的迪琼特罗拉尔的传记作序，把与迪琼特罗拉尔的争论当作历史上吹过的一阵风。在得知迪琼特罗拉尔卧床不起即将离别人世时，写信表示慰问，显示出一个伟人的博大胸襟和仁慈宽厚的品德。

少年泰戈尔天资聪慧，在东方学校和师范实验小学学习，成绩年年优秀，但学校刻板的规章制度、填鸭式的授课方式、对犯错误学生的严厉处罚，引发他的逆反心理，他把学校比作高墙环围的"监狱"和"教学的工厂"。

泰戈尔想象中的学校里，孩子们生活在大地母亲的慈怀里，在阳光普照的游乐场、在寥廓的天空下做游戏，感受自然的千姿百态和无穷变幻。无垠的天空、浩荡的长风、苍翠的树林，对他们来说，重要性绝不亚于书本和考试。与此同时，开设音乐、绘画、舞蹈课程，创造浓郁的文化氛围，学生无拘无束地作画、唱歌、跳舞。在形象、趣味、色彩、馨香、画面、旋律的熏染下，他们的童心像百瓣莲花一样怡然绽放。

正是这种绚丽的憧憬，引领泰戈尔在探索新式教育之路上艰难跋涉，不畏艰辛，克服重重困难，先创办梵学书院，后建立国际大学，为国家培养了大批人才，为印度的教育事业树立了光辉的榜样。

创建净修林①式的梵学书院

1901 年 9 月，泰戈尔一家迁居圣蒂尼克坦，有段时间住在一幢茅屋里。 12 月 22 日，泰戈尔理想中的学校在圣蒂尼克坦正式成立。

圣蒂尼克坦是座小村庄，位于距加尔各答大约一百六十公里的比尔普姆县。 泰戈尔的父亲德本德拉纳特早年在孟加拉各地宣传梵教，许多乡绅富豪是他的好朋友。 比尔普姆县的村庄拉亚布尔极为富庶。 辛格家族是当地首富。 有一天，德本德拉纳特前往拉亚布尔。 坐在轿子里，看见北边是一望无际的田野，矗立着两棵七叶树和野枣树，觉得这儿是理想的静修之地。 这儿的田野中央有一个水塘，水塘畔是穷人的几间房屋。 他向拉亚布尔的地主买了两棵七叶树周围的二十英亩土地。 这二十英亩土地是泰戈尔进行教育实验的根基。 1901 年，泰戈尔得到父亲的赞同，着手筹建梵学书院。

圣蒂尼克坦这所学校的校门上，爬满碧绿的藤蔓。 学校四周的环境优美、清静。 南面耸立着一长排繁茂的娑罗树，石堤又长又宽，圈护着清澈的池水。 陡峭的北坡上一行高大的棕榈树，坐在学校里看得清清楚楚。 北面阿勒姆吉树林中一幢两层楼客舍，毗连着古老的迦昙婆树荫覆盖的厨房。 唯一坚固的建筑是一幢平房，里面藏有线装佛典和其他书籍，后来翻修扩建，加了一层，成为图书馆。 西北角两株苍老的七叶树下，有座简朴的大理石祭坛，坛前空旷的原野一望无际。 东面赤裸的红土路伸向波勒普尔，路上行人稀少，当时波勒普尔县城人口还不稠密，没有多少像样的建筑，碾米厂的黑烟尚未玷污碧空的明丽。

---

① 古代印度隐士修行的树林。

校后东侧是一座杧果园，西侧杂生着棕榈树、黑浆果树、阔叶树和零零落落的椰子树。

关于书院的宗旨，泰戈尔在一封信中说："校规与古代师尊的家规相似，这儿闻不到一点儿奢侈的气味。"

泰戈尔创建的梵学书院是一所寄宿学校，学生们像弟子一样住在师父般的泰戈尔家里。学生们不能穿鞋，不能打伞，每天吃素。吃饭的地方严守种姓隔离规则。早晚为学生讲解歌颂太阳的经文，接着学生们坐禅冥想。学生们必须先沐浴，穿灰褐色衣服，正襟危坐，进行祈祷。祈祷完毕，学生坐在图书馆的一间屋里，吟唱《吠陀》经文。之后，学生们对老师行摸足礼，坐在树荫里，读书学习。

后来出现的一个棘手问题是学生如何向老师施礼。在印度学校里，学生通常向老师行摸足礼，但学生如与老师的种姓不同，是不能触摸老师的脚的。泰戈尔经慎重考虑，最后规定，在梵学书院里，学生如与老师的种姓相同，一律行摸足礼。如果不同，学生双手合十对老师致意即可。这个明智的决定确保了师生之间的融洽关系。

泰戈尔根据教学需要，提名莫诺朗赞·高斯、贾格达南德和孔贾拉尔组成教学委员会，莫诺朗赞·高斯任主席，贾格达南德任执行秘书，赋予他们管理学校的重任。泰戈尔还起草了账务管理条例，交给孔贾拉尔执行。这个草案可以说是圣蒂尼克坦的第一部校规。

学院经费危机

1901 年，泰戈尔还未成为田产的继承人，和其他小家庭一样，每月只得到二百卢比的生活费。由于在库斯蒂亚做生意亏损，常年借钱还债，得用一部分月份钱支付利息。 所剩不多的钱，用于支付学校日常开支，经济上极为拮据。

按照古代印度的理想建立的书院里，绝不允许金钱关系！ 老师的薪金和学生的费用，谁来承担呢？ 由泰戈尔一个人承担！ 显然，这种状况是不能持久的。 第一批进入梵学书院的学生不用交费，泰戈尔向他们提供所需的全部文具和书本。 泰戈尔原本以为，听说他办梵学书院，印度教的富翁们会弘扬古印度传统，主动资助书院，但几个月来，他们一毛不拔，这让他看清楚他们对古印度理想毫无敬意。 无奈，只好决定暑假后，每月收每个学生十三卢比。 诗人的理想不得不低头与冷酷的现实妥协。

办学的大量费用使泰戈尔经济上陷入困境。 他在信中对莫诺朗赞·高斯说："银行里我的存款，不足以维持今年的日常开支，年底恐有较大亏空。"1909 年的暑假结束，圣蒂尼克坦又开学了。 新学期学生人数有所增加。 以前，每个学生每月交费十五卢比，新学期涨到十八卢比，其中包括学费、伙食费、医疗费、洗衣费和理发费。 泰戈尔起初担心，每月支付十八卢比，对家长来说，可能有些困难，但他们都准时全额交学费。 尽管如此，学校经费依然紧张。

学生人数增长的同时，聘用新教师支付的薪金也随之增长。 与其他学校相比，圣蒂尼克坦老师的薪金相对少一些，但也享受到各种优惠待遇。 由于没有单独住所，老师们住在学生宿舍里。 他们的儿女、兄妹、侄儿侄女、外甥外甥女中间，谁如果是学校的学生，可以免费用餐、洗衣服、理发、看病、用电。这些优惠条件导致学校入不敷出。

1912 年 6 月，泰戈尔在英国访问时，圣蒂尼克坦的经费危机已非常严重。在市场上，学校已很难赊账获得粮食，因为已欠粮商约一千八百卢比。 泰戈尔在英国演讲所得的报酬和从麦克米伦公司预支的《吉檀迦利》的版税费，总共九十英镑，通过侄子苏伦德拉纳特·泰戈尔汇到学校。 收到这笔款项，学校的经费问题暂时得到缓解。

　　泰戈尔向美国的文化界介绍他创办的学校，交谈过程中，他心中产生一个想法：继续宣传他的学校，或许能为学校争取到一些资助。 这是他首次萌生获得国外资助的念头。 他甚至在心里规划如何使用遐想中获得的外国资金。 他在信中对教导主任贾格达南德说："我认为我们应开办技术学院，建立两个实验室，师生食堂应重新修缮，医务所应该扩大。 我希望有几个优秀的人才来主持实验室，按照自己的项目开展实验，久而久之，就会形成大学的格局。 几位孟加拉高才生目前在美国学习理科和哲学。 ……我如果聘用他们那样的人才，开辟一片科学研究领域，是有可能渐渐扩展的。 这是我多年的心愿。 我要大兴科学研究之风，这样，学生的心灵不知不觉就能成熟起来。"但这封信的末尾透露出他信心不足："这只是我的期望，能够实现当然很好。 实现不了，权当吹灭一个泡影，反正也不用花钱。"

　　泰戈尔又觉得获得资助有一定的困难，在写给拉马南德的信中，他解释了原因："这儿许多人对我们学校很感兴趣——在这儿获得资助，也许不是不可能的。 问题在于，在大庭广众之中大声宣传，伸手乞讨，对我来说，实在太难了。 为了国家的事业，眼巴巴地看美国人的脸色，我满脸羞臊。 我不能开口明说我们的匮乏。 假如我伶牙俐齿，更泼辣一些，在这儿就能解决学校的经费短缺问题，打道回府，但靠我恐怕做不到这一点。 我也许和我的诗作《奖品》中的诗人一样，手里只拿着一条花串回国——尽管纳伯尔①先生为看到我肩上装满金币的布袋，正翘首眺望大路。"

---

　　①　纳伯尔是诗人创办的学校的老师。

梵学书院的教师与教学

泰戈尔的父亲在印历布萨月初七这天皈依梵教。 书院初建时，专心研究吠檀多哲学和印度教的波罗莫邦达·乌巴塔亚是泰戈尔的得力助手。 他要求学生们在这一天也信奉梵教，而在其他寄宿学校里，是不强迫学生信教的。

青年教师莫诺朗赞于 1902 年初来到书院，后顶替波罗莫邦达·乌巴塔亚成为校长。 后来，莫诺朗赞推说身体欠佳，离开学校。 他在一封信中讲了实话，称泰戈尔优柔寡断，有些事情处置不当，是他辞职的直接原因。 泰戈尔在回信中坦率地说："我在做重要的事情中，从多个角度感觉到了我性格的不完美，但尽管如此，我必须履行我的责任。 我一直真心希望您成为我的得力助手，然而，较之我个人，您如更看重我的事业，在这艰难时刻，您就不会离开我，而会留下来，与我一起为实现这个为民造福的目标而努力。 学校的事情，您就别再多想了。 天帝如把它的担子让我来挑，虽有各种挫折，肯定将让它走上成功之路。 即使它收回这副担子，我此前所作的努力也不会付诸东流。"

沙荻斯是泰戈尔非常赏识的一位老师。 沙荻斯初来圣蒂尼克坦时，十九岁，是诗人。 泰戈尔看了沙荻斯在练习簿上写的几首诗，感觉到这稚嫩之作中隐约显露了非凡才华。 泰戈尔由衷称赞的同时，也坦直地指出不足之处，沙荻斯都心情愉快地接受了。

当时，泰戈尔满脑子是办好学校的雄心壮志，话题一扯到学校上面，便神采飞扬地在他俩面前描绘一幅光辉灿烂的前景。 沙荻斯听着听着，脸上闪现兴奋的光彩。 泰戈尔因为考虑到他的学士学位考试在即，而且法学毕业考试后，他将有薪金丰厚的职位，所以没有邀请他来当教师，但有一天沙荻斯跑来对泰戈尔说要来当泰戈尔学校的老师。 他表示他不会参加毕业考试，也不会顺着家庭

安排的生活走下去。 最后他中止大学的学业，成了圣蒂尼克坦学校的教师，还
坚决不要薪金，泰戈尔只得私下按时把钱寄给他的父亲。

　　沙获斯不穿制服，上身缠一块旧长布，整日埋头于教学。 他教的学生幼小
天真，他搀扶他们跨过英语阶梯教室最下面的一级。 他授课从不照搬教科书中
的陈旧内容。 他的文学功底颇深，讲解深入浅出，教的内容不用死记硬背就被
学生消化吸收，成为他们的精神食粮。 不幸的是，沙获斯在北印度旅途中染上
天花，于 1904 年去世。

　　沙获斯去世后，泰戈尔在多次讲话中，表达了对这个年轻朋友的怀念之情。
泰戈尔认为老师本质上是无私奉献者，沙获斯在这方面堪称楷模。

　　穆希特·昌德拉·森是书院的校长之一。 他是孟加拉最早研究泰戈尔作品
的学者和泰戈尔诗集的编辑，经常去圣蒂尼克坦和泰戈尔商谈出版作品事宜。
在苍茫暮色中，两人经常在波勒布尔田野的红土路上边走边谈。 泰戈尔在《忆
友人》中说："越过我新建学校的缺点和不足，他窥见学校需要完善的发展。 那
时，没有比这更宝贵的支持。"

　　穆希特在泰戈尔的邀请下同意担任校长。 泰戈尔给予穆希特办学的充分自
由，允许他完全按照自己的思路管理学校。 在校外时通过写信对他坦陈自己的
意见："希望您安排必要课时，让学生们循序渐进地学习文学。 请密切关注每个
学生每天的生活，即他们的学习、文艺活动、衣食住行、品格培养，等等。 我
希望他们能与您建立全面关系，但这是我们学校的理想，即以真心而不是靠'机
器'把孩子们培养成人。"

　　关于学生的饮食与健康，泰戈尔认为，学生劳动后吃饭会更香。 他在给穆
希特的一封信中说道："我认为，只要有适当的解饿方法，就可不必为学生做可
口饭菜多费心思。 让他们干点儿重活儿，饥肠辘辘，再给他们普通饭菜，他们
就吃得津津有味，身体就会强壮。 请您到现场监督，所有学生必须按规定劳
动，不得偷懒。 另外，与孩子们一起游玩、锻炼，在烈日、暴风雨中学会忍

受，从多个角度来说，是颇有裨益的。"

穆希特不适应波勒布尔的生活，1904 年 7 月，因病返回加尔各答治疗。 他负责学校的教学未超过五个月。

穆希特离职后，取消了校长制。 布奔特罗纳德老师为人忠厚、教书认真，深受大家尊重，临时管理学校。 不过，按照新的管理方法，实行集体负责制，几个负责人选举一位主管主任。 穆希特主管学校期间，管不住那些年龄太大的学生。 所以，在总结失败的经验的基础上制定了新规定，今后学校一律不招十二岁以上的学生。 执行新规定，大祭节后，只留下二十个年龄小的学生，老师有五六人。

东孟加拉-阿萨姆政府的官员对圣蒂尼克坦学校的老师一直心怀仇恨。 这几位老师是特里普拉县的卡里莫汉·高士、库尔那县的希拉勒尔·森和尼帕尔·昌德拉·罗易。 卡里莫汉·高士在达卡学院上学时就参与多个政治团体的活动，警察已掌握他的情况。 希拉勒尔·森因发表诗集《呐喊》曾被投入监狱。 尼帕尔·昌德拉·罗易在北方邦政府恶毒目光的监视之下，被迫离开阿拉哈巴德。 泰戈尔的"罪过"是允许他们在学校居住、教书。 1911 年，东孟加拉-阿萨姆政府发布秘密通告，警告政府公职人员，他们的孩子不得在圣蒂尼克坦学校读书。 如若违抗，他们的仕途将是一片黑暗。 迫于压力，几个公职人员的孩子流着眼泪离开学校。 卡里莫汉·高士看到在国内不安全，不得已去了英国，在那儿学习儿童教育。 对于难以找出路的希拉勒尔·森，泰戈尔四处为他求情，无果，最后只好将他安排到自己在北孟加拉的田庄工作。

推广全新的教育理念

面对英国和西方各种组织的文化渗透，泰戈尔强调应恢复印度优秀的传统思想。 关于以怎样的理想唤醒梵学书院学生的爱国热忱，他说："我们应该让学生学会忠于祖国、热爱祖国。 应该特别注意，绝不能让学生跟人学藐视、嘲笑和憎恨祖国，尤其不能让他们跟人学把祖国与别国比较，接着贬低祖国。 增强对祖国传统的忠诚，是一件好事。 痴迷地模仿外国人，自鸣得意，是令人不齿的。"

此外，泰戈尔鼓励把爱国激情转化为在学校和学校周围开展试验项目的动力。 在他的指导下，师生们在附近的贱民村庄里开办夜校，在学校的勤杂工中开扫盲课。 他认为他的学校是块净地，不赞同学生参加政治活动，然而，圣蒂尼克坦不是世外桃源，政治运动时常波及校园，这与他的教育理念发生冲突。

泰戈尔在宣读的长文《教育问题》中提出的建议是，应在印度过去的那种净修林里建立传授知识的中心。 学生们住在师尊家中。 这个中心应在远离城市的幽静之地。 学生生活在自然环境中，是十分必要的。 通过修梵行，学生能够培养一种克制的富于成果的生活。 训诫造就不了人生，修身方能培养品德。 因此，需要安静的森林和师尊的寓所。 泰戈尔以圣蒂尼克坦梵学书院为例子，做了说明。

泰戈尔谈了他的独异观点："在教师亲自研究学问的地方，学生才能目睹知识；在自然女神无羁地现身的地方，内在的心灵才能完全舒展；在脱离红尘钻研经典、性格得以纯正、自制的地方，道德教育才能正常、顺利。"

泰戈尔提倡的教育模式，是名副其实的印度教徒的梵学书院模式，是他在圣蒂尼克坦创建的学校模式。 揭掉遮暗学生心灵的旧俗之幔，是泰戈尔教育思想的核心。

泰戈尔规划学校建设，制订教学计划，首先考虑的是如何提高学生素质，为他们的美好未来夯实文化基础。 为此，泰戈尔在教学和管理上倾注了较多的心血。

泰戈尔在学校进行改革，既重视学校管理，也强调学生应自我约束。 在孟加拉邦，一边是极端贫困，另一边是灯红酒绿、穷奢极欲。 泰戈尔不允许他的学校里存在这种刺眼的反差。 学生和老师选举自己的负责人。 老师中选三位负责人。 学生也采用这种选举方法，实行自我管理制度。

泰戈尔探索的主要课题是教育如何通过游戏和劳动以欢乐的形象显现出来。 泰戈尔教育思想的基本理论是通过自由和欢乐培育儿童的良好心性。 在他看来，生活是有韵律的游戏的体现。 教育在欢乐气氛中可以顺利开展，结出硕果；可通过自由和克制，充分展现，臻于完美。

在圣蒂尼克坦的校园里，歌舞、戏剧从未受到非议。 相反，这些艺术活动，从建校第一天起，自然而然地就成为教学的一部分。 泰戈尔的儿子罗梯当学生时就参加过《牺牲》的演出。 当时，女学生不参加演出，女角色由男孩子扮演。 学校还举办季节庆祝活动，最早提出这项活动的是泰戈尔的小儿子索弥。 他在 1907 年 2 月 17 日祭拜艺术女神那天，为欢迎新春来临，和其他男孩儿扮演起了春神。 春天百花盛开，所以扮演春神的男孩儿头戴花冠，手提花篮，走上用各种鲜花装饰的舞台。

泰戈尔的英语教学方式与众不同。 他不喜欢照本宣科地教书。 他由浅入深、循序渐进引导学生，让他们读懂难字，理解深奥的含义。 听他的课，学生必须快速动脑筋，注意力不集中，稍一走神，就跟不上讲解了。 他不怕从难懂的著作中选译教材。 他教四年级学生，选用了拉斯金①的作品。 首先，他把短小简单的孟加拉语句子快速译成英语。 接着，让学生练习读相关的几个英语句子，加上形容词、副词、短语和从句，把简单句一步步变成复合句，从而让学生完全理解和掌握语法结构。 最后，学生把书中的长句口译成英文就非常容易。 这些句子是他的教课内容，他摘录在笔记本上。 学生反复阅读练习这些句子，不知不觉就记住了。

---

① 约翰·拉斯金(1819—1900)，英国作家、艺术评论家。

由于"化缘"筹措到了一大笔资金，按照泰戈尔的意见，校委会在实验室顶上加建了一层，一时间，校园里处处可见泥瓦匠和木工的忙碌身影。 1908 年是梵学书院创办的第七个年头，学校已有大约一百名学生。

1908 年 8 月，在泰戈尔的直接指导下，成立了圣蒂尼克坦女了学校。 这所规模很小的女子学校，在孟加拉是首创。 当时，孟加拉尚未实行男女同校制。穆希特的遗孀苏希拉森送来了她两个十来岁的女儿。 另外，还有五六个女孩儿。 泰戈尔一度认为，女子学校将快速扩大，但实际上因种种困难，这所女子寄宿学校从 1908 年创办到 1910 年，前后只维持了两年时间。

创办国际大学

1918 年的暑假结束，住在加尔各答的古吉拉特邦的许多孩子，报名进入圣蒂尼克坦学校学习。 泰戈尔看到学校突破只收孟加拉孩子的界限，招到其他邦的学生，心里异常兴奋。 他对安德鲁斯和罗梯说，应把圣蒂尼克坦建成印度人的教育中心，让各邦学生来这儿接受真正的印度教育。 他们在保持各自习俗的同时，从小住在一起，可培养共同的民族理想。 这所学校，不是一个邦的学校，也不是某个教派的学校。 这些年泰戈尔脑子里的模糊构想，因招收古吉拉特邦的孩子而豁然清晰。

其实，早在 1916 年 10 月 28 日，他访问美国时写给罗梯的信中就已明确谈了他的宏志大愿："闭关自守的时代已经结束了。 应把圣蒂尼克坦学校建成印度与世界的桥梁。 在这儿，将建立培养各民族人性的中心。 这是在波勒布尔县的原野上筹建世界大团圆祭坛的第一步。"

此前，梵学书院的学生通过升学考试，全部要到加尔各答和其他城市的学院去读书，当时，他就有过在圣蒂尼克坦创建学院的念头，但当了解到建立学院需要的经费数额已远远超过他的经济能力时，只得放弃原先的设想。

学校放宗教节日假，泰戈尔回到加尔各答的第二天，在加尔各答经商的古吉拉特邦的几位商人，来到朱拉萨迦祖宅拜访泰戈尔。泰戈尔首先对他们介绍成立国际大学的计划。圣蒂尼克坦将是印度各族人民的团聚之地。这个宏伟蓝图使他们兴奋不已，他们的激奋神情让泰戈尔感觉到他神圣的民族理想感动了他们。

1918 年 12 月 23 日，在幽静的圣蒂尼克坦，泰戈尔与一批志同道合者宣布象征和平理想和世界友谊的国际大学正式成立。

1919 年 3 月 27 日，泰戈尔在帝国剧院作题为《印度文化中心》的演讲。这是他在加尔各答首次就国际大学发表演讲。与往常不同的是，这次听众要购票入场。换句话说，这是通过出售门票募集办学资金。

一星期后，他在博斯科学研究院宣读的文章《森林的信息》中再次阐述他的教育理想：

首先，人类的大家庭中正庆祝科学的灯节。每个民族点燃灿亮的华灯，汇聚在一起，灯节才能圆满结束。砸碎任何一个民族的特殊的明灯，或者忘却它的存在，整个世界将蒙受损失。接受和给予的时候，都需要把十指和手掌并拢起来。同样，印度教育制度中，应荟萃研究《吠陀》和《往世书》的学者、佛教徒、耆那教徒、穆斯林教徒的灵性，收集他们的精神财富于一体。

其次，哪里有名副其实的教育场所，哪里才诞生高深学问。大学的首要任务是培育知识，奉献知识是次要工作。要将那些以自己的才智和毅力进行创造发明的人才吸引到研究学问的领域中来。在他们联袂从事科研的地方，流出知识的清泉，在汩汩流动的泉水边，建立我国真正的大学。照搬外国大学的模式是不可取的。

我要说的第三点是，每个国家的教育与本国完整的生活旅程密切相关。

此前，印度的大学不是建立在本国的土地上，而像寄生植物悬吊在别国的树枝上。印度若要建立真正的学校，这种学校一开始就应该把经济学、农业理论和卫生知识运用于所在地的农村，占领国家生活的中心。这样的学校有崇高理想，能够种植农作物、养牛、织布。教师和学生采用合作社的形式，与周围的居民紧密团结，共谋生计，获取必要的资金。

我建议，将这所样板学校命名为国际大学。

启动国际大学的教学实验

大祭节过后第二天，在圣蒂尼克坦隆重举行国际大学奠基仪式。在吟唱的祝福歌声中为奠基石培土。各界各教派的代表出席仪式。几位古吉拉特邦商人当场捐款几千卢比。1919年夏天，国际大学的教学实验正式拉开帷幕。

1919年7月3日，国际大学基建项目正式启动。所谓国际大学，不过是一片新校区。后来，这片新区称为北区，原先的学校称为东区。

数年教学实践使泰戈尔认识到，年复一年只接收外来的短期读书的学生，研究中心就永远建不起来。另外，他殷切希望，学校的老师除了教书，还能刻苦学习新知识。国际大学的最初计划，是让每位老师按照自己的实际水平，选修一门课程，之后深入研究。圣蒂尼克坦利用一些现有资源，实施这项计划。文学和梵文是两门主课。

国际大学的教学迈出了第一步。泰戈尔亲自教文学，讲解英国诗人罗伯特·布朗宁艰涩的诗歌。安德鲁斯教文学批评，以英国近代诗人马修·阿诺德的文章为重点，讲解英国文学史。比杜塞克尔教印度教哲学。来自锡兰①的僧

---

① 即现在的斯里兰卡。

人穆哈斯塔毗尔教佛教哲学。 罗梯教生物学。 莫梯里的学者克比雷沙尔教梵文语法。

按照泰戈尔的教学理念，理科教育如不和艺术教育相结合，知识就如同一种负担。 所以，国际大学的理科教育和艺术教育是同步开展的。 当时，在学校里，艺术教育，即绘画和音乐，对培养学生的心力和智力起到了重要作用。

美术方面，1918 年 7 月，青年艺术家苏伦特罗·格尔来到圣蒂尼克坦任教。 他是阿巴宁德罗纳特的弟子，参与七彩画院管理。 七彩画院撤销后，他来圣蒂尼克坦教学生画画。 国际大学成立不久，阿希特古玛尔·哈尔达尔来当美术老师。 大祭节过完，画家南达拉尔·鲍斯也来教绘画。 苏伦特罗·格尔、阿希特古玛尔·哈尔达尔和南达拉尔·鲍斯三人组建了美术学院。

音乐方面，奥吉特·古玛尔和迪南德拉纳特是音乐老师，教学生唱泰戈尔创作的歌曲。 后来觉得有必要教唱印度斯坦歌曲，就请来了两位穆斯林老师，教唱古典歌曲"玛尔迦"。 马哈拉斯特拉邦的维姆拉奥·赫苏尔卡尔也曾来圣蒂尼克坦教唱古典歌曲。 这是国际大学音乐学院的起点。 国际大学在两个领域赢得崇高地位，其中之一就是音乐教育。

舞蹈与音乐密不可分。 在圣蒂尼克坦演出的戏剧中，伴随着保乌尔歌曲和合唱歌曲，演员翩翩起舞。 国际大学请来的特里普拉的艺术家布迪莫斯特·辛格，教学生跳曼尼普尔舞。 泰戈尔认为，通过练习跳舞，男孩子硬邦邦的身子会变得匀称、健壮、灵活，所以让他们学曼尼普尔舞，即节奏明显的集体舞。

在泰戈尔的心目中，圣蒂尼克坦不只是一个地方教育机构，更是一个美好理想，是全人类的客舍，是全世界的御座。 1920 年 12 月 17 日，他在信中对安德鲁斯说，不久前，他从印度前往欧洲时，心中产生的想法是，在圣蒂尼克坦，将建立印度的一个文化中心——全印度的研究中心，但到了欧洲，他感到他已被西方国家接受，他一生的使命，是解决当代最突出的问题，即东方与西方的融合。 在他看来，当代世界最重大的事件，是东方与西方的团聚，不能相聚的地方，必然出现问题。 只要不实现双方的融合，民族与民族之间，国家与国家之间，矛盾和对抗就不可避免。

1920 年和 1921 年这两年中，圣蒂尼克坦发生了很大变化。 波斯来的一个年轻人波斯丹吉·莫里希来到圣蒂尼克坦教书，他精通法语，是在北区教法语的第一个老师。 从信德省来的青年人钦拉尔在这里的医务所当医生。 经安德鲁斯推荐，通晓德语的纳罗巴伊·帕德尔带着家人从东非来到圣蒂尼克坦，教学生德语。

1921 年 11 月 10 日，作为国际大学的首位访问学者，法国的西尔万·列维教授来到圣蒂尼克坦，就古代印度和外部世界的交流史作系列讲座。 此外，他还开设了汉语和西藏语课。 有几位老师向他学习这两种语言，其中个别老师后来成为东方学研究领域的知名学者。 西尔万·列维夫人开设的是法语课。

西尔万·列维用英语讲课，泰戈尔一面听课一面记笔记，下了课，译成孟加拉语讲给别人听。 次年暑期，西尔万·列维授课结束，在为他举行的欢送会上，泰戈尔说：“您踏上寻找真理的旅途，穿越无路的世纪，抵达古代的印度，获得她的秘密，这些秘密不是属于学究的，而是属于情人的。”

泰戈尔的梦想，是各国在全世界实现融合之日，国际大学将成为学科领域的教育中心。 学生们在这个相聚之地接受教育，能摆脱唆使人追名逐利的狭隘爱国主义，真正为全人类谋福祉。 换句话说，他们是世界公民，而不是一国公民。

二十年守护理想

圣蒂尼克坦的教学不知不觉走过了二十个年头。 长期以来，学校的大部分费用由泰戈尔承担。 国际大学成立后，他个人已不能支付全部费用。 国际大学计划开设各种课程，聘请外国老师讲课，经费更加紧张，但泰戈尔是乐观主义者，对完成他的使命，心里从未产生一丝犹豫。 他在布萨月庆典上说："今年，我们的圣蒂尼克坦将进入一个新时代，我们在这儿建造了新时代的驿馆。 我们真切地感受到，人与人的相聚，这是崇高事业。 所以，我们努力强化民族自豪的同时，需要一个宣传我们志向的中心，从我们平凡的喉咙中将迸发出新时代的胜利欢呼。"

印历布萨月初八，国际大学成立大会在圣蒂尼克坦杧果园里举行。 布拉詹德拉纳特·希尔教授担任主席。 会议上成立"国际大学理事会"，通过国际大学章程草案。

泰戈尔在开幕词中回顾了创建国际大学的历程。 他说："遵从生命的规律，树木的种子渐渐扩大，再扩大，种子的界限内终于容纳不了了。 同样，我们开初以为，这所学校局限于国内需求的范围之内，可它逐渐奋力在辽阔的天空获得自由。 世界会对真正的教育机构提出要求，把它硬塞在某种需求之中，必然削弱它的存在意义。

"任何国家即使受制于民族傲慢，把宗教和财富当作自己的私物，也不可能筑起骄傲之墙，圈围住它真正的财富。 我们难道能说'抛弃远大志向，我们只想抱着渺小意愿过日子'这种话吗？ 真那么说，我们难道不会完全丧失人的光荣？ 在本民族原封不动的疆域内，狭隘地认知自己，难道是最大的光荣？

"国际大学当然是印度的产物，但应把它扩展为人类的探索之地。 所以，把国际大学在印度广袤大地上建立起来吧！"

1922年5月16日，国际大学成为正式注册的社团。 泰戈尔把全部著作版税和他在圣蒂尼克坦的全部动产、不动产赠送国际大学。

1926年，国际大学教育学院成立。

国际大学在发展中，也出现了人事变动情况：与圣蒂尼克坦长达三十年合作关系的比杜塞克尔先生担任了一段时间的教育学院院长，辞职去当加尔各答大学哲学系教授；四个月前，在音乐系执教很长时间的迪南德拉纳特也离开圣蒂尼克坦，音乐系教学受到严重影响。 他们与泰戈尔关系密切，分开彼此心里都很痛苦。 即便如此，人来人往，在泰戈尔眼里是很正常的现象。 一个个亲人和朋友离他而去，他从不怨天尤人或大放悲声。 他坚信，只要办学符合真理，学校在重重打击下也不会崩溃。 他超脱地看待他创办的学校。 为挽回必然失去的东西而白费劲儿，或为此懊丧不已，悖违他的天性。 他让吉迪莫汉·森教授①当教育学院院长，聘请爱好音乐的化学老师瑟伊洛扎朗赞·马宗达负责音乐系。 桑提德卜是迪南德拉纳特的高足，多年参与音乐教学，也分担一部分教学任务。

1936 年，国际新教育同盟印度分会成立，泰戈尔任主席。

随着学校的规模不断扩大，学校的章程作了必要修改。 学校的老传统如何适应新形势，是迫切需要解决的一个问题。 泰戈尔深知，一些事情单靠提高员工的薪水是做不成的，还需要责任感和荣誉感。 同时，随着时代的变化，也需要采取一些新措施。

1936 年 7 月 20 日，泰戈尔同学校的老师作了一次推心置腹的谈话。 泰戈尔对老师们说："今天请大家来，不是为说新事，也不是要做新事，而是为让你们记住以前这儿有个老师联谊会。 我认为，有必要恢复以前通过组织活动让学生和老师互相接触了解的传统。 ……我的想法是，应创造机会，让老师们在某一天坐在一起，互相说说心里话。 举行这样的座谈会，我也会出席。 听了你们的发言，我可以知道，如今在按照什么规则办事儿。 谁心里有什么委屈，尽管说出来。 即使很难听，可只要是真话，我们就应有听进去的耐心和胸怀。 在争抢利益和权力的地方，也许不容易做到这一点。 我说的这种交流，不是只让有

---

① 吉迪莫汉·森(1880—1960)，国际大学教授，1953—1954 年任国际大学校长。是 1998 年诺贝尔经济奖得主阿莫尔多·森的祖父。

关负责人满意的交流。 但愿我们不说甜蜜的假话，不做让人看了脸红的事情。如果老师座谈会恢复举行，我会来参加，发现有不合理现象，我将尽力加以纠正。"

过去的三十五年间，圣蒂尼克坦学校里缺少完美的管理制度。 毫无疑问，这是需要改进的。 泰戈尔是支持学校修订新规章的。 他对在座的老师们说，在民主的旗帜下，学校里出现了办事推诿拖拉、管理杂乱无章的现象。 学校应该立刻制定新规则，加以纠正。

泰戈尔希望老师们能团结在他的周围。 在他的鼓励下，老师们各抒己见，建议修改一些旧规章。 最集中的一点，是希望获得与公立学校老师同等的待遇。 泰戈尔当即表态，会尽力予以满足。 然而，年已古稀的他，已不能像以前那样，精力充沛地到各地去募捐，短时间内难以改善老师们的待遇。 为此，他心里总觉得对不起这些老师。

创建印地语学院

1935 年，国际大学正式提出建立印地语学院的构想。 学者巴纳勒希·达斯和希达罗姆曾参与筹建。 希达罗姆捐赠五百卢比，作为启动资金。 此后，在泰戈尔的努力下，国际大学得到了财产捐赠，得以支付建教学楼和印地语学院的日常开支。

1938 年 1 月 16 日，圣蒂尼克坦举行印地语学院奠基仪式。 泰戈尔身体欠佳，未出席。 安德鲁斯代表他诵念祷文。

在泰戈尔的鼓励下，吉迪莫汉·森教授把神秘主义诗人迦比尔的印地语诗译成四卷本孟加拉文诗选出版。 泰戈尔从中选编了一部分，编成《迦比尔诗歌一百首》，并译成英文。 英译本又被译为欧洲的许多语言。

吉迪莫汉·森是当代把印地文名著转译为孟加拉文的先驱。 他把中世纪圣哲的许多文章和巨著《二行诗》译成孟加拉语。 泰戈尔在《二行诗》译著的序言中写道："得益于吉迪莫汉·森先生的辛勤劳动，我们渐渐地对某些印度斯坦的修行诗人有了一些了解。 如今，我坚信不疑，印地文中发现的薄迦梵文学著作的脖子上，戴着不朽的文学殿堂里的花环。 它的许多作品被埋在轻视之土的下面，应把它挖掘出来，并采取必要措施，让不懂印地语的人读这些不朽之作。"

泰戈尔阅读吉迪莫汉·森这几部作品，受益匪浅。 泰戈尔从他的作品中，熟悉了中世纪后期的隐士的创作和孟加拉保乌尔行吟诗人的艺术风格。 泰戈尔就迦比尔的《二行诗》撰写文章的十三年后，圣蒂尼克坦成立印地语和印地语文学研究中心。

1951 年，国际大学成为中央直属大学，全部教学经费由中央政府拨款。 泰戈尔长子罗梯被任命为校长，他再不用像父亲那样降尊纤贵、四处奔波为学校"化缘"。 有了足够的经费支撑，校方邀请多国学者到国际大学开展语言教育、进行学术研究，泰戈尔把国际大学建成世界文化交流中心的梦想，终于渐渐成为现实。

码上解读
❦ 才华横溢的大师
❦ 赤子之心的诗人
❦ 无问西东的旗手
❦ 东方精神的智者

泰戈尔荣获诺贝尔文学奖，享誉全球。 印度各地和锡兰的文化界人士也感到无上光荣，纷纷向他发出访问邀请。 于是，泰戈尔频繁出访，与各地各界著名人士和民众广泛交流，加深了彼此的了解和友情。 与此同时，泰戈尔就政治、经济、文化和文学创作发表演讲，表达真知灼见，不失时机地向他们介绍国际大学，宣传他的教育理念，得到他们的赞赏和资金支持，从而确保国际大学的稳步发展。

东印度之行

1919—1939 年间，泰戈尔三次受邀访问东印度。

1919 年 9 月，泰戈尔离开圣蒂尼克坦，前往加尔各答，为访问阿萨姆邦做准备。 路途中发生意外，一脚踩空，他不幸掉进了河里，全身都沾了恒河泥水，他自嘲说："我家在恒河边，可我许久未下河沐浴。 毗湿摩的母亲——恒河女神，这天狠狠地报复我了。"

泰戈尔访问的阿萨姆邦首府西隆乃政府官僚的麇集之地。 由于泰戈尔不久前宣布放弃爵士称号，没有一个英印政府高级官员出面接待他。

自 10 月 11 日至 30 日，泰戈尔住在名为布鲁克赛特的一幢楼房里，这中间仅有一天上午在西隆的梵社做过一次祈祷，此外，没有其他社交活动。

后来到达葛哈迪。 11 月 2 日，在卡尔逊礼堂，孟加拉文学协会葛哈迪分会为泰戈尔举行欢迎会。 之后在司法学院礼堂举行的妇女界欢迎会上，他们将由阿萨姆妇女手织的一块绸布和一条鹿皮披肩赠送给了泰戈尔。 当晚，在梵社寺庙院子里，泰戈尔主持了希勃纳特·夏斯特里①纪念会，在简短讲话中，他回顾了希勃纳特·夏斯特里的成长历程，表达了对其执着的人生志向的赞赏："希勃纳特出生于婆罗门学者家庭，遇到了来自世俗的极大的阻碍和挑战。 他不仅遭受了来自旧习的障碍，还遭遇了由天生信仰造成的壁垒。 人最顽固的倨傲是权力的倨傲，他受制于这种倨傲。 ……他陶醉于婆罗门拥有的大量社会权力和种姓倨傲之中。 难能可贵的是，他的灵魂凭借本性的活力，突破藩篱和诱惑，奔向自由。"

之后，泰戈尔抵达了锡尔赫特。 专程去接泰戈尔的乌梅斯昌德拉·乔德里是伐特拉村人，在车上向泰戈尔介绍历史名胜瓦达巴塔克。 他把伐特拉山坡上他的一幢房子捐赠给国际大学。 泰戈尔在捐赠书上签字，对他表示衷心感谢。

1926 年 2 月 7 日，泰戈尔一行出访达卡。

在由达卡市政委员会和人民协会举行的欢迎会上，泰戈尔集中阐述了印度文化和国际大学的联系。 他说道：自古以来，印度向往太平盛世，敞开胸怀欢迎各国朋友。 印度过去在国内外弘扬和平，将来也将这样做，而国际大学就是印度文化的产物、表达印度志向的祭坛。 国际大学陆续迎来了国内外的客人，它将和广大民众一起，以推进国内外和平为己任，共同构建太平盛世。

第三天晚上，在贾格那特中学，泰戈尔发表了主题是"东西方的文化和文

---

① 希勃纳特·夏斯特里(1847—1919)，孟加拉语作家和历史学家。

明"的讲话。 他说，印度文明以文化为基础，不集中于某个地方，而是分散在全国各地。 文化能使民众拧成一股绳。 文化的坚固形态在文明中显现，这是它的成熟形象。 文化是创造性的，而文明是建设性的。 文化的基础是仁义道德，而文明的基础是科学。 前者有情有义，后者缺乏人情味。

谈到印度教徒和穆斯林问题，他认为，贫穷或匮乏是双方对立的主要原因之一。 富裕日子来临之时，对立自然而然消失。 靠技术手段不可能实现团结。调剂职业和财富分配可以暂时缓解矛盾，但不会有持久效果。 各国都有功利性的联合，也就是所谓的政治联盟。 在一个国家的民众之中，这种联合是不能持久的。 所以，在分割孟加拉的时候，印度教徒和穆斯林未能联合起来，但这个问题在农村是可以解决的，在那儿，印度教徒和穆斯林是邻居，可以彼此照应，团结一致。 在一个个较小的范围内，扎扎实实地培养自己的力量，最后，就能获得印度的独立。 只着眼于解决衣食问题，不能焕发农村的生命力，必须大力发展教育。

他再次重复此前在好多地方说过的话：亲近是为肝胆相照，而不是为达到什么政治目的。

2 月 10 日，泰戈尔在达卡大学做了题为《艺术的真谛》的演讲。 他认为：艺术昭示了人类生活的财富。 进行艺术探索的人，本身就是艺术成果的体现。这种探索中有成功的喜悦，而这种快乐就是创造的根本和最终目的。

关于艺术与科学的区别，泰戈尔说："科学怀着无限兴致接受存在的一切，不做选择。 艺术家擅长选择。 选择之时，他会有一些古怪想法。 这涉及趣味问题、教育问题和传统问题。"

在谈到音乐时，泰戈尔说，如同数学是科学的组成部分，音乐也是艺术的组成部分。 音乐完全超越物质。 音乐的旋律自由自在，从不受到拦阻，不被束缚。 音乐仿佛把我们带进万物的灵魂。

　　关于印度的雕塑艺术，泰戈尔认为，不同于西方雕塑为了脱离不完美的束缚而做出各种努力的特点，东方的雕塑具有内视力，它的动力来自完美。 因此，即使印度的艺术家从外部采集素材，也能保持自己的特色。 所以，针对"量一量，称一称，听一听，看一看，做出一样东西，大致就可贴上印度艺术的标签"的观点，他强烈认为，印度的艺术家应予以否定。

　　在频繁的活动和短暂的休息后，2 月 13 日，泰戈尔在达卡大学又做了题目为《巨人的统治》的演讲。 他主要分析了当代人如此富裕为何难以安逸和幸福的原因。 他认为，人制造了机器，却成为机器的奴隶。 人如今控制不了机器，被机器支使、折磨，丧失了控制机器的能力。

　　2 月 15 日，泰戈尔离开了达卡，前往穆门辛赫市①。 他受到了热烈的欢迎，在之后的几天里，参加了多个欢迎会。

　　在市政大厅举行的欢迎会上，泰戈尔深深地表达了对东孟加拉的赞美和对这片饱受苦难的热土的热爱。 他说："东孟加拉的绿野是孟加拉母亲的圣地，但如今很难见到女神了。 叩拜祖国母亲的祭坛前，布满嫉妒、污秽和仇恨，她的完美无法穿透它们的厚幕显露出来。"

　　在当地梵社寺庙里举行的欢迎会上，泰戈尔表达了对自由的呼唤和赞美，他说："如今天空的风中回响着争取自由的呼声。 人一旦发觉目前的际遇是自己的障碍，就凭借自己的奇异力量，奋力将其击碎。 人类的历史是争取自由的历史。"

　　在穆门辛赫市民和文学协会的欢迎会上，泰戈尔强调了民众个体在国家建设中的重要作用。 他认为，每个国民都应全心全意为国效力，为加强国家的团结而努力；真心为民服务，就应该到农村去，勇敢地与贫穷、愚昧和疾病作斗

---

　　①　今属孟加拉国。

争。

在妇女协会举行的欢迎会上，泰戈尔深情表达了对妇女的歌颂：在家里，妇女一直在侍奉和照顾亲友；在社会工作领域，也有女人的位置。他衷心希望，女人和男人一起投身于服务乡村、服务国家等方面的工作中，同心协力，消除缺陷。

除了参加欢迎会，在阿南达莫罕学院，泰戈尔还获得了荣誉证书。他对学生们说："在目前的教育制度下获得的知识，不能唤醒我们的心灵，成了我们的负担。我们需要获得独立思考的勇气，以此弥补心灵的贫乏。"

此外，值得一提的是，2月16日，在地主苏登杜扬的住宅举行的欢迎会上，国际大学获得了与会的地主们一千五百卢比的捐款。

2月19日，泰戈尔一行到达库米拉。之后参加了"奋进学院"成立三周年庆祝活动，还会见了各界名流。2月21日，他们前往阿加尔塔拉，欣赏了民间舞蹈表演。2月27日，泰戈尔一行途经昌德普尔，乘船回到纳拉扬甘杰。当地的学生会授予他荣誉证书，他对学生们再次谈了农村改革的重要性。他呼吁学生们以"奋进学院"为榜样，像他们那样，勇于帮助社会上被视为"不可坐同一张板凳的贱民"，唤醒他们的自尊心，让他们成为享受平等权利的人。

1939年，泰戈尔受梅迪尼普尔县县长比诺耶郎赞·森的邀请，12月16日上午8点，到达毗达沙戈尔纪念馆，揭幕仪式上，他认为隆重纪念伟大的文学家毗达沙戈尔，意味着往孟加拉语中注入新鲜活力。他愿大家能够克服各种新的困难，他将自己得以进入孟加拉文苑归功于毗达沙戈尔的引领。

参观班古拉医学院时，泰戈尔为医学院师生的艰苦奋斗所感动，在留言簿上写道："这所为民服务的学校从未得到当局的恩惠，称它为班古拉县的骄傲是低估了它，事实上，它是整个孟加拉邦的一大成就。"当天，他还为达芙琳女士医院的妇产科新楼奠基。 他对医学院的学生说："当代青年要在这个物质世界上创造一个光辉形象，为整个人类造福。 没有崇高的献身精神，这个目的是难以达到的。"

泰戈尔在班古拉县为学生做了一场演讲，这给了他一个对全国学生阐明其政治立场的机会。 他批评了国内学生中出现的情绪冲动和为所欲为的行为，他说："这些学生忘了，无所顾忌地破坏规章制度的人，永远不可能制定新章程；那些人制造破坏的不良倾向在迅速扩散，他们不是在建功立业，而是在毁坏业绩。 鼓励年轻人做分裂国家的事，是很容易的。 ……为打砸抢煽风点火，造成的破坏四处蔓延开来——做这种事不需要什么本事，也不需要智慧。"他认为，国家的大厦被党派斗争凿开了一条条裂缝。 学生目前处于尚未成熟的年龄段，缺乏责任感，这时，有人疯狂地煽风点火，怂恿他们拉帮结伙，很容易做伤害国家的坏事儿。

在班古拉县逗留三天后，泰戈尔乘孟加拉—纳格布尔铁路的火车，途经加尔各答，回到圣蒂尼克坦。

南印度之行

1919 年—1939 年，泰戈尔多次受邀访问南印度。

1919 年 1 月，泰戈尔接受班加罗尔剧院的邀请，出访南印度。

1 月 12 日，他为班加罗尔艺术节揭幕。 卡纳利艺术团负责人致欢迎词。泰戈尔起身准备讲话时，头上方的灯光中闪现硕大的莲花，花瓣纷纷飘落。 后来主办方还给诗人赠送了一份荣誉证书。

泰戈尔在作题为《森林的信息》的演讲时，更加详细地阐发了几年前发表的

《净修林》中提出的印度教育理念。 泰戈尔指出，应尽力让学生"懂得什么叫为民造福"。 小学不应该办得像工厂，而应像一座净修林。 老师与学生，应像净修林里的师尊与弟子，朝夕相处。 学生应该远离市井喧嚣，住在环境幽静的学校里，接触自然。 因为，学生成长的过程中，自然的协助，必不可少。 葱绿的树木，明丽的天空，自由的南风，清澈的河水，美丽的景色，是学生的课椅、课桌，其重要性绝不亚于书本和考试。 泰戈尔认为，师生关系应该是非常纯真的。 给予知识，接受知识，双方之间的桥梁是尊敬和慈爱。 没有情谊的纽带，只有交易的关系，这对接受知识者而言，是不幸的，对传授知识者而言，也是不幸的。

之后，泰戈尔前往多个地点参加了多项活动，作了多次演讲，并筹措了一些款项。 他后来在《迈索尔随想》中说："我在首府班加罗尔和迈索尔度过了难忘的几天。 我想说的是，在这两座城市，我深感欣慰。 主要原因是，在这些地方，印度古代的原始风貌和特性没有消泯，且'印度特质'并未把当代的触摸推到远处。 迈索尔未因广收博纳而丧失自我，也未作茧自缚而排斥外来之物。 印度在这儿主动接受来自欧洲的财富。 ……目前在我国出现两种胆怯。 一种胆怯表现在维护本国特性上，另一种胆怯表现在接受欧洲教育上。 能够勇敢战胜这两种胆怯的人，将拯救印度。"

然而，参观新建的迈索尔大学，泰戈尔却高兴不起来了。 他认为，这所大学没有自己的特色，校内看到的一切都是西方大学的仿制品。 当时他心里经常浮现古代印度净修林里培育印度文化的情景。 他在《迈索尔随想》中还说："学校中缺少对印度的笃信和尊重，这将把我们的心灵永远沉入妄自菲薄之中，遗憾的是，我们竟没有认真考虑这件大事的能力。"

泰戈尔在班加罗尔和迈索尔度过紧张的十天后，乘车前往乌蒂山，在那儿休息了两星期。 随后下山参加了一系列活动。 如2月11日，泰戈尔前往坦焦尔县城古姆波克纳马，应邀在一所学院作题为《印度流行宗教的精神》的演讲；

2 月 21 日和 22 日连续两天，分别作题为《印度流行宗教的精神》和《印度的教育》的演讲。 后一场演讲中，他描绘了他创建的学校的远景。 借助两场演讲会的门票还筹措了一些款项，共计一千五百七十五卢比。

按照行程，泰戈尔本应经马德拉斯去阿达伊尔，但他突然改变计划，未去马德拉斯，而返回了班加罗尔，原因是出现了意想不到的形势。 当时，印度国内社会政治运动日益高涨。 第一次世界大战结束，印度人指望获得更多的行政权，组建自治政府，然而，新推出的罗拉特法案强化了殖民统治制度，锻造了更加坚固的奴役印度人的锁链。

围绕此法案，各政党领导人之间产生意见分歧。 有些人在猜测泰戈尔将站在谁一边，有些媒体和人群甚至对泰戈尔持不友好态度，原因是他就印度社会说了真话。 泰戈尔于 3 月 4 日在报纸上明确阐明自己的立场："我不是哪个政党成员。 我对我国同胞说的话，不是当下的政治言论。 我从不主张向不愿布施的手乞求恩惠。 我历来主张埋头苦干做成一些小事。"

另外，印度总督秘书处成员巴特尔正就不同种姓人通婚法案征求各界人士的意见。 泰戈尔表示支持意见的部分内容于 1919 年 2 月在《现代评论》上发表。 泰戈尔认为任何种姓人和教派都不是低贱的。 他抨击印度教社会，这让马德拉斯的婆罗门难以接受。 泰戈尔指出，在社会和宗教领域，他们抱残守缺，冥顽不化，在婆罗门与非婆罗门之间制造分裂。 这些土著婆罗门得知泰戈尔是不同种姓人通婚法案的支持者，对他心生厌恶。

泰戈尔从迈索尔政府获得了大量珍贵书籍，但未得到资助，此后也未得到捐款。 演讲会的门票收入，数额不多，但泰戈尔感到欣慰的是，他对南印度民众讲清了他创办国际大学的宗旨和意义。

3 月 14 日，泰戈尔动身返回加尔各答。

1922 年 9 月，泰戈尔再访南印度。 这一年，泰戈尔六十二岁。

泰戈尔连续十五天马不停蹄地到处奔波和演讲，比如 10 月 1 日，在南印度的工业和商贸城市哥印拜陀作了两次演讲，题目分别为《印度历史愿景》和《一所东方大学》，为此，收到哥印拜陀商会一张两千五百卢比的支票。 10 月 3 日，泰戈尔光临哥印拜陀附近的瓦亚姆帕拉亚姆村，获得了来自村民的一个装有一百八十三卢比的钱包赠礼。

1922 年 11 月 9 日，泰戈尔抵达特拉凡哥尔，这次到南印度是在结束对锡兰访问的归程中。 前往奎隆途中，泰戈尔在波罗卡雷会见了蒂亚种姓人①的师尊纳拉扬纳②。 纳拉扬纳生活在"不可接触的蒂亚种姓族人"中间，极大地提高了他们的社会地位。 纳拉扬纳和他的信徒给予泰戈尔王室般的隆重欢迎。 泰戈尔和师尊双手合十，互致问候，面对面静坐片刻。 交谈中，泰戈尔对纳拉扬纳一心一意为民众服务表示敬佩。

1922 年 11 月 17 日，泰戈尔抵达科钦。 泰戈尔在科钦学院作演讲，来听的听众需购票。 之后，古吉拉特邦商会为他举行欢迎会，并为国际大学捐了一笔数额不多的款子。

11 月 19 日，泰戈尔回到马德拉斯。

1928 年 5 月 12 日，泰戈尔应邀前往牛津大学发表演讲，途经马德拉斯。

天气炎热令人难忍，路上，泰戈尔突然病重，原计划的一些行程只得延迟。

---

① 蒂亚种姓人是喀拉拉邦所谓不可接触的贱民。

② 纳拉扬纳（1856—1928），印度哲学家、精神领袖和社会改革家。曾在喀拉拉邦发起铲除种姓社会中不公正现象的改革运动。

　　奥罗宾多①住在朋迪榭里，听说泰戈尔途经朋迪榭里前往欧洲，派人与他联系，表达想与他见面的愿望。　两年多来，奥罗宾多闭门不出，几乎不会见外人。　每年规定的某个日子，他才会会见他的信徒和崇拜者。　必要时，他通过信件对相关人士阐述他的观点，或提出忠告。　他主动会见泰戈尔，可以说是一个例外。

　　客轮停靠处离码头有一段距离。　泰戈尔坐在大木桶里，和大木桶一起被从船上吊到下面的码头上。

　　1906 年，奥罗宾多是英文报纸《敬礼，祖国》的负责人之一。　作为新成立的民族团体的喉舌，这份日报高喊"为印度人建立新印度"的口号，在印度历史上翻开了新的一页，但殖民当局无端指控《敬礼，祖国》发表犯上作乱的文章，主编比宾·昌德拉·帕尔被捕，被判处六个月监禁，奥罗宾多也被捕。　泰戈尔特意作长诗《致敬》在《孟加拉之镜》上发表，声援奥罗宾多。　后因指控证据不足，奥罗宾多被释放。　泰戈尔有一天见到获释的奥罗宾多，与他热情拥抱，以表敬意和慰问。　5 月 29 日，多年后，奥罗宾多终于又和泰戈尔见面了。　两人交谈了大约一个小时。　交谈的内容没有公布。　会见时只有法国修道院女院长在场。

　　这次会见令泰戈尔内心受到强烈震撼，一整天没有与别人说什么话。　当天，他写了一篇关于奥罗宾多的文章，寄给《外乡人》。

　　以下为摘录：

　　　　会见奥罗宾多是我多年的心愿。我终于如愿以偿。……看他一眼，我就明白，他企求并得到了最真实的灵魂。他长期静修的追求和收获，贯穿他的

---

　　①　奥罗宾多(1872—1950)，印度政治活动家。1908 年因玛尼格达拉爆炸事件，被殖民当局判处一年徒刑，出狱后致力于宗教研究。

个体存在。我的心儿说，他以心中的光点燃外面的光。……我没有跟他说太多话的时间。只待了一会儿。这么短的时间内，我觉得，他全身凝聚着质朴的生命力。他没有扭曲或削弱对真实的感悟，没有把它变成献给长着獠牙的妖魔的祭品。因此，他脸上闪烁着恬静的美的光泽。他学习中世纪基督教修道士的修行方式，未说让生活变得贫乏枯燥就意味着成功。他在自身中领悟了祖父辈的隐士的教诲：一切宁静在灵魂之中。凭借完美，进入万有的权利，是灵魂的至上权利。我对他说："我们期待你携带灵魂的誓言走到我们中间。"印度将以太平盛世回应那誓言。我曾看见年轻的奥罗宾多在如火如荼的爱国运动中坐在苦斗的位子上，对他说："尊敬的奥罗宾多，请接受泰戈尔敬礼！"今天，我看到他坐在第二次修行的蒲团上，宁静的气氛中，我在心中对他说："尊敬的奥罗宾多，请接受泰戈尔敬礼！"

次日，泰戈尔在写给已在欧洲的儿媳波罗蒂玛的信中说："见了奥罗宾多，我觉得，我也非常需要静修一段时间，否则，心灵之光会渐渐减少。"同一天，他在信中对小女儿米拉说："见到奥罗宾多，我获得了找到自我的方法。"

1934 年 10 月 21 日，泰戈尔应马德拉斯有关部门邀请抵达马德拉斯。

次日下午，马德拉斯市政府授予泰戈尔荣誉证书。 泰戈尔在答词中，讲述了国际大学的教育理想和创建这所大学的必要性。 23 日，泰戈尔在米德兰剧院为学生作演讲。 学生们主动为国际大学捐款一千卢比。 25 日，南达拉尔·鲍斯和他的学生带着画作在马德拉斯马不停蹄地布展。 次日，画展开幕。

在马德拉斯逗留十二天之后，泰戈尔一行经瓦尔泰亚尔返回加尔各答。

1939 年 4 月 19 日，泰戈尔作为国大党政府的客人，前往普里，参加奥里萨新政府成立庆祝活动。 比希纳特·达斯奥里萨是新政府首任总理。

泰戈尔与奥里萨的关系悠久，年轻时，几次乘船到奥里萨巡视农作物生长情况。　光阴飞逝，此次来奥里萨，已经是七十八岁高龄的老人。

　　奥里萨新政府官员的亲民态度和精明强干给泰戈尔留下深刻印象，然而，泰戈尔清楚地看到，凭借天时地利，国大党幸运地在奥里萨赢得了政权，却未能使各党派团结一心。　党派意见的分歧不仅现在存在，今后也将存在。　他说："长期以来，某些人追求政权，对他们来说，政权极其珍贵。　他们目睹剧烈的党派倾轧，总念念不忘政权的荣耀。　不是在政府成立之初，而是感到需要时，有些人就会从外部予以打击。　在印度政界，政治家们只寻求本党派利益。"他们告诉学生没有必要自我克制，甚至不分青红皂白，怂恿学生肆意妄为。"

　　泰戈尔来到普里，发现学生中间思想混乱，痛心地说："这儿一个派别的学生损害新近赢得的政权的权威，在广大民众面前想方设法抹黑它的形象，是毫无顾忌的。"泰戈尔称此事是"令人惊诧的悲剧"。　他说："如今我们已获得了部分自治权，短时间内扩大自治权，使之臻于完善，或许是不可能的，但应该提供向那个方向前进的动力。　做这件事，应有耐心，应有成熟思想的沉稳；应怀着敬意，着重保护既定目标的正确性。"然而，可以看到，一个政党的成员妄图砸碎所有这一切，他们处处显示自己的力量，他们极为固执，连芝麻绿豆般的小事也不肯妥协。

　　泰戈尔认为，无能者天生自以为是，妄自尊大。　对于新政权来说，这样的不合作是一种威胁。

西印度之行

1920—1922 年间，泰戈尔两次访问西印度。

1919 年 10 月 18 日，甘地致信泰戈尔，邀请他去艾哈迈达巴德，主持古吉拉特邦文学会议。 原定于 12 月召开的文学会议，因某些原因，推迟至次年的复活节期间举行。

1920 年 3 月 29 日，泰戈尔乘车前往孟买。 在孟买车站受到热情似风暴的盛大欢迎，当晚，泰戈尔一行人乘车到达艾哈迈达巴德，成为奥姆巴拉尔·索拉法伊家的客人。 奥姆巴拉尔是一家大型纺织厂的老板，艾哈迈达巴德的富翁之一。 他一家人知书达理，谈吐高雅，给泰戈尔留下深刻印象。 他的父亲是圣哲德本德拉纳特的崇拜者。 他的妻子推崇泰戈尔创立的教学模式，按照泰戈尔的教育方法安排孩子的学习。 泰戈尔极为赞赏这个家庭浓郁的文化氛围。 他与奥姆巴拉尔的亲密友情一直维持到他人生的终点。 国际大学成立后，奥姆巴拉尔多次捐款，给予资金支持。

抵达艾哈迈达巴德的第二天是复活节前的星期五，古吉拉特邦文学会议开幕，泰戈尔用英语发表讲话。 泰戈尔到达艾哈迈达巴德三四天后，在巴夫那加尔土邦政府波罗瓦桑格尔首相的安排下，乘专列抵达该邦，在首府受到盛大欢迎。

4 月 6 日，泰戈尔访问卡提瓦半岛另一个小土邦的首府里姆迪。 土邦的王公捐款一万卢比用于建造国际大学的医务所。 后来，这笔款项纳入国际大学公共基金。 泰戈尔募得的资金一向由国际大学财务处统一管理。

4 月 9 日，泰戈尔返回孟买，得知 4 月 13 日举行阿姆利则惨案一周年纪念会，泰戈尔撰写了书面发言。 17 日，泰戈尔作为巴罗达土邦王公的贵宾，离开孟买抵达巴罗达。 19 日上午，在由纳里辛哈贾尔查创建的毗湿奴教派的女成员联谊会上，泰戈尔在回答一个问题时说："女人品行最为重要的部分是为理想自我牺牲的精神。"

此外，巴罗达最下层的首陀罗种姓人也为泰戈尔举行欢迎会。 许多首陀罗种姓人已接受了高等教育，但上等印度教徒仍拒绝给予他们任何社会权利。 泰戈尔听他们讲了凄惨际遇，极为难过，极为愤慨。 泰戈尔曾请安德鲁斯写信给甘地，希望他出面干预，但甘地陷身于各种政治事务中，根本顾不上解决种姓歧视问题。

之后的古吉拉特邦之行中，泰戈尔受到了群众的热烈欢迎和盛情款待。 5月3日，泰戈尔一行乘车返回加尔各答。

1922年9月20日，泰戈尔再次前往西印度访问，随行的有埃尔姆赫斯特和国际大学的老师戈尔古帕尔·高士。 9月23日，抵达孟买的第二天，泰戈尔去了浦那，在吉尔洛斯克尔剧院作了题为《印度复兴》的演讲，主要内容选自《教育的融合》。 他明确指出，在印度没有一个地方能让外国和本国学生获取印度各种文化知识，领悟印度心中的最高理想。 为解决这个问题，他创建了国际大学，力图在这个学府凝聚各种文化。 他说："这所大学旨在凝聚印度的思想，使印度充分认识自己，自由地寻找真理，把其他地方发现的真理变成自己的真理，以自己的尺度进行判断，显示创造性才智，把智慧奉献给来自世界各地的客人。"

在浦那逗留的几天内，泰戈尔几乎参观了所有教育机构。

巴尔·甘加达尔·蒂拉克① 1920年7月31日逝世。 泰戈尔发表讲话，回顾了与蒂拉克旧日的交往，异常激动地表达了对这位受民众尊敬的伟人的敬意。

结束在南印度的访问，1922年11月23日，泰戈尔离开马德拉斯到达孟买，逗留约一星期。 孟买的波斯人极为富有，名声显赫。 泰戈尔为波斯人所做的讲话《印度人与波斯人》彰显了他的深邃目光和广博学识。 他在讲话中首次提出在国际大学建立波斯文化中心。 波斯侨民协会会长对此表示支持，并慷慨

----

① 巴尔·甘加达尔·蒂拉克(1856—1920)，印度著名的学者、教育家，印度国大党"极端派"领袖。

解囊。 1925 年，孟买的波斯人捐款多达一万五千二百卢比。

12 月初，泰戈尔抵达艾哈迈达巴德，住在奥姆巴拉尔家中。 12 月 4 日，去萨巴马蒂参观甘地的真理学院。 1920 年 4 月，他首次来这儿会见甘地，但此时甘地被关在监狱里。 故地重游，唤起泰戈尔上次参访的美好记忆。 泰戈尔虽然批评甘地发动的不合作运动中的过激行为，但对甘地本人怀有诚挚敬意，将之视为"把一生奉献给为世界谋福祉的伟大事业的人"。 在真理学院，面对学生们，泰戈尔发表了关于"牺牲与修行"的讲话：

> 自我牺牲是过真正的生活，不只要有身躯，更要灵魂的支托。我们和禽兽一起过世俗生活。这个物质世界不是唯一的世界。比它更高尚的生活隐匿在我们中间，为了这样的生活，需要更高洁的世界。它永恒、不朽、不耗损。只有战胜物质世界的利益的人，才能享受不朽的生活。人人可以再生，第一次是带着身体降生，第二次是带着真理的阳光，为寻找不朽人生，再次降生。在自身中享受"无限"的人，是不朽的。如同小鸡顶破蛋壳，拥抱阳光，人一旦顶破"利益之壳"，也能拥抱阳光。人哪天省悟，这个物质世界不是至上世界，从哪天开始，人砸碎锁链，就能上路寻找新世界。世界上所有宗教的目的是寻找不朽世界。真正的自我牺牲，能把人领进不朽世界。想做出自我牺牲，需进行苦修。

他还鼓励学生们："以奉献精神从事的事业是创造，而不是破坏。 只要我们认识这个真理，就能与圣雄心连心，就会被视为圣雄事业的真正参与者。"

宣传国际大学的宗旨、为国际大学募款，是泰戈尔为期三个月的西印度、南印度和锡兰之行的主要目的。 如果募集不到足够款项，国际大学的教学将无法正常进行。 这次，得益于全程陪同的安德鲁斯的不辞劳苦，泰戈尔得以募集到一笔资金。

北印度之行

1923—1927 年间，泰戈尔两次受邀访问北印度。

1923 年 2 月 28 日，泰戈尔前往古城迦尸，主持其他邦的孟加拉人的首次文学会议，随行的只有吉迪莫汉·森一人。

印度北部地区的语言主要有印地语、乌尔都语、旁遮普语和信德语等语言。孟加拉邦使用的是孟加拉语。一批批孟加拉人移居北印度地区，也把相对先进的孟加拉语文学作品带到了那儿，扩大了孟加拉语文学的影响，促进了孟加拉语文学与当地文学的互鉴互学。

来自北印度各地的数百名代表 3 月 4 日出席会议开幕式。

泰戈尔在开幕式上讲话，从孟加拉语的渊源和发展开始："多年前，一阵生命之风，在孟加拉的心田上吹过，文学的嫩芽眼看着就破土而出。当然，它曾遇到这样那样的阻挠。通晓英语的一批血气方刚的年轻学生，读了富于醇厚艺术趣味的英国文学作品，如痴似狂，看不起孟加拉语。为梵语文学的财富而感到骄傲的梵语学者，也轻视母语，但如同常年被鄙视的要饭的女孩儿，备受冷落的孟加拉语虽然外表贫穷，有一天心中突然绽放完美的青春，怀着娇美的光荣和勃发的激情，跨越自己多年的微贱，在人世的美的世界赢得一席之地。

"孟加拉人之所以是孟加拉人，并非因为出生在孟加拉地区，而是因为他通过孟加拉语，赢得了在人的内心世界徜徉的特殊权利。语言是培养亲情的温室，它比人的天性更亲切。如今，对孟加拉人来说，为母语感到光荣是一件极为愉快的事情。因为，通过母语，他们彼此相识，并把自己的真实情况告诉别人。孟加拉民族在孟加拉语中，获得了表现自己'愉快生存'的唯一地盘。

①

②

③

④

① 泰戈尔祖父达尔卡那特

② 泰戈尔父亲德本德拉纳特

③ 泰戈尔母亲萨萝达·黛维

④ 泰戈尔的妻子穆丽纳里妮

① 泰戈尔与新婚妻子

② 大女儿玛丽洛达

③ 泰戈尔夫妇和大女儿玛丽洛达

④ 小儿子索明德拉纳特

启动农村改革时的泰戈尔

①

②

③

④

①　泰戈尔的外孙尼汀德拉纳特

②　五哥乔迪林德拉纳特

③　小女儿米拉

④　二哥索顿德拉纳特

⑤　二女儿蕾努卡

⑤

①

②

③

④

①　泰戈尔的五嫂伽达摩波莉

②　泰戈尔与儿子罗梯（右）、儿媳波罗蒂玛·黛维（左）

③　泰戈尔与侄儿苏伦德拉纳特（右）、侄女英迪拉·黛维（左）

④　泰戈尔（左一）与家庭老师坎塔先生（前中）等

①

②

① 帮助泰戈尔提高英语水平的安娜·达尔卡尔

② 泰戈尔的侄子波楞德拉纳特

③ 创作《献给印度教徒大聚会的礼物》时的泰戈尔

④ 泰戈尔乘坐木船去田庄

③

④

①

②

③

① 在乡下经管田庄时的泰戈尔

② 开始读书的泰戈尔

③ 1872 年，跟着父亲外出的泰戈尔

④ 留学英国时的泰戈尔

④

①

②

③

① 朱拉萨迦祖宅正门

② 泰戈尔家族在波迪夏尔的公事房

③ 泰戈尔家族在沙哈查特普尔的公事房

画作：少年泰戈尔与父亲德本德拉纳特

1929 年，泰戈尔在印度西孟加拉邦的大学，大学生们围绕在他身边

①

②

③

①　泰戈尔参加圣蒂尼克坦举行的植树节活动

②　支持泰戈尔发展农村改革项目的埃尔姆赫斯特夫妇

③　斯里尼克坦土壤保护研究中心

①

②

① 殖民当局镇压印度群众

② 加尔各答反孟加拉分治游行

③ 反孟加拉分治时期的泰戈尔

④ 1905 年 7 月，孟加拉群众抵制英国货

③

④

①

②

③

① 泰戈尔和帮助他与英语作家建立联系的罗森斯坦（左）

② 爱尔兰诗人叶芝

③ 美国诗人艾兹拉·庞德

④ 1912 年在伦敦的泰戈尔

④

①

②

④

③

①　英译本《吉檀迦利》

②　德国哲学家鲁道夫·克里斯托弗·欧肯

③　诺贝尔文学奖章

④　泰戈尔的文友迪琼特罗拉尔

①

②

③

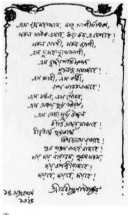

④

⑤

① 泰戈尔与在斯里尼克坦接受眼病治疗的农民

② 泰戈尔与博斯（左）

③ 泰戈尔的跨界好友贾加迪什·钱德拉·博斯

④ 泰戈尔在巴黎写给妻子的信

⑤ 泰戈尔为博斯研究所成立仪式所作的歌词的手迹

　　"孟加拉文学会议今天突然急于在印度的其他邦露面，原因在于，孟加拉人以自己的生命力创造了生机勃勃的文学。 孟加拉那儿是造物主创造的一个邦，不是孟加拉文学的全部领地。

　　"它的心在语言大地上建立了精神王国。 这个精神王国不受地理界线的限制，是本民族创造的领地。 如今，孟加拉人看到，这片领地越过江河、平原、高山，扩展到远方。 于是，它的喜悦也从孟加拉内部扩展到孟加拉外部。"

　　然后，关于全印度通用语言，泰戈尔说："印度目前交流感情的语言是英语。 有人建议把另一种语言当作印度各邦的交流工具，但这样做不能使人同心同德。 也许可把各邦硬捆绑在一起，但这不是浑然一体。 因为，拼凑是人为的、不牢靠的，不过是在外面用绳子把大家拴在一起而已。

　　"希求这种表面平衡的一些人是在语言多样性上开压路机。 ……外在的所谓'同一'，是毁灭，是大杂烩。 内心的'同一'，才是创造，才是纽带。"

　　几年前，关于印度官方语言，泰戈尔在一封信中说："圣雄甘地在全国大力推广使用印地语，可推广的热情今天高涨明天就低落了，但印度其他邦的人主动学孟加拉语，没有人去鼓动他们。 只要孟加拉的天才作家不断涌现，孟加拉语之光就会照耀四面八方。"

　　第二天，泰戈尔在总结发言中说："'孟加拉文学中只凝聚孟加拉邦的智慧。'这句话不完全正确。 因为通过印度细密的血管，智慧源源不断地流入孟加拉的心脏。 孟加拉的文学精品应被视为印度智慧的特殊形象。"

　　他也谈了其他邦孟加拉人的不足之处："我们希望在孟加拉文学中看到迁居此地的孟加拉人与当地人和睦相处的情景。 孟加拉人写出这种题材的作品没有？ 至今没有。 这难道不是我们思想僵滞的表现？ 心中强健的好奇永远是活泼的。 ……求知欲的欠缺和爱的力量的匮乏，历来是双胞胎。 ……孟加拉人最大的缺点是自高自大，恨不得要人每日为他斟赞美之酒，这种盲目性使我们不思进取。"

1927 年，泰戈尔从欧洲回国后不久，巴拉普尔土邦的王公吉桑辛格的特使来到圣蒂尼克坦，邀请泰戈尔担任即将召开的印度语文学大会的主席。 会议因故改为 3 月底召开。 那时天气异常炎热，是否与会，他一时拿不定主意，但考虑到国际大学的发展，最后还是决定参加。 他在 1927 年 3 月 28 日的一封信中写道："国际大学仿佛是一样悬在空中的物件，我竟看不清它的轮廓了。 事实上，国际大学的宗旨，不是在某个机构中凝结成形的东西。 眼下，它在各国各种人心里发挥作用。 ……有些人不予协助的原因是他们看不到它的真相。 如今，遥远的那些人是可能体悟它真相的快乐的。"泰戈尔相信，通过具体的事情和活动，他能够帮助更多的人了解到国际大学，能够有更多的人和机构一起参与到、承担起国际大学的建设与发展，并从中发现其真相，获得快乐。

泰戈尔抵达巴拉普尔的当天下午，在搭建的大彩棚里举行文学会议，数千人出席。 泰戈尔用英语讲话。 他说："有人提议，印地语是未来的国语。① 国语不能只满足国家事务的需求，在文学方面也应展示实用性。 扩大商贸规模和殖民扩张中，英语在世界上占据了最有利的位置，还诞生了许多用英语创作的文学家。 说某种语言卓越，应先表明它能满足文学的要求。"

在巴拉普尔的筹款并不顺利。 该邦的首相是一位波斯青年。 泰戈尔向他介绍了国际大学，可他极为遗憾地告诉泰戈尔当前国库空虚，不过，他会记住国际大学需要资助这件事儿。

泰戈尔在巴拉普尔外出游览期间，因为看到木牌上面刻着哪个英国人射杀了多少只鸟，心情瞬间变坏了，说："快离开这儿！"他一向认为，射杀无辜的鸟儿，不是英雄行为，在他经管的田庄，严禁猎杀鸟类。 不仅如此，很快，细

---

① 随着印地语的发展和使用人数的增加，国大党内就有人要求印地语为未来的国语。泰戈尔不同意。

心的泰戈尔也发觉了这个穷土邦剥削百姓的劳动，挥霍子民的财富。

接下来，泰戈尔乘车从巴拉普尔回到阿格拉，成为王公阿瓦加尔的客人，在那儿逗留了两天。由于命运的眷顾，他结识了这位真心帮助他的朋友。王公无条件地向国际大学捐款几千卢比，把他在圣蒂尼克坦建造的"阿瓦加尔楼"赠送给国际大学。后来，它成为国际大学员工的宿舍楼。

4月3日下午，泰戈尔受邀担任拉兹普特学校颁奖仪式的主席，他借此机会向与会者详细介绍了国际大学的创建经历。

锡兰之行

1922—1934年间，泰戈尔多次受邀访问锡兰。

1922年和1928年，泰戈尔两度访问锡兰，目的主要是宣传国际大学的教育理想。

1922年10月11日，泰戈尔在安德鲁斯的陪同下前往锡兰，在科伦坡成为希勒瓦博士的客人。希勒瓦陪他来到当地的师范学校，他在讲话中为师生详细地介绍了国际大学。13日，在基督教青年会礼堂为泰戈尔举行了首场欢迎会。次日，仍在这座礼堂，泰戈尔发表题为《印度的森林大学》的演讲。15日，他演讲的题目是《我一生事业的发展》，由爵士奔姆伯罗姆·奥鲁纳南罗姆点评。16日，泰戈尔出席了由印度俱乐部各教派著名人士举行的欢迎会，会上他阐述了他的教育理想，用孟加拉语朗诵了他的诗作。

泰戈尔在锡兰参加各种社会活动，演讲，为学生颁发奖学金，累得挺不住了，只好去山城努沃勒埃利耶休息。他在科伦坡写的信中讲述到处奔走的心情："我手里拿着乞讨的盘子云游，说'用手'，不全面，还用'嗓子'。我不擅长这门技术，这不是令人快乐的活计。　所以，日子过得并不愉快。　心里感到倦乏时，就觉得国际大学是个海市蜃楼，同时顿悟，写诗才是我的正业。　为国际大学奠定牢固基础的学院，似乎是个幻影，它能永存吗？　理想是鲜活之物，但把它放在机制的铁箱子里，它能够存活吗？　它如果在人的心田获得一席之地，定能永生。"

在山城努沃勒埃利耶休息了大约一星期，泰戈尔离开锡兰。　在锡兰期间，他多次呼吁锡兰民众把自己的文化与印度的文化对接。　锡兰民众数世纪在葡萄牙人、荷兰人和英国人的殖民统治之下，推崇西方文明，他们的姓氏汲取欧洲人名的成分，歌舞表演有对西方的明显模仿。　看到这些，泰戈尔对他们说，印度与锡兰的政治史虽然不同，但宗教和语言方面，双方的纽带是不可分割的。　泰戈尔表示，两国应重建精神联系。

1934 年 5 月 5 日，怀着向锡兰人民展示印度的艺术、为国际大学募捐的双重希望，泰戈尔和国际大学艺术团的演员们乘"仁昌加号"船离开加尔各答，前往锡兰。

为了展示印度的艺术，从而使锡兰在心中更尊重印度文化，泰戈尔决定在锡兰举办画展，演出具有印度文化特色的舞剧《禳解诅咒》。

10 日，泰戈尔作题为《大学的本质》的演讲。　接着，《禳解诅咒》连演五天。《禳解诅咒》的舞蹈、音乐、服装和舞台背景，对锡兰的观众来说，是全新的。　锡兰的知识分子与印度的艺术，尤其是音乐、舞蹈的联系，已中断数百年。　五百多年来，锡兰先后沦为葡萄牙、荷兰和英国人的殖民地。　结果，欧洲的精华和糟粕均渗进锡兰人的生活，弱化了他们的民族观念。　他们品尝到的印度音乐的趣味极少，他们习惯于看西方舞蹈、听西方音乐。　圣蒂尼克坦的舞蹈表演让他们感到耳目一新，得到别样的艺术享受。

与此同时，泰戈尔画展开幕，南达拉尔·鲍斯和艺术学院学生的画作，还有其他艺术品也同时展出。 锡兰艺术界既有守旧派，也有对西方艺术的临摹派，表现现代锡兰的作品寥寥无几。 这次画展大开了他们的眼界。

在科伦坡的各项活动从 11 日持续到 18 日。 之后，泰戈尔一行前往帕纳杜拉和加勒。 在加勒，《禳解诅咒》再度演出。 回到科伦坡，《禳解诅咒》又加演三场。 6 月 3 日，泰戈尔一行抵达距科伦坡九十六公里的康迪市，泰戈尔利用空闲时间完成了新作中篇小说《四章》，艺术团的小演员们游览了名胜古迹。 从康迪前往阿努拉特普勒，小演员们连演了三场《禳解诅咒》，同时参观了锡兰古代圣城遗址。 6 月 25 日，泰戈尔一行离开贾夫纳，之后，回到加尔各答。

泰戈尔在锡兰募捐未达到预定目标，但随同泰戈尔在锡兰演出的少年艺术团的精彩演出，为加强两国文化交流做出了很大贡献。

关于泰戈尔，一家僧伽罗语报纸的报道说："他在锡兰点燃了新的热情，唤醒了对他高举的伟大理想旗帜的热切渴望，但这一代人不一定会想到他给予锡兰的鼓舞，也不一定会评估他为锡兰服务的价值。 历史可能不会记录他的成就，也不会给予持续发展的恰当动力。 让我们睁开眼睛，看到我们的艺术和文化的欢乐而宏丽的景象。"

1901 年 4 月《外乡人》这样评价泰戈尔的锡兰之行："在宗教、文明和文化方面，印度和锡兰的关系源远流长。 泰戈尔的锡兰之行重建了这种关系。 他做的这件事情是别人做不了的。 ……他集多种才华于一身，因而能给予锡兰民众以莫大快乐，促使他们前所未有的觉醒。"

码上解读

才华横溢的大师
赤子之心的诗人
无问西东的旗手
东方精神的智者

1905 年，日俄海战爆发。5 月 28 日，日本海军上将东乡平八郎率领舰队歼灭俄国波罗的海舰队，震惊全世界。这一重大事件引起泰戈尔对日本的关注。

泰戈尔与日本文化的交流源于结识的日本友人。日俄战争结束后，日本著名画家横山大观来到印度，在加尔各答研究印度绘画艺术。横山大观时年三十四岁，在泰戈尔侄子苏伦德拉纳特的家中住了六个月。在这过程中，泰戈尔与横山大观经常就两国文学、艺术进行交谈。不仅是艺术、文学，1905 年，泰戈尔还欣赏了日本画家三野君的柔道表演，大赞三野君是优秀的柔道教练。这些都是泰戈尔与日本文化交流和碰撞的火花。

之后的十年间，日本国力快速增长，在世界上愈显强悍。日本为何能迅速崛起？为何变得如此强大？印度能否以日本为榜样，成为东方强国？为解答心中这个问题，泰戈尔决意访问日本。1915 年，在日本旅行家滿口的多次沟通和积极推进下，泰戈尔确定了访日行程。

1916 年 5 月 3 日，泰戈尔在加尔各答登上"土左丸号"日本货轮，前往日本访问。途经缅甸仰光、马来西亚槟城港、新加坡、中国香港，5 月 29 日，货轮抵达日本神户港，一群印度人在码头上欢迎泰戈尔。

感受日本文化

　　泰戈尔在香港就已接受古吉拉特邦的富商穆拉尔吉的邀请，下船便住在他的府邸。 穆拉尔吉家的日本女仆吸引住了泰戈尔爱美的目光。 女仆们很能干，也很爱干净。 梳得整齐的发髻上插着一朵花，面颊丰满，两眼细长，鼻子不高，服装鲜艳，趿着草拖鞋。 泰戈尔觉得，她们穿的和服悦人眼目。 她们全身显露着健康及动作的敏捷与熟练。 泰戈尔在写给亲人的信中，记叙了近距离观察日本女性的感想："受习惯的支配，我清晨就起床，朝窗外望去，邻居家里已开始涌动家务的波浪——那是属于女人的波浪。 ……这儿，家家户户，女人们一刻不停、手脚麻利地做着家务，像一条河潺潺地流淌着，我看了觉得美不胜收。 我不时听见从隔壁房间里传来她们的说笑声，那仿佛是流水上阳光的闪烁，是生命活力的一种奇特游戏。"

　　泰戈尔对日本神户城区的印象不是太好，觉得神户市仿佛是名为"需要"的魔鬼，坚硬、丑陋至极。 眺望神户城的脊背，就明白人的需要熔化了人性的繁富。 日本的高楼大厦、办公室和家具、日本男人的服装，无不模仿西方。 日本城市的躯体，没有太多的日本特色。

　　泰戈尔和旅伴应《大阪朝日新闻》董事长丸山先生的邀请，去观赏茶道表演。 他们驱车从神户城里出发，走了很远的路，进入一座花园别墅，里面绿荫婆娑，环境幽雅。 下车后，沿着树影斑驳的石径走到一棵树下，用石槽里的清水洗手洗脸，然后鱼贯而入一间小屋，坐在长凳上的圆形蒲团上，静坐片刻，步入正式会见的客厅。 客厅阒然无声。 少顷，丸山先生缓步进屋，双手合十，表示欢迎。

　　一位妙龄少女迈着轻盈的脚步进屋，双手合十致意，步履、姿态极富诗韵。

她利索地生火煮水，擦拭茶具，端下茶釜，揭茶盖，沏茶，斟茶，献茶，一连串动作如此娴熟、如此优美，若不亲眼看到，真的难以相信。每只茶碗堪称巧夺天工的珍品，客人的一项任务是认真观赏。每只茶碗有奇特名字，名字均有出处，主人对茶碗的爱护，无以复加。

表演完毕，丸山先生请泰戈尔品茗，看着他从俏丽少女手中接过一杯茶，缓缓饮完，问道："诗圣，您觉得我们的日本茶怎么样？"

"与我们的印度茶大不一样。"泰戈尔坦率地说，"我们的茶里加牛奶、白糖，浓烈、醇厚，饮毕口中余香不尽。你们的茶清淡，如同仙露，饮罢顿觉心舒神爽。"

"贵国饮茶也有程式吗？"

"和日本的也不一样。"泰戈尔笑道，"我们的茶具，不过是茶杯、奶杯和糖罐三样而已。"

"倒也简单方便。"丸山先生也笑了。

"在国内听说茶道是一门高雅艺术，今日见了果然如此。"泰戈尔称赞道，"您今天费心安排，让我大开眼界，获得了艺术享受，依我看，茶道类似于宗教仪式，是贵国养身怡情的特殊方式。"

"诗圣这番高论，使我加深了对茶道真谛的理解。"

丸山先生钦佩泰戈尔博学多才、见识睿智，面带敬意，拱手致谢。

在大阪过了繁忙的两天后，泰戈尔乘车返回神户，稍作停留，前往东京，一进入市区，便坠入热烈欢迎的风暴之中，报社记者在周遭刮起了采访的飓风，使他没法穿过他们的空隙，独自观察日本。

6月12日，泰戈尔在东京国立大学首次发表演讲。次日，参加欢迎会。欢迎会主持人是佛教曹洞宗派的一位长老。在欢迎会举办之际，东京上野公园里的宽永寺装饰一新。泰戈尔在答词中说，他不懂日语，也不愿意用借来的外国语讲话，所以，用孟加拉语讲话。他的讲话，由木村教授译成日语。木村是加尔各答大学佛学系教授，精通孟加拉语，这时正好在日本休假。

泰戈尔在讲话中说，他到达神户港，四周看到的均是模仿西方的物件。 到了静冈县，一个佛教徒双手合十向他致意，他才觉得，终于看到了日本的真实情怀。

日本首相大隈重信原以为泰戈尔会用英语演讲。 他听泰戈尔用孟加拉语讲话，和其他听众一样略感惊讶。 随后他说，泰戈尔讲话是及时雨，给他们提了个醒。 日本面临精神生活的挑战。 完全照搬欧洲的一套新东西，违反日本的天性，是不足取的。

佛学家高楠顺次郎也对诗人表达了崇高的敬意。 宽永寺的年轻僧人在佛教素食宴会上为泰戈尔端饭倒水，给予最高规格的礼遇。

在东京期间，泰戈尔住在横山大观家中。

横山大观不主张完全模仿日本古代的绘画作品，认为应尽力使日本绘画从传统画风的束缚中解脱出来。

泰戈尔第一次见到横山大观的画作，惊叹不已。 这帧画没有任何冗杂和流行画风的痕迹。 构图是这样的：一位中国古代诗人沉浸于诗作构思之中，他后面是一棵垂柳，立在他身后的一个少年小心翼翼地捧着断弦之琴。 这幅画作的线条充满活力，笔迹毫无迟疑呆板之感，意境深邃清旷，无疑是一件珍品。

之后，泰戈尔在横滨市富商原先生家中，欣赏了一整面墙上挂着的画家下村的一幅巨画：冬去春来，梅花树枝尚未绽生嫩叶，却缀满一簇簇白花，风过处，花瓣纷纷扬扬地飘落；地平线上冉冉升起一轮红日；梅花树空枝的后面，一个盲人双手合十，颂赞太阳。

泰戈尔在写给家人的信中称赞说："我从未见过这种画——画面上只有一棵树、一轮红日、一个盲人和洒满金光的无垠的蓝天。《奥义书》的一句祷词——黑暗中的母亲金光闪闪地显现吧——仿佛形象地出现在我的眼前。 这不仅是盲人的，也是自然的祈祷——黑暗中的母亲金光闪闪地显现吧！　于是，透过梅花树伸展的枝条，她朝光明的世界飞升。　煜煜光辉之中，萦绕着盲人的祈祷声。"

　　原先生谦和有礼，大方热情，陪同泰戈尔一行到箱根的乡村别墅休息。　这幢别墅位于海边景色旖旎的山腰上，常年对老百姓敞开大门。　任何人随时可以进入别墅的客厅，坐下品茗。　里面有一间很大的长方形屋子，为野餐的人们准备了必要的餐具。

　　泰戈尔在箱根这幢别墅里静心休息了几天，与酷爱文学的原先生切磋俳句创作。

　　"原先生，十几年前，我就读过俳句的英译本，甚至模仿着写了三首。"泰戈尔说，"我觉得，俳句极其简练，字字千金，意象清晰，寓意耐人咀嚼。"

　　"泰翁所言极是。"原先生不无自豪地说，"一首俳句只有三行，这在世界上独一无二。　比如：

　　　　古老的池塘，
　　　　青蛙跃入，
　　　　水声袅袅。

　　一个被遗弃的古老的池塘，昏暗、静穆。　一只青蛙跃入，扑通一声。　听见水声，说明池塘非常安静，再写就是画蛇添足了。

　　我再念一首：

　　　　天堂凡世两朵花，
　　　　神祇佛陀亦为花，
　　　　人心实乃花之魂。

"泰戈尔先生，您看这首诗有何特点？"

原先生这样提问，似乎想听听泰戈尔怎样评诗。

泰戈尔轻声吟诵两遍，沉思良久，说道："这是一首宗教诗。 我个人认为，这首诗反映印度和日本共同的宇宙观。 日本把天堂、凡世喻为两朵美丽的鲜花；在印度诗人的笔下，一个花托上的两朵鲜花是天国和人间、神仙和佛陀——假如人没有心灵，这鲜花就只是外在物——一切美景只有在人的心里才能诱发美感。"

原先生拍了几下手掌，赞叹道："妙哉，妙哉，您对此诗的剖析精辟、准确，完美阐明了题旨。 我听了如醍醐灌顶啊！"

"原先生过奖了。"泰戈尔说，"俳句是日本的特有诗种，短小精致，随时随地可用于抒发心中的感受，尤其是在特定场合，为人题诗，俳句是可优先考虑采用的诗体。"

泰戈尔有一天应邀观看日本舞蹈。 他称日本舞为"动作之歌"，对旅伴解释说："这首歌，好似印度的弦琴弹的前奏曲。 换句话说，每一段都有变调。各种动作之间没有空当，但又无呆板的痕迹。 全身像花枝晃动着，落下一阵阵美的花雨。 纯正的欧洲舞如同湿婆和他的妻子柯丽拥抱在一起，一半是做操，一半是跳舞，其间有跳跃、旋转、朝空中踢脚等内容。 日本舞是货真价实的舞蹈，它的服装不允许任何裸露。 其他国家的舞蹈融合了肢体的优美动作和肉体的挑逗。 日本的舞蹈动作中却不显露肉体的诱惑。 依我看，其主要原因也许是，爱美在日本人心中深深地扎下根，他们的舞蹈动作中全然不必掺入任何杂芜，他们也不容忍杂芜的掺入。"

反对日本民族主义

1915 年，日本侵占中国青岛，胁迫北洋政府签署妄图灭亡中国的"二十一条"。 泰戈尔抵达日本几天后，得知与日本签订辱华条约的袁世凯已去世，看到日本各地在准备举行羞辱中国的活动。 他在日本的"庆应义塾大学"作了两场演讲，题目分别是《民族》和《日本精神》。

住在箱根期间，形形色色的人来拜访泰戈尔。 日本建立帝国的赤裸裸的欲望、蹂躏朝鲜的残酷行径和对中国提出的侮辱性条件的详细内容，他知道得一清二楚。

日本从 1895 年中日甲午战争打败中国起，一直妄想征服中国。 对此，泰戈尔写道："与中国的海战中，日本赢得了胜利——将这胜利的标志像插荆棘似的贴在中国土地上的傲蛮行径，是不美好的，日本应该懂得这一点。"泰戈尔目光敏锐，看到日本磨刀霍霍和扩张帝国的苗头，是相当厌憎的。 他反对民族主义的言论，日本统治者听了心里很不舒服。

不过，跟其他国家的年轻人一样，日本有些年轻人，听了他的神圣呼唤，有所醒悟，但站出来大声疾呼，有悖于他们的天性。 与这样一批年轻人见面，增强了泰戈尔对未来的信心。 他在一封信中写道："在日本，这样的交谈是很热烈的。 与他们交往让我心里感到高兴的是，他们对我敞开了心扉。 他们来见我，是想了解许多事实真相。 所以，我把看到的实际情况一一作了介绍。 这对我来说是毫不费力的一件事。 在欧洲也是如此。 理想，是年轻人生活的动力。 他们把理想当作特殊需要，因此，理想从生活的源泉喷涌而出。"泰戈尔对年轻人充满期待。 他具有在无限之美中审视琐碎事物的非凡能力，因此与几个理想主义者交流之后，他认为，有些日本人是美好理想的渴求者。

日本对泰戈尔在美国的演讲做出强烈反应，是在他结束访问美国回国途中在日本短暂停留之际。 泰戈尔在美国连续不断地抨击国家主义，许多国家的政要听了心中不悦，日本政要自然也不高兴。 日本当时正疯狂地宣扬国家主义，对于泰戈尔的善意批评，他们当然听不进去。 泰戈尔刚到日本时，各界人士对他表示热烈欢迎，可他离开日本时，只有原先生一个人孤零零地站在码头上，挥手送别站在船舷旁的神情凝重的泰戈尔。

码上解读
才华横溢的大师
赤子之心的诗人
无问西东的旗手
东方精神的智者

1924 年，泰戈尔访华，是中印文化交流史上的一件大事。

启程访华

1923 年初，泰戈尔收到中国讲学社的访华邀请信。 在身体条件允许和筹措足够访问经费后，1924 年，他踏上访华旅程。

泰戈尔的陪同人员有国际大学的梵文教授吉迪莫汉·森、画家南达拉尔·鲍斯和加尔各答大学历史学家卡里达斯·纳格。 埃尔姆赫斯特为他的私人秘书。 此外，在斯里尼克坦参与农村改革项目的格林小姐也随行前往。

访华前夕，在圣蒂尼克坦寺庙举行的祈祷仪式上，泰戈尔表示，他要当圣蒂尼克坦的使者，把学校的宏旨传播到国外，并在心里带回外部世界的友情。

1924 年 3 月 21 日，泰戈尔乘坐"埃塞俄比亚号"客轮离开加尔各答港码头，抵达新加坡后，换乘日本船"热田丸号"，于 4 月 8 日抵达香港。

孙中山先生在广州听说泰戈尔途经香港，专门派人送去一封落款为"中华民国政府总部，广州，4 月 7 日"的信件，邀请泰戈尔访问广州。

泰戈尔的旅伴向他进言，他是应北京东道主的邀请前往华北，在广州的国民政府只是一个临时政府。广州的中华民国政府和北京政府处于对峙状态，在这种形势下，对他来说，规避才是上策。

泰戈尔听了他们的意见，也不愿陷入政治旋涡，便以"抽不出时间"为由，婉言谢绝了孙中山的邀请，不过，他告诉孙中山的使者，回程途中将去广州，但后来因时间匆促，未能履行诺言。东方的两个伟人最终未能晤面。

上海与南京之行

泰戈尔 4 月 12 日到达上海港，受到徐志摩、瞿菊农、郑振铎等文化名人，以及文学研究会、上海青年会、江苏教育会等团体代表的热烈欢迎。4 月 13 日在锡克人①总会为他举行的首场欢迎会上，泰戈尔听到米拉帕伊女人的祈祷声，心里有一种他国闻乡音的欢欣感觉。

泰戈尔在张君劢家的庭院里举行的欢迎会上所作的讲话中，首先描绘了两国古代的友好交往："回眸悠悠往昔，我看见印度大声宣告'你们是我们的兄弟'，并送给你们真挚的爱。"他期望中国"涌现一批梦想家——他们播布爱的信息，以爱的甘霖滋润世界"。他满怀信心地说："不久的将来，我们将为同属亚洲大陆而自豪，亚洲的阳光将穿透灾难的乌云，照亮生活的道路。"

4 月 14 日，泰戈尔在徐志摩、瞿菊农的陪同下到杭州游览。西湖水光潋滟，如诗如画，岸边柳丝飘荡，清风拂面。泰戈尔乘坐的游船在碧水间轻漾，仿佛身处仙境，令人心旷神怡。弃舟登岸，进入灵隐寺。方丈告诉泰戈尔，印

---

① 锡克人，约两千万，信奉锡克教，主要分布在印度北方地区。

度僧人慧理于公元 326 年至 364 年在杭州居住，在西湖旁的山坡上建造了这座著名的灵隐寺，泰戈尔听了深受感动。

当天，泰戈尔应浙江教育会的邀请发表演讲。 他说："几个世纪前来此定居的印度僧人，不只发现此地与印度的山峦相像，而且发觉他与当地人心心相印。在一幅壁画上，一个当地人正和颜悦色地把食品赠送给他，这是一件生动形象的佳作。 我是印度先人的后裔，我也想从你们手中接过人类仁慈的食粮。 我是印度人，你们是中国人，我设法了解你们，不是为了提高你们的觉悟和道德水平。 当认识到，团结是自然而然形成的，并无或好或坏的隐蔽的动机时，人类世界的一切误解便烟消云散。 为此，我恳请你们帮助我顺利地朝这个目标前进。"

泰戈尔在讲话中首次谈到他的访华使命："我特来邀请你们重新疏通我认为依旧存在的交往之路，这被人忘却的路上杂草丛生，但轮廓依稀可辨。 我荣幸地认为，通过这次访华，中印两国将更加贴近，这不是为实现政治或商业的目的，只是为无私的人类之爱。"

泰戈尔在上海逗留六天之后，4 月 18 日晚上乘轮船前往南京。 泰戈尔和徐志摩坐在甲板上的椅子上，欣赏两岸幽美的夜景。 入睡的农舍里，闪烁着落寞的灯光，烟雾迷蒙的丘陵沉浸在静谧中。 徐志摩在上海和杭州为泰戈尔翻译。在两地的欢迎会和演讲会上，泰戈尔发现听众听了译文后面露欣喜神情，便明白他翻译的讲话内容打动了听众，不禁钦佩青年徐志摩的非凡才华。

徐志摩请泰戈尔为他起个印度名字，泰戈尔沉思片刻，说："那我叫你'Susima'（苏思玛）吧，在孟加拉语中，它的意思是'雅士'。"

徐志摩连声表示感谢，又说："那我是否也可用个孟加拉语单词称呼您呢？"

泰戈尔脱口说："叫我 Dada。"

"Dada 是什么意思？"徐志摩问。

"大哥。"

"不行，不行！"徐志摩连连摇手，"您已年过六旬，年龄与我的爷爷辈差不多，怎么能叫您大哥呢？"

泰戈尔得意地说："在我们孟加拉语中，有不少多义单词。 Dada 这个单词有两个意思，一个意思是大哥，另一个意思是爷爷。 弟弟叫哥哥 Dada，孙子叫爷爷也是 Dada。 说者听者都不会产生误解。 你叫我 Dada，你愿意采纳其中哪个意思，对我而言，均可接受。"

"你们的语言太神奇了。"徐志摩口中重复着，"Dada——Dada——，其中既有手足之情，也有对祖父的敬意。 我叫您 Dada，实在是太恰当不过了。"

"那就叫吧。"

"Dada！"

"哈哈——"泰戈尔听着大笑起来。

从此，徐志摩称泰戈尔"Dada"，泰戈尔称徐志摩"苏思玛"，这样的称呼体现了两位忘年交的亲密关系。

在南京期间，泰戈尔应邀到东南大学体育馆楼发表演讲，面对楼内坐满的青年学子，泰戈尔首先表达了喜悦之情："无论在什么地方，有机会对学生和青年讲话，我总感到我的青春顷刻间复活了。 我知道，你们这些年轻人，不需要现成的箴言的支柱，不需要磨光的禁令的戟矛，不需要僵死的书本中的教条。你们带来的年轻生命的礼物，犹如天空的晨星，以希望之光辉映着你们国家未来的岁月。 我要高唱青春的赞歌，我是青春的诗人，你们的诗人。"

这番话在学生中激起雷鸣般的掌声。

泰戈尔鼓励学生："伟大的未来正向我们走来，离我们很近了。 我们应当准备迎接这个新时代。"

北京之行

4月23日傍晚，泰戈尔和随行人员乘坐专列抵达北京。 在车站迎接泰戈尔的有梁启超、蔡元培、胡适、梁漱溟、林长民等名人，以及学生、老师、记者和各界代表。 身穿长袍、头戴绛色印度帽、白发银髯的泰戈尔一走下列车，站台上就立刻响起了震耳欲聋的鞭炮声。 清纯俏丽的林徽因上前一面向他敬献花束，一面用英语说："欢迎您来北京访问。"泰戈尔慈爱地看着林徽因，连声说："谢谢姑娘。"

泰戈尔在梁启超等人的簇拥下朝车站外走去，两旁的女孩儿向他身上撒芳香花瓣。

次日，泰戈尔游览北海公园，出席东道主举行的欢迎会。 梁启超在欢迎词中说："七八百年来，我们彼此热爱，彼此尊重，像亲兄弟一样相处。 我们都投身于发现和弘扬世界的真理。 我们已踏上奔向人类目的地的旅程。 我们深切感到相互合作的必要性，尤其感到，我们中国人需要兄长印度人的带领和指导。"听了梁启超讲话中对他寄予极高的期望，泰戈尔心里有些不安，在答词中说："我不是你们的导师，也不是你们的引路人，我只期望我被认为是你们中间的一员。 你们要是把我看成是一个携来福音、是来对你们讲经布道的人，我心里会有些懊丧的。"

看到出席茶话会的一群天真可爱的小女孩儿，泰戈尔眉开眼笑地说："在印度，当我们到了大约六十岁，一般都有特权享受孙女的敬爱。 当我察觉，一个漂洋过海的客人在这繁花竞放的大地上并不缺少可爱的孙女时，我感到这个世界特别绚烂、极为美好！"

关于学习西方科学技术和继承本民族文化传统的关系，泰戈尔谈了他的睿智观点："我们借用西方的科学技术，是正确的。西方人的许多东西值得我们接受，但如果我们忘记本民族的智慧凝成的精神财富，那就是堕落，就是对我们祖先的侮辱。"

4月26日，北京佛化新青年会邀请泰戈尔到古老的法源寺赏丁香花。中国高僧之一道价是法源寺的长老。泰戈尔对坐在芳香的丁香树荫下的听众再次谈了他的访华使命："我们是印度先圣前贤的后代，在这儿，我感受着先人的爱抚和对我们的祝福。他们在天之灵，当感到欣慰，因为我们踏着他们的足迹，来到了他们极为热爱和曾为之效力的这片土地。我们来到中国，肩负同样的使命——和平和爱的使命。我觉得，在当今时代，当人类的民族互相残杀、争夺彼此的财物时，古印度的精神呼吁我们竭尽全力，把安宁送进陷入骚乱和冲突的他们的心中。我希望，古印度的精神将给予我们完成使命的勇气。

"我们来自印度，我们也要从你们的国土带走一些东西，但不是市场里的商品，而是几个世纪前播下的种子发芽、生长、结出的果实——和平、友谊和爱的果实。"

4月27日晚上，北京各界名人宴请泰戈尔。林长民先生致欢迎词。关于中国诗人创作新诗的难点，他说，语言、韵律、格式，全遵循旧套路，所以，中国诗歌在自由之路上步步受阻。林长民讲话结束，泰戈尔也谈了他的创作体验。他说，他对但丁和歌德了解甚少。能够品尝印度古代梵文文学的情味、领悟其奥义的印度人，寥寥无几。一般人用自己的语言，借助韵律，表达自己的心意。他未按部就班在学校里读书，所以，进行文学创作，不落窠臼。他幽默地说："我的无知加上离经叛道，使我突破文学法规。"他的讲话内容归纳起来就是：在孟加拉文苑应开展创造性变革。

在北京，泰戈尔还接受邀请，分别在先农坛①和清华大学演讲。

在先农坛，聆听的青年学生多达数千人。泰戈尔兴奋地说："你们这样兴致勃勃，是因为我也许在某种意义上可以代表亚洲。"这次讲话中，泰戈尔主要表达了他对东西方关系的认知。他认为，西方建造的是一个野蛮的世界，亚洲曾把世界从野蛮的魔窟中拯救出来。西方是剥削者，他们闯进我们的家园，抢劫我们的钱财。面对这样的世界，他表示"我们要从昏沉中猛醒，这是我们的责任"。他认为，"我们应当奋斗，对人的道德和精神力量充满信心。我们绝不效法西方的明争暗斗、自私自利和横行霸道"。

泰戈尔来到清华大学，与学生广泛交流，回答学生向他提出的各种问题。他号召青年学子了解自己的文化和历史，高举华灯，参加世界文化的盛大灯节！他以委婉的语言对青年学子谈到一味追求物质利益的危害。他说："物质主义是排他的。物质主义者一味追求个人享受、财富和权力。"他认为，一个追求物质的民族不可能成为世界上伟大的民族。"你们的社会是你们自律的灵魂的创造。它不是一个物质主义者、利己主义者的思想和一场混乱的不受限制的竞争的产物。你们不像某些人给军国主义的野蛮势力以极高的评价。"泰戈尔称赞北京"是不挥舞西方文明的标志，显示了人类和睦相处的惊人之美"。

泰戈尔把希望寄托在青年学生身上。他指出，中国学生的使命，是撇开物质主义，摈弃贪欲，证明热爱大地、热爱万物是可能的。

泰戈尔在北京期间，还与东道主就戏剧艺术交流意见。

泰戈尔对中国文学和国粹京戏很感兴趣，在京期间著名京剧艺术家梅兰芳

---

① 先农坛始建于明朝永乐十八年（1420年），是明清两代皇帝祭祀先农诸神和太岁诸神的地方。

邀请他观看了他新排的神话剧《洛神》。

　　泰戈尔一行在开明戏院聚精会神地观看专场演出《洛神》。演出结束，他亲自到后台热情祝贺演出成功，并对布景提出了改进意见。他说"色彩宜用红、绿、黄、黑、紫等重色，应创造出人间不常见的奇峰、怪石、瑶草、琪花，并勾勒金银线框来烘托神话气氛"，梅兰芳根据诗人的意见，请人重新设计《洛神》的布景，使之与剧情更为协调。次日，在为泰戈尔举行的送别宴会上，梅兰芳请诗人题诗。诗人欣然命笔，在梅兰芳的一柄纨扇上用孟加拉文写了一首小诗，并译成英文：

　　　　认不出你，亲爱的，
　　　　你用陌生的语言蒙着面孔，
　　　　远远地望去，好似
　　　　一座云遮雾绕的秀峰。

　　这首诗表明泰戈尔观看京剧，朦朦胧胧地获得了美的享受，也道出了由于语言的障碍，难以完全理解人物复杂的内心世界、无法充分领略京剧艺术真谛的一丝遗憾。梅兰芳十分高兴地收下这件墨宝，回赠了他几张京剧唱片。这些唱片至今保存在国际大学艺术学院的博物馆里。

　　5月8日泰戈尔六十三岁生日这天，东道主为泰戈尔举办了祝寿仪式。祝寿仪式很隆重，在天坛草坪上举办。首先，由胡适用英语致欢迎词。接着，梁启超为泰戈尔起了一个中国名字"竺震旦"。梁启超解释说，中国称古代的印度为"天竺"。泰戈尔全名 Rabindranath Tagore 的第一个音节 Rabi 的孟加拉语意思是"太阳"，第二个音节 indra 的孟加拉语意思是"雷神"。诗人如太阳普照大地，似春雷促万物复苏，而古代印度称中国为"震旦"。泰戈尔当以印度国名"天竺"中的"竺"为姓，故而为他起名"竺震旦"。他把用玉石镌刻"竺震旦"这三个字的一方印章交到泰戈尔手中。 泰戈尔听了徐志摩翻译的梁启超的这番话，激动不已，起身双手合十，频频向东道主致谢。 梁启超用心良苦为诗人起了这个珠联璧合的名字，寄予了其对泰戈尔在两国文化的交流上发挥巨大作用的殷殷厚望。 仪式上东道主还安排了泰戈尔英译名剧《齐德拉》①的演出。 随同泰戈尔访华的画家南达拉尔·鲍斯参与了舞台布景设计和搭建。 泰戈尔在京期间的翻译和陪同林徽因和徐志摩参加了该剧演出。 泰戈尔看了非常满意，演出结束，上台与导演和演员一一握手，表示热烈祝贺。 包括鲁迅在内的诸多文化界名人也观看了此演出。

5月9日上午，泰戈尔应讲学社的邀请在北京真光影戏院为青年作演讲，出乎他的意料，会场上出现骚动，有人竟进来散发攻击他的传单。

泰戈尔自踏上中国土地的第一天起，就多次声明，他的访华使命是疏通被忘却的荒草遮盖着的中印文化交流古道，他是诗人，不是政治家，不是来当导师的。 在此前的演讲会上，关于西方文明与东方文明，以及物质文明与精神文明，他谈个人看法，不是给中国人上课，不是为中国指明社会发展方向，但偏偏中国有些激进分子，牵强地、片面地把他的观点与中国的现实联系起来，对泰戈尔不合其口味的言论，大加挞伐，称他是复古派，对他下逐客令。 泰戈尔为此心灰意冷，取消了原计划的几场演讲，去西山休养。

其实，泰戈尔认为科学知识造就了西方的繁荣和物质文明，东方想摆脱落

---

① 《齐德拉》取材于史诗《摩诃婆罗多》。般度族王子阿周那在森林里巧遇马尼普尔国公主齐德拉。齐德拉爱上了阿周那，但因她相貌平平，阿周那声称立下了"十二年不做丈夫的誓言"，回绝了她。于是，她向爱神求助，让她一天之内变成"倾国倾城的美女"并让"这一天成为永世"。爱神被她的真诚感动，让她如愿以偿。齐德拉终于投入阿周那的怀抱，过了如胶似漆的缠绵初夜，然而，"脱离了真我"的齐德拉，怕真相败露，整日提心吊胆，因此请求爱神收回恩赐的妩媚容貌。当齐德拉排兵布阵，挫败"强盗洗劫村寨"的阴谋，确保村民的安全，在阿周那面前去掉"伪装"，并表达了要"成为他的左膀右臂"、与他"同甘共苦"时，阿周那才完全接受她。

后，应当学习"欧洲所有的科学知识"，但当欧洲"炫耀科学，吹嘘武力，贪图金钱，凌辱全世界的人民""把科学用于屠杀人类"时，他是坚决反对的。他认为，欧洲国家走上战争之路、掠夺世界各国的内在原因是"贪婪"。印度《奥义书》中一再告诫人们"切莫贪婪"。他认为，这句箴言体现印度文明，是治疗西方堕落的"良药"，然而，由于中国某些知识分子未全面研究泰戈尔的思想，才造成冲击演讲会场的难堪一幕。

5月18日，在燕京大学举行的欢送会上，泰戈尔大声呼吁中国朋友和他一起接受、承担起人类的精神团结的使命："愿你们对我说'我们也承认这个理想'，否则，我只得认为未完成我的使命。你们议论我时，不要把我当作客人，而应把我当作伟大的事业中一个祈求你们的爱、同情和信念的人。我在你们中间只要发现一个接受这个理想的人，我将感到无比欣慰。"

泰戈尔说完，胡适立刻讲了个人意见："泰戈尔一行高雅地令人钦佩地完成了使命。"胡适心里对泰戈尔的态度起初是游移不定的，但与泰戈尔相处几天，听了他的讲话，态度发生了很大变化。他说："如果允许谈个人体会，我想说，作为我个人，已完全对我们的客人解除了戒备，通过个人接触，我从一个相当缺乏同情心的和态度冷漠的人，转变为一个热情赞美诗人及其朋友的人。我从诗人的人格中感受、获得了温暖。"

泰戈尔在北京逗留了四星期。离开北京的前一天，即5月19日，他应"国际协会"的邀请作最后一次演讲，题目是《诗人的宗教》。

中国九种宗教团体的代表身穿有宗教特色的服装，坐在演讲台下。

泰戈尔说："我很高兴，当我即将离别中国之时，吉尔伯特·里德博士给了我一个对你们讲心里话并谈一谈在中国尚未谈过的话题的机会。我信奉的宗教是一个诗人的宗教。我对它的所有感觉来自想象，而不是来自知识。我坦率地说，关于邪恶和人死后发生的事，你们提问题，我的回答不会让你们满意。我敢肯定，在欢乐的光照下，当我的灵魂接触了无限，强烈地感觉到了它时，新的机遇就会来临。"

　　离开北京前，泰戈尔应林徽因的请求写了一首赠诗：

　　　　蔚蓝的天空俯瞰苍翠的森林，

　　　　它们中间吹过一阵唱叹的清风。

　　泰戈尔缘何为林徽因写这首看似描写风景的小诗呢？

　　泰戈尔从上海入境，经南京、济南到北京，一路上会见各界著名人士，发表演讲，由诗人徐志摩翻译。翻译之余，徐志摩不仅与他畅谈人生、交流文学创作的心得体会，也对他诉说爱情方面的苦恼，言谈中间仍流露出对林徽因的爱恋。在徐志摩和林徽因一起无微不至地照顾泰戈尔的日子里，泰戈尔似乎觉得他们是理想的一对。为了消除徐志摩的愁怅，据说泰戈尔曾委婉地向林徽因转达过徐志摩的缱绻之情，可得知林徽因已与梁思成订婚，看到林徽因毫不动摇，一贯恪守婚姻道德的他感到实在是爱莫能助了。

　　在这首小诗中，泰戈尔把徐志摩喻为蔚蓝的天空，把林徽因喻为苍翠的森林。在泰戈尔的心目中，他们是高贵而纯洁的，但他们中间横亘着难以逾越的障碍，只能像天空和森林那样，永世遥遥相望，难成眷属。泰戈尔把自己比作一阵清风，清风的唱叹中流露出当不成月老的无奈和惆怅。

　　5月20日是泰戈尔离别北京的日子。他步出旅馆房间时，工作人员提醒他："先生，请再看一眼，房间里可有您落下的东西？"

　　"除了我这颗心，没落下别的东西。"他神情凄楚地回了一句，忧伤的语调中满是依恋之情。

太原之行

泰戈尔一行乘火车离开北京，次日，抵达山西省省会太原。 会见山西督军阎锡山时，泰戈尔提出在山西开展乡村建设试验的建议。

阎锡山完全赞同泰戈尔的建议。 他说："人到世上是为过幸福日子。 政府的责任就是排除实现这个目标之路上的一切障碍。 按照儒家学说，家庭是一个整体，个人是整体的一部分。 家庭幸福，国家方能昌盛。"

谈到为民众造福，泰戈尔说："整个社会如不富庶，个人就不能真正获得幸福。 我想让民众自己掌握自己的命运，他们只要有了自尊心，就能实现自救。"

对于这两位性格完全不同的人物的会见，卡里达斯·纳格说："这是印度教先哲与中国行政长官之间富于象征意义的会晤。"

当天下午，在太原各界群众的欢迎会上，泰戈尔就现代经济与道义发表演讲。 他以哲人的眼光诠释缺失道义的财富正把世界带进沙漠。 埃尔姆赫斯特就斯里尼克坦的农村改革项目作了讲话。 后来他在一封信中说："'省长'阎锡山听了斯里尼克坦的农村建设的介绍后，对其产生了浓厚的兴趣。 原因可能是，中国的农村问题比印度更复杂，更需要改革。"

泰戈尔乘火车从太原到达汉口，在体育场为数千听众就教育发表演讲。 当晚，乘轮船离开汉口前往上海。

回到上海

5 月 28 日，泰戈尔回到上海，成为意大利诗人蓓娜夫人的客人。 傍晚，他在教育人士的茶话会上，以生动的语言讲解了他的教育理念和办学经历。

次日上午，上海各界人士为泰戈尔举行欢送会，他们中间除了中国人，还有日本人、波斯人和印度人。 他在告别词中热情歌颂了中国人民，表达了对他们的感谢。 他说："中国人民是伟大的人民，他们创造了美的世界。 ……我感受到了你们人性的爱抚。 ……我第一次来到这儿的那天，你们对我的热烈欢迎，是以贷款的方式预付的……"

最后，他以略为伤感的语气说："我的厄运尾随我从印度来到中国。 我并未时时沐浴于同情的阳光中，从天际某个角落，不时传来愤怒的乌云的轰鸣。 你们中间的某些爱国者担心，我从印度带来的'精神传染病'，也许会削弱他们对金钱和物质主义的旺盛的信任。 我向那些情绪紧张的人保证，总的来说，我对他们是无害的。 我无力阻拦他们'进步'的步伐；他们奔向市场出卖他们缺少信任的灵魂，我无力把他们挡回去。 我还要让他们放心，我至今未能使一个怀疑论者相信他有灵魂、相信道德之美比物质力量有更高的价值。 我敢肯定，一旦知道结果，他们会原谅我。"

把泰戈尔的告别词与他到达上海所做的第一次讲话做一比较，可以明显地感到，两次讲话中的情绪大不相同。 告别词中交融着他未被整体了解、个别演讲场所受到纷扰的不快和受到过分抨击的委屈，但泰戈尔不愧是伟人，告别词仍让人感受到他对中国人民的挚爱、他的豁达胸襟，以及对自己观念的坚守。

1924 年 8 月，《现代评论》上发表的埃尔姆赫斯特的文章《泰戈尔访华》中说："在中国，有一些人坚信，文明必须有道德基础，如果缺少确保稳定和和谐的道德平衡，单纯的物质繁荣就容易引导国家走向毁灭。 作为一个朋友，泰戈尔的声音传到了他们的耳朵里①。"

回顾泰戈尔访华经历，虽然因当时复杂的历史环境，有些人未全面领会泰戈尔的观点，对他有一些误解，但总体而言，泰戈尔通过与中国文化界人士广泛接触和交流，他确定的疏通中印两国交流古道的使命，应该说是完成了的。 此后，中印两国的文化交流，如他希望的那样，日趋
频繁，硕果累累。

码上解读
❧ 才华横溢的大师
❧ 赤子之心的诗人
❧ 无问西东的旗手
❧ 东方精神的智者

---

① 泰戈尔的声音，指他在各地演讲中所谈的"物质和文明"的关系。他们，即"一些人"，指胡适等同意泰戈尔观点的中国人。

1924 年 9 月，泰戈尔出访秘鲁，踏上一生中最远的一趟旅程。

5 月访日期间，他收到来自秘鲁的阿亚库乔战役一百周年纪念庆典的邀请。回到印度，便立刻着手出访的准备工作。9 月 19 日乘船离开加尔各答。和泰戈尔一起上船的，有他的儿子罗梯、儿媳波罗蒂玛、他们三岁的养女南蒂妮和画家苏伦特罗纳德·卡尔。苏伦特罗纳德·卡尔要去意大利考察绘画艺术。罗梯一家人去欧洲旅游。泰戈尔与埃尔姆赫斯特约定，在法国会合，一道前往秘鲁。

阿亚库乔之战是拉美独立战争中最著名的一次战役，它发生在 1824 年 12 月 9 日。这是哥伦比亚、秘鲁联军同西班牙殖民军在秘鲁南部山区阿亚库乔附近进行的最后一次决战。阿亚库乔之战保证了秘鲁的独立，结束了西班牙对拉美大陆三百余年的殖民统治。

阿亚库乔战役一百周年之际，总统奥古斯托邀请世界著名的科学家、哲学家和文学家参加庆祝活动，泰戈尔是其中之一。此前，泰戈尔没有访问过拉美国家，没有接触过西班牙语国家的文明和文化，南美对他来说是陌生的大陆。所以，他愉快地接受了邀请。

这次泰戈尔是拖着虚弱之躯踏上旅途的。他在信中说："路上得了感冒，加上陷入搅扰的旋涡，疲惫不堪，全身像散了架似的。 这次是头顶着疲倦和孱弱出门的。"

歌颂女性与爱情

9 月 24 日，泰戈尔一行到达科伦坡港口，离开科伦坡前，泰戈尔收到一位孟加拉少女的来信，信中祝愿他国外旅行愉快。 泰戈尔看了信觉得："今天，天气恶劣，但这位孟加拉少女的美好祝愿似乎给我倒霉的旅途带来了福音。"

在科伦坡港口，换乘前往欧洲的日本"亚伦丸号"船，10 月 11 日，"亚伦丸号"船停靠法国马赛港，在巴黎逗留 7 天后，10 月 18 日，泰戈尔和埃尔姆赫斯特在法国瑟堡港登上"安德斯号"客轮，进入一个全新环境。"安德斯号"客轮驶离瑟堡港的 10 月 18 日，他在海上写了《不认识的女性》和《心神不定的情女》。 他相信，远处和未来的不认识的女性，某一天能把他带进回忆之中，他沉浸于这种快乐的想象之中。 他对不认识的女性说：

> 在你必经之路的两边
>
> 我陈列了谱写的情歌。
>
> 何时你认出这些歌是你的？
>
> 女友，认不出也无损失！
>
> 不过应试唱，毫无疑问，
>
> 你的歌喉能唱出我的真情。
>
> 也许你那天胸前挂着团圆的花环，
>
> 也许那天湿润的眼睛含着受挫的期盼——
>
> 那天我不会来送礼品，
>
> 为你留下歌曲我立刻启程。

泰戈尔在《西行日记》中描述了他心里品味的爱情："爱情为自身的完美，需要某一个人。 这人是非常真实的，一旦得到他，他所有细微的成分就不能扬弃，连他的缺点和过失都得接受。 用感情的面纱盖住一个人的容貌，使之完美无缺，这对于爱情来说是不必要的。 爱情希望有缺陷和不完美，否则它的圆满又如何实现呢！"

谈到女性，泰戈尔的想象中："奇幻的女子跟随月亮，跟随鲜花，跟随新来的雨季的云彩，跟随翩翩起舞般的小河，来到男人面前。 女人不仅是现实的混合物，在她身上还蕴藏着艺术创造的理论；她受制于无形的法则，由富于韵律的风姿加以塑造。 她是一尊无法用语言表述的完美地塑成的雕像。 ……女人带着身心内外情愫点染过的乐趣，成为活生生的艺术女神，出生在男人的世界。在趣味接受形象的地方，那艺术形象的特点在于：它的形象不把她置于静止的束缚中。"

泰戈尔笔下，男女爱情的差别是：在女人的爱情中回响着团聚之歌，而男人的爱情中充盈了分离的痛苦。 泰戈尔虽对女性大加赞美，可内心深处却默认家庭中男人的主导地位。

离开瑟堡港四五天后，泰戈尔过了赤道线，身体突然垮了，只能躺在床上。离开法国瑟堡港三星期后，"安德斯号"客轮抵达阿根廷港口布宜诺斯艾利斯。泰戈尔在码头上受到无数阿根廷民众的潮水般涌动的欢迎。

与奥坎波相识相知

泰戈尔在船上患了流感，精疲力竭。 下船和埃尔姆赫斯特下榻于广场酒店，病情加重。 当地医生为他诊治，告诉他，他心律不齐，万不可前往秘鲁。

由于在安第斯山区需乘火车穿越崇山峻岭，这使他有生命危险，而且他必须静养，最好待在不受外界干扰的僻静之地。

有一天，阿根廷女作家维多利亚·奥坎波到广场酒店拜访泰戈尔。

奥坎波于 1890 年出生于富有的贵族家庭，是六姐妹中的老大。她从小广泛阅读法语和英语的文学经典著作。从十八岁到二十岁，在欧洲逗留了大约两年，在巴黎参加过一些讲座，但没有上过正规大学。在这一点上，与泰戈尔有相似之处，都没有获得大学文凭，但她通晓英语、法语，能用法语写作。她还能阅读意大利语，她的第一本书是对但丁《神曲》的评论。

由父母做主，奥坎波嫁给摩纳哥·埃斯特拉达，两人脾性、志趣不同，貌合神离，后来，她爱上了丈夫的表兄朱利安·马丁内斯。信仰天主教的阿根廷不准离婚，又由于怕伤害父母，1922 年，她选择与丈夫合法分居。丈夫去世之后，奥坎波没有再婚。

1914 年，婚姻失败的奥坎波首次读到安德烈·吉德的法语译本《吉檀迦利》，读着读着，不知不觉流下了眼泪。她从中获得了精神慰藉，还把这次阅读视为与泰戈尔的第一次相遇。此后，她大量阅读译成英语、法语和西班牙语的泰戈尔的作品，成为泰戈尔的忠实读者。奥坎波读报获悉泰戈尔因病滞留布宜诺斯艾利斯，便决定去看望泰戈尔。

奥坎波长着一张瓜子脸，面容清秀，皮肤白皙。手拎一只精致小提包，戴着一顶精美小礼帽，脸上闪现着别样的美的光芒，眼皮下的深蓝眼睛里，闪烁着梦幻般的魅力，高挑身材透现端庄优雅的气质。

她怯怯地走进泰戈尔的房间，看到她崇拜的大诗人，软绵绵地背靠着沙发，白发银髯，一脸憔悴，神色暗淡，心里一阵酸楚，疾步上前握着他冰凉的手，自我介绍："泰戈尔先生，我是阿根廷作家维多利亚·奥坎波，您的崇拜者之一。"

奥坎波的靓丽面容和亲切话语使泰戈尔两眼一亮："幸会，幸会。 在异国他乡，遇见您这么漂亮的女作家，我太高兴了。 您说您是我的崇拜者，莫非读过我的书？"

"是的，十年前就拜读过您的大作《吉檀迦利》。"

"您读的是英译本？"

"不，是法语译本。 我的法语比英语好，读法语译本，理解更深刻一些。"

"读了有什么感受吗？"泰戈尔好奇地问。

"您在诗集中，歌颂纯洁爱情，赞美孩子的天真烂漫，闪耀着人道主义光芒。 语言清新优美，情感真挚，意境优美，具有恒久的艺术魅力，给我无尽的美的享受。"奥坎波说起来滔滔不绝，"您面对想象中的上帝，袒露您的胸怀，倾诉喜怒哀乐，描绘您的理想王国，令人神往，尤其是第 73 首，'我不追求远离红尘的解脱，在重重愉快的束缚中，我能感受到自由的拥抱；我所有的热望将结出爱的果实'简直就是为我写的，给当时苦闷彷徨的我以无穷的生活动力。 我觉得，您就是我的精神导师。"

"哦——"泰戈尔略感讶异，"您的高度评价，令我万分欣喜，不过，我今天有些累了，今后有机会再交流吧。"

"好的，不谈文学了。"奥坎波赶紧说拜访的目的，"我听说您需要在幽静的地方休养。 我家在郊区，环境安静，如不嫌弃，我想请您到我家休养一段时间。"

泰戈尔感到意外，扭头望着埃尔姆赫斯特，用目光征求他的意见。

埃尔姆赫斯特已被奥坎波的高雅气质和热情友好的态度所吸引，心里很愿意与她相处，更愿意让泰戈尔去她府上休养，他可以少操一些心，但又摸不准泰戈尔的心意，就说奥坎波最好回去征求家人的意见，如果全家乐意接待，就马上从酒店搬过去。

奥坎波回到家里，立刻和父亲商量此事。

她的父亲与泰戈尔年龄相仿，思想观念陈旧，反对她抛头露面与文人墨客交往。 最终，奥坎波说服不了老头儿，只得向她母亲的娘家亲戚拉富恩特·马查因求助。 拉富恩特·马查因一向助人为乐，同意让泰戈尔和埃尔姆赫斯特住进位于圣·伊西德罗郊区他的一幢别墅，只收极少租金。 11 月 12 日，奥坎波开着汽车，把泰戈尔从酒店接到地名为米拉尔里奥的一幢别墅里。

成为知心朋友

这幢别墅共两层。 泰戈尔和埃尔姆赫斯特住在一楼相邻的两间卧室里，从卧室楼梯可上二楼的阳台。 房前房后是宽大院子，绿草如茵，花坛上鲜花姹紫嫣红，站在阳台上，可望见河面宽阔的拉普拉塔河。 上午，在灿烂的阳光下，拉普拉塔河面上变幻着色彩。 泰戈尔坐在阳台上，遥望美景，心旷神怡；在拉普拉塔河畔的树林里散步，阅读哈德森·威廉·亨利的《拉普拉塔的自然学家》《在巴塔哥尼亚的清闲日子》《绿色大厦》等著作。

奥坎波住在父亲的乡间别墅里，离米拉尔里奥的别墅不远，几乎每天去看泰戈尔，与他一起吃饭，交流创作体会。 奥坎波的女仆为泰戈尔洗衣做饭、打扫房间，生活上对泰戈尔的照顾无微不至。

在奥坎波贴心的陪伴和周到的照顾下，泰戈尔疲惫的身心很快康复了。 有一天上午，清风习习，阳光明媚，他坐在院子里晒太阳，奥坎波盘膝坐在他身边，与他交谈。 这时，埃尔姆赫斯特走到他们前面，注视片刻，突然用赞美的声调说："啊，泰翁，您宛如印度的神仙，奥坎波女士如同玉女，好像是一个希伯来仙女坐在基督身旁啊！"

"真的吗？"泰戈尔被他逗乐了，"你把我提升到基督的位置上，我荣幸得很哪。"

第二天，奥坎波同泰戈尔聊家常。

"泰戈尔先生，我听您讲孟加拉语诗、朗诵孟加拉语诗歌，嗓音厚重悦耳，特别好听。 我要是用孟加拉语，怎么称呼您呢？"

"我的亲朋好友都用我的小名'罗毗'叫我，你现在和我的亲人一样，就叫我罗毗叔叔吧。"

"在我眼里，您和朝气蓬勃的年轻人一样，"奥坎波认真地说，"让我叫您罗毗大哥吧。"

"行啊。"泰戈尔慈祥地笑了。

"我想请您为我起个孟加拉名字，可以吗？"奥坎波提了个要求。

"当然可以。"泰戈尔凝神思忖片刻，"以后我就叫您'比佳娅'吧。"

"比佳娅是什么意思呀？"

"孟加拉语单词'比佳育'的意思是胜利，词尾加上一个 A，成为比佳娅，意思变为'女性胜利者'，通俗地说，就是'获胜的女人'，可以引申为能赢得或征服男人之心的美女。"

"啊，有了这个芳名，从今往后，我就是能够赢得男人之心的美女。"奥坎波高兴得手舞足蹈。

奥坎波确实想成为征服男人之心的女人。

她小心翼翼地问："诗圣，听说您的夫人早已过世了，您的两个女儿和小儿子也离开您了。"

泰戈尔没想到奥坎波会提起自己的家庭，神情有些悲戚，沉默片刻，缓缓说道："是啊，时间过得真快，三个孩子走了好几年，穆丽纳里妮走了二十多年了。"

"这些年，您一个人过得太不容易了。"奥坎波体贴地说，"您年逾六旬，这次出国，在船上得病，要是身边有个贴心人照顾，就不至于病得这么重了。"

"我已是风中残烛，谁肯来当我的贴心人？"泰戈尔长叹一声。

"您看我行吗？"

奥坎波含情脉脉地望着泰戈尔。

泰戈尔愣怔了一会儿，忽然明白她这话的意思。

是啊，奥坎波是个有才华的女作家，能讲英语，与泰戈尔交流没有任何语言障碍，而且，她性格温柔，善解人意，办事心细。泰戈尔有她这样的伴侣，真可谓三生有幸！

但是，不，泰戈尔不能接受她！奥坎波才三十四岁，泰戈尔已六十四岁。在印度，奥坎波几乎是他的孙女辈。在他那个时代，这年龄的障碍是难以逾越的！奥坎波年轻漂亮，完全可以找到年龄相当的人生伴侣。

是的，泰戈尔不能接受她！泰戈尔的事业在印度，奥坎波作为客人去圣蒂尼克坦住几天，不成问题，但待一辈子，怎么可能！而泰戈尔当然也不能抛弃自己的事业，在阿根廷享清福！

"奥坎波，我住在这幢别墅里，就像在自己家里一样，全无来到一个陌生国家的感受。你无微不至的照顾，我铭记在心，"泰戈尔平静地说，"你永远是我的知心朋友！"

奥坎波是明事理的聪慧女人，接着说："有您这样的知心朋友，我也满足了。"

泰戈尔把这天与奥坎波交谈的感受，写在诗作《外国花》（节选）中：

> 哦，外国花，当我问你："对我说，
> 你会不会忘记我？"
> 你笑着摇摇头，我知道你会常常
> 把我怀想。
> 两天后我

　　启程返回祖国，

　　那时,你不会忘记我,遥远的思念

　　令你我在梦中相见。

这朵芳香的外国花，无疑就是奥坎波。

泰戈尔在阿根廷期间还写了《嘉宾》《看不见的女人》《担忧》《最后的春天》《切断束缚》《我的玉兰》等脍炙人口的爱情诗，其中的"女郎""你"，也都是指奥坎波。这些爱情诗后来编入诗集《普尔比》。泰戈尔把这本诗集献给赢得了他心的"比佳娅"。

共度幸福时光

泰戈尔在米拉尔里奥的这幢别墅里，原计划只住一个星期，但不知不觉延长到了两个月。奥坎波没有收入，只得卖掉一件钻石头饰，用来支付日常开销和房租。

征得父亲的同意，奥坎波又送泰戈尔和埃尔姆赫斯特到她家位于查帕德玛拉尔的风景秀丽的乡间别墅住了九天。泰戈尔在那儿写了《阿康德花树》和《骷髅》。他把《骷髅》译成英文，为奥坎波朗诵。最后一节是：

　　形象的荷花里我吮吸无形之蜜，

　　悲痛的胸中,我找到欢愉。

　　心中听见永恒宁静的絮语，

　　我看见光明之路穿越空阔黝黑的大地。

　　我不是命数的无所不及的讥嘲，

无穷的财富构作圣洁的圆寂。

泰戈尔在布宜诺斯艾利斯写的最后一首诗《路》中说：

只有儿童理解我，视我为休息的所在——
离家朝我奔来。
"禁止或准许"从不在我四周站岗，
"需求"不建造各类物质的牢房，
天神般的孩子以娱乐填补虚空——
孩子是我的知音。

这首诗中，抒写了诗人依然活泼的童心。

泰戈尔基本上恢复了健康，决定回国。

将近三个月的亲密相处，泰戈尔和奥坎波之间产生了深挚的情谊。分别在即，难舍难离，泰戈尔用饱含真情的笔触写了《我的玉兰》（节选）：

你从何处像梦魂飘入我的心殿？
哦，我的玉兰！
"认识我吗？"在我不懂其语言的异域，你开了口；
我的心儿望着你吟唱："认识，认识，我的挚友。"
多少个清晨为我熟稔的笑容披露了你的心意：
"啊，我爱你！"

在泰戈尔的心目中，奥坎波高雅纯洁，冰清玉洁，像一尘不染的玉兰花。一向理性、自律的泰戈尔，可以把她供奉在心殿，但绝不会占为己有；可以站在远处欣赏，但断不会贸然摘采。他绝不会在奥坎波"爱情的熊熊祭火中"再"投什么祭品"，只能带着她的笑容披露的爱、夜雾里轻漾的她的爱、情笛吹出的她泪浣的爱、她的花环表达的爱，以及与她相处的甜蜜回忆，独自返回祖国，而在以友情的琼浆充实他出访时日的奥坎波的记忆中，他将是"永久的爱的客人"。

获好友鼎力支持与帮助

　　泰戈尔未能如期参加秘鲁政府的庆典。1925 年 1 月 4 日，泰戈尔乘坐意大利"朱利奥·塞萨尔号"客轮离开布宜诺斯艾利斯，前往欧洲。

　　海上长途旅行异常辛苦，奥坎波怕泰戈尔在船上休息不好，把她梳妆室里的一个扶手躺椅带到船上，想放在他的船舱里。舱门窄小，她同船长据理力争才使舱门卸了，把扶手躺椅搬了进去。

　　这个扶手躺椅促使泰戈尔和奥坎波在评价波德莱尔的诗作上达成共识。它功不可没。

　　不久前，在米拉尔里奥的别墅里，奥坎波为泰戈尔读波德莱尔的诗集《恶之花》中的一首诗。泰戈尔听着听着脱口说道，他不喜欢这种诗，但回国途中的1925 年 1 月 5 日，他在写给她的信中说："我埋坐在你赠送的扶手躺椅里，在船上度过白天和晚上的大部分时间，这个扶手躺椅无声地向我诠释了我和你一起读过的波德莱尔抒情诗的含义。"1 月 15 日，奥坎波在回信中说："在我的扶手躺椅的帮助下，你终于理解了波德莱尔。我希望，在同一件家具帮助下，你能领悟我馈赠的含义。"

　　离别在即，泰戈尔依依不舍地说："比佳娅，在阿根廷这两三个月，我度过了一生极为幸福的一段时光。你年轻，有才华，大哥真心希望你办好你的杂志

《南方》，不断有新作问世。"

"大哥的话，我记住了。"奥坎波眼里闪着泪光，"罗毗大哥，今后无论你在什么地方，无论什么时候，需要我为你做事，给我打电报，我招之即来。"

奥坎波言而有信，1930 年，她收到泰戈尔的一封电报，在极短时间内赶到巴黎。

泰戈尔计划在巴黎举办首次画展，但人生地不熟，不知如何着手筹办。 奥坎波一到巴黎，通过她的熟人，很快选定皮嘉尔画廊作为画展地点。 接着，自己掏钱，购买画展所需材料，布置场地，同时，印制海报，广为散发，向巴黎达官贵人寄送请柬。

开展那天，众多名人前来观看，记者采访报道，盛况空前，售出作品超出泰戈尔的预期，画展取得圆满成功。

闭展那天，泰戈尔对奥坎波千恩万谢，一时激动，轻轻吻了一下奥坎波的面颊。

奥坎波幸福地笑着问道："我送给您的那个扶手躺椅，现在在哪儿？"

"游历几个国家，完好无损，"泰戈尔说，"这是您的珍贵礼物，一直保存在圣蒂尼克坦的乌达扬楼。"

泰戈尔就这个扶手躺椅写了两首诗，收入《最后的作品》中，其中一首（节选）写道：

> 立在窗前,它双臂
>
> 伸向春天飘香的林径,
>
> 凡世的子夜,隐隐听见
>
> 宏大的"安静"的足音。
>
> 怀着纯正的爱慕之情,

异域女子置放的扶手躺椅，

千秋万代保存

她在我耳边的喁喁低语。

听不懂她的语言，

她说话用温柔的双眼，

这椅子永远播放

有关她的悲凉音讯。

　　垂暮之年，泰戈尔生病时喜欢坐在这把椅子上，一坐大半天，睡眼蒙眬，恍惚间看到奥坎波飘然而至，隐隐约约听见她在耳边轻声说："罗毗大哥，别来无恙？"

1926 年 7 月 12 日，泰戈尔在国际大学艺术系副主任苏伦特罗纳德·卡尔和青年画家迪伦克里斯纳·德卜巴尔曼等人陪同下，为访问东南亚，乘火车抵达马德拉斯。两天后，泰戈尔一行乘法国"昂布瓦斯号"客轮前往新加坡。

新加坡之行

7 月 20 日，"昂布瓦斯号"客轮停靠新加坡。受马来半岛的英国总督休·克利福德爵士的邀请，泰戈尔在总督府住了三天。之后，他参加了多场活动。

在花园俱乐部举办的泰戈尔欢迎会上，面对以中国华侨和商人为主的众多会员，泰戈尔在答词中强调指出，印度学校里开中文课，中国高等学府里教印度语言、研究印度文化，是十分必要的。

在维多利亚剧院作题为《人的统一》的演讲，他说："为了认识人类，人类中最原始的人也应被认识，然后才能互相认识。他们必须与伟大的世界文化保持联系，因为，如果忽略世界文化，就将陷入孤独境地。"

在王宫剧院，他对中国师生演讲。他提到在古代中国与印度的精神联系及几年前他在中国各地的访问。 他说，他正沿着把中印文化紧密连接起来的伟人的足迹前进。 跟他们一样，他深刻理解亚洲这两个大国的团结的重要性。

在印度协会会议厅，举行了民众欢迎会。 会前散发了大量泰米尔语和孟加拉语版的海报。 许多与会者是普通印度人，他们并非对泰戈尔非常了解，只是听说从印度来了一个大文豪，感到十分自豪。

在维多利亚剧院举行的欢迎会上，剧院里座无虚席。 泰戈尔在讲话中谈了他在圣蒂尼克坦的办学经历。 关于儿童教育，他说："幸运的是，作为一个诗人，我的童心充满新鲜感。 大多数成年人对孩子缺乏天生的同情心。 他们把自己的思想强加给孩子，不知道孩子的实际需要。"

在希克拉波①，泰戈尔会见了中国教育家林文庆博士。 1924 年，泰戈尔访问中国，时任厦门大学校长的林文庆邀请泰戈尔参访厦门大学。 这次，他带来了屈原的名诗《离骚》的英译本，恳请泰戈尔为他的译本作序。 林文庆博士后来把《离骚》的英译本和注释邮寄给已在槟榔屿的泰戈尔。 泰戈尔在为他的英译本所作的序言中说："现在应是善用中国文学精神、展现微妙寓意的中国作家收获最好的时候，这不是考古分类的收获，而是全球的思想盛宴。 林文庆博士对《离骚》的翻译促进了这一进程。"

马来半岛之行

7 月 26 日，泰戈尔一行离开新加坡，之后，先后抵达马六甲、吉隆坡、怡保市、太平市等地。 旅途中，泰戈尔受到了当地民众的热烈欢迎，同时，各种活动被安排得紧张、繁忙。 每到一个地方，都要经历一个"乘火车、在火车站

---

① 新加坡一地名。

下车、接受献花、听主人致辞、致答词"的过程，然后就是"乘车到了新住处，在新结识的朋友中间，过另外一种新鲜生活"。

泰戈尔在马六甲演讲，马六甲文化界几乎所有知名人士与会；在吉隆坡的欢迎会上，与会者表示阅读泰戈尔的作品，受益匪浅；他在霹雳州首府怡保市多次参加宴会和演讲会；在太平市作题为《人类的命运》的演讲，讲述当时国家主义的没落。

泰戈尔在写给儿媳的信中，回顾了他的繁忙访问："我已经疲惫不堪。东道主每天安排两三项访问活动，请我到新地方发表演讲。假如我遵奉《薄伽梵歌》的圣训，放弃对功果的希望，那么，生活之舟就会顺流而下，沿着河岸，向前疾驶，而我现在却溯流而上，拉纤，撑篙，划桨，每走一步，累得气喘吁吁。今生今世，哪天到某个地方轻松游览的机会，大概已被枪杀了。路途遥远，口袋里只有几块钱。一边挣钱，一边吼叫，再到旅馆里花掉美元，这就是我的旅行。世界上百分之九十五的人，喜欢把诗人拉在大庭广众之中，让他'受洋罪'；动不动对诗人说：'请演讲！'你想想，演讲意味着什么！就是对名为民众的一批木偶的冷漠耳朵，讲一通千篇一律的大道理，这对讲究实际的人来说，没有任何用处。……我在这儿睡觉不踏实，休息不踏实，没有心境的宁静，没有充裕的闲暇。"读这封信可得知，泰戈尔对过于紧张的访问有些厌烦了。

虽然经历了好一番"受洋罪"，好在为国际大学募捐的目的基本达到了。8月16日，泰戈尔离开马来半岛，前往印度尼西亚。

印度尼西亚之行

8月21日，"普兰西斯号"客轮抵达爪哇岛的丹戎普鲁克港。这一天，在船上，泰戈尔听到一个历史典故：苏门答腊、爪哇和其他一些岛屿曾经是名为

"斯里毗查娅"的印度教徒的一个王国。 他思绪万千，创作了《斯里毗查娅·拉克希尔》，在诗中问道：

> 哪个时代在这儿你我有了共同点？
>
> 心灵与心灵、语言与语言息息相关。
>
> 俩人齐心合力用石块垒砌住房，
>
> 那儿俩人肩并肩坐在一把椅子上。
>
> …………
>
> 我的心儿跳舞因为又听到呼唤，
>
> 越过千百年今日我回到你身边。
>
> 你仍然认识我，我仍然认识你，
>
> 愿你感到新得的旧情珍贵无比。

之后，泰戈尔一行乘汽车前往九公里外的巴达维亚（今雅加达），他参加了欢迎会、晚宴，还会见了巴达维亚的印度侨民，谈了国际大学的办学宗旨和经费短缺。 印度侨民，尤其是信德邦的商人，纷纷踊跃捐款。

泰戈尔在写给儿媳的信中，叙述了前一阶段的访问感受："我们已抵达爪哇的首府巴达维亚。 当今世界的大城市，不仅是某个国家的，也是属于时代的。现代化都市全是一副相貌，只是服饰上略有差异……"

泰戈尔一行后乘船前往巴厘岛，途经东爪哇的工业城市和海港——泗水时，停留了数小时，于 8 月 26 日到达巴厘岛的布莱伦港。 巴厘岛是海外印度教至今朝气蓬勃的唯一地方，百分之九十的巴厘人是印度教徒。

泰戈尔是土著藩王的客人。 他先参加了宴会，然后前往王宫。 泰戈尔听不懂藩王的话，藩王也听不懂泰戈尔的话，车上又没有翻译，他只好哑巴似的望着外面。 丛林的空隙里闪现碧海，藩王突然对他说："看，shamudra（海）。"见

　　泰戈尔惊讶，又连声说："shamudra（海洋），shagar（海），obbhi（山脉），jon-ladho（大海）。"接着又说："七大洋，七座山，七座森林，七重天。"他指着山说："odri（山）。"随后是一串山名："北极山，喜马拉雅山，宾达山，玛拉耶山，梨萨穆克山。"看见山脚下一条潺潺流淌的小河，藩王脱口说出印度的大江大河："恒河，朱木拿河，纳尔玛达河，葛达巴里河，卡贝丽河，萨罗沙迪河。"

　　泰戈尔听了觉得，古印度对自我形象的冥想，越过印度洋，在东太平洋迢遥的岛国赢得一席之地。冥想时诵念的经文，在这位藩王虔诚的话音中流露出来。

　　他感到万分惊喜，并非因为这串地名仍牢牢记在当地人心中，而是因为想到古代这些地名在巴厘岛上传播，意义极为深远！来到巴厘岛，可以深切地感受到，古代印度是多么激动地领悟了自己的团结，并找到了多么简单的办法去巩固、去扩展自己的认知，但远方的这个岛屿已被印度渐渐遗忘了。

　　泰戈尔看到，藩王饶有兴致地提到喜马拉雅山、文底耶山、恒河、朱木拿河时，神情极为自豪！尽管这些名山大川不是巴厘人的。藩王不懂欧洲语言，不是现代学校的毕业生，也许不太清楚印度位于地球哪一部分、是什么模样，他和其他巴厘人也未同印度直接打过交道，但几千年前这些印在脑海里的地名的音调，至今在巴厘人的心中回荡。

　　藩王带领泰戈尔步入王宫，只见院落里的祭坛上摆着供养；四位婆罗门——分别是佛陀、梵天、湿婆、毗湿奴的信徒，头戴高帽，帽顶镶嵌几颗玻璃珠，四人并肩而坐，各念各的赞词。一位老妪和一位少女，端着盛放祭品的盘子，肃立两侧。他们的服饰色彩缤纷，庄重典雅。泰戈尔后来听说，诵经祈福仪式是特地为他安排的。藩王告诉泰戈尔，举行这项活动，是企望由于他的光临，黎民百姓福星高照、五谷丰登。

泰戈尔认为，巴厘岛虽然与印度远隔千山万水，但印度的这么多精华，至今在巴厘岛上完好无缺，原因是，它是一个小岛。 岛上任何艺术品都不容易泯灭。 财物可能腐烂，一层一层埋起来，但艺术世代流传。 所以，有望在这儿获得古代印度的大量纯正精品。 也许，巴厘古典舞和舞剧就属于那类精品。

藩王为了让泰戈尔在巴厘期间心情愉快，为他举行专场舞蹈表演，邀请他欣赏巴厘岛的纯舞蹈表演，观看戴面具的戏剧表演。 泰戈尔从中汲取了不少艺术养分。

在藩王的陪同下，泰戈尔来到吉亚冈访问。 晚上，泰戈尔在王宫观看戴面具的戏剧表演。 戴面具的表演在阿萨姆邦、奥里萨邦和孟加拉邦也相当流行。

之后，泰戈尔一行离开吉亚冈，到达南巴厘的最大城市万隆。 9月5日，在巴厘岛的最后一天，泰戈尔住在蒙杜克山上的一幢别墅里。 别墅四周，一座座村落掩映在椰子树、棕榈树、杧果树、罗望子树、萨吉那树的浓郁绿荫里，山坡覆盖着原始森林，下面是一片片稻田；透过山冈的空隙，依稀可见碧海。 远处景物上总是烟雾缭绕，天宇蒙着迷蒙的面纱，犹如巴厘古老的历史。

9月9日，泰戈尔一行抵达爪哇的泗水，住在一个藩王的王宫里。

泗水是生产和出口白糖的名城。 泰戈尔在写给儿媳的信中说："印度在历史上一度承担向世界各地输出白糖的责任，可如今波伍市场毗姆昌拉·那格食品店做甜食，要从爪哇岛进口白糖。 ……前不久有人大张旗鼓地宣传，我们应当使用国货，但是，爱国热情要体现于扩大民族产品的生产能力，这是最重要的。 在这方面，农业科学知识必不可少。 接受来自外国的科学知识，不但不会伤害我们的种姓，还能保护我们的生存。"

在泗水，泰戈尔参加了欢迎会。 这天，诗人福星高照，获得市民一百五十荷兰盾（相当于一千卢比）的捐款。 之后在当地艺术宫作关于艺术的演讲，还应邀参观内宫等其他建筑。 他观赏的仙鹤舞、滑稽舞、皮影戏等各有特色，委实使他惊叹不已。

尤其令泰戈尔难忘的是，藩王的哥哥为泰戈尔表演独舞。 他扮演怖军之子瓶首①。 幽默的孟加拉人一向把瓶首当作一个笑料，但在爪哇人心目中，他是受尊敬的人物。 因此，《摩诃婆罗多》的故事，到了爪哇人手中，篇幅不知不觉扩大了。 他们让瓶首与维罗佳媲结为夫妻。 他们的婚俗接近欧洲。 堂兄妹、表兄妹结婚不受限制。 藩王的哥哥跳的舞，表现维罗佳媲归天后，孤独的瓶首怀念爱妻时的焦灼心情。 他常常晕倒在地，想象中看见天上爱妻的身影，激动不已。 最后，他再也忍受不了寂寞，飞上天空寻找爱妻。 饶有趣味的是，他们不像欧洲的艺术家画天使那样，给瓶首的后背插上翅膀。 演员仅挥舞一块轻纱，以舞蹈动作表现翱翔蓝天。

多次观看演出后，泰戈尔发觉，《罗摩衍那》和《摩诃婆罗多》的故事，广泛深入地渗入了爪哇人的心灵和生活。 爪哇岛的男女艺人，以自己形体的舞蹈形象，反映史诗人物的故事，随着音乐，那些故事在他们的血液中奔流。

此外，爪哇岛形式纷繁的戏剧大部分也取材于两大史诗。 从地理角度而言，多少个世纪它们完全脱离印度，然而，《罗摩衍那》和《摩诃婆罗多》使它们一直与印度息息相关。

接下来，泰戈尔一行来到日惹市，下榻于藩王巴格亚拉姆的王宫。 泰戈尔应邀为舒尔卡塔的一座新桥和一条新路剪彩。 令他终生难忘的是，这条路是以他的名字命名的。 前往日惹的途中，泰戈尔在培拉姆邦参观了一座古庙遗址。它和婆罗浮屠一样，是体现印度教文明的名胜之一。

---

① 怖军、瓶首都是史诗《摩诃婆罗多》中的人物。

受圣蒂尼克坦书院的影响，几年前，爪哇绅士苏贾林罗特创建了一所学校。泰戈尔专程去参观，苏贾林罗特用英语致欢迎词，学生们演唱用爪哇语谱写的歌曲。泰戈尔作简短答词。师生们告诉他，他们为能见到诗人而感到万分荣幸。

爪哇的不少知识分子通过荷兰语译本对泰戈尔的作品已有所了解。爪哇著名作家内托·索罗托把皮尔逊①的著作《圣蒂尼克坦》译成爪哇语，取名《露天学校》，几年前已出版。此外，他还撰写了有关泰戈尔的专著。

泰戈尔一行离开日惹，前去游览位于中爪哇"格都"山谷的大乘佛教遗址婆罗浮屠。陪同参观的两位荷兰学者，极其耐心地向他介绍了这些寺庙的历史、建筑结构和雕塑艺术的特色。

婆罗浮屠有几层高，从远处看，穹顶略小，仿佛是个容器、是只篮子，又好像山头上压着的一个石盖儿。泰戈尔不管年老体衰，气喘吁吁地登顶。下来后对旅伴说，他觉得整体结构并不完满，不过，数百尊佛雕和反映《本生经》中佛陀轮回转世的许多浮雕令他惊叹不已。因为，在生灵的世界，善恶的矛盾永存。佛陀世世代代投生为庶民，力图化解矛盾，他的崇高理想在这些浮雕上得到了生动体现。

观赏了这体现古代印度文明的宏大建筑，泰戈尔把心中的感受书写在《婆罗浮屠》中：

> 那个年代的作品已丢失意蕴，
>
> 忘却的迷雾降临。
>
> 一群群游客的兴致

---

① 威廉·温斯坦利·皮尔逊(1881—1924)，英国牧师、教育家和泰戈尔作品的英语译者。

没有丝毫朝觐的敬意——

悟性枯萎的目光

吞噬惆怅的景象。

山岩的沉默中

永存的誓词——

穿过数百个世纪的风风雨雨，

天空响彻

无穷的爱的宣言——

"我们皈依佛陀。"

9月30日，带着对巴厘岛的美好回忆，泰戈尔乘"玛亚尔号"客轮离开爪哇，经新加坡前往暹罗（今泰国）。次日，即10月1日，他在船上写了《巴厘岛》：

在海水中沐浴完毕，一头湿发蓬乱，

你坐在怪石嶙峋的海边，

我头戴着鳌鱼状的王冠，

右手拿着弓箭，

立在你面前，身着盛装，

我说："我来自异国他乡。"

印度教文明在爪哇延续到15世纪。此后，爪哇人信奉伊斯兰教。泰戈尔在《巴厘岛》中回顾这段历史：

我头顶厄运又站在门口，

没戴首饰，身着破旧衣服。

我推开舞王的庙门，看见

昔日那篮里的鲜花依然鲜艳。

这次我头上没有鳌鱼状王冠

手里也没有弓箭；

这次南风中我没有手提花篮

走进海滨你的花苑。

我只带来一把情琴，

仔细端详，你能否认出我。

这首诗后来改名为《大海的女儿》，收入诗集《莫胡亚集》。

泰国之行

泰戈尔一行 10 月 8 日抵达暹罗首都曼谷后，他先后会见了暹罗教育部长、王家寺庙的长老、国防部长等人，与教育部长达尼就教育深入交换意见。 他还观赏了暹罗的珍贵藏品。

此后，泰戈尔亲切会见王子姜达奔。 姜达奔主持出版过用泰语抄写的多册巴利文《三藏经》。 当天，泰戈尔写的《暹罗》中，热情赞扬佛陀：

当三界雄浑的经文

像隆隆雷声响彻长空，

传遍西方、东方，

传遍沙漠、海岸、山冈，

从各地敞开的心灵涌出欢乐的觉醒——

啊，暹罗，

那不朽的经文

谁知何时由远方的和风

在不可想象不可目睹的忘我的吉祥时刻

送进你的耳朵。

那经文在你生命中赢得生命，

通过繁茂的枝条惠赠绿荫。

然后，泰戈尔参观了波兹拉尤达大学，在朱拉隆卡朗大学、当地博物馆发表了演讲，将写在白绸布上的诗《暹罗》赠送给了接见他的国王。

10月15日，圆满结束东南亚之行，泰戈尔离开曼谷返回印度。

码上解读
◆ 才华横溢的大师
◆ 赤子之心的诗人
◆ 无问西东的旗手
◆ 东方精神的智者

为向美国读者传播自己的思想、介绍自己的作品，为教育发展筹措经费，1912 年至 1930 年，泰戈尔先后四次访美。

首次访美

1912 年 10 月 28 日，泰戈尔在儿子罗梯、儿媳波罗蒂玛的陪同下抵达美国纽约。

泰戈尔一家人先在纽约待了几天，然后动身前往伊利诺伊州的厄巴纳。 厄巴纳是一座小镇。 一家人住在厄巴纳，生活安宁。

在厄巴纳期间，泰戈尔在一神论俱乐部①共作了四次演讲，讲解了印度的《奥义书》。 此前，索迪希·昌德拉·罗易教授翻译了他的文章《感悟世界》，泰戈尔把该译文稍作修改和充实，也在一神论俱乐部宣读。 他另外两次演讲的题目是《梵行》和《有为瑜伽》。

1913 年 1 月底，泰戈尔离开厄巴纳，前往芝加哥，成为哈里特·蒙罗夫人家的客人。 此前，由哈里特·蒙罗主编的第一期《诗歌》杂志上刊登了《吉檀迦利》的六首诗。《芝加哥论坛

---

① 一神论认为只存在一个神，基督教把"上帝"视为世界的唯一创造者。该俱乐部每个星期日组织活动，参加者就不同教派和宗教领袖的作用发表演讲、展开讨论。

报》的诗歌专版上就这六首诗发表的评论中说："这是美国读者首次读到泰戈尔的诗歌。"

泰戈尔先后在芝加哥大学演讲了《印度古代文明的理想》，在一神论大厅和林肯中心演讲了《罪恶问题》。

泰戈尔在芝加哥逗留的时间不长。1月29日，他抵达纽约州都会区的罗切斯特市，应邀出席自由宗教人士的会议。世界各地的许多代表出席这次会议，他们中有德国哲学家鲁道夫·克里斯托弗·欧肯。在宴会厅，欧肯主动上前作自我介绍，二人一见如故，泰戈尔欣喜地紧握他的手："您德高望重，是哲学界的泰斗，今日能与您见面，感到非常荣幸。"

欧肯以西方人的特有方式亲切地拍了拍泰戈尔的手臂："印度哲学博大精深，古代吠陀经典充满深邃哲理，启人心智，不啻是印度的，也是世界的宝贵精神财富。"

"您说得完全正确。"泰戈尔不禁想起了父亲，"我自小跟家父学习《奥义书》，典籍中先人的精辟论述，给了我认知大千世界的方法，得以从容面对凡世的风云变幻。"

"从某种意义上说，哲学是人生之路的明灯。"由于欧肯与国际大学的奥吉德·古玛尔多年有书信交往，读过诗集《吉檀迦利》中的部分诗歌，他出言不凡，"您对大千世界的见解，似乎也融入了您的诗歌。"他认为《吉檀迦利》的诗歌，语言简练流畅，韵味淳厚，内蕴哲理，极耐品哂，还预言道："《吉檀迦利》必将风靡世界。"

欧肯的预言不久便变为现实。

1月30日，泰戈尔发表了题目为《种族冲突》的演讲。他表示："在人类历史上，一直存在种族冲突问题。在世界几大文明的底层，这种冲突屡见不鲜。当无法绕开民族差异、必须正视民族差异时，人们就得想办法找到一条纽带，将全部特殊性维系起来。这是探寻真理，是在繁多中寻觅统一，是在个体中寻觅整体。"

然后，泰戈尔从罗切斯特市经纽约于 2 月 13 日抵达波士顿，住在费尔顿大楼，距哈佛大学不远。 应哈佛大学的邀请，泰戈尔在爱默生大厅为研究印度哲学的伍德教授和哲学系师生宣读了文章《邪恶问题》。 之后还作了题为《个人与宇宙的关系》《感悟梵天》的演讲，并读了几首诗。

泰戈尔在美国期间，一直惦念着《吉檀迦利》何时在英国出版，会引起怎样的反应，所以在美国只待了六个月便匆匆返回英国。

第二次访美

结束访问日本，1916 年 9 月 7 日，泰戈尔在皮尔逊和莫古尔·特的陪同下前往美国访问。 途中收到加拿大一个组织打来的电报，邀请他访问加拿大，但泰戈尔婉言拒绝了。 原因是泰戈尔访美前，印度人进入加拿大受到重重阻挠。

泰戈尔一行乘客轮到达西雅图后，很快办理了入住新华盛顿旅馆的手续。接着立刻跟经营演讲业务公司的庞德商谈了演讲事宜。

泰戈尔开门见山："庞德先生，想必您已知道，我在圣蒂尼克坦办了一所学校，全部经费得自己筹措。 学校师生员工一年年增加，费用有增无减，眼下已维持不下去了。"

性格豪爽的庞德哈哈大笑，打趣说："所以，秉承印度古老传统，誉满全球的诺贝尔文学奖得主到美国'化缘'来了。"

关于演讲的具体安排，宣传上，庞德在美国许多报纸上刊登了泰戈尔来美演讲的消息；报酬上，庞德按演讲费的最高一级支付：每次演讲费是五百美元，时间是从当年 9 月到第二年 4 月，最后按场数结算。

一场五百美元，相当于一千五百卢比，够学校一星期的费用。 泰戈尔在心里算了算，对庞德表示万分感谢。 按照与庞德签署的合同，泰戈尔在美国各地作四十场演讲。

泰戈尔的首场演讲很快到来。 9 月 25 日，当地人闻讯纷纷赶至"落日俱乐部"会议厅，门票很快售完了。 泰戈尔只好一天演讲两次，演讲的题目是《国家主义崇拜》。 泰戈尔撰写《国家主义崇拜》的原因之一，是三个月访日期间，看到极端民族主义的丑态，感触良多，便就此写了几篇演讲稿，《国家主义崇拜》是其中之一。 泰戈尔踏上美国土地的那天就公开说："国家主义是恶魔，你们美国不要把人给送去当祭品。"当时，没有第二个人敢说这种"冒天下之大不韪的话"。

泰戈尔反对国家主义的演讲遭到了来自日本、美国和欧洲一些国家和地区的猛烈攻击。《国家主义崇拜》1917 年出版，很晚才译成法语。 听说，在壕沟里用打字机打的《国家主义崇拜》在士兵中间传阅。 一个名叫马克斯·普洛曼的英国青年 1914 年参战，1917 年读了《国家主义崇拜》，他的人生发生了根本转变。 他拒绝再打仗，受到军事部门的处罚。 他写了阅读《国家主义崇拜》的体会："我读懂的这些话，如用在我身上，我该怎么办？ 我不知道，但不该做的，我一清二楚，在那一刻，我不会再参加某些人策划的战争。"

泰戈尔在信中对亲人介绍了演讲的情况："我和我的经纪人商谈了巡回演讲。 他说，此前安排不少人演讲，但未看到听众如此踊跃。 一看没有座位，有些人沮丧地离去。 我觉得，是上苍在适当时候把我引领到了这儿。 看来，我的理想会在学生中间起到潜移默化的作用。 看到他们求知若渴的样子，我甚感欣慰。"

记者问泰戈尔对美国有什么印象，到美国仅一个星期的诗人没有贸然回答，不过，他说："这几天走马观花地参观游览了几个地方，初步印象是，你们正忙于探索，期望依靠机器找到真理之路。 使用机器可以造出许多精美物品，可当面对复杂的现实生活问题时，机器就无能为力了。 总有一天，美国人渴望找到终极理想。"

    接下来泰戈尔抵达华盛顿州南边的俄勒冈州最大城市波特兰，之后，开始了真正繁忙的访问——俄勒冈州、加利福尼亚州的最大城市和太平洋沿岸最大港口旧金山等。 他一下火车就入住旅馆，离开旅馆就直奔演讲地点，讲完马上又乘火车，一次又一次循环。 忙碌的演讲期间，他突然听到"泰戈尔可能被刺杀"的传言。

    10 月 5 日，谣言四起，"卡达尔"分子①密谋刺杀泰戈尔。 听到谣传，当地警察和情报部门十分紧张，在泰戈尔下榻的旅馆和哥伦比亚剧场采取了严格的保安措施，不准数百名印度人进入剧场。 情报部门的有关人员护送泰戈尔从剧场返回旅馆，从后门返回到他的房间。

    当时主要是欧洲大陆上大战爆发，有人煽动旁遮普士兵哗变，争取国外援助。 加利福尼亚州的一些印度人曾参与了策划哗变。 他们大部分人头脑简单，不分青红皂白，认定泰戈尔反对国家主义的演讲损害印度利益；指责泰戈尔1915 年接受英国授予的爵士称号，出卖了自己。 一个名叫罗摩·昌德拉的作者，在《印度斯坦卡达尔》报上发表的文章中，截取《国家主义崇拜》个别段落，歪曲原意，言辞激烈地抨击泰戈尔。

    具体的起因是一件小事。 来自斯托克顿市的一个名叫毗希姆辛格·曼都的人邀请泰戈尔去斯托克顿市演讲，在旅馆附近，被罗摩·昌德拉派的两个人拦住。 他们不想让泰戈尔去斯托克顿市。 双方发生口角，打了起来，由此冒出了刺杀泰戈尔的谣言。

    罗摩·昌德拉是"卡达尔"派的头领之一。 1915 年，他是在美国人和德国人的帮助下把武器运进印度的主要策划者。 谣言消散之后，罗摩·昌德拉写

---

① 加利福尼亚州许多从事革命活动的旁遮普人和锡克人，被称为"卡达尔"分子。

道："我的组织并无刺杀计划。 因为，首先，泰戈尔是个老人，他搞的是诗歌创作，不是政治。 所以，我们并不特别看重他。 如果伤害他，我们在美国就完蛋了，这一点，我们很清楚。 双方在路上大打出手的原因，是我们不许那个人去拜见泰戈尔。 我们反对泰戈尔的唯一原因，是英国的荣誉收买了他。 他成了英国的爵士，在世界上宣扬英国统治为印度带来许多好处。 事实上，他在赢得国际声誉之前，撰写了反对外国统治的许多著作。"

这件事发生的第二天，泰戈尔前往面临太平洋的圣塔巴巴拉市，在郊区一个著名团体的俱乐部再次就国家主义发表演讲。 他对采访的记者达格拉斯·托尼说："旧金山报纸上有关要刺杀我的消息，我没有全读。"对于已取消与庞德签的合同的消息，他对此予以否定，说他的旅程没有任何变化。 关于刺杀这件事，他对记者说："我充分尊重我国同胞的理智。 我将在没有警察保护的情况下，履行合同中我的全部义务。 我在这儿明确告诉您，我不相信谁策划了刺杀我的阴谋。"

接受采访，泰戈尔没有说一句贬损海外同胞的话。

泰戈尔离开美国西部加州的圣地亚哥，先后到达盐湖城、芝加哥、纽约、匹兹堡等地并演讲，演讲的内容仍包含了国家主义。

由于获耶鲁大学的邀请，泰戈尔去那儿出席了欢迎会。 面对大批听众，他朗诵了几首儿童诗。 耶鲁大学校长哈德利·亚瑟在欢迎词中说："我们欢迎您，视您为追求光明和真理的人之一。"他把耶鲁大学成立半世纪纪念章赠送给泰戈尔，并说，耶鲁大学成立之初，第一批馈赠来自印度。 当晚，耶鲁大学学部委员们在伊丽莎白时代俱乐部举行的宴会上对诗人表示热烈欢迎。 梵语教授赫伯金斯用梵语致欢迎词。

泰戈尔在克利夫兰作短暂停留，在莎士比亚公园种了一棵纪念树，并发表讲话。 回到芝加哥停留了几天，其中一天，为热爱他的著作的听众朗诵了他的诗作。 泰戈尔经丹佛至科罗拉多州观赏了世界闻名的自然景色，回程中未去西雅图，径直去了旧金山。

1917 年 1 月 21 日，与皮尔逊、莫古尔·特乘船经日本回国。

第三次访美

1920 年 10 月 28 日，泰戈尔乘"鹿特丹号"荷兰客轮，深夜停靠纽约港，开始第三次美国之旅。

泰戈尔访美的消息不胫而走，采访的记者蜂拥而至。 美国人对甘地在印度发动的反英不合作运动饶有兴致，但在政治领域，非暴力不合作政策，对西方来说是颇为费解的。 泰戈尔在回答记者相关问题时为甘地辩护："不合作运动是理性的。 我相信信念的力量。 我们对兽行没有一丝敬意。 不尊重理想的人，彼此总使用暴力。 不合作政策就是建立在这种信念之上的。 它从不相信暴力。如果我们国家接受这种非暴力原则开展斗争，那么，我为我们国家感到自豪。这次运动的倡导者是甘地。 我相信，在他的领导下，会取得积极成果，但极为正常的是，统治者一定会以暴力对付这中规中矩的非暴力活动。 只要我们坚持自己的立场，就能取得胜利。 禽兽般的势力必败无疑。"

此外，泰戈尔还对记者介绍了筹建中的国际大学，分发一份国际大学简介，呼吁美国民众给予国际大学资金支持。

绝大部分美国人对国际大学是非常冷淡的。 他们看重功利，把助人为乐的口号当耳边风。 泰戈尔想会见安德鲁·卡耐基夫人，但她不愿意见他，托人告诉泰戈尔，她不可能资助印度的任何教育机构。 听到这冷酷的话，泰戈尔心里极为沮丧，发誓不再低三下四地去募捐。 他在写给安德鲁斯的信中，流露出为学校募捐的厌烦："这次访美使我对金钱产生极度蔑视。"几天后他又写道："我在印度想象钱能给我带来些许快乐，可来到这儿，我明白了金钱的危险隐藏在哪儿。"

泰戈尔访美一个多月，筹款毫无进展。他寄希望于庞德。11 月份，在皮尔逊和庞德的不懈努力下，也为泰戈尔安排了几场演讲，但庞德对他说，在美国他已不像以前那样受人尊重，他实在爱莫能助。

其实，泰戈尔放弃爵位引起的英国人的恼怒，是美国人对他冷漠的主因。这种局面，庞德是无力扭转的。泰戈尔在纽约无事可做，没人请他作演讲。他心里觉得四周是"杳无人烟的沙漠"，人人沉浸在"分离"的毁灭的洪水中。

1921 年 1 月 4 日，泰戈尔去看望海伦·凯勒。海伦·凯勒是美国著名女作家、教育家、慈善家、社会活动家。她在出生的第十九个月时因患病而失去视力和听力。八十七年在无光无声的世界里，她完成了十四本著作。她致力于为残疾人造福，建立了许多慈善机构。1964 年荣获"总统自由勋章"，次年入选美国《时代》周刊评选的"20 世纪美国十大偶像"之一。

得知泰戈尔站在她身边，海伦·凯勒万分惊喜，她赞叹道："《吉檀迦利》的诗歌太美了。读了其中赞美爱情、人生和自然的诗句，平添了我对生活的勇气。所以，您荣获诺贝尔文学奖真是当之无愧啊！"而泰戈尔听到海伦·凯勒对自己诗歌的肯定，也深感欣慰，心里说："这是我诗歌创作的最好回报。"

"我想请您为我朗诵一首您的诗作。"海伦·凯勒恳求道。

"好的。"泰戈尔想了想，以充满感情的声调朗诵起来：

是的，我知道，这仅仅是你的爱，哦，我心所爱的——这在绿叶上蹁舞的金光，这在天际飘游的闲云，这把凉爽泼向我额头的吹拂的清风。

晨光汩汩流进我的眼眸——这是你传给我心的信息。你低下头，垂眼注视着我的眼睛，我的心触到了你的圣足。（第 59 首）

"这首诗说出了我的心中的感受。"领悟力极强的海伦说道，"我自小失明，亲人、朋友、邻居无微不至地照顾我。 当阳光照耀我、清风吹拂我时，我能感受到他们的爱，这爱就是上帝的爱！"

接着，海伦又希望泰戈尔为其唱首歌，泰戈尔沉吟片刻，也唱了起来。 海伦·凯勒其实听不见泰戈尔唱的歌。 她是通过触摸泰戈尔的喉咙和嘴唇，"听到了"他的诗和歌曲。

海伦·凯勒将自己 1908 年出版的著作《我生活的世界》送给了泰戈尔，他爱惜地轻轻地抚摸着封面："这是我收到的第一本盲人的书，也是世界上最有价值的一本书。"

接着，他在扉页上写了《园丁集》中的一行诗：

I forget, I ever forget, that the gates are shut everywhere in the housewhere I dwell alone.

（我忘记，我总是忘记，我独自居住的寓所的一扇扇门全关闭着。）

在场的美国人普林比哈里·森后来回忆说："想起来真的十分感动，通过这行诗的几个隐喻，两人交流了思想。"

有一天，一位教授问泰戈尔，英国政府对圣蒂尼克坦是否有敌意，听他这么问，泰戈尔恍然大悟，这些日子，他在美国募捐为何屡屡受挫。 他放弃爵位的决定显然也伤及了这个所谓民主国家的领导人。 所以，在美国东奔西走是白费力气。

离开纽约前，美国诗歌协会举行欢送会。 泰戈尔简述了他的文学主张后，对美国人的言行表示极大愤慨。 上次访美，有人造谣，说他与"卡达尔"分子来往。 当时，他就对此表示抗议。 如今，有人竟说他来美国打着创建国际大学的幌子，妄图达到不可告人的政治目的。 这使他极为愤怒和悲伤。 他在欢送会上倾诉了心中的悲愤。 儿子罗梯在日记中写道："我担心的事情终于发生了。我想，这是他第一次失态。 我难过得流下眼泪。 它刺痛了我的心，对我来说，这是一场悲剧。"

泰戈尔在芝加哥获悉，庞德为他在得克萨斯安排了两星期的演讲。 于是，他从一个城市赶往另一个城市。 整整十五天，经常是晚上在火车上度过，白天在轿车、旅馆和讲坛上度过。 他在信中写道："无情的命运把我从一家酒店拽到另一家酒店，两个酒店之间，我通常睡在噩运的化身——一辆普尔曼轿车里。"

1921 年 3 月 29 日，泰戈尔离开纽约前往欧洲。 泰戈尔这次访美前后长达四个月二十一天，大部分时间在纽约度过。 不得不说的是，宣传国际大学的宗旨和为学校募捐的努力，均以失败告终。

访美之前，泰戈尔期望在美国募捐到五百万美元。 唉，痴心妄想啊！ 这时，圣蒂尼克坦学校经费严重短缺。 安德鲁斯多方筹款，勉强维持学校正常运转。 他在信中告诉泰戈尔，他不做在银行存五百万美元的美梦，当下，能募捐到五千卢比，他就如释重负。

第四次访美

结束在俄国的访问，1930 年 10 月 3 日，泰戈尔在秘书阿里亚姆和哈利·汀姆巴斯博士的陪同下登上"波雷蒙号"客轮，10 月 9 日抵达纽约。

泰戈尔从资金短缺的俄国来到极为富有的美国，心里虽然厌恶资本主义和金钱的肮脏，但也不能从心里抹去为国际大学募捐的想法，然而，全世界出现了经济大萧条，获得捐款不是件易事。

　　11 月 3 日，泰戈尔在纽约举办了画展。　泰戈尔相信，他的许多画作在纽约可顺利出售，在波士顿则难以取得预期成果，因为，波士顿不像是美洲大陆的，而是英国的跟屁虫，对印度没有一丝同情心。

　　泰戈尔在美国会见了几位名人，特别值得一提的，首先是阿南德·古玛尔沙米和威尔·杜兰特。　阿南德·古玛尔沙米为在波士顿和纽约举办的泰戈尔画展撰写说明书。　威尔·杜兰特是一位睿智的作家。　他曾到印度学习印度哲学，考察了印度政治、经济形势，撰写了《印度的实情》。　他在送给泰戈尔的这本书上写道："你是印度应获得自由的唯一理由。"遗憾的是，印度政府禁止这本书在印度发行。　然后是美国女舞蹈家露斯·圣·丹尼斯，她在专场文艺晚会上表演根据泰戈尔几首诗的内容创作的舞蹈。　泰戈尔把全部门票收入捐给纽约失业者基金会。

　　泰戈尔下榻于纽约酒店，一天又一天，除了会见等社会活动，做不成一件正经事儿。　参加完大型招待会后，泰戈尔在信中说："将有五百人会聚一堂，对我表示欢迎。　没人知道，这对我来说是多么难受的一件事儿。　名声的华丽中，加进许多作料，只是为增加分量，可那种负担，太难承受了。　……唉，我为何置身其中？　我作了什么孽？　这是为国际大学？　赶紧忏悔，拱手告辞，逃出绝境吧！　每走一步，我都觉得在把真实变成虚假，虚假的负荷太可怕了！"

　　12 月 7 日，他应美国巴哈伊教派①的邀请，参加了一个演讲会，也因此与海伦·凯勒重逢。　泰戈尔从美国回印度的前一天，海伦·凯勒向泰戈尔赠送礼物和一束花。　她在信中对泰戈尔致力于弘扬世界人道主义理想表示诚挚敬意。她在信中说：

————————————

　　①　巴哈伊教由巴哈欧拉创立于 19 世纪中叶的波斯，其最高宗旨是创建一种新的世界文明。基本教义可概括为"上帝唯一""宗教同源"和"人类一体"。

啊,亲爱的大师! 脱离残酷的事情和巨大的悲伤,将创造一个爱的帝国,这太好了!

画中的小桥——象征正义的纽带,将联结东方与西方、南方与北方。带着友谊和和平的佳音,一次次走过那儿的人的双足,是美的。

与海伦·凯勒的再度会见,为泰戈尔的美国之行画上一个圆满句号。

码上解读
才华横溢的大师
赤子之心的诗人
无问西东的旗手
东方精神的智者

1930 年，一跨进七十岁的门槛，泰戈尔毅然决然前往莫斯科，实现了访问苏联的夙愿。

这次陪同他出访的，是教师阿米亚、秘书阿里亚姆、哈利·汀姆巴斯博士和泰戈尔的侄孙苏曼特罗纳特。9 月 11 日，泰戈尔一行抵达莫斯科，在车站受到大批民众的欢迎。

交流有备而来

抵达莫斯科的第二天，苏联作家协会为泰戈尔举行招待会。苏联文化交流协会主席费奥多·彼得罗夫在欢迎词中对泰戈尔给予了高度评价："在人类历史上，近十多年来，泰戈尔是饶有兴致地密切关注世界重大事件的人之一。……我们这些参加十月革命和协助创建新颖人类文化的人，热烈欢迎一位目光深邃的思想家来到我们中间，来研究我们的文化，研究我们为重建人类社会所做的努力，研究我们的人格。"彼得罗夫致欢迎词后，泰戈尔作简短答词。

次日，费奥多·彼得罗夫亲切会见泰戈尔。彼得罗夫是老布尔什维克，1896 年加入苏共，在列宁的直接领导下负责对外文化交流工作。1926 年，得知泰戈尔在瑞士访问，立刻通过驻日内瓦的苏联大使，向泰戈尔发出访问苏联的邀请。 泰戈尔欣然接受，但后来因身体原因未能成行。 彼得罗夫年过半百，两撇唇髭潇洒地微微翘起，两眼炯炯有神，上身穿紧身夹克衫，脚蹬黑长靴，显得干练、利索、威武。

"泰戈尔先生，您不远万里来我国访问，我谨代表苏维埃政府对您表示最热烈的欢迎。"彼得罗夫紧握泰戈尔的手，敞开铜锣般的嗓门儿说。

二人紧握双手，当泰戈尔称赞他"果然，拿枪杆子的手比拿笔杆子的手厉害"时，彼得罗夫不好意思地笑了："在世界上，您笔杆子的知名度比起我枪杆子的可就大多了啊。"还说道："世界各国无数人读您的书，连我们的革命导师列宁也读过您的书。"

泰戈尔有备而来，有条不紊地说："我在国内正进行两项试验，一是创建合作社，为亿万农民寻找脱贫之路；二是开拓新的教学之路，力图树立学校样板，培养新型人才。 阅读报纸，我得知你们在教育和农业领域取得了举世瞩目的非凡成就，我希望您能安排我与这两个部门的人员见面、座谈。 我相信可以获得有益的启示，为我的实验提供新动力。 当然，这是双边交流，我也很愿意回答你们的各种问题。"

"您放心，我马上派人与有关部门联系，尽快让您见到您想见的人。"彼得罗夫快人快语，"我们的革命导师列宁的夫人克鲁普斯卡娅读了有关您的文章，极为欣赏您的教育理念。"泰戈尔对被如此关注再次感到意外。

汲取教育发展的经验

苏联政府的办事效率果然很高，9 月 14 日，东道主陪同泰戈尔与少年儿童座谈。 走进少年宫，只见台阶两旁站着几排欢迎他的少男少女。 进入大厅，他们簇拥着他坐下。 这些孩子全是孤儿，靠很少的助学金生活。

　　泰戈尔慈爱地打量他们娇嫩的面孔，未看到被虐待和处罚的痕迹。 他们不紧张，也不拘束，兴高采烈。 从他们的神情看得出，他们对未来充满信心。 孩子的代表致欢迎词之后，泰戈尔作了简短答词，接着问道："你们如何看待资产阶级？"一个男孩儿回答说："资产阶级为自己牟取暴利。 我们主张全体人民共享国家的财富。 我们在学校里执行政府制定的人人平等的政策。"泰戈尔问他们有什么志向，一个女孩儿滔滔不绝地回答说："金钱、名利是外国人做事的动力，我们不追名逐利，我们追求的是人民的利益。"又问他们有关日常义务的问题，另一个女孩儿说："我们应该随时知道祖国所有领域取得的巨大成就，把喜讯告诉周围的人，这是我们应尽的义务。 只有胸怀祖国，处处为他人着想，我们所做的一切才有意义。"

　　得知这些孩子经常下乡教农民读书识字，为他们表演文艺节目，泰戈尔问道："今天谁为我表演呀？"

　　他们齐声说："宣传队！"

　　交谈结束，宣传队为泰戈尔作了表演，内容是实现五年计划及其坚强决心。 五年计划是在五年之内在全国实现机械化、电气化。 五年计划的宏伟目标不是让富人更富，而是使人民强大起来。 宣传队类似剧团，队员们举着彩旗，载歌载舞，表现靠自己的力量在实现机械化的过程中取得的惊人成就。 孩子们告诉泰戈尔，这种宣传是非常有必要的。 应该对缺少生活必需品、艰难度日的人们讲清楚，苦难必将消失，幸福必将来临。 当他们喜悦而自豪地想象着美好的前景时，就不会发一句牢骚。

　　泰戈尔一面听一面心里想，回到国内，他也要在圣蒂尼克坦和斯里尼克坦组织一支宣传队。

　　孩子们告诉泰戈尔他们每天的作息制度和各种课程。 他们早晨 7 点起床，做操十五分钟，洗漱，用早餐。 8 点钟上课，下午 1 点用午餐，休息片刻，继续上课至 3 点。 课程有：历史、地理、算术、初级自然、初级化学、初级生物、物理、国家学、社会学和文学。 此外，要学习实用技术，如制作手工艺品，做木工活儿，装订书籍，装配、修理新式农机。 3 点以后，少先队员根据日程安排，去参观工厂、医院或集体农庄。

他们每年组织郊游。 平时经常举行文艺会演，或去看戏、看电影。 傍晚阅读小说，谈心，举行辩论会、文学讨论会和最新科学成果报告会。 假日里，少先队员浆洗自己的一部分衣服，打扫卧室和宿舍楼，清除楼房周围的杂草。 可以读课外读物，或外出游玩。 他们七八岁入学，十六岁离校。 每年不像印度放那么长、那么多的假，每个学期学习很紧张。 几年之内可以学到丰富的知识。

泰戈尔回到旅馆，在信中做了这样的总结："在苏联的日日夜夜，我依然牵挂着印度的教育，常想以我个人的微薄之力汲取借鉴苏联的成功经验。 可是，唉，人生苦短——我恐怕实现不了我的计划。 以往的三十余年，我孤单地撑篙，搏击风浪，看样子还得再撑两三年。 我知道，航程不会太长，然而我无怨无悔。"

从农业发展获得启示

两天后，泰戈尔参观莫斯科农业馆。 农业馆遍布苏联各地，传授农业知识，宣传社会主义理论，开展扫盲运动。 此外，开设专业课程，向农民讲解如何科学种田，提供必要的咨询服务。 可以说，农业馆是进行自然、社会科学教育的博物馆。 农民进城办事，可以在农业馆住三星期，费用很低。

泰戈尔步入农业馆，看见有人在食堂用餐，有人在阅览室看报。 上楼走进一间宽敞的屋子，里面已经坐满了人，他们来自不同的省份，有的甚至来自遥远的边疆。 他们的神态举止很自然，毫不拘谨。 馆长首先对泰戈尔表示热烈欢迎，然后介绍双方人员。 泰戈尔简单讲了几句，与会的人员就开始提问题。

"印度的印度教徒和穆斯林为什么发生冲突？"一个了解印度现状的小伙子首先提问。

"我年幼时未见过那种野蛮的行为。"泰戈尔答道，"城里也好，乡下也好，两个教派之间不缺少友情。 他们参加彼此的庆典，分享生活的甘苦。 国家分治运动兴起以后，我才痛心地看到那种丑恶的事件。 不管别国发生这类不人道的对抗的根由是什么，它在印度出现的根本原因是民众的觉悟不高。 我国教育还不普及，无力抵御错误思潮的泛滥。 我看到你们国家的教育迅速发展，既惊讶又羡慕。"

提问继续进行。

"您是大作家，有些作品以农民为题材，印度农民会有怎样的前途？"一个读过泰戈尔小说的中年人问道。

"我不仅描写农民，也为他们做事。"泰戈尔回答道，"我在力所能及的范围内开展农民教育，帮助他们发展农村的项目。 当然，你们在令人吃惊的极短时间内提高了教育水平。 相比之下，我所做的一切是微不足道的。"

"您对我国努力实现农业集体化持何看法？"一个来自农村的姑娘站起身问。

泰戈尔伸手示意她坐下："短短几天的访问不允许我乱发议论。 我想听听你们的心里话。 我想知道，你们是否由衷地支持政府的农业政策。"

起初，没人回答他这个问题。 过了一会儿，一个乡村教师模样的人问泰戈尔："印度人全知道苏联的集体农庄和其他领域的社会主义建设吗？"

泰戈尔回答很坦率："只有极少数有文化知识的人了解苏联。 由于种种原因，你们的实际情况被遮盖起来了，大众获得的信息并不全部可信。"

"您以前是否知道我国政府为农民盖房？"一个上了年纪的农民问。

"来到莫斯科，我才听到、看到为你们办的福利事业。"泰戈尔很想知道他们对集体化的真实态度，"好了，现在请回答我的问题，你们如何评价集体化的成果？ 你们认为应该怎样组织农业生产？"

"我所在的集体农庄已成立两年了。"乌克兰共和国的一位青年农民回答说，"我们农庄的菜园、果园定期向加工厂供应蔬菜、水果，生产罐头。 农庄的大片农田种植小麦。 我们实行八小时工作制，星期五休息。 比起单干的邻居，我们水果的产量增加了两倍。

"开初，合并了农庄一百五十户农民的土地。 1929 年，一半农民收回土地。 主要原因是有些干部没有正确执行苏联共产党的指示。 集体化的基本原则是自愿加入，但官僚主义者违背这一原则，致使不少庄员退出农庄，后来四分之一的农民又重新加入农庄。 我们的经济实力比以前增强了。 我们正为农庄庄员建造学校、食堂和新住宅。"

"我在农庄干活儿十几年了。"西伯利亚的一位农妇补充说，"请您记住，妇女地位的提高与集体农庄密不可分。 十年来，我们农庄妇女的精神面貌发生了很大变化，大家信心十足。 落后妇女妨碍集体化的进程，我们就积极地做她们的思想工作，帮助她们改变观念。 我们的妇女宣传队在许多地方宣讲农业集体化怎样提高产量，帮助人提高觉悟。 农庄建立了托儿所、幼儿园，大大方便了妇女的生活。"

一个国营农场的职工以农场为例，说明苏联集体化的优越性："我们农场的土地面积约十万公顷。 去年共有三千名职工，今年职工人数略微减少，粮食产量却增加了，这归功于科学施肥和拖拉机耕种。 农场有三百多台拖拉机。 我们每天劳动八小时，超过八小时，给加班费。 冬天农活儿少，职工进城建房修路，外出期间可拿三分之一的工资，家属仍住统配房子。"

"请你们明确告诉我，你们赞成还是反对私有财产的公有化？"泰戈尔直截了当地问。

馆长提议举手表态。 泰戈尔扫视全场，不少人表示不赞成。 泰戈尔请不赞成的人讲讲理由。 他们谈得不太深刻，有一位干脆说，"我讲不清楚"。

　　泰戈尔认为，不赞成的缘由是人性。　人对私有财产怀有感情，这不是争论的命题，而是传统的心理。　在泰戈尔看来，除了一项折中方案外，别无他途。具体地说，个人财产允许保留，但享受的自由必须加以限制。　一定界限之外的多余部分，应归属群众。　这样，对财产的情感，不至于蜕化为残忍、贪婪和欺骗。　苏维埃政府着手解决这一问题的过程中，否认这一点，强制性行动未被限制。　应说允许人的特性，不允许极端自私。　换句话说，不允许保留一部分私有财产是行不通的，但多余部分应给他人，同时承认个人和他人，问题方能妥善解决。　排斥其中任何一方，势必触发与客观人性的冲突。　西方人崇尚膂力，膂力用于适当场合固然很好，滥用则带来危险。

　　一位格鲁吉亚的姑娘请求翻译："请告诉诗人，我们格鲁吉亚共和国的人民，深深感到十月革命之后获得了真正的自由和幸福。　我们正创造一个新时代。　我们深知任重而道远，愿为此作出最大的牺牲。　另外，苏联各族人民希望通过诗人向印度人民表示真诚的同情。　我向他保证，需要的话，我可以离别亲人，离别家园，去帮助他的同胞。"

　　在莫斯科农业馆，泰戈尔清楚地看到，短短十年时间，苏联农民已把印度农民远远地抛在后面。　他们学会了读书写字，精神面貌焕然一新，成为社会真正的主人。

　　在与农业部门的官员交流后，泰戈尔得知，如今苏维埃政府的良种储备已达十八万吨。　阿塞拜疆、乌兹别克、格鲁吉亚、乌克兰等边缘地区的共和国，相继成立了农科院，从农科院的试验田走出的优良品种迅速在全国推广。

　　泰戈尔感慨万端，在信中对亲人说："苏联为提高各加盟共和国的教育、科学、文化水平而不知疲倦地采取各种有效措施，这在英属印度是不可想象的。踏上苏联的土地之前，我做梦也不曾想到会有如此巨大的发展。　我们从小在'法纪严明'的环境中长大，从未见过与之媲美的先例。"

丰富文化交流渠道

9 月 17 日，在国家新西方艺术博物馆举行泰戈尔画展，彼得罗夫为画展揭幕。 西多列夫教授介绍了泰戈尔的画作风格。 人民教育委员会的教授埃丁戈夫在开幕式上说，通过画展，泰戈尔建立了印度与苏联文化交流的新渠道。

克里斯提教授读过泰戈尔的文学作品，提前看了泰戈尔的画作，大为惊讶，觉得很有必要让他的同胞也来观赏诗人用线条和颜色创作的神奇作品。 他说："我们非常高兴地筹办了他的画展，以便让我们的知识分子和广大劳动群众欣赏他的作品。 我们越是看懂他的画，越对他画中的创作技巧感兴趣。 我们认为，这些作品是生活和艺术的伟大展现。 就像我们从国外汲取的所有高技术一样，他的画技，对我们国家是大有用处的。"

通常每天来博物馆的观众不超过一百五十人，但每天来看泰戈尔画展的人超过五百人。

访问期间，泰戈尔听了音乐会，在莫斯科艺术剧院观看了根据托尔斯泰的长篇小说改编的歌剧《复活》。 另一天，在第一国立歌剧院，泰戈尔观看了芭蕾舞剧《舞姬》。《舞姬》又称《印度寺庙的舞女》，改编自印度诗剧《沙恭达罗》。 原剧的编导是俄罗斯学派的奠基人彼季帕。《舞姬》是俄罗斯古典芭蕾的一部经典作品。

访苏之旅圆满完成

泰戈尔在给儿子儿媳的信中谈了访苏的收获和认识上的飞跃：

在苏联看到的一切，促使我深入考虑了许多事情。我亲眼清楚地看到，在大量物质财富中间，人的自尊心会受损。"波雷蒙号"船的豪华和高额花费使我心生厌烦。金钱的负担是多么庞大、多么无聊！人生旅程中的许多复杂问题，其实是很容易规避的。

如今，我由衷地厌恶富裕家庭中个人的挥霍浪费。此外，希望自己日常生活的责任，今后不再压到佃户的肩上。这是我想了多年的一件事。很久以前，我就希望我们的田产成为佃户的田产，然而，我一天天发现，田产之车开不到那条路上。之后，当债务有增无减时，我的决心也就只好打消了。这次还清了债，我希望能够实现我多年的愿望。

时过境迁，过日子再也不能依赖田产了。多年来，我心里唾弃那东西，可它却越发牢固了。这次我在苏联看到了我长期思考的几件事情的结局。我对继续经管田产感到愧疚。……印度的历史翻开了新篇章，将会有许多变革。从根本上改变人生的日子来临了，愿我们能坦然接受它。在历史的关键时刻，人人都会受苦。总想避险趋安，是徒劳的。

泰戈尔进入苏联心怀的钦佩之情，一直维持到访问结束，心里从未产生过厌烦或反感。9月25日，他在信中说："我们的工作人员假如能来这儿（莫斯科）学习几天，肯定受益匪浅。"

访问苏联，对泰戈尔触动很大。五年后，他写给教师阿米亚的长信中再次谈到苏联。他说："当时我觉得，如果改变印度国家制度的吃人嗜好，那么，我们就能活下去，否则，光假装两眼冒火，或发假慈悲，弱者永远不可能获得自由。苏联虽有各种缺点，但苏联人采取了更换文明基础的行为。在那片大地上，人类艰苦奋斗，展现了新时代的形象。在人类历史上，我在别处还未看到让人高兴和满怀信心的事例。苏联在惊天动地的革命之上开辟了新时代。这场革命是对人类的最残酷和强硬的敌人的革命。……崭新的苏联从人类文明的肋骨拔出的致命的匕首，名叫贪婪。"

泰戈尔写的关于苏联的信最初在《外乡人》上发表，成千上万的人读过这些信。后来，这些信汇编成《俄罗斯书简》，首版单行本出了三千多册，但在《现代评论》上，只发表了一封信的译文，英印政府就责令编辑不得再发表泰戈尔的其他信件。

1931 年，科根①教授在莫斯科就《泰戈尔金书》②撰写的文章中说：

我们的敌人经常指责我们"破坏文化"，与此同时，没有一个国家像新生的国家——苏联如此真诚地关注世界文化及其最伟大的代表。1930 年，泰戈尔访问我国，从而有机会感受到我们的工人是多么敬重他这位大作家。

泰戈尔似乎避开了所有的政治斗争，沉浸于他的冥想之中，他远离我们的生活，对我们来说是陌生的。我们的日子是在暴风雨般的政治讨论和沸腾的重建的氛围中度过的，不过，这是一个误解，他是一个思考永恒、思考充满当前利益和问题的这场革命③的思想家，他不是敌人。双方没有分歧，像上次那样，双方还将举行一次友好会晤。我们的革命不排斥黄金时代的希望，也不排斥未来人类兄弟情谊的希望，这个理想几千年来鼓舞所有宗教和人类最优秀的代表。共产主义革命高举自己的旗帜，实现这些理想。革命不是毁灭者，不是高尚的思想家的敌人。恰恰相反，无产阶级把自己当作将理想变为现实生活的合法继承者，这就是为什么泰戈尔的歌声在我们心中回荡。那歌声如同对自由的美好呼唤。

---

① 科根(1872—1932)，苏联作家和文学评论家。
② 《泰戈尔金书》是 1931 年泰戈尔 70 岁生日之际，由著名法国作家罗曼·罗兰建议出版的纪念册，旨在展示泰戈尔在印度和全世界受到的高度评价。
③ 指十月革命。

　　泰戈尔认为，人生是一次朝觐。 对苏联的成功访问无疑使他的人生臻于圆满。

泰戈尔时刻惦念圣蒂尼克坦，为了给发展中的国际大学筹款，同时，怀着促进东西方文化交流的愿望，1920 年、1926 年、1930 年，三次踏上欧洲大陆。

英国之行（1920 年）

1920 年 6 月 5 日，在儿子罗梯、儿媳波罗蒂玛和赴英国短期学习的苏伦德拉纳特的女儿曼朱的陪同下，泰戈尔抵达英国普利茅斯港，码头上冷冷清清，来迎接他的只有皮尔逊一个人。这是泰戈尔 1913 年获得诺贝尔文学奖七年之后首次访问欧洲。他从普利茅斯港乘火车前往一百零四公里外的伦敦，在伦敦车站迎接泰戈尔的，也只有罗森斯坦一个人。

泰戈尔再访英国的消息，通过报刊很快传遍英国，许多朋友来看望他，多次举行宴会为他接风。熟人旧友表面上客客气气，可他已感觉不到往年的坦诚。遭到冷遇的根由是一年前他为抗议阿姆利则大屠杀宣布放弃爵位。

泰戈尔到达伦敦的第二天，罗森斯坦到酒店看望他，两人就艺术和各种政治问题深入交换看法。其中一个话题是：艺术家和思想家看清了本国政府的错误、剥削政策和贪婪本性，是否还应与政府合作，罗森斯坦说应继续与政府合作，但泰戈尔说，对艺术家、学者和思想家而言，凡事应独立思考。压制某种观点，将阻挠他们的精神升华，所以，强迫他们支持某种观念，是不可取的。

两天后，泰戈尔在克达尔·塔斯古卜多的陪同下去了牛津大学，作题为《森林的信息》的演讲。按照原定计划，英国诗人罗伯特·布里奇斯①对演讲作点评，可他最后未出席演讲会。未出席的真正原因显而易见，大家心里明白。

在基督教青年会的莎士比亚书屋作了题为《印度文化的中心》的演讲几天后，泰戈尔和皮尔逊前往离朴次茅斯市不远的小城皮塔斯菲尔德旅游。他感到郁闷，到外地散散心。

7月5日，他返回伦敦，重又参加聚会和宴会。他在写给安德鲁斯的信中表达了心中的不快："我的日子像炮弹一样坚实，充满应酬。"次日，泰戈尔在罗森斯坦为他举行的家宴上，见到了分别八年的叶芝。叶芝也对他彬彬有礼，说话谨慎，避谈政事。

7月的最后一个星期，东方与西方协会组织一些戏剧爱好者，演出泰戈尔未发表的五个英译剧目。其间，泰戈尔在伦敦威格莫礼堂作题为《孟加拉乡村神秘主义歌曲》的演讲。

泰戈尔在英国心里感到十分压抑，决意离开英国，访问其他欧洲国家。他在国外时刻惦念圣蒂尼克坦需要一大笔资金的要务。可这笔钱在哪儿呢？他在写给罗森斯坦的信中说："我急需为我的学校筹集资金。"

---

① 罗伯特·布里奇斯(1844—1930)，英国桂冠诗人。

法国之行(1920 年)

1920 年 8 月 6 日，泰戈尔和儿子罗梯、儿媳波罗蒂玛抵达巴黎。

听说泰戈尔访问巴黎，法国富翁阿尔伯特·卡恩①主动邀请泰戈尔入住塞纳河畔他开的旅馆。 阿尔伯特·卡恩是个传奇人物，出身贫寒，四十年前，来到巴黎当职员，月薪相当于三十卢比，可如今他是法国首屈一指的亿万富翁。 他未婚，吃素，虽拥有大量财富，却过着节俭的生活。 他热心于慈善事业，捐款数额巨大。 在卡恩的旅馆居住期间，泰戈尔观看了根据歌德原作改编的歌剧《浮士德》，对演员的表演赞不绝口。

8 月 10 日，雷布伦教授拜会泰戈尔。 他是《新月集》法文译本的译者。他把新婚妻子介绍给泰戈尔，说他与妻子的恋爱，始于着手翻译泰戈尔的文学作品的日子。

泰戈尔在巴黎心情舒畅。 有一天，卡恩开车带他和罗梯前往法国北部，观看兰斯等地的战场。 罗梯在日记中写道，他们坐在行驶的汽车上，所到之处，没有生命的痕迹。 树木像矗立着的骷髅，房屋倒塌，可以说杳无人烟，到处是战壕。 看了这样的惨状，当晚，泰戈尔辗转反侧，难以入睡。 人类能做出多么残酷的事情，他终于亲眼看到了。 他在信中对安德鲁斯说："这是极其可怕的场景，一些地方的严重破坏是蓄意的，不是战争的需要，是为使法国永远残疾。这场景是如此触目惊心，对它们的记忆永远难以抹去。"

泰戈尔在巴黎会见了两位著名教授西尔万·列维和安瑞·伯格斯。 西尔万·列维教授是研究东方语言和历史的专家，因研究梵文等印度语言、中文、藏

---

① 阿尔伯特·卡恩(1860—1940)，法国银行家、慈善家。

文、中亚濒临灭绝的语言和佛教文化史而闻名，后来鼎力相助泰戈尔实现其人生理想。 伯格斯能讲流利的英语，与泰戈尔交谈非常顺畅。 他说，他赞同泰戈尔的许多理念，不过，他认为，相对而言，欧洲人的心灵是验证型的，而印度人的心灵是感知型的。 原因是，欧洲人与自然搏斗，必须更多地掌握有关物质世界的知识。 对物质世界的观察，必须精准。 最后，他对泰戈尔说，泰戈尔的两篇文章《求索》《人格》中的理论，产生于感知。 从这个角度切入，印度的思想家获得了"崇高"。 与两位思想家会见时，苏迭尔古玛尔·鲁特罗在场。 他把泰戈尔与两人交谈的主要内容加以整理，在《现代评论》上发表。

另一天，卡恩邀请博学的伯爵夫人诺艾尔斯与泰戈尔见面。 两人一见如故。 "泰戈尔先生，我是你的诗作的忠实读者。"诺艾尔斯面带虔诚、温和的微笑说。 她还说她是在第一次世界大战爆发那天读法译本的泰戈尔名作《吉檀迦利》的。

1914 年 6 月 28 日，奥匈帝国皇储斐迪南大公夫妇，在萨拉热窝视察时，尾随他们的塞尔维亚青年加夫里若·普林西布，突然举枪对他们连开数枪，大公夫妇倒地身亡。 同年 7 月 28 日，在德国的支持下，奥匈帝国以萨拉热窝事件为借口向塞尔维亚宣战，于是，第一次世界大战爆发。

诺艾尔斯回忆说："那天，我正和克莱门梭①聊天儿，听到这个消息，我们担心战火蔓延到法国，心急如焚。 为了让烦躁的心情平静下来，我找出《吉檀迦利》这本书，读了起来。"

"您读了哪几首？"泰戈尔问。

诺艾尔斯沉思片时："我记得第十九首中说，'黑暗终将消散，黎明终将来临，穿过云天，传来你金色之瀑般的声音'。 读着读着，我有了信心，相信像诗中说的那样，战争的'黑暗'必将消散，和平的'黎明'终将来临。"

---

　① 乔治·克莱门梭(1841—1929)，法国总理、政治家，曾代表法国出席巴黎和会。

"还读了别的诗吗？"

"读了。 第三十九首。 它对我来说是安神药。"诺艾尔斯眼里闪出欣喜之光。 她深情地诵念道："'当我的心田焦枯，来吧，化作慈爱的甘霖。 当生命失去恩惠，来吧，化作高唱的歌曲。 当琐事在四周喧嚷，把我与外界分隔开来，我恬静的天帝，来吧，带着安宁和憩息。'"

当年，诺艾尔斯和克莱门梭读着泰戈尔的诗，焦灼不安的心情渐渐平复。 听完诺艾尔斯讲述当年的情景，得知他的诗作能起那么大作用，泰戈尔心里充满快慰。

但法国的新闻界和政府机关，对泰戈尔访问法国，态度却是冷淡的。 原因是，法国领导人不喜欢泰戈尔在《国家主义崇拜》中阐述的爱国主义和民族主义。 另外，英国和法国是盟友，凡尔赛和约一年前刚签订。 法国领导人是不能对因政治原因退还英国女王给予的荣誉的人表示敬意的。

荷兰之行(1920 年)

9 月 19 日，应神学家与自由宗教社团的邀请，泰戈尔一行抵达鹿特丹港，开始访问荷兰。

荷兰著名作家范·埃登①在码头上热情欢迎泰戈尔，送他到赫伊曾市。 赫伊曾市离鹿特丹二十四公里。 泰戈尔成为富翁范·埃登家的客人。 范·埃登年轻时获得医学学位，后来，把全部精力投入文学创作。 他和美国理想主义者梭罗②一样，致力于建立理想社会，但最终未能成功。

———————————

① 费雷德里克·威廉·范·埃登(1869—1932)，荷兰诗人、作家。其作品《小约翰》，由鲁迅从德文转译为中文。

② 亨利·戴维·梭罗(1817—1862)，美国作家、哲学家和超验主义代表人物。

访问荷兰的十五天期间，泰戈尔在阿姆斯特丹、鹿特丹、海牙、莱顿和乌特勒支等城市作演讲。 演讲的题目是《东方的信息》。 在有些地方，他还介绍了孟加拉风俗和保乌尔民间诗歌。 荷兰作家简范达尔·利乌就诗人的演讲在报上发表的一篇文章中说："听泰戈尔演讲的听众中，没有一位对泰戈尔的作品一无所知。 成千上万的荷兰人读过他的作品的英语或荷兰语译本。 '泰戈尔精神'这个单词已用于表达一种特殊情感。"荷兰各地各界民众对泰戈尔表达的敬意是此前任何一位欧洲人未曾得到的。 他的演讲深深打动荷兰文化界人士，在多个城市，因演讲场地有限，许多人未能听到他演讲。 市民们把亲眼见到泰戈尔一面当作得到泰戈尔的祝福。

泰戈尔在访问期间，产生了把他的学校建成促进东方与西方文明融合的全印研究中心的想法。 10 月 3 日，泰戈尔在写给安德鲁斯的信中说："这两星期给了我最慷慨的礼物。 总之，我们这次访问使欧洲离我们更近了。 现在，我比以往任何时候更清楚地认识到，圣蒂尼克坦是属于世界的，我们必须珍惜这个伟大的真实，必须把圣蒂尼克坦拽出尘土飞扬的政治旋涡。"

比利时、瑞士、德国、丹麦、瑞典、奥地利等地之行(1920 年—1921 年)

结束在荷兰的演讲，泰戈尔在皮尔逊的陪同下前往比利时，在布鲁塞尔的司法大厦发表题为《东方与西方的融合》的演讲。

之后，1921 年 4 月 30 日，泰戈尔抵达国际联盟所在地日内瓦，在那儿迎来他六十岁生日。 随后，泰戈尔一家人去了洛桑。 之后从洛桑到达巴塞尔，作了一场演讲。

离开瑞士，泰戈尔进入德国，到达达姆施塔特。 德国文化界接待委员会为纪念他诞辰六十周年，收集了大量德语名作，作为礼物赠予国际大学。 他们中有几位是德国著名文学家和哲学家。 召集人是德文版《泰戈尔传记》的作者海因里希·梅尔·本菲和他的著作的出版商库尔特·胡勒夫。 泰戈尔听到这出人意料的消息大为振奋。 他在致德国友人的信中写道："在我六十岁生日之际，你们表达的真诚祝贺和赠送的礼物使我深受感动。 较之其他国家，德国在拓宽西方与印度的文化和交流之路方面正给予更多支持，对一个东方的诗人表达充满爱的敬意，这将更加密切两国关系。 我可以明确地对你们说，德国对印度诗人表达衷心祝贺，为此，印度人民通过我向你们表达真诚谢意。"在东道主赫尔曼·亚历山大·凯瑟林①的陪同下，泰戈尔前往德国北部最重要的海港和文化都市汉堡，在那儿逗留七天，最后一天在汉堡大学作演讲。

离开德国，5 月 21 日，泰戈尔应邀抵达丹麦首都哥本哈根，在车站受到大批群众的热烈欢迎。 23 日，他在哥本哈根大学演讲，会见著名哲学家霍夫丁。

应瑞典科学院的邀请，24 日，泰戈尔到达瑞典首都斯德哥尔摩。 泰戈尔于 1913 年荣获瑞典科学院的诺贝尔文学奖，7 年后，他终于来到瑞典，亲自表达由衷的感激之情。 瑞典科学院特地为泰戈尔举行宴会。 泰戈尔还访问了名城乌普萨拉市。 他乘坐汽车，在路边无数人的欢呼声中，抵达发表演讲的大主教教堂。 信奉基督教的欧洲给予亚洲的非基督教徒这样的荣誉，确实不可思议，泰戈尔本人也感到惊讶。 他在信中写道："今天，一种神秘的力量把西方国家的心海涌起的大潮引领到东方的海边。 欧洲国家无止境的高傲似乎受到遏制。 欧洲的心灵脱离了它惯常的路径。"

在亲切的气氛中，瑞典国王古斯塔夫五世接见了泰戈尔。 泰戈尔还会见了时任国际联盟主席的瑞典总理卡尔·哈尔姆·布兰廷②。

5 月 29 日，泰戈尔再次进入德国，继续访问。 他作为工业家胡戈·施廷内

---

① 赫尔曼·亚历山大·凯瑟林（1880—1946），德国作家、社会哲学家。

② 卡尔·哈尔姆·布兰廷（1860—1925），1921 年获诺贝尔和平奖。

斯的客人到达柏林。

6 月初，泰戈尔在柏林大学先后演讲两次，他的演讲成为一大历史事件。大约一万五千名德国市民站在街上等候一睹泰戈尔的风采。 演讲厅里，挤满听众，史无前例。 一家报纸的消息中说："听泰戈尔演讲的听众，如狂似疯，出现了朝拜英雄般的情景。 为抢占座位，听众你推我搡，几个女孩儿倒地昏了过去。 最后，警察赶来才恢复秩序。"

当天晚上，柏林大学的阿拉伯语教授和德国教育部秘书贝克尔·卡尔·海因里希举行欢迎宴会，柏林的许多名人、学者出席作陪。

柏林举世闻名的普鲁士研究院和图书馆，收藏当代诸多思想家的讲话录音和手稿，包括泰戈尔的演讲《森林的信息》的最后部分和他唱的一首歌《我的弦琴演奏哪首乐曲》的录音。 第二次世界大战期间，柏林遭到轰炸，泰戈尔的录音受损，大战结束后复修，复制的一份赠给国际大学泰戈尔学院保存。

6 月 5 日，泰戈尔从柏林到达慕尼黑。 慕尼黑是巴伐利亚州首府和历史悠久的教育和文化中心。 泰戈尔在这儿会见了他的著作的德文出版商库尔特·胡勒夫，并在他的府邸会见保尔·托马斯·曼①等作家。 泰戈尔在慕尼黑大学演讲，门票费共约一万马克。 泰戈尔把这笔钱捐给战后忍饥挨饿的德国儿童。

邀请信从各地源源不断地送到泰戈尔手上，但在各国不停地奔波，他已相当疲惫，只得婉拒大部分邀请，但盛情难却，后来他被邀至黑森州前首府达姆施塔特。 位于奥登瓦尔山下的达姆施塔特，距法兰克福二十五公里。 泰戈尔在达姆施塔特逗留的一周，称为"泰戈尔周"。 泰戈尔乐意与各界群众见面，他用英文回答他们的问题，由凯瑟林译成德语。 泰戈尔富于启示意义的回答，每天用德语印出，四处散发。 民众提的问题有：科学文明的最终结果是什么？ 如何

---

① 保尔·托马斯·曼(1875—1955)，德国作家，1929 年获诺贝尔文学奖。纳粹上台后受迫害，1938 年移居美国。

解决人口太多的问题？ 佛教的要义是什么？ 泰戈尔回答这几个问题花了将近
三个小时。 看到民众兴致勃勃地提五花八门的问题请他解答，泰戈尔特别高
兴。

达姆施塔特是工业城市，一个工人俱乐部的成员托人告诉大公，他们尚未
见到印度诗人，想请泰戈尔去和他们聊会儿天。 普通工人文化水平不高，但泰
戈尔有一天出人意料地来到俱乐部。 工人们并未毕恭毕敬地站起来欢迎他，泰
戈尔和颜悦色地走到他们中间坐下，与他们交谈，他说的话译成德文，工人们听
懂了，神态举止不知不觉也变了。 不一会儿，啤酒瓶塞到凳子底下，雪茄烟掐
灭了塞进口袋，一个个静静地坐直身子。

泰戈尔后来说，他一生中，这次会见是他取得的前所未有的伟大胜利。 凯
瑟林是欧洲写泰戈尔的第一个作家，他 1911 年访问印度，第一次见到泰戈尔。
他在《旅行日记》中记录了会见泰戈尔的经过和感想，他当时就发现泰戈尔的天
才确实令人佩服。 他在《泰戈尔金书》中称赞说："泰戈尔是我有幸认识的最伟
大的人，他大大高于他的世界声誉和在印度的地位。 在我们的地球上，好多个
世纪没有像他这样的伟人了。 泰戈尔是一个国家的创造者。 他是我所认识的
最有普世情感、最宽容大度、最完美的人。"

离开德国后，泰戈尔应邀前往奥地利首都维也纳、捷克新首都布拉格，在当
地作了演讲，和当地学者作了交流。

结束在捷克的访问，泰戈尔踏上归程，于 7 月 16 日回到孟买。 这次出访长
达一年两个月零两天。

意大利之行(1926 年)

光阴荏苒，转眼间五年过去了。 1926 年 5 月 12 日，泰戈尔再度踏上欧洲

大陆。

泰戈尔一行首先访问意大利。 同行的有他的儿子罗梯、儿媳波罗蒂玛、他们的养女南蒂妮、斯里尼克坦实验项目秘书波雷姆昌德·拉尔和国际大学的教师戈尔古帕尔·高士。 泰戈尔此次访问由墨索里尼和意大利法西斯政府安排。

1925 年初自南美返印途中，泰戈尔曾在意大利逗留十五天。 当时听了他的说论和演讲，顽固的法西斯分子很不高兴，但墨索里尼未让记者对泰戈尔过分批评。 为表达对泰戈尔的私人友情，他赠送国际大学图书馆大量珍贵图书，派朱塞佩·图西①到国际大学教书，这些举动感动了泰戈尔。

在意大利，法西斯分子的残暴行径使民众整天胆战心惊。 许多人心里纳闷儿，墨索里尼的极端民族主义和专制主义怎么能与泰戈尔倡导的世界和平主义相会呢？ 于是便猜测，墨索里尼邀请泰戈尔，大概是想把对这位世界名人的赞扬在文化界面前展示，以弥补受损的荣誉。

5 月 30 日，泰戈尔一行到达罗马，被意大利政府安排入住罗马大饭店。 次日，泰戈尔首次会见墨索里尼。 墨索里尼对诗人说，他是读过泰戈尔的著作的全部意大利语译本的读者之一。 泰戈尔对意大利政府的慷慨赞助和派朱塞佩·图西到国际大学进行学术交流表示感谢。 福尔米奇教授担任他们的翻译。

意大利报纸以通栏大字标题发表泰戈尔到访的消息，同时登载多篇文章介绍泰戈尔的生平和著作。 泰戈尔对由意大利政府控制的《论坛报》的记者说：“我觉得像做梦似的来到了罗马。 我至今难以相信，我来到了以前在雪莱、叶芝、拜伦、勃朗宁和歌德的诗歌中看到的国家。”

泰戈尔会见墨索里尼，游览罗马的名胜古迹，只看到法西斯主义的外貌。泰戈尔未从官方安排的让他看到的一切，以及福尔米奇教授的讲解中，发现应受指责的东西。 关于法西斯主义，当记者问他有什么看法时，他说：“我对您说

_____

①　精通梵文的意大利教授。

的是我的学习体会，而不是来自外部的批评。 我很高兴有机会亲眼看到一个伟人，看到一场必将载入史册的运动①。"泰戈尔这句平常的赞美的话，通过电波传遍全世界——这正是墨索里尼所期望的。 其他国家的一些人疑惑地思忖，短短几天，泰戈尔难道已看清楚意大利的现状，才这样称赞意大利目前的统治制度和统治者？ 所幸的是，他一离开意大利，对意大利立马改变了态度。

泰戈尔是诗人，他敏感的心瞬间能被感动，可一旦知道真相，也能瞬间厌恶曾感动他的东西。 假如他是一个成熟的政治家，就不会被墨索里尼表面的温文尔雅所迷惑，上了他的圈套。

在罗马，泰戈尔参观了和平园小学。 这所小学与圣蒂尼克坦的学校有许多相似之处。 听校方说鼓励学生练习唱歌、参加果园里的劳动，泰戈尔不由得想起自己的学校。 在和平园小学的花园里，泰戈尔种了一棵橄榄树苗，为到访留下了一个永恒的纪念。

在罗马大学为他举行的欢迎会上，校长德尔维齐奥说："您伟大的人文主义诗歌同时也是人文哲学，我们在心中听到它的深沉回响。 您用神秘而崇高的语言确认一个永恒真理：在物质生活之上，在对财富、享乐和权力的欲望之上，存在着精神、善良和爱的王国。 您的心声并没有在禁欲主义的喧哗中隐逝。 从本质上说，这是诗歌和哲学在智慧、正义和爱的和谐中凝聚力量。 我想，这就是您的最高理想，也是我们的最高理想。"

泰戈尔对学生们说，他向来热爱学生，不管他们属于哪个国家。 世界各地的学生没有民族和种族的区别，都是人类希望乐团的成员，是追求生命和光明的年轻心灵的乐团，在这个乐团中，诗人是领导者和指挥。

在离开罗马前，墨索里尼最后一次会见泰戈尔。 两人的交谈更加坦诚。 泰

---

① 泰戈尔当时受到热烈欢迎，未看清墨索里尼的真面目，称他为"伟人"，把意大利政府的工作称为"载入史册的运动"。

戈尔对意大利这位独裁者说："物质财富和权力不能使一个国家长生不老。他必须贡献一些高尚的、对每个人有益的东西，而不可只美化自己。"墨索里尼没有对这番话作任何回应。因为，他觉得这不过是理想主义者的美梦而已。

泰戈尔最后对墨索里尼说，他想见哲学家克罗齐①。墨索里尼搪塞道："我让教育部官员去打听一下他的下落。"所幸参加会见的一位年轻上尉以前是克罗齐的学生，当晚，他赶到那不勒斯，第二天早晨把克罗齐带到泰戈尔下榻的饭店。原来克罗齐被墨索里尼视为眼中钉，一直把他软禁在那不勒斯的家中。泰戈尔不清楚意大利当时的政治形势，墨索里尼憎恨的多位持不同政见者，包括克罗齐，被禁止接近泰戈尔。

泰戈尔非常熟悉克罗齐的哲学和文学观点，两人一见如故。他们就意大利民族的性格特点和二十多年来意大利的文化运动等问题进行了深谈。克罗齐说他喜欢泰戈尔的诗歌。他认为，泰戈尔的诗歌具有非凡的思想深度和经典特质。他对泰戈尔说："您的诗与我们通常认为的充满幻想的东方诗歌大不相同。我的神性观念与您的相似。上帝存在于万物之中，而并非万物中的某个存在。"

在罗马的十五天，关于墨索里尼，泰戈尔的所见所闻，以及他被安排的看到、听到的一切，使他对这个铁腕人物有了一定了解。他多次对福尔米奇教授和记者说："关于墨索里尼本人，我必须说，他确实让我感兴趣。他果敢的个性给我留下了深刻的印象。"泰戈尔赞扬了墨索里尼，可对法西斯统治制度未置一词，但在意大利记者看来，赞扬墨索里尼就等于赞扬法西斯主义。所以，意大利的报刊大肆宣扬，泰戈尔是意大利法西斯统治的支持者。泰戈尔当时不知道这些报道在意大利以外的世界引起了怎样的反响。

---

① 贝内德托·克罗齐(1869—1947)，意大利哲学家、政治家、文学批评家和历史学家。

离开罗马，泰戈尔 6 月 16 日抵达佛罗伦萨。 佛罗伦萨是达·芬奇①的故乡。 达·芬奇协会出面接待泰戈尔。 次日，泰戈尔在佛罗伦萨大学演讲，演讲大厅里座无虚席。 泰戈尔离开佛罗伦萨时，许多人到车站送行。

结束对佛罗伦萨的访问，泰戈尔抵达最后一站都灵。 他愉快地出席了职业女性文化协会的欢迎会，参观了名为太阳之家的孤儿院，在音乐中学的礼堂作题为《城市与乡村》的演讲，为都灵大学生作了演讲。 当天，泰戈尔一行离开意大利，前往瑞士访问。

1935 年 3 月 17 日，已看清墨索里尼法西斯真面目的泰戈尔在圣蒂尼克坦回忆当年看到的墨索里尼的模样，然后画了一幅素描，并在下面注明，这是墨索里尼。 墨索里尼的狂乱和疯狂跃然纸上，既夸张又逼真。 这是泰戈尔首次为知名公众人物作画。

瑞士之行(1925 年)

6 月 22 日，泰戈尔一行乘火车抵达蒙特勒，下车后乘汽车到达费雷努维。罗曼·罗兰已为他在拜伦大饭店预订了房间。 这房间维克多·雨果②曾住过很长时间。 站在房间的窗口，日内瓦湖的秀丽景色尽收眼底。

与罗曼·罗兰的交谈中，泰戈尔知道了一些意大利法西斯统治的真实情况。 关于墨索里尼和法西斯主义，罗曼·罗兰的妹妹将意大利报刊上大肆宣传的泰戈尔的看法译成英语告诉泰戈尔，他才知道那些消息与他的基本观点之间有很大差别。 据说，罗曼·罗兰看了他写给在印度的安德鲁斯的一封信，心里

① 达·芬奇(1452—1519)，意大利文艺复兴三杰之一。
② 维克多·雨果(1802—1885)，法国 19 世纪积极浪漫主义文学的代表作家。

大为不悦。 泰戈尔在这封信中写道，他一再对意大利的记者说他不评论政治，但是，受命运的拨弄，被有心人有意为之，他赞扬墨索里尼变成了赞扬法西斯主义。 他在信中写道："在意大利发表的对我的采访，是三个人的产物——记者、翻译和我。 我对意大利语一窍不通。 我无法检查这种混合物的结果。 我能采取的唯一补救措施，是向所有听众强调，我没有机会研究法西斯的历史和特点。"

1926 年 6 月 24 日，泰戈尔和罗曼·罗兰再次亲切会见。 他们热烈讨论欧洲各国的音乐，它们各具特色，大不相同。 大量欧洲现代歌曲源自意大利，但在发展过程中已完全变样了。

他们首先讨论了激情与形式的关系。

"艺术的宗旨不是为表现方式赋予激情，而是利用激情创造有意义的形式。在欧洲音乐中，我发现，有时竭力为表现形式赋予特殊的激情。 有这个必要吗？"泰戈尔道出心中的疑问。

罗曼·罗兰的回答是否定的："一个杰出的音乐家应当时刻把激情当作材料，在其外面创造美的形式，但在欧洲，音乐家有了如此多的好题材，以至于有一种过分强调激情表露的倾向。"

泰戈尔以《茶花女》为例，说："这部歌剧是不是太直露了？ 它试图以过分具体的细节描写每个事件。"

"是的，这是我们的音乐的缺点。"罗曼·罗兰有同感，"尤其是从 19 世纪初叶开始，贝多芬的浪漫主义作品创作之后。"

泰戈尔主动谈起印度音乐自身的缺陷："在印度，我们走到了另一个极端。歌手常常获得太多的音乐自由，以多变的演唱抢作曲家的风头。"

"欧洲也有同样的情况。"罗曼·罗兰说，"在意大利流行喜剧中，作曲家谱了曲，演员常常即兴演唱。 每一次的歌词和曲子都不一样。 一些好的成分自然就流失了。"

泰戈尔对此表示赞同。

"在北欧，我们有极为严格的规范。 北欧的传统是尽可能地明确职守。"罗曼·罗兰认为北欧音乐有所不同。

然后，泰戈尔还与罗曼·罗兰探讨了音乐差异产生的原因。

"每个国家的音乐都经历几个阶段，"罗曼·罗兰说，"某个时期被人察觉到的差别可能由于某个时期的特殊性。 各国音乐都有童年期、成长期和衰落期。"

"所有艺术门类的情况大致相似。"泰戈尔认同他的看法，"在文学中，我们发现，常有新的冲动在创造自身的形式。 一度新鲜的形式，经过一段时间，变得衰老、陈旧了，用了很长一段时间之后，就不实用了。"

"是的，生命也是如此。"罗曼·罗兰引申道，"从一种形式到另一种形式，流变是永恒的。"

"在你们欧洲古老而美丽的脸上，已浮现这样的征兆。"泰戈尔说，"这次访问所到之处目睹的种种假象千篇一律，毫无美感，但佛罗伦萨是美丽的。 我的目光被那儿的人们所保持的心灵的超脱深深地吸引了，若无这样的超脱，艺术生命就很难维持。"

"佛罗伦萨的艺术家依然保持着生活的朴素。 最近，佛罗伦萨人举行缅怀祖先的活动。 这大概是佛罗伦萨成为伟大艺术中心的缘故吧。"罗曼·罗兰说。

接着，泰戈尔回顾了他接触欧洲音乐的经历和感受："我十七岁留学英国，在伦敦第一次听到欧洲歌曲。 歌手米尔逊演唱自然的歌曲，模仿鸟叫，名气很大，可我听了觉得实在太荒唐了。 音乐应该汲取鸟儿歌唱的欢乐，以人类的表现形式赋予这种喜悦，而不应该对鸟啼进行临摹。 比如印度的雨霖之歌，并不刻意模仿雨点的声音，而是重燃雨季的欢乐，传达与雨季息息相关的情感，但我不明白春天之歌为什么没有这样的深度。"

　　泰戈尔表示，读懂外国诗歌并非易事，他深有感触地说："在诗作中，每个单词具有文学想象的微妙氛围。外国人永远难以理解它们的特殊价值。它们听起来很美，可即使懂了字面上的意思，也难以领悟。以叶芝的两行英语诗为例：

　　　　　在荒凉的仙境，神奇的窗户
　　　　　在危机四伏的大海的泡沫上敞开着。

对孟加拉读者来说，这两行诗毫无意义。这样的诗句不能诱发我们的联想。"

　　"这类意象常在欧洲音乐中出现，比如巴赫的作品。有人在认真研究他精致的乐句。他的音乐美归功于他从 17 世纪、18 世纪的音乐借来的某些音乐形式。你们主要的乐器是什么？"罗曼·罗兰问。

　　"是维那琴，它可以弹出纯正的音符。它不像小提琴那样灵便，但以特有技法保存了我们曲调的本真。对接受了必要训练的外国人来说，印度音乐是极具吸引力的。"

　　罗曼·罗兰说："是的，尤其是在去掉表面的或时髦的那部分东西之后。"

　　两位名人通过这番交谈，加深了对欧洲音乐和印度音乐特质的了解。

　　7 月 6 日，泰戈尔离开费雷努维，抵达苏黎世，受到民众的盛大欢迎。他在欢迎会上发表演讲，苏黎世大学许多著名的教授与会。受法西斯迫害流亡瑞士的意大利教授萨尔瓦多里病重，卧床不起，他的夫人去看望泰戈尔，对他讲述了法西斯迫害仁人志士的情况。她说她亲眼看见，一位父亲被法西斯分子当着他的妻子儿女的面杀死，一个儿子被法西斯分子当着他的父亲的面暴打。听了这些悲惨的故事，泰戈尔极为气愤。

　　两个多月后的 9 月 20 日，泰戈尔在柏林写的一封信中说，墨索里尼的个性给他留下了深刻的印象。 这引领他关注意大利高尚的一面，但这并不说明他支持法西斯主义。 泰戈尔此时已感觉到，自由在意大利是受到限制的。

泰戈尔公开表示他不支持法西斯主义，这惹恼了意大利政府，朱塞佩·图西不久便收到离开国际大学回国的命令。 最终，墨索里尼利用泰戈尔的企图未能得逞。

其他国家之行（1926 年）

之后，泰戈尔先后访问奥地利、法国、英国、挪威、瑞典、丹麦、德国、捷克、瑞士、匈牙利、南斯拉夫、保加利亚、罗马尼亚、土耳其、希腊和雅典等国。

8 月初，泰戈尔从巴黎到达伦敦。 几位老朋友前往旅馆看望他。 后来，他在康沃尔郡的卡比斯湾休息了一星期，居住在那儿的伯特兰·罗素①和他的夫人有一天特意去看望了他。

结束访问英国，泰戈尔前往挪威，在首都奥斯陆受到斯滕·科诺教授和莫肯斯蒂安夫人等朋友的热情欢迎。 前一年，斯滕·科诺作为客籍教授在国际大学作过学术交流。 抵达奥斯陆的次日，挪威国王哈康七世②接见泰戈尔。 这是泰戈尔首次访问挪威，但他通过翻译作品早已熟悉这个国家。 易卜生是他最敬慕的戏剧家之一。 许多读者和评论家认为，泰戈尔剧作中能看到受易卜生作品影响的痕迹。 泰戈尔对挪威的戏剧家巴诺森和小说家约翰·博杰等著名作家的作品多多少少有所了解。 约翰·博杰有一天陪同泰戈尔参加多项活动。

---

① 伯特兰·罗素(1872—1970)，英国著名哲学家。
② 挪威国王哈康七世(1872—1957)，1905 年至 1957 年在位。

　　离开哥本哈根，泰戈尔渡过波罗的海，抵达德国汉堡，在那儿作题为《文化与进步》的演讲。　泰戈尔作品的德文译本出版商库尔特·胡勒夫在家中设宴款待泰戈尔，巴伐利亚州前王子和多名大学教授出席。　其后数日，泰戈尔分别会见了德国教育部长贝克和爱因斯坦①教授。

　　在柏林最大的爱乐乐团大厅，泰戈尔作有关印度哲学的演讲，开讲前门票很快售罄。　然而，与六年前相比，听众显然已没有膜拜先知的那种热情。　1921年，在第一次世界大战中战败的德国蒙受屈辱，萎靡不振。　泰戈尔宣扬的人道主义、甘地的非暴力主义和佛教的平等理念，为德国人悲怆的心灵带来了慰藉和安宁，但最近几年，希特勒的纳粹组织在德国快速扩展，好战分子气焰嚣张，民众受其影响，倾听并赞美东方和平理想的热情已经降温。　看到德国人极为尊重泰戈尔，英国媒体竟然从中发现德国人的"阴谋"，9月18日，英国人办的《马德拉斯邮报》发表评论说，几天前，意大利为了自己的利益千方百计拉拢泰戈尔，目前德国在步意大利的后尘，不过，他们承认，泰戈尔的著作的德语译本在畅销书单上名列第一。

　　泰戈尔应邀抵达匈牙利首都布达佩斯。　10月26日这天，他刚作了一场演讲便病倒了。　由于在欧洲长途旅行，过于劳累，泰戈尔身体虚弱，感到胸闷，医生检查后，建议他取消一切社交活动，彻底休息。　他接受医生的建议，在巴拉顿湖畔的巴拉托夫疗养院休养。　泰戈尔在这儿住了十天，在医生的指导下，用当地温泉的碳酸性水进行治疗，在湖边散步，健康状况很快得到改善。　他在布达佩斯写了一首诗《路尚未走完》和一首歌《白天你吹奏情笛》。　在巴拉顿湖畔写了歌曲《树林幽秘的枝丫上飞鸟的空巢》，这是他此次出国访问期间创作的最后一首歌曲。

　　泰戈尔乘汽车到达雅典，走马观花地游览了雅典的景点。

――――――――――

　　①　阿尔伯特·爱因斯坦(1879—1955)，犹太裔物理学家，1921年获诺贝尔物理学奖。

由于长期旅行，舟车劳顿，儿子罗梯突然生病，再加上希腊的政局动荡，泰戈尔不想在雅典久留，11 月踏上了归程。

法国之行（1930 年）

1930 年 3 月 2 日，泰戈尔最后一次踏上访问欧洲的旅途。 这次泰戈尔的旅伴中，有儿子罗梯、儿媳波罗蒂玛、他们的养女和秘书阿里亚姆。 罗梯的身体欠佳，这次去欧洲是为看病和休养。

泰戈尔一行先后抵达法国马赛、巴黎。 泰戈尔最近潜心于作画，欧洲的文化界名人以前只知道泰戈尔是文学家和教育家，这次又知道了他的新身份——画家。 他在给朋友的信中欣喜地说："我要把我最后的艺术成就留在这个国家。"

泰戈尔抵达巴黎一个多月后，经多方努力，5 月 2 日，首场泰戈尔画展在皮嘉尔①画廊举行，共展出一百二十五幅作品。 关于画展，泰戈尔写道："有了房子，就可以办画展，这种看法是极其错误的。 办画展需要这么多木材，我们根本没本事弄到。 费用不少，至少三百英镑。 朋友维多利亚·奥坎波在大把花钱。 她认识这儿的许多知名人士。 她发请柬，他们都会来观看。"诺亚伯爵夫人为画展写的导言中说："这些作品太奇妙了，既迷醉我们的眼睛，又把我们的思绪带往遥远的国度，想象之物比真物更加真切。 想起来感到非常奇怪的是，沉浸于诗歌、戏剧等文学创作中的泰戈尔是怎样又开启了绘画之门的呢？"

巴黎不仅是欧洲也是整个西方世界的艺术家和艺术爱好者的中心。 东道主对泰戈尔并不吝啬，所以，他相信在苛刻的鉴赏家荟萃之地法国，他也可能获得桂冠。

---

① 此画廊是为纪念法国新古典风格雕塑家让·巴蒂斯特·皮嘉尔(1714—1785)建造的。

英国之行(1930 年)

5 月 11 日，泰戈尔和阿里亚姆前往伦敦，两天后抵达伯明翰。

19 日，泰戈尔首次在牛津大学曼彻斯特学院作"希伯特讲座①"。 演讲厅里座无虚席，连门口都站满听众。 学院的教授 L. P. 杰克斯把泰戈尔介绍给听众。《曼彻斯特卫报》在报道中说："其他系列的希伯特讲座，都没有像这次演讲引起听众如此浓厚的兴趣。"此前，泰戈尔以文学家著称，可如今在一座世界顶级高等学府又赢得了理论家的美誉。

之后，泰戈尔又作了题目是《人的宗教》的演讲。 泰戈尔对人的宗教的论述以印度、印度教、《奥义书》和梵教为中心，但他赋予印度教中被公众普遍接受的东西以世界宗教的席位。 他的演讲虽主要以印度教为背景，但也有助于解决人类的宗教问题，所以，他为演讲集取名《人的宗教》。 泰戈尔对西方听众不只阐明印度古代经典的观点，也诠释印度人的精神财富。 大概，这是他首次在国外介绍印度不识字的民间艺人的追求。

然后，泰戈尔返回伦敦，24 日参加教友派②年会。 近日，英国与印度开始了一场政治角力。 教友派的成员是和平主义者，他们期望在和平之路上减缓角力的强度。 他们特意邀请泰戈尔去为他们讲一讲印度目前的情况。 在教友派二百二十六年的历史上，从未邀请教派外的人参加他们的会议，泰戈尔是唯一的例外。

---

① 指一系列关于神学问题的年度非教派讲座，由希伯特信托基金会赞助，该基金会于 1847 年由一神论者罗伯特·希伯特创立。
② 指基督教的一个教派。

泰戈尔在会议上讲清了印度苦难的根源。 他说，在机器的王国①，人心没有地位。 在印度的独立斗争中，群众蒙受痛苦的原因是机器控制的政府目中无人、冷漠无情。 在回答"印度是否要独立"这个问题时，泰戈尔说："人不可能绝对独立，相互依赖是人的本性，是人的最高目标。 人类最美好的一切，都是通过相距遥远的民族之间相互交换思想而获得的。 让东方和西方的崇高思想携起手来，在英国和印度之间，建立人类真正的关系。 这种关系中，各方利益不会发生冲突，它们可以秉承相互服务的精神，获得持久的生命力，一方不必肩负奴役的永久重荷，另一方不必承担令人沮丧的病态的责任。"②

对演讲者提问，是教友派的传统。 与会者对泰戈尔的讲话也提出许多问题。 一位名叫格雷哈姆的成员，极力为英国殖民统治辩护。 泰戈尔在会议结束时说，他介绍印度的现实情况，不是为打击听众。 他把他们当作人类的朋友。他相信，没人会误解他的讲话。 他说："我期望得到你们的合作。 请你们站在我们的位置上，认识你们自己，追忆你们在美国的弟兄们，曾以鲜血维护他们的自由。 你们能够理解我们是在以自己的方式争取服务祖国的权利、解决我们的问题吗？ 请你们给予我们服务祖国的权利。"

第二天，泰戈尔回到牛津大学，在曼彻斯特学院教堂作题为《昼夜》的演讲。 5 月 26 日，泰戈尔在那儿作最后一次演讲，听众人数创牛津大学最高纪录。 次日，他回到伍德布鲁克，待了三天，在伯明翰作了题为《东方与西方的教育理想》的演讲。 6 月 3 日，泰戈尔画展开幕，这是英国观众首次欣赏泰戈尔的画作。

结束伦敦的交流活动，6 月 5 日，泰戈尔去了埃尔姆赫斯特的新宅——达汀顿楼。 在埃尔姆赫斯特夫妇热情周到的照顾下，泰戈尔心情放松地休息了十天。

---

① 指没有人性的政府控制的国家。
② 一方,指印度。另一方,指英国。

德国之行（1930 年）

7 月 11 日，泰戈尔从英国抵达德国柏林。

7 月 14 日，泰戈尔登门拜访爱因斯坦。 在柏林郊区的卡普特——爱因斯坦的寓所里，科学界和文学界的两位泰斗就哲学和科学展开了世纪对话。 两位泰斗的不同观点有助于后人理解他们的理论和世界观。 关于这次会见，泰戈尔写道：

第一次世界大战之后，我首次（1926 年）会见爱因斯坦。记得我们曾谈到，现代工业对提高我们的现代生活水平，是必不可少的。……现在人们已上升到文明的较高层次，这时，如用手刨地种庄稼，是难以想象的，同样，感觉灵敏、喜爱劳作的手脚受挫之处，我们的智慧创造机器，克服了我们的无能。借助新发明的机器，可从无穷的自然宝库，获取我们生活需要的财富，对此，爱因斯坦和我看法完全一致。

去年（1930 年）夏天，我再度访问德国，应邀到离柏林不远的卡普特会见爱因斯坦。我正忙于把两天前我在牛津大学所作的演讲以《人的宗教》为名出版，满脑子都是出书的念头。同爱因斯坦一交谈，我就明白，他认定，我的世界是被对人类的思考局囿的一个世界，而他的目光感知到，在思维的界限之外，还有一个真实世界。我坚信，还有一个由"一统"的纽带维系的超越我们的超人①，他在我们的心中，也在我们的身外。从总体而言，存在于"无限"的元初的人，至少是有人性的。我们的宗教修行，不是世界性的。我们的轮

---

① 指无处不在的创造大神梵天。

泰戈尔与王公拉达克索尔·马尼克（右）

① 1919 年 4 月，英军向贾利安瓦拉巴格广场的民众开枪

② 泰戈尔与国内外师生

③ 娑罗树下的泰戈尔

④ 斯里尼克坦的学生参加作坊的劳动

①

②

③

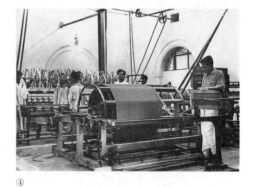
④

①

②

① 圣蒂尼克坦的钟塔

② 泰戈尔与国际大学的学生在露天课堂上

①

① 1901 年 12 月，泰戈尔在圣蒂尼克坦
创办了理想中的学校

② 泰戈尔在锡尔赫特受到民众热烈欢迎

③ 1939 年 12 月，泰戈尔乘车前往毗达沙戈尔纪念馆

②

③

20 世纪 20 年代，泰戈尔在马德拉斯受到热烈欢迎

①

②

① 1916年，泰戈尔在箱根

② 1919年，泰戈尔在迈索尔大学朗诵作品

③ 1928年，泰戈尔前往英国途中乘坐大木桶抵达码头

③

①

②

③

① 1916 年 5 月，泰戈尔访问日本

② 1924 年 4 月，泰戈尔（左一）游览中国西湖

③ 1922-1934 年，泰戈尔（右一）多次受邀访问锡兰

①

②

① 1924 年 4 月，泰戈尔抵达中国上海受到热烈欢迎

② 泰戈尔在中国法源寺

① 1924 年 9 月，泰戈尔抵达阿根廷宜诺斯艾利斯港口

② 开汽车的奥坎波

②

奥坎波盘膝坐在泰戈尔身边

①

②

① 1926 年 7 月，泰戈尔访问新加坡

② 1926 年 10 月，泰戈尔会见泰国王子姜达奔（右）

③ 1926 年 8 月，泰戈尔与爪哇友人

③

①

②

③

①　1931 年，泰戈尔过七十岁生日

②　1931 年，泰戈尔接受美国记者采访

③　泰戈尔在美国伊利诺伊州朗诵诗歌后与听众合影

④　1926 年 5 月，泰戈尔抵达意大利那不勒斯港

⑤　中国学院

④

⑤

①

①　1930 年 9 月，泰戈尔访问苏联，与少年儿童座谈

②　泰戈尔了解苏联的经验

③　泰戈尔在英国

②

③

②

① 泰戈尔在德国柏林

② 墨索里尼

③ 泰戈尔笔下的墨索里尼

③

①

②

① 1932年2月，泰戈尔（右二）与机长、副驾驶员在机场合影

② 中国抗日战争时期的泰戈尔

③ 1939年5月在西孟加拉邦蒙普休养的泰戈尔

③

旅欧途中的泰戈尔

①

②

① 泰戈尔寄予厚望的苏巴斯·钱德拉·鲍斯

② 苏巴斯与尼赫鲁（左一）

① 1905 年 10 月，泰戈尔出席大民族宫奠基仪式

② 苏巴斯（前右）与甘地（前左）

①

②

①

②

③

① 1921 年，印度国大党号召开展纺纱运动

② 1939 年 2 月，甘地最后一次访问圣蒂尼克坦

③ 泰戈尔在作画

①

②

① 甘地出狱

② 1930 年 4 月，甘地发动抵制盐税法的运动

③ 1941 年 7 月，泰戈尔乘车离开圣蒂尼克坦去做手术

③

①

Dear Gurudev,
It is just now
1.45 A.m. and I think
of you and some other
friends. If your
heart endorses con-
templated fast, I
want your blessings
again
my love and respects,
yours
mkgandhi

②

① 甘地写给泰戈尔的信

② 徐悲鸿为甘地画的素描

③ 泰戈尔的画作《孤女》

回中有因果关系,这种关系表现为对善恶的思考。性格中那种善恶感,不为科学所认可。科学研究的是无遮无掩的"实有"。科学中,没有个人存在的合理性,而精神之路上或宗教修行中,单纯的客观信息,或与之相关的理论,是派不上用场的。

　　爱因斯坦以独孤的个人而著称。他在以数学的思考和目光使人心脱离"渺小"麇集的地方,确实是独孤的。他的物质主义,可称为至上梵境,触及哲学家冥想的边缘;他也许有可能从有限的个人的我的复杂之网中,从世界中,获得解脱。对我来说,科学和艺术,都是人的本性的显现,在生物的需求之外,在其自身中,有其无限的成果。

7 月 16 日, 泰戈尔画展在费迪南德·莫勒画廊如期举行。 柏林国家画廊收藏了展出的五幅作品。 7 月 17 日, 泰戈尔离开柏林, 抵达德累斯顿, 作了两场演讲, 泰戈尔画展在那儿再度举办。 之后, 他访问慕尼黑, 受到热烈欢迎。

　　此后, 泰戈尔去了距慕尼黑六十七公里的奥伯拉姆考村。 村里正表演耶稣在十字架上受难的故事, 每天来观看的国内外游客络绎不绝。 好奇的泰戈尔也去看了表演。 1638 年, 这座村庄受鼠疫侵袭, 之后仍得以留存下来, 为此, 村里人做出决定, 每十年表演一次耶稣在十字架上受难的故事, 这个传统延续至今。 扮演耶稣的人, 必须长时间模拟耶稣的动作和思考的表情。 泰戈尔坐在那儿看了一天。 表演的语言是德语, 泰戈尔听不懂, 可他虔诚的心早已沉浸在动人的情节中了。

　　看了表演, 泰戈尔心里产生了创作的念头。 在基督教世界, 就耶稣受难创作了大量歌曲、画作、雕像和文学作品。 泰戈尔这部作品《儿童》是其中之一。《儿童》是泰戈尔用英语写的唯一的长诗, 之后, 又改写成孟加拉语的《儿童圣地》。 这首长诗中, 带路的首领被人杀死, 惶恐的人们面面相觑, 问道: "今后谁为我们指路?"

> 他们困惑地互相问道：
>
> "谁来为我们指路？"
>
> 一个来自东方的老人
>
> 低下头，说："受害者啊，
>
> 怀疑使我们抛弃了他，
>
> 暴怒使我们杀害了他，
>
> 爱使我们又接受了他，
>
> 他的死使他在我们中间复活，
>
> 他是伟大的受害者。"

　　显然，为推动社会前进献出生命的耶稣永垂不朽。 诗歌结尾处，众人齐呼："胜利属于人类，属于新生儿，属于永生者。"在亿万信徒和民众心中，耶稣拥有不朽的光荣地位。

　　离开慕尼黑，泰戈尔先后在法兰克福、马尔堡和卡巴伦杰演讲。 其间，他对德国新青年运动有了深切感受。 几年前，新青年运动的一个分支"候鸟运动①"的代表团访问印度，来到圣蒂尼克坦，在舞台上用德语表演一出短剧，泰戈尔付给他们一百卢比的报酬。 此次，泰戈尔会见了德国新青年运动的领导人卡尔·费萨尔，听他详细介绍了新青年运动的各项活动。 他们在各国旅游，以展示自己的力量；他们步行，游览，了解各国的风土人情；他们唱歌，演戏，挣钱养活自己。 泰戈尔回到国内后，曾对几个人讲述新青年运动的各项活动，他

---

　　① 指德国一些青年因反对国家的严格管制而组成的团体，其成员在乡村流浪、吟唱，享受大自然。

希望圣蒂尼克坦的学生们，每年有几个月时间也周游全国，了解国情，一路上自己的事情自己做。世界是他们获得知识的大课堂。

结束访德之际，泰戈尔在信中谈了自己的感受："故地重游，作了多次演讲。较之以前的访问，这次更近地走到德国人身边，进入德国更深的内心。他们并非有厚重的世界观念，挨了欧洲其他国家的巴掌，他们在内心变成了更加固执的民族主义者。我百思不得其解的是，他们为何对我特别友好……'贫穷'的打击，激发了他们更强悍的力量。"

旅伴阿米亚在信中回顾了跟随泰戈尔访问德国的体会："我们像皇帝似的访问了德国。在那儿，凡是美好的，凡是值得怀念的，凡是珍贵的，均自行来到我们身边。这个国家从事写作、绘画和思考未来的优秀人物，与泰戈尔进行了推心置腹的交流。我幸运地成了见证者。"

然而，泰戈尔和阿米亚在德国目睹的景象，只是华丽的外表，他们并未看到日耳曼民族骨子里的可怕的极端民族主义。希特勒的纳粹党一天天在壮大，形成一股强大力量。这种情况，他们并未察觉。几年后，当德国落到希特勒和纳粹党的魔掌中时，泰戈尔的著作在德国被禁止出版发行。

丹麦、瑞士之行（1930 年）

离开德国，泰戈尔前往北欧。斯堪的纳维亚国家①的"新教育协会"在丹麦的赫尔辛格市举行会议，大批学生和老师会聚该市。教育专家泰戈尔也应邀出席，结识了与会的许多师生。8 月 9 日，泰戈尔为在哥本哈根举行的画展揭幕。

---

① 指挪威、瑞典和丹麦。

　　泰戈尔离开哥本哈根后，前往国际联盟总部所在地——瑞士日内瓦。泰戈尔在日内瓦成为英国的斯杜丽小姐的客人。几年前，斯杜丽小姐访问印度时去过圣蒂尼克坦，作为贵宾受到热情接待，在杧果园里还专门为她举办过茶话会。泰戈尔在日内瓦的一个月期间，敲定了访问苏联的具体细节。

　　这次访问并非不曾遇到阻力。一位美国记者写道："泰戈尔在日内瓦休养时透露，虽然他主动远离政治，但他仍是印度民族主义运动的核心和灵魂。据了解，他如现身苏联，将在美国和苏联强化亲甘地的情绪，因此，围在他身边的几个英国人，以健康为由反对他出访苏联。"这几个英国人，指安德鲁斯和斯杜丽小姐。美国记者这段话是否可信，难下断言，不过，此前，他曾数次遇到类似的阻力。比如，在中国香港放弃与孙中山的会见机会，取消访问以色列，未接受第一次访问苏联的建议，以及取消从阿根廷前往秘鲁的计划，等等，都不是由于单纯的健康原因造成的。

　　泰戈尔三次出访欧洲期间，会见各国政要官员，坦诚交谈，详细介绍他的文学创作和教育理想，在多所大学就印度古典文学和哲学宗教发表演讲，促进了西方民众对印度的了解，建立了双边文化交流渠道，从而在把国际大学办成东方与西方文明交融中心的道路上朝前迈进了一大步。

码上解读
❦ 才华横溢的大师
❦ 赤子之心的诗人
❦ 无问西东的旗手
❦ 东方精神的智者

1932 年 4 月 11 日，泰戈尔出访西亚。 这是他最后一次出国访问，受到了最高规格的礼遇。

年初，他接到波斯国王的访问邀请，心里拿不定主意。 年轻时，他曾发出"我要当贝都因①"的豪言壮语，波斯是他神往的国度。 可现在已七十高龄，身体孱弱，乘轮船、火车、汽车，长途跋涉，身体怕是吃不消了，万一生病，恐有生命之虞。 就在他犹豫不决时，荷兰驻加尔各答总领事登门拜访，还提出了心中的预案：

"泰翁，您看这样可否，我国的航空公司有到加尔各答的定期航班，后天，有客机来加尔各答，我陪您上飞机飞半小时，您要是感觉良好，就乘我们的飞机去波斯。 感觉不舒服，就考虑别的交通工具。"

泰戈尔听取了试飞建议。 2 月 21 日，在荷兰总领事和他的夫人的陪同下，泰戈尔登上一架荷兰飞机，在空中盘旋了半小时，平稳地降落在停机坪上。 为纪念这次试飞，他写了《飞人》。

舱门打开，总领事先下来，总领事夫人搀扶着泰戈尔的手臂，走下舷梯。

"泰翁感觉如何？"总领事急忙问。

"身体的所有部件运转正常。"泰戈尔幽默地回答，"我心里踏实了，帮人帮到底，您帮我

---

① 贝都因人是在沙漠旷野过游牧生活的阿拉伯人。

订票吧。"

"能为您效劳，我太荣幸了！"总领事接口说，"我马上同航空公司联系。"

一星期后，三张机票送到泰戈尔的书桌上。

布什尔省之行

4月11日拂晓，泰戈尔在儿媳波罗蒂玛·黛维和阿米亚的陪同下，乘车出门，直奔加尔各答达姆达姆国际机场。

经过近两日的颠簸，飞过恒河平原、拉兹不达那山区等地，泰戈尔抵达卡拉奇，稍事休息，登机飞往波斯。风越刮越厉害，下面的蓝色海面上，漂飞着白沫。他在波斯的贾斯吉下飞机，过夜。次日，顺利抵达布什尔省。

泰戈尔在布什尔停留两天。省督在为泰戈尔举行的欢迎会上说："今天，我们获得了欢迎尊敬的印度客人的千载难逢的机会。……在文学的天空，他是最明亮的星星之一。"波斯民众非同寻常的热情使泰戈尔极为惊喜。

许多欧洲人读过他的译本，可这儿的人也知道他的诗才吗？他们如此尊敬他的原因是什么呢？泰戈尔在寄给亲人的信中写道："在他们心目中，我不是特殊的诗人，而是个普通诗人。诗歌，是令波斯人心痴神迷的艺术，他们与诗人有着真诚友情。对他们来说，我不单是诗人，更是东方的诗人，所以，他们自发地前来对我表示敬意。在他们看来，我的身份有一些特殊成分。我是纯粹的印度人。"

设拉子之行

4月16日，按照访问日程，泰戈尔一行早上7点动身前往设拉子。

泰戈尔乘坐一辆小轿车，从布什尔到设拉子，路况很差。荒漠连着荒漠，无边无际。大部分地区是高原，海拔五千至六千英尺。中部地区海拔越来越低，最后汇入一片广阔沙漠。泰戈尔乘坐的汽车在崎岖的路上颠簸，土路渐渐变成了石子路。路途遥远，最后将一天的计划调整为两天，次日，泰戈尔一行抵达设拉子。

设拉子省督在巴格穆哈莫迪王宫①为泰戈尔举行了欢迎会，整个厅里铺着地毯，大厅两边沿墙坐着欢迎的人群，他们面前的小桌上，摆着甜食、水果和茶具。

一位名人代表设拉子民众对泰戈尔致欢迎词："设拉子为有两位永生者②而感到骄傲。他们的心田挨着您的心田。您的心泉喷涌出诗意，您的心泉的甘露也滋润了这儿两位诗人的人生的花林。诗人萨迪③几个世纪在这块圣洁的土地下安卧，此时此刻，他的灵魂升到了这片树林的上空。诗人哈菲兹④欣慰的笑容，顷刻间扩展到了国人的欢乐之中。"

泰戈尔在答词中说："你们给予我如此高的礼遇，我恐怕不能给予恰当回报。因为，你们对我致欢迎词所用的语言，是自己的国语，而我所操的语言，是舶来品⑤。孟加拉藩王曾经邀请诗人哈菲兹访问孟加拉，可他未能成行，但

---

① 指一座旧王宫。
② 指萨迪和哈菲兹。
③ 萨迪(1208—1291)，中世纪著名波斯诗人。
④ 哈菲兹(1315—1390)，14世纪波斯伟大的抒情诗人。
⑤ 指泰戈尔用英语讲话。

孟加拉语诗人①接受了波斯国王的盛情邀请，如期成行，得以直接对波斯表达他的情义和良好祝愿。"

在另一场皇家陵园里举办的欢迎会上，庭院里坐满了人，场外的路上和高坡上也满是身穿黑色衣服的妇女。泰戈尔在答词中回顾道：父亲是哈菲兹的崇拜者，自己小时候常听父亲朗诵哈菲兹的原作和译文。欢迎大会结束，省督陪同泰戈尔瞻仰哈菲兹陵墓。

宾主步入陵墓，坐下，陵墓的卫兵送来了一本很大的四方形的《哈菲兹诗集》。当地的老百姓相信，心里怀着一个愿望，闭着眼睛翻开诗集，赫然映入眼帘的一首诗，使人能够实现他的愿望。

泰戈尔翻开诗集，浏览波斯文原作和英语译文。

看他合上诗集，接待泰戈尔的波斯官员、哲学家费鲁兹忙问："泰戈尔先生，听说您以前读过哈菲兹的作品的英译本，您认为他是怎样的诗人？"

"波斯的伟大诗人。"泰戈尔脱口说道，"他爱憎分明，抨击封建专制和宗教偏见，同情下层广大贫民。他赞美春天、爱情、自然。他的诗作感情真挚，富于哲理，咏读能得到艺术享受，使人更加热爱生活。"

"泰戈尔先生的评价十分精当。"费鲁兹翻了几面，指着诗行"天堂的朱门何时对宗教人士开启"，又问道："泰戈尔先生，您认为何时能开启呢？"

"只要他心里对上帝充满虔诚，朱门将自行开启。"泰戈尔自信地说。

在场的波斯友人对泰戈尔的解释报以热烈掌声。

泰戈尔在《波斯纪行》中书写了当时的感受："坐在陵墓旁边，春天的早晨阳光明媚，我心里感到惊奇的是，诗人眼神含笑地从悠远的春天里飘然而至。我们两人仿佛是一家酒店里的两个朋友，把各种美酒斟满一只只酒盅。我今天真切地感到，几百年后，一个远行者跨越生命界限，来到这座陵墓旁边，他是哈

---

① 是泰戈尔自称。泰戈尔一生主要用孟加拉语创作。

菲兹的老熟人。"

伊斯法罕之行

在设拉子逗留七天后，泰戈尔一行前往伊斯法罕。

在设拉子城外，看不见一棵树，荒凉的公路弯弯曲曲，宽阔且平坦。驱车一个小时，左边出现农田，小麦和罂粟映入眼帘，但未见到村庄，田野一直延伸到天边。

一段时间后，不远处突然出现波斯波利斯王宫遗址，这是征战各地的大流士一世建造的王宫遗迹。东道主请泰戈尔坐在一把椅子上，沿着石级把他抬到上面。

泰戈尔在这里结识了德国著名考古学家哈特吉勒夫德博士，他正在这里参与遗址挖掘工作。他对泰戈尔说，他在柏林听过他的演讲，曾去酒店拜访过他。在异国他乡见到泰戈尔，感到特别亲切。

遗址的石柱有的已破损，有的相对比较完整，落寞地兀立着，好像博物馆里收藏的巨型动物残缺的骨架。询问得知，建造宫顶使用的木料中有从印度运去的红木。当时尚未发明建造穹顶的技术，因而未建石头楼顶。

哈特吉勒夫德博士告诉泰戈尔，是希腊马其顿国王亚历山大焚毁了这座宫城。泰戈尔认为，他这样做的原因是嫉妒别人的丰功伟业。他妄图缔造一个帝国，但在他之前，已有帝国了。亚历山大容不得他人的伟业，一把火烧毁了阿契梅尼德王朝的皇帝创建的波斯国①。

泰戈尔疑惑：波斯的建筑中，为什么鲜见女性形象？博士告诉他，在古代

---

① 马其顿国王亚历山大大帝,公元前 334 年起率军东侵,公元前 330 年吞并波斯帝国。

波斯，受封建礼教束缚，妇女深居简出，出门戴面纱，在人前不露面，因而在波斯罕见女性艺术作品。

泰戈尔一行抵达伊斯法罕的这天下午，他们先游览了市容。 伊斯法罕居民的房前屋后栽种花草树木，流淌着清澈的渠水。 泰戈尔觉得，这座城市舒适地躺在自然的怀里。

在伊斯法罕期间，泰戈尔在东道主的带领下，参观了著名的伊萨清真寺和亚美尼亚人的古老教堂，欣赏了画有《圣经》往世故事的精致壁画。 然后，欣赏了当地的音乐，一种称作"塔尔"的弦乐器既能演奏柔和的也能演奏极为激越的乐曲，掌控节拍的乐器名叫"达姆波克"，它的鼓声比印度的手鼓声更丰富一些。 此外，他还观赏了波斯生产的各种精美地毯。

市政委员会为泰戈尔举行欢迎会。 泰戈尔在答词中说："我从未期望一个独立国家的国王邀请我访问。 在古代，圣哲文豪得到朝廷恩宠，可如今的国家领导人已对那种文化传统不屑一顾。 所以，当迪诺沙先生告诉我，波斯国王给我寄了邀请函时，感到喜从天降。 这是东方风尚的生动体现。"

德黑兰之行

4月29日，泰戈尔一行离开伊斯法罕，前往德黑兰。

负责接待他们的阿迦·阿萨迪毕业于美国纽约的哥伦比亚大学，非常熟悉泰戈尔的英文作品，起着促进泰戈尔和东道主交流的桥梁作用。

在德黑兰的两个星期，费鲁兹负责照料他的日常生活，安排了十八场交流活动。

5月2日，波斯国王里扎·沙·巴列维接见泰戈尔。 巴列维国王崇尚简朴，身穿灰色军服，表情坚毅，目光中蕴含和善的宽容。 他已执政十年，身边没有前呼后拥的官员和保镖。 在王宫铺着地毯的会客厅里，没有豪华的家具。巴列维国王与泰戈尔交谈约一个小时。 泰戈尔把他的几本著作和下面这首孟加拉语诗的英译本送给国王。 这首诗的原作是：

> 我心殿里有一盏
>
> 回忆往日的金灯。
>
> 擦拭得锃亮如初，
>
> 没有岁月的锈痕。
>
> 您的灯闪射新时代
>
> 神圣生命的光芒。
>
> 啊，我来了，兄弟，
>
> 让我的灯辉映你的灯光。

5月5日，泰戈尔出席德黑兰群众欢迎会，在答词中说：

欧洲打开了自然资源之门，向各个方向启动生命的征程，获得大量财富。欧洲人借助自然的力量，如今成为所向披靡者。我们东方国家在资源勘探方面向来懈怠，这使我们在社会各个领域十分软弱。在科学探索方面，我们应该向欧洲学习。

波斯如今已开始建设新国家。我感到荣幸的是，在这个创新的年代，作为客人，我来到了波斯，观看创造的壮举，其间应有东方与西方文明交融的情状。

在古代，亚洲的创新年代彰显强大力量。那时，波斯、印度和中国神采奕奕，扩展亚洲大陆的整体文明，那时，亚洲建立丰功伟绩，远播至理名言；那时，亚洲常常心潮澎湃；那时，它的知识财富翻山越岭，穿越时光，传到世界各地。

　　后来，灾难降临到亚洲头上。……我们的漫长岁月，是在贫乏中度过的。如今，在亚洲大陆的血管里，重又跳荡青春的脉搏。波斯对印度诗人盛情款待，是一个好兆头。这足以证明，亚洲展现自我的责任感已越过一个个国家的边界，扩向其他大陆。

　　不消说，每个亚洲国家将根据自己的特性、能力和需要去解决自己的历史问题，但在自己的发展道路上，每个国家手擎的明灯的光芒，互相交融，汇成认知的光海。所以，我真心祝愿，在我们中间成立联袂探索的机构吧。让大家共同努力，以神圣的力量促使东方大陆崛起！让它自己的才能、它的文学艺术、健康的社会新风尚和脱离迷信的纯正的道德观念赢得亘古不变的敬意。

　　欢迎大会结束，泰戈尔应邀到一位音乐家家里做客。他走进一条小胡同旁他的寓所，铺着石板的四方形院子里有一个小水池，盛开的玫瑰花散发着浓郁香气，一张小桌子上放着茶具。对面的走廊里坐着乐手，他们手持一把弦乐器、一支竹笛和好几把提琴。

　　"我知道，您真诚希望国家的传统艺术不受到损害。"这位音乐家显然读过有关泰戈尔的著作，"这也是我们的期望。在保护音乐的民族特色的同时，我们也努力在本国音乐中融入欧洲的音乐元素。"

　　泰戈尔表示赞同："您说得完全正确，兼收并蓄才能丰富发展本国音乐。"

　　这几年，泰戈尔在许多场合强调应促进东西方文化的融合。他相信，这样的融合中可能出现创新。融合的初期，依然存在两种文化之间的差异，模仿在所难免，但只要融合中有生命力，就会渐渐水乳交融。如同果树嫁接，新枝、旧枝的差别消失，水果中就产生新的果汁。这种现象在文学领域显现，在音乐领域也必然显现。

接着，这位音乐家独自用弦乐器演奏了一首曲子。 这是纯正的印度维伊鲁比调曲子，袅袅地飘入泰戈尔的心里。

5月6日，泰戈尔生日即将到来之际，他收到来自国内外友人的大量贺电。遵照国王的旨意，在巴格纳德道勒哈特宫用姹紫嫣红的鲜花装饰一新，王室为泰戈尔举行寿宴。 波斯国王授予泰戈尔"科学文学一级勋章和证书"，吩咐教育部为国际大学选派一名波斯语教授。 阿富汗、埃及和英国驻波斯大使也分别为泰戈尔举办寿宴。

祝寿活动结束，回到宾馆，泰戈尔写了《在波斯过生日》（节选）：

波斯,戴着你尊贵的花环,

崭新的光荣印在眉宇间,

诗人的生日富于不寻常的意义。

你的情义永远铭记,

你的额上我写了一行诗——

波斯,胜利属于你。

5月7日，泰戈尔拜会波斯首相。 首相与泰戈尔同岁。

泰戈尔对首相深表谢意："首相阁下百忙中与我亲切会见，令我万分感动。"首相也表达了对泰戈尔的敬意："泰戈尔先生不顾年迈，乘飞机不惧颠簸来我国访问，弘扬印度文明，着实让我们钦佩感激。"

泰戈尔还谈了种族问题："印度深受教派冲突之苦。 贵国的许多措施富于人性，值得我们学习借鉴。"首相对此表示肯定，他提到在消除持续多个时代的极端行为方面，他们确实做了一些努力，并认为："不同种族之间应建立和谐关系。 教派对立是反常的、不文明的。 在国家政体方面，印度和波斯有许多差别。　印度人口超过三亿，跟波斯民族、宗教和语言相同的情况不同。"

"您说得太对了。"泰戈尔也谈了自己的观点，"地域辽阔，是一个国家的难题。　其他统一的文明国家的国家政策不适合印度。　或许，经历了各种矛盾，才能制定印度的特殊政策。"

首相由衷地说："希望不久的将来，印度的穆斯林与印度教徒如您说的那样，能够和睦相处，让您的设想变为现实。"

遗憾的是，首相的祝福在印度的历史进程中未变成现实。

巴格达之行

伊拉克驻波斯大使拜会泰戈尔，向他转达伊拉克政府的邀请信。　5 月 15 日这天，泰戈尔一行离开德黑兰前往伊拉克。

一路走来，泰戈尔得到了来自各界的许多民众的欢迎。　最后一程，泰戈尔一行换乘火车，当列车驶进巴格达时，车站人头攒动。　各界代表对泰戈尔表示热烈欢迎。　印度同胞在他颈上戴了花环。　两个小姑娘敬献花束。　女士中间还有一位孟加拉姑娘。

泰戈尔下榻于底格里斯河畔的旅馆。　上午，泰戈尔一行参观了一座博物馆。　下午，泰戈尔一行出席当地文学家的欢迎会。　泰戈尔致答词："在阿拉伯的鼎盛时期，东方、西方的大约一半地域，受到阿拉伯的影响。　对印度，尽管未演变为当今的国家体制，但制约着印度庞大的穆斯林群体，以知识的形式，以宗教的形式，在那儿存在着。　回想起历史上先人履行的那种责任，我要对你们说，以你们中间受到爱戴的宗教首领的名义，请把阿拉伯的崭新心声，送过阿拉伯海，再次送往印度——送到信奉你们宗教的人身边——以维护你们神圣宗教的声誉。　当下，我们的痛苦难以忍受，我们争取自由步步受挫。　让你们崭新生命的豪迈呼唤，穿过教派的狭隘，穿过不人性的凶狠，穿过对宽容之道的侮辱，沿着人与人相会之路，沿着自由之路，送到不幸的印度的耳中！ 让出生在一个祖国的人们，在身心内外团结一致！"

次日，泰戈尔出席费萨尔国王在御花园举行的茶话会。"诗圣此次光临伊拉克，举国上下顿时熠熠生辉。"费萨尔国王以称赞的口吻说，"诗圣荣膺诺贝尔文学奖，不只为印度，也为穆斯林世界赢得了无上光荣。 为此，我想我也应代表穆斯林国家对您深表谢忱。"

"在波斯和贵国，我感受到的深挚友情，永世难忘。"泰戈尔说，"此外，也感受到贵国不寻常的民族觉醒，目睹了实现民族和睦采取的有效措施，深受启发。"

泰戈尔在波斯和伊拉克访问期间，特别关注这两国是如何解决教派矛盾的，所见所闻，使他似乎看到了解决印度穆斯林和印度教徒对立的路径。

贝都因部落之行

泰戈尔收到贝都因游牧部落首领邀请，请他去牧区做客。 他起初担心身体吃不消，想婉言谢绝，可转念一想，当年在诗中写得何等豪放：我愿成为阿拉伯人，成为贝都因！ 那时他年近三十，如今快隐入身后的地平线了。 机不可失，时不再来，不能把激昂的诗句全部付诸现实，必将抱憾终生！ 所以一早他就登车出发。 途中，突然他被拉到一所培训学校对学生发表讲话。 旅行途中，这种事发生几回了。

汽车驶入沙漠地区。 首领特地前来迎接，还上了泰戈尔的汽车。 这是一位结实的彪形大汉，目光锐利，一身游牧服装：头缠一方白布，套着黑圆环。 雪白的衫衣外面，罩着轻薄的黑袍。 陪同人员告诉泰戈尔，这位首领几乎目不识丁，但机敏过人，是当地的议员。

烈日炙烤着浑黄的沙原，远处幻化为海市蜃楼。 牧民在放牧羊群，有的地方踯躅着马和骆驼。 风呼呼地啸叫，沙尘旋转着飞驰。 走了很长的路，泰戈尔一行才到达他们的聚居点。 一个巨大的帐篷里，许多人在喝咖啡。

泰戈尔在一间泥屋里落座。 里面非常凉爽，地上有考究的地毯，靠墙的木床上铺着软垫。 房中木柱支撑着脊檩和椽子上的泥屋顶。 首领的亲友围坐成一圈，有一个人托着粗重的玻璃烟筒在吸烟。 有人递给泰戈尔一个精巧的茶杯，斟满咖啡。 咖啡极浓，又黑又苦。 首领谦恭地询问他是否同意马上进餐，若吐出一个"不"字，按照风俗，就不必宴请了。 他表示同意，空空如也的肚皮也催促他这样表态。

演唱歌曲是宴会的序幕。 一位歌手手持用木片和皮革制成的简陋的单弦琴，边弹边唱。 嗓音尖细，歌声如咽似泣，与昆虫的嗡鸣相似，实在叫人难以联想到贝都因人的粗犷剽悍。

歌罢，送来水盆、漱盂。 泰戈尔擦了肥皂，洗净手，坐着静候。 面前铺了线毯，三四个小伙子端来了圆月形双层厚面饼，一只双环大铜盘里是小山似的米饭，上面是一只煮熟的整羊。 刚才尖细哀切的歌声，与这宴席的形式和内容是那么不协调。 大家簇拥着铜盘，把饭抓到自己的瓷盘里，撕掰着羊肉吃了起来。 稀酸奶供大家作为饮料饮用。

首领不无歉意地说："我们这儿的风俗是贵宾进餐，主人站在一边。 可是今天太晚了，顾不得风俗了。"说话间，又端来一只大铜盘。 他的亲友呼啦一下围盘坐在地上，大吃大嚼。

吃完饭，首领下令跳舞。 一位乐师吹起单调的笛音。 牧民们踏着节拍，开心地蹦跳。 说他们在跳舞有些夸张，只有领头的挥动着手帕，稍微有点儿舞蹈的味道。

随后，泰戈尔来到屋外观看战斗舞。 他们手持棍棒、匕首、腰刀、猎枪，一面跳跃吼叫一面转圈，情绪激昂。 女人们立在门口，为他们加油、喝彩。

下午 4 点左右，泰戈尔告别热情好客的主人，踏上归途。 首领送了他一程。

贝都因牧民是沙漠的儿子，性情豪爽、坚毅，生死的矛盾与他们终生相伴。世界没有给他们固定的住所，他们也不期望别人恩赐栖身之地，部落之间的关系十分密切。 他们的食物盛放在一个大盘里，这种食用方式绝无时髦的雅趣可言。 他们可以吃别人烙的粗面饼，不分彼此的习惯中，培育了为同族人赴汤蹈火的英雄气概。

泰戈尔是河流怀抱里的儿子，坐在牧民中间用餐，他想到他同牧民是用不同的模具铸就的，但彼此的感情，可用心灵深挚的语言加以沟通。 所以，当这位不识字的首领含蓄地说，"我们的祖师教导我们，谁的言行不让他人感觉到危险，谁就是纯正的穆斯林"时，泰戈尔被深深地感动了。 首领接着谈了颇有见地的观点："印度教徒与穆斯林对立的罪恶种子，埋在印度某些知识分子的心底。 不久前，从印度来了几个受过教育的穆斯林，打着伊斯兰教的幌子，大肆散布教派仇恨。"他的语调变得严肃起来："我不相信他们宣扬的文明，拒绝接受他们的宴请。 至少在阿拉伯地区，他们不会受到人们的尊敬。"

泰戈尔告诉他，他曾在一首诗里写道："我愿成为阿拉伯人，成为贝都因！"今日，他的心与他们贴得更近了，在内心深处，分享了他们的精神食粮。

访问结束，泰戈尔乘的汽车徐徐启动。 两旁表演骑马术的两队贝都因骑手策马飞奔，宛若两团沙漠旋风。 伊拉克之行，即将在沙漠里的友好气氛中结束。 泰戈尔同首领开玩笑："我受到了贝都因人的热情款待，可未看到贝都因强盗如何抢劫，实在是美中不足。"首领哈哈大笑："不好办哪，我们的强盗从不伤害白发银鬓的学者。"

　　6月3日，满载波斯和伊拉克人民的深厚友情，泰戈尔和儿媳波罗蒂玛·黛维乘飞机从巴格达返回印度。

码上解读
才华横溢的大师
赤子之心的诗人
无问西东的旗手
东方精神的智者

1937 年 4 月 14 日，在泰戈尔创办的国际大学里，一座两层楼建筑落成了，张灯结彩，高朋满座。 噼里啪啦，在一连串响亮悦耳的鞭炮声中，泰戈尔在谭云山等人的陪同下，健步进入院子。

按照印度传统庆典仪式，首先点燃一盏神灯，然后，泰戈尔缓缓揭开楼中央正门上方的一块红布，时任中华民国国民党政府主席林森手书的遒劲端庄的四个中国字"中国学院"，赫然映入来宾眼中，院子里顿时响起一阵掌声。

中国学院的建立实现了泰戈尔 1924 年访问中国时的梦想，是中印文化交流古道终于疏通的标志。

诚邀谭云山

中国学院能够如期建成，是与首任中国学院院长谭云山先生的不懈努力分不开的。

谭云山是湖南省茶陵县人，1915 年考入湖南省立第一师范学校，后师从徐特立、章士钊和佛教改革家太虚大师等人，并加入新民学会和文化书社。 1919 年进入长沙船山学社，从事教学与研究工作。 1924 年，谭云山为去法国勤工俭学，先赴南洋谋生，在华侨华人学校教书。

谭云山 1927 年与泰戈尔相识。 泰戈尔前往爪哇访问，途经新加坡。 7 月 24 日，富裕的中国华侨和商人在花园俱乐部为泰戈尔举行欢迎会。 景仰泰戈尔的谭云山听到泰戈尔顺道访问新加坡和华侨为他举行欢迎会的消息，特地前往他下榻的酒店，有些忐忑不安地叩开他的房门。 看到白发银髯、慈祥和蔼的泰戈尔，谭云山紧张的心情马上平静下来，用英语说道："尊敬的泰戈尔先生，我叫谭云山，原籍中国湖南，来马来西亚教中文好几年了。 印度是伟大的古国，中国高僧玄奘从印度取回佛经，对我国的影响极为深远，我对印度一向神往。先生您 1913 年荣获诺贝尔文学奖，享誉世界。 1924 年访问中国，在中国也家喻户晓。 我本人对您十分敬仰。"

看着满脸朝气、谈吐斯文的年轻人谭云山，泰戈尔捋了一下白胡须，笑容满面地说："每次见到像你这样的年轻人，我就感到自己年轻了许多。 你说得非常好，两国高僧翻山越岭，穿越沙漠，开辟了文化交流的大道。 遗憾的是，由于众所周知的原因，两国的交往大道在近代尘封了。 疏通交往大道任重而道远，我已年过六旬，希望寄托在你们年轻人身上了。"

在交流中，泰戈尔道出了他开中文课的原委："佛教典籍在唐代传入中国。由于外国军队多次入侵印度次大陆，许多佛经在印度失传了。 研究佛教，印度学者要与中国学者合作，懂汉语是必不可少的前提。 考虑到这一点，1921 年开始，我在我的学校开设了中文课。"1921 年，泰戈尔聘请法国巴黎大学的西尔万·列维教授来圣蒂尼克坦教汉语，可他教了一年就回国了。 1924 年，来自缅甸的林来将博士教了两年汉语也回缅甸了。

泰戈尔真诚地表示："我多么希望有人来到我的学校，帮我继续办好中文教学啊。"说罢，他以充满期待的目光看着谭云山。

谭云山领悟了目光的含义，不假思索地说："泰戈尔先生，您如信得过我，我去您的学校教中文如何？"

泰戈尔起身握着谭云山的双手："那太好了，但是……"

"泰戈尔先生如有难言之隐，只管说，任何困难，我都能克服。"谭云山宣誓般地说。

"我这所学校是私立学校，政府不拨经费，一切费用由我筹措。"

泰戈尔直言相告："由于我财力有限，学校只为老师提供食宿，不发薪水。谭先生如有家眷，要养家糊口，只怕也难以长期在我校执教。"

谭云山忙说："我尚未成家，没有家庭负担。"

泰戈尔脸上淡淡的愁云瞬间消散了。

谭云山回到华侨学校，向亲友给自己介绍的对象陈乃蔚女士谈了自己的志向，善解人意的陈乃蔚当即表示理解和支持。 1928 年，谭云山与陈乃蔚完婚，9 月 3 日，他胸怀拓宽中印文化交流大道的远大抱负，告别已怀孕的新婚妻子，义无反顾地踏上旅程。

谭云山一到圣蒂尼克坦就全身心投入中文教学和研究之中。 按照泰戈尔的意见，比杜塞克尔·夏斯特里①和吉迪莫汉·森教授与谭云山一起制订教学计划。 比杜塞克尔·夏斯特里一直负责管理国际大学的藏语、中文教学和佛教研究项目。 吉迪莫汉·森精通《奥义书》《吠陀》等古典著作，作为梵文专家，1924 年陪同泰戈尔访问中国，与北京大学的梵文教师作过交流，可以说是半个中国通。 他与谭云山有共同语言，关系融洽，合作非常愉快。

创建中国学院

在执行教学计划的过程中，谭云山常常感到，只有他一个中文老师，势单力薄，难以兼顾教学和研究，应从中国请来更多的学者。 另外，教室时常变动，

---

① 比杜塞克尔·夏斯特里(1878—1959)，著名梵文学者，国际大学教授。

影响教学效率，他觉得应有个固定的教学场所。 他把这个想法告诉比杜塞克尔·夏斯特里和吉迪莫汉·森，得到他们的认同，但由于缺少资金，这个美好的设想只得暂时搁置。

1931 年，谭云山回国处理公务和家庭私事，并四处奔走，为创建中国学院募捐，随时把进展情况函告泰戈尔。 泰戈尔在回信中对他在圣蒂尼克坦建造中国大楼所做的真诚努力表示赞赏，并热切期待他的努力结出硕果。

为了建立中印双方的合作渠道，1934 年 4 月，谭云山回到圣蒂尼克坦，立即着手筹备中印学会印度分会。 在泰戈尔的大力支持下，8 月 19 日，分会在泰戈尔的寓所宣告成立。

1934 年 9 月 22 日，谭云山制订了建造中国学院和中印文化交流的具体计划。 这个计划由四部分组成：第一，建造中国学院，包括一个大厅、一间阅览室、一间厨房和十二间客房，总共需经费约三万卢比。 第二，中国学院将设立基金，数目是十二万卢比，供聘用两位教授（一位中国文化讲座教授，另一位为中国佛教讲座教授）之用，（月薪二百五十卢比）。 第三，中国学院将设立奖学金，分甲、乙两级；甲级奖学金每月一百卢比，乙级奖学金每月五十卢比，每级共四名。 设立了八个奖学金的名额，基金共需十四万四千四百卢比。 第四，中国学院将设立图书馆，书籍由各方捐赠①。 这个计划得到泰戈尔的首肯。 泰戈尔在该计划书上写道："我欣然做东道主，让中印学会把位于圣蒂尼克坦的我的大学当作在印度的活动中心。 我希望中国朋友衷心欢迎中印学会，并对我的朋友谭云山教授慷慨相助，使这个计划得以实现，为中印两国紧密文化交流成立一个永久性机构。"

10 月，谭云山带着这个计划回到上海，就成立中印学会在各地与太虚法师、戴季陶、蔡元培等知名人士商议，在他们的积极支持下，1935 年 5 月 3 日，

---

① 引自谭中、郁龙余主编的《谭云山》，中央编译出版社，2012 年版。

中印学会在南京正式成立，中央研究院院长蔡元培先生任理事会主席，国民政府考试院院长戴季陶先生为监事长。 中印学会的章程中说："谭云山教授在印度教学多年，致力于中印文化的融合，他倡议组织中印学会，这种努力在意义上不亚于佛教高僧玄奘、义净的壮举。"

有了诸多名人组成的中印学会这个机构的号召，谭云山比预期提前募齐了建造中国学院所需资金，以中印学会的名义，汇给了国际大学。 谭云山及时把这个喜讯电告泰戈尔。 泰戈尔于 1935 年 8 月 4 日满心喜悦地回信：

我亲爱的教授：

　　中印学会已寄给我一张作为建造中国学院款项的 31712 卢比的支票。我已回信，告诉他们支票已收到，并表达了我的感激之情，然而，我时刻忘不了您。因为我知道，靠您不倦地奔波，这件大事方能做成。我们何时能盼到您重返圣蒂尼克坦呢？

　　致以良好的祝愿！

你真诚的罗宾德拉纳特·泰戈尔

乌达扬　圣蒂尼克坦　孟加拉

中印学会为国际大学购置十万册中文书，各界友好人士又赠送五万册。 谭云山于 1936 年初把这些珍贵书籍分批海运至加尔各答，之后运到圣蒂尼克坦。国际大学从而成为拥有中国书籍最多的印度大学。

足够的资金到位，有米之炊就可动手做了。 谭云山赶紧返回印度，提交中国学院建造方案，新建筑内应有图书馆、客房、办公室和教室。 设计师采纳他的意见，制作设计图，征得泰戈尔同意，立即施工。 不到一年便顺利竣工。

为了扩大中国学院的影响，泰戈尔邀请许多著名人士出席揭幕仪式。

国大党主席尼赫鲁收到邀请，准备去圣蒂尼克坦中国学院揭幕，可突然生病，来不了国际大学，就让他在国际大学读过书的女儿把他的讲话寄给校方庆典筹委会。讲话中强调指出："中国和印度，从历史的黎明开始就是两个姐妹国家，应在世界大剧中扮演主角，其实它们已深入角色。"

圣雄甘地很想参加揭幕仪式，但要去贝勒贡拉姆参加一项重要活动，也未能来圣蒂尼克坦。他发给泰戈尔的贺电中说："我在精神上将与你们站在一起。愿中国学院成为中印两国活跃的文化交流的象征。"

时任中国政府主席的蒋介石和蔡元培、戴季陶先后给泰戈尔发去贺电，愿共同努力发扬东方之学术与文化，以促进人类于和平幸福之域而谋大同世界之实现。

泰戈尔在揭幕式上发表热情洋溢的讲话《中国与印度》，表达了创建中国学院的喜悦心情和对扩大中印文化交流的殷切期待和祝福：

> 对我来说，今天是一个期待已久的伟大日子，我可以代表印度人民，发出消隐在昔年里的古老誓言——巩固中印两国人民文化交流和友谊的誓言。远在一千八百年前，我们的祖先以无限的忍耐和牺牲精神，为这种交流奠定了基础。

> 朋友们，我前来请你们疏通我相信依然存在的交往的道路。尽管路上蔓生着忘却的荒草，它的走向仍依稀可辨。

> 作为随着时间的推移不断增长的理解的核心和象征，即将揭幕的中国学院将发挥积极作用。中国的学生和学者将作为我们的成员住在这儿，他们的生活和我们的生活水乳交融。他们将为共同的事业付出辛勤劳动，帮助逐步复修中印两国人民之间业已中断十个世纪但富于成果的康庄大道。至于国际大学，我希望现在和将来它是各国人士聚会的场所，不管来自东方还是西方，只要他们坚信人类的团结，决意为自己的信仰忍受艰苦。我信赖他们，纵使他们的探索或许并非意义重大而未能载入史册。

　　特别需要加以维护的，不是风俗习惯，而是道德力量。道德力量能够提高我们文明的质量，使之受到广泛的尊重。所以，我请求中国人民给予合作。我愿援引中国的先哲老子的一句名言：有德司契，无德司彻。优秀的文化精神，使中国人民无私地钟爱万物，热爱人世的一切；赋予他们善良谦和的秉性，而未把他们变为物欲主义者。

　　唯有合作、友爱、互相信任、互相帮助，才能使文明显示真正的伟大价值。正如天空尚未破晓，晨鸟歌唱着宣告旭日升起，我的心歌唱着宣告：伟大的未来正向我们走来，离我们很近了。我们应当准备迎接这个新时代！

　　中国学院是一座两层楼建筑，正门开在楼中间，两侧配楼对称，楼内设备齐全，外表兼有中国和印度建筑风格，与国际大学的自然环境极为和谐，整体庄重雅观。

　　谭云山为中国学院确立的宗旨是：

　　　研究中印学术，

　　　沟通中印文化，

　　　融洽中印情感，

　　　联合中印民族，

　　　创造人类和平，

　　　促进世界大同。

中印友好交往广泛展开

　　在泰戈尔的指导和谭云山的统筹安排下，汉语教学项目全面铺开，对汉语有浓厚兴趣的学生被派往中国学习，从事研究，数年间培养了多名汉学家。 他们中最有名的是波罗普特·昌德拉·巴克吉（中文名师觉月），他是最早跟西尔万·列维教授学习汉语的五个学生之一，在巴黎学习中文佛教和东方文化三年，获得文学博士学位，回到国际大学，成为一名汉语学者。 1947 年，他被派到中国，任北京大学客座教授。 从 1954 年至 1955 年，任国际大学副校长。① 著有《中印文化关系千年史》《印度与中亚》《中国佛教圣典》等专著。

另一位到北京大学留学的是波桑特·巴苏德卜·帕隆贾布（中文名白春晖）。 他在校师从饶宗颐先生，还跟吴晓铃先生学习元代杂剧，学到一口京腔普通话。 20 世纪中印两国几代领导人进行国事访问时，白春晖数次担任翻译或参加双边会谈。 他是中国学院培养的见到过中国三代领导人的屈指可数的汉学家。

不少中国学者和名人相继来到中国学院，教授中文，研究佛教和印度古代文学，开展学术交流，进行友好访问。

中国佛教高僧太虚②于 1940 年 1 月 17 日，率数名弟子，作为友好使节访问圣蒂尼克坦。

泰戈尔在杧果园为代表团举行的欢迎会上致欢迎词："中印之间的古老友谊可通过精神和文化交流而恢复。 你们作为爱的大使从你们的国家来到我们的国家。 当我欢迎你们的时候，我想起朝圣者们为了与他们的印度兄弟交换人类的最高礼物，从你们国家克服千难万险来到这里，我们向你们，并通过你们向你们的国家奉献我们的爱的礼物。"

太虚长老在答词中说："佛陀释迦牟尼把新思想潮流注入印度社会生活，诗

---

① 国际大学校长由印度总理兼任，副校长实际上是主管校长。
② 太虚（1890—1947），中国佛学家，1929 年与僧人圆瑛共同发起成立中国佛教会。抗日战争期间，率领中国佛教访问团出访包括印度在内的南亚和东南亚国家。

人泰戈尔是目前印度的物质和精神生活完美结合的生动体现。"

1月19日，中国学院院长谭云山设茶话会欢迎太虚一行。 泰戈尔率国际大学百余名师生出席。 太虚即兴题诗赠泰戈尔："佛消梵化一千载，耶继回侵七百年。 冶古陶今铸新圣，觉源遥溯育王前。"①

中国著名画家徐悲鸿作为访问学者1939年来到国际大学。 泰戈尔将其视为伟大的中国文化的使者，在欢迎仪式上表示：

> 我期待我们两个邻国的大地上出现一个温暖的时代，期待东方的历史坚定有力地宣告，它将保护我们大家不被蔓延的黑暗所笼罩。

徐悲鸿在答词中说：

> 圣蒂尼克坦这个地方是符合我理想的艺术文化中心。……全世界都应来这儿朝圣，呼吸这儿在印度诗人直接启发下潜心创作的愉快气息。我的造访，就是朝圣。我不是来给予，而是来接受印度像昔日那样给予我国和我国人民的伟大礼物。

此后，吴晓铃教授偕夫人石素真（又名石真②）到中国学院教中文。

中印学会监事长戴季陶一行于1940年12月9日抵达圣蒂尼克坦。 次日上午，在杧果园举行盛大欢迎会。 泰戈尔因病未能出席，但写了热情洋溢的欢迎

---

① 此诗以精练的语言勾勒佛教在印度衰落、梵教兴起、伊斯兰教在印度传播的历史脉络，并希望印度文化人士重振印度的古国雄风。

② 石真（1918—2009），中国社科院外国文学研究所研究员，是新中国第一位孟加拉语文学女翻译家。她的译著有般吉姆的长篇小说《毒树》、萨拉特·昌德拉·查特吉的长篇小说《斯里甘特》（第一卷）和泰戈尔的诗集《故事》等。

词。　欢迎会结束，戴季陶进入泰戈尔的住所拜访他，通过翻译交谈。　戴季陶对泰戈尔说："在中国和印度渴望恢复自己尊严的时刻，您出访中国，您出现在中国，如同神的祝福。　1924年，您不仅为中国带去了福音，也在我们中间大力传播科学知识，从而帮助我们看清依靠自己力量的道路。　从那时起，我们文化的新时代开始了。"戴季陶这番话充分肯定了泰戈尔访华的重大意义，指出同受异族侵略的两国人民可以开诚布公，变得心心相印。

泰戈尔多次谴责外国势力侵犯软弱的中国。　他对戴季陶说："希望中国发扬英雄精神，克服一切困难，获得完整的独立。　你们的胜利将为印度指明前进的道路。"泰戈尔还说，他希望再次访问中国，亲眼看看中国重建的壮观场面。由此可见，泰戈尔对中国和中国的未来是充满信心的。　他在请戴季陶转交给蒋介石的回信中说：

> 您问我，我们可采用什么方法把中国和印度的伟大文明置于永恒基础之上。其实，除了珍贵的个人联系，我们还通过学者的交流，通过我们的机构和文化中心，保持着卓有成效的合作。我相信，在我们这个时代，中国有一个需要完成的特殊使命，这就是要把科学和科研机构的恰当方法，与东方的智慧和人道的伟大传统相协调，从而引领亚洲和整个世界。
>
> 欧洲为了无情的效率快速牺牲了自己的文化和人性，而无情的效率用机器的残暴扼杀了人类精神，最不幸的是，亚洲的一些帝国主义国家也以"进步"的名义走上了这条自杀之路。
>
> 当下，中国是一个明显的例外，她正在为西方和东方树立一个光辉榜样，展示着怎样将现代效率运用于永恒文明的权威之中。通过充分利用才智，实现科学与人文精神的和谐统一，中国将会帮助印度重建国家。
>
> 在国家规划的各个领域，如工业发展、农业进步以及在贵国广袤大地上建设新城市，等等，贵国可以向我们展示，我们如何能够摆脱科学与人道脱节

的致命危险,这种脱节正预示当代西方国家和东方国家的厄运。

在这封信中,泰戈尔对中国的美好未来,对中印关系,对科学进步与东方传统理念和人道主义的协调,表达了坚定信心。

继承伟人遗志

1941 年 8 月 7 日,泰戈尔与世长辞。 中国学院继承泰戈尔的遗志,在各个领域发挥了重要作用。

蒋介石 1942 年访问印度。 在谭云山的努力下,蒋介石在加尔各答与甘地会谈后,访问圣蒂尼克坦国际大学。 宋美龄在欢迎会上用英文发表演说,对不久前逝世的诗圣泰戈尔表示崇高敬意,热情赞扬中印两国人民的友好关系。 蒋介石夫妇代表中华民国政府捐款八万卢比,用于扩建中国学院。

中华人民共和国成立后,一方面,国际大学中国学院与北京大学等高等学府的交流更加频繁,包括沈纳兰在内的中国学院多名学生到中国学习,留学北京大学的沈纳兰应聘任中国外文出版社孟加拉部专家,修润了《中国民间故事》等多部著作,翻译了《中国短篇小说选》《聊斋志异》等作品。 另一方面,中国学院为促进中印友好交往持续发挥作用。

1956 年,中国学院院长谭云山先生应中国领导人邀请出席国庆盛典,在各地观光。

1957 年,万隆会议后,中国国家领导人对印度进行国事访问,百忙之中,到访国际大学,会见中国学院师生,观看学生的歌舞表演,在正式讲话中忆及国际大学的创办人泰戈尔:“泰戈尔不仅是对世界文学做出了卓越贡献的天才诗人,还是憎恨黑暗、争取光明的伟大印度人民的杰出代表。 中国人民对泰戈尔有着深厚的感情。 中国人民永远不能忘记泰戈尔对他们的热爱。 中国人民也不能忘记泰戈尔对他们艰苦的民族独立斗争所给予的支持。"

中国国家领导人代表中国政府捐款六万元人民币，用于修建泰戈尔纪念馆，赠送中国学院所需图书十二万六千三百八十一册，并在一本书上手书"送给国际大学中国学院"等内容，且亲自署名，以此表达中国人民对国际大学中国学院的友好情感。

2000 年起，随着中印两国多领域的合作与发展，中国学院审时度势，扩大招生名额，中国学院每年毕业的本科生和硕士生达四十名之多，与中国多所大学签署了双边合作协议。

2014 年，中国国家领导人在新德里会见印度友好人士、友好团体代表，同与会者一道追忆泰戈尔等印度对华友好人士的感人事迹，强调他们对中印友好事业的执着追求和无私奉献令人钦佩，并指出：中印是两个彼此有着数千年友好交往历史的古老文明国家，两个携手实现民族独立的重要邻邦，两个共同倡导和平共处五项原则的发展中大国，两个致力于实现强国富民目标的伟大民族。 传承中印友谊是一项伟大而崇高的事业，功在当代，利在千秋。

国际大学中国学院长期致力于中印友好事业，荣获了由中国领导人颁发的和平共处五项原则友谊奖。 中国学院院长阿维杰德·巴纳吉代表获奖者发表感言。 他用流利的中文说："泰戈尔当年为加强两国文化交流，克服重重困难，在谭云山先生的支持下，创办中国学院。 这是中印文化交流的一座金桥，通过这座重要的金桥，两国著名学者频繁开展文化交流活动，增强相互了解和友情。中国学院被授予和平共处五项原则友谊奖，这是对我院全体师生的巨大鼓舞和鞭策，我们一定沿着泰戈尔和谭云山先生开辟的友好之路，奋勇前进，为印中友好作出更大贡献。"

回望历史，泰戈尔创办的中国学院是中印友好事业之路上一座巍然矗立的丰碑，年复一年，放射着温暖人心的光芒，无论在中印关系顺利发展还是遇到困难的日子，曾经并将继续给予两国人民在友谊之路上迈向美好未来的新动力。

1937 年 7 月 7 日，国际大学中国学院成立不到三个月，日本军队制造借口，悍然对北平宛平城和卢沟桥发动进攻，中国军队奋起还击。 七七事变的消息迅速传到印度。 读到印度报纸上有关日本军队疯狂进攻的报道，泰戈尔义愤填膺，不料 9 月 10 日，他突然昏迷不醒。

声援中国人民抗日战争

泰戈尔生病的消息传到中国，蔡元培和戴季陶先生先后打电报表示慰问。 9 月 21 日，泰戈尔在回电中说："你们关心和忧虑我的身体健康，这使我深受感动。 我正走向康复之路。 在你们国家生死存亡、艰苦斗争的时刻，仍关心我的身体健康，这是我没有想到的。 你们以大无畏的英勇气概，抵抗对你们神圣国家的野蛮侵略，我对此表示高度赞扬，并祝你们取得胜利。你们的胜利将是正义和人道主义的胜利。"

9 月 21 日半夜，日本炮兵和飞机对南京和广州狂轰滥炸。 9 月 26 日，在尼赫鲁①的领导下，印度各地举行"中国日"活动，强烈谴责日

----

① 尼赫鲁（1889—1964），印度国大党主席，开国总理。

本的暴行，对日本侵略表达极大愤慨，集会上通过了抵制日货的倡议。

这场运动正如火如荼地进行时，泰戈尔收到拉斯比哈里·巴苏的一封信，请他施加自己的影响，遏制这场运动。

拉斯比哈里·巴苏曾是印度反对英国殖民统治争取独立运动的领导人之一。1916 年，他派人刺杀英印总督查尔斯·哈丁失败，化名"P. N. 泰戈尔"，借口为泰戈尔访问日本打前站，弄到一本护照，乔装打扮，躲过警察的眼睛，在加尔各答上船，逃到日本。后来他娶日本女人索马俊子为妻，且转为日本国籍。1924 年、1929 年，泰戈尔与他在日本见过两次面，并对其妻子的逝世表示亲切慰问，但拉斯比哈里·巴苏在获得日本国籍后，把推翻殖民统治、争取印度独立的希望，寄托在日本军国主义身上，于是，竭力美化日本军国主义，为日本发动侵华战争帮腔，甚至还打电报给泰戈尔，请他设法制止印度群众支持中国抗战。

看完电报，泰戈尔勃然大怒。他给拉斯比哈里·巴苏写的回信中说：

　　和亚洲的许多人一样，我一度也热爱日本，对日本表示敬意。我真的相信，亚洲终于有了日本这个西方的竞争者，强大的新兴国家日本，将保护亚洲的文化免受外国蹂躏，然而，日本正摧毁亚洲的一切。如今，日本是无助的亚洲的最大敌人。比起经济剥削和扩展地域霸权，每日发生的残酷屠杀和野蛮行径及其无耻炫耀，更加可恶。

　　在当代，如果一个国家侵犯另一个国家，那么，不仅会犯下帝国主义侵略的罪行，还会不分青红皂白地进行大屠杀，其影响之恶劣绝不亚于夺取无数生命的大瘟疫。当全世界的愤怒和良知都在抗议这场非正义战争时，我凭什么去阻止？这样的抗议不是哪个人能够鼓动的。

日本军队大举入侵中国领土，上海、南京等城市相继沦陷。艾格尼丝·史沫特莱①、爱因斯坦、罗素、罗曼·罗兰等国际知名人士，向尼赫鲁发出援助中国的呼吁。 泰戈尔在圣蒂尼克坦听到这些消息，寝食不宁。 他在 1937 年 12 月中的印历布萨月节日这天的早晨发表讲话，详谈了对中国抗战的态度：

> 如今，在中国，无数儿童和妇女，以及无数无辜的村庄，正遭受劫难。我读着相关报道，内心瑟瑟发抖。
>
> 日本对中国的残酷暴行，折磨着我们的心，但我们能做什么呢？ 我们谴责暴虐者。可能有人问，谴责起什么作用呢？ 我们心里感到痛苦，对魔鬼表示仇恨，其实，这也是助力创造新历史。我们没有机枪，但我们有正义感。不管这有多少价值，都将是我们的神圣事业。

在中国战场，中国共产党领导的八路军英勇抵抗入侵的日军，显示了惊天地泣鬼神的英雄气概和无与伦比的灵活战术。 印度各种报纸上发表了史沫特莱撰写的有关八路军英勇抗战的大量消息。 泰戈尔心情无比焦虑地阅读后，对日本军队的野蛮暴行感到强烈震惊。 有一天，他在报上读到，"日本士兵进入佛陀的寺庙，举行祭祀，祈求作战胜利。 他们对佛陀射虔诚之箭，而对中国射武力之箭"。 1938 年 1 月 7 日，他在圣蒂尼克坦写的《虔诚之箭》中，愤怒揭露日本军队对佛陀的虚假虔诚。 他在收入《新生集》的这首诗中写道：

> 他们计算死伤者人数，
> 敲打胜利的锣鼓。
> 用儿童妇女的破碎肢体，
> 招引一群狞笑的魔鬼。

---

① 艾格尼丝·史沫特莱(1892—1950)，美国著名作家、记者，是中国人民的老朋友。

民众的信仰，以谎话玷污，

用毒气之箭窒息人们的呼吸——

因此双手合十，想把佛祖

拉进自己的队伍，

战鼓咚咚，军号阵阵，

惊恐的大地瑟瑟颤动。

1938年1月9日，《欢乐市场报》的社论中，号召印度各界群众成立援华基金，为中国购买、赠送急需药品。 同一天，国大党领导人之一尼赫鲁呼吁印度人民再次举行"中国日"声援活动。 泰戈尔打给尼赫鲁的电报中，宣布为援华基金捐款五百卢比，这极大地鼓舞了印度群众的援华热情。 1938年2月，由国大党主席苏巴斯·钱德拉·鲍斯主持的哈里普尔会议上，也谴责日本帝国主义对中国骇人听闻的侵略，通过了抵制日货的决议。

泰戈尔不顾年老体衰，为"援华基金"募捐。 他重新修改舞剧《昌达尔姑娘》，在儿媳波罗蒂玛·黛维和苏伦特罗纳德·卡尔的协助下，亲自指导彩排。3月18日、19日、20日，《昌达尔姑娘》在加尔各答绿荫剧院连演三天。 在医生的劝阻下，泰戈尔没有随团去加尔各答，但19日，他把医生的忠告当耳旁风，乘火车到加尔各答，20日，出席最后一场演出。

中国的抗战形势日趋恶化。 1938年5月26日至6月3日，日本轰炸机在广州狂轰滥炸，广州的街道上到处是妇女和儿童的尸体。 听到日军在广州令人发指的暴行，苏巴斯·钱德拉·鲍斯决定立刻成立救护队。

得知中国学院院长谭云山因事即将回国，泰戈尔请他带回一封致中国人民的亲笔信，并于6月28日公开发表了这封信，信中不仅强烈谴责日本军国主义，而且表达了对中国最终取得胜利的坚定信念：

日本炫耀武力的叫嚣,它滥杀无辜时的狂呼乱叫,它摧毁教育中心,它对所有人类文明准则的极度蔑视,玷污了亚洲的现代精神,而亚洲在当今时代的前沿正努力寻找自己的尊贵席位。……当同一个野兽般的军事力量以可恶的速度占领你们的国家时,我们由衷地祈祷:在这个准备证明其背叛自己最好理想的怯懦的世界上,经受了这场考验,你们能够再次证明,你们相信高尚的人拥有真正的英雄气概。即使你们一时不能单凭膂力取得胜利,你们的精神成果不会丧失。经过艰苦卓绝的斗争,胜利的种子正播入你们的心中,并将一次次证明,它是不朽的。

这封信在中国电台播出,浴血奋战的中国人民受到极大鼓舞。

谴责日本法西斯

听到中国电台广播的这封义正词严的信,日本军国主义分子气急败坏,极为恼怒。 日本帝国的御用文人野口米次郎①跳出来,为日本军国主义涂脂抹粉,在印度报纸上公开发表致泰戈尔的公开信。

野口米次郎通晓英语,1916 年与首访日本的泰戈尔相识。 1924 年,泰戈尔再访日本,他陪同泰戈尔乘火车访问几座城市。 1935 年,他访问圣蒂尼克坦,会见泰戈尔。 国际大学设立七个副主席职位,野口米次郎是副主席之一,任期至 1940 年。 中日战争爆发,他是日本法西斯的狂热支持者,他在公开信中说道:"在我看来,这场战争不是一种屠杀性的疯狂行为,相反,这是在亚洲大陆建立一个新的伟大世界的必然手段。 尽管这是很可怕的,但在这样的世界,可

---

① 野口米次郎(1875—1947),日本诗人、文学家。

以实施'共存'原则。 请相信我，这是一场'亚洲共荣'的战争，我们的年轻士兵怀着殉道者方有的决心和牺牲精神走上前线。"

泰戈尔收到他的公开信，不胜惊愕。 他万万没有想到，一个艺术家或文学家会这样为侵略战争辩解。 9月1日，他在给野口米次郎的信中对日本法西斯侵略中国表示了强烈谴责：

人类有许多缺点，但依然相信社会道德规范。所以，当您说，尽管惊心动魄，可是为了在亚洲大陆开创一个新世界，这是不可缺少的手段(我认为其含义是，为了亚洲，作为拯救中国的手段，要对中国妇女和儿童狂轰滥炸，夷平一座座古老的庙宇和大学。)时，您把一种生活方式强加给了人类，这种生活方式在野兽中也不是无法避免的。它绝对不适合于东方，尽管东方偶尔脱离正确的道路。您想象中的亚洲，架在地狱的凯旋柱上。

近日我读了东京一个政治家发表的讲话，万分惊诧。他说，日本与意大利和德国建立军事联盟，有"崇高的精神和道义方面的原因，不存在利益的得失问题"。讲得多么冠冕堂皇！然而，艺术家和思想家还把军事野心美化为崇高的精神，这种险恶用心是不容轻描淡写地一笔带过的。

第一次世界大战结束后，一位著名的法国作家谈到的"知识分子的背叛"，正是当代的一个严重病症。从可靠的途径，已获得日本人在满洲和中国其他地区迫使人走上歧途的确凿证据，然而，从日本未传来抗议的声音，日本诗人也未挺身而出表示反对。我不赞同把艺术家的职责和良知截然分开的主张。我认为，现代知识分子背弃人道主义的一个典型例子是，与顽固地捣毁国家生活基础的政府紧密勾结，从而得到政府的特别宠爱，同时，把欺骗当作高尚职业，回避摆在面前的责任。

我为日本人民感到悲伤。收到您的来信，我更加痛心。我知道日本人民总有一天会从噩梦中苏醒，他们将要花几百年时间清除疯狂的军阀摧毁的文明的废墟。他们终将明白，日本民族的优秀品质正走下坡路，这种损失是军事行动无法相比的。中国是不可战胜的。突然面临一场残酷的战争，中国以气贯长虹的英雄气概保卫自己的山河。它彻底觉醒的灵魂，不会因暂时的失利而沮丧。在完全受西方精神鼓动的日本军国主义势力面前，巍然屹立的中国显示着远远高于日本的高尚的道德精神。心胸宽广的日本思想家冈仓为什么那样热情地对我说"中国伟大"？其原委，此刻我比以往任何时候更加清楚地认识到了。

您不明白，您宣扬贵国的光荣，是在为邻国增光添彩。但愿不远的将来中国和日本携起手来，抹去令人悲痛的昔日的回忆。真正的亚洲获得新生，诗人们高唱和平之歌，人类社会的兄弟们不再用科学发明的武器互相残杀，而能毫不愧疚地宣告彼此的信任。

鉴于野口米次郎发表了他的信，泰戈尔也把回信在报上发表了。

这期间，在希特勒的威逼下，9 月 30 日，臭名昭著的慕尼黑协议签订，德国吞并捷克的苏台德地区。 日本与法西斯德国遥相呼应，向中国增派兵力，扩大战线，把战火烧向中国内地。 中华民族到了生死存亡的危急关头。 10 月 21 日广州沦陷。 听到消息，泰戈尔心情异常沉重。

野口米次郎收到泰戈尔的信，又给他写了一封长信，10 月 25 日先寄到《欢乐市场报》上发表。 他在信中说："我不明白，我们为什么不能反对走上邪路的中国现政府。 在日本，从来没人做征服中国的梦。 我以前说过，日本只是力图纠正蒋介石的错误。 为此，日本打破了他的幻想。 日本没有表达心意的合适报刊，所以，真实信息总是无从披露，而中国的宣传机器经常歪曲事实。 谁能从共产主义的手中拯救我们？ 我们不想为了空幻理想而牺牲我们的国家。 您歇着吧，请别再说三道四了。"

野口米次郎的这封信见报的当天，杭州沦陷。 读了他的信，泰戈尔怒火中烧。 像野口米次郎这样的诗人，竟然赤裸裸地为日本的侵略辩护，大出泰戈尔的意料。 10月29日，泰戈尔在第二封回信中揭穿了日本法西斯的谎言，并祈祷日本早日悔改：

> 我绝不能像您那样坚信：日本拥有不容置疑的权力，胁迫亚洲其他国家成为日本政府的政策的支持者。我不相信把别国的权益和幸福当作牺牲品供奉在本国祭坛上的行动是爱国主义，您嘲笑我这种态度是"精神流浪汉沉默不语"。

> 如果您能使中国人民确信，日本军队轰炸他们的城镇，用您的话说，妇女、儿童未被炸成"残废"，而是成了无家可归的乞丐，这是出于好意的举动，最后能使他们的国家得到"拯救"，那您不必再费唇舌，说服我相信日本的崇高目的。您对"卑劣的民族"表示正常的恼怒，斥责他们焚烧自己的城镇和艺术宝藏（也许还对本国居民开炮），借此诽谤日本军队，您这话使我想起当年拿破仑进入杳无人迹的莫斯科，望着熊熊燃烧的官殿露出的正人君子般的愤怒表情。

> 您是诗人，我有理由相信您能想象得到，一个民族在多么难以忍受的绝望中，才会主动焚烧自己古老的艺术宝藏。作为一个民族主义者，难道您相信两国之间由于堆积如山的血淋淋的尸体，由于炸毁的城市废墟日益增多，你们两个国家才容易伸出双手，建立永久的友谊吗？

> 您指谪说，"不诚实"的中国人正进行充溢仇恨情绪的宣传，而日本人诚实，不愿干那种勾当。我的朋友，如果你们有高尚的行为，何须惧怕中国人的"狡诈伎俩"？如果日本国内不剥削穷人，工人们认为他们受到公正的待遇，那您全然不必害怕共产主义这个"魔鬼"。

> 我写此信，不是出于恼恨，而是因为深沉的哀戚和羞惭。中国人民遭受的苦难无疑是令人震惊、令人悲痛的，但不是我伤心的唯一原因。我深感悲

哀的是，日本宣扬自己伟大，我却不能骄傲地向任何人举出一个日本伟大的例子。

我不能祝愿我曾爱的日本取得胜利，我祈祷它心中萌生悔悟。

泰戈尔这两封信，揭露了日本军国主义的凶残面目，表达了印度人民对中国人民的友好情感和对中国人民抗战的坚强支持。这两封信发表以后，印度各大报刊纷纷发表文章，抨击野口米次郎对中国抗战的污蔑和为日军暴行所做的狡辩。

祝福中国人民

1939 年 7 月 27 日，谭云山先生回到圣蒂尼克坦，带来中华民国南京国民政府行政院院长兼财政部部长孔祥熙和中华民国教育部部长陈立夫写给泰戈尔的信。他们在信中告诉泰戈尔，他情真意切的公开信给中国人民的心中带来了巨大鼓舞。

关于国际大学，陈立夫在信中写道："非常遗憾的是，由于日本发动侵华战争，目前，我们不能向中国学院提供更多资助，但可以肯定的是，您开展研究中国的神圣事业，将一如既往获得我们精神上的支持。"

不久前，中印学会等组织邀请尼赫鲁访问中国。泰戈尔听到这个消息，十分高兴。在尼赫鲁启程之际，向他表示祝贺，祝他一路顺风。他在 8 月 17 日写给尼赫鲁的信中说："您肩负向中国表达友情的重任，即将动身，特向您表示良好祝愿。您携带亚洲的崭新思想，前往中国。东方国家之间的文化理念的交流，基本上一直在进行，没有中断。西方国家，打着欧洲饥饿的民族主义旗号，互相拼杀，我们绝不会那样做。日本推行侵略政策，是跟西方国家学的。

要提醒日本，不要背叛它与中国和我们印度共同拥有的文明基础，日本走军国主义道路，其结果是，比起对中国，它将更多地伤害自己的人性。"

自 1939 年 5 月 17 日至 6 月 17 日，泰戈尔在西孟加拉邦蒙普休养，有一天听到有关中国的消息，他悲怆而无奈地对照顾他的莫伊特侬·黛维女士说："有关中国战事的消息，我实在听不下去了。 日本军队的暴行令人发指，是可忍，孰不可忍！ ……这世界已不适合居住，真不想再活下去了。 ……还要让我看多少残忍的暴行！"

1939 年 12 月，斯塔福德·克里斯爵士①会见泰戈尔后，去中国访问。 泰戈尔托他捎给蒋介石的信中，表示相信中国人民一定能取得抗日战争的胜利。

1941 年 4 月，泰戈尔最后一个生日之际，蒋介石打电报表示祝贺："目前，当整个东半球被大炮和炸弹震撼之时，世界人民愈发感受到你就真爱、和平、自由和正义发出的声音的伟大。 中国一直为捍卫东亚文明而奋斗，为此我更愿祝您长寿，您的洪亮声音像黄钟大吕为全世界播送东方文明的精神意义。"

1941 年 5 月 9 日，泰戈尔在回电中对蒋介石和中国人民表示感谢之后说："我的生日庆典是在孟历初一，即 4 月 14 日这一天，辞旧迎新，这是一个回顾过去和展望未来的日子。 经受磨难的勇敢的中国人民的坚韧不拔的精神，时时在我心中闪现。 我很高兴有机会向他们致以新年的问候。 愿他们来年在各方面取得巨大成就，从而提升崇高的国家地位。 愿他们忠诚的领导人的辛劳结出硕果。 愿无辜的群众免于可怕的灾难，过上安宁生活。"这是泰戈尔在病榻上最后一次对中国人民表达美好祝愿。 8 月 7 日，泰戈尔与世长辞。

泰戈尔虽未能亲眼看见中国人民抗战的胜利，但历史发展完全证实了他的预言。 1945 年 8 月 15 日，日本天皇宣布无条件投降，中国人民经过浴血奋战，取得了抗日战争的伟大胜利。

---

① 斯塔福德·克里斯(1889—1952)，英国工党政治家。

1925 年，泰戈尔收到音乐家迪里卜·罗易①一封有关歌曲创作的信，拆开信，发现信封里附有从未晤面的苏巴斯·钱德拉·鲍斯的一封信，好生诧异。这封信是泰戈尔与苏巴斯一生的友谊的序言。

以信共抒志向

苏巴斯 1897 年 1 月 23 日出生于奥里萨邦首府库塔克，自幼聪明，家境富裕。1918 年获得加尔各答大学学士学位后，到英国剑桥大学留学。1920 年，通过文官考试。1921 年回国。同年 12 月，苏巴斯积极参加反英爱国运动，被殖民当局逮捕，判刑六个月。出狱后在加尔各答编辑出版《前进报》。1923 年，成为奇塔·兰詹·达斯创立的自治党的骨干成员。1924 年，苏巴斯任加尔各答市长，10 月因从事秘密革命活动被捕，被流放到缅甸，关押在曼达拉尔监狱。1927 年，苏巴斯获释，返回孟加拉，着手整顿因奇塔·兰詹·达斯去世松散的自治党。同年，当选为孟加拉国大党主席。1928 年，参

―――――――――――――

① 迪里卜·罗易(1897—1980)，孟加拉著名音乐家和音乐评论家。

与筹建青年大学生国民志愿军，担任总指挥，亲自把一批大学生训练成纪律严明的半军事化管理下的队伍，显示出卓越的组织能力。

苏巴斯和尼赫鲁是争取印度独立的激进派，认为国家建设的根本任务是进行土地改革，消灭地主制度，实现国家工业化。1928年，他当选为国大党主席。同年8月的国大党年会上，他提出争取印度完全独立的决议案。1929年底，国大党拉合尔会议上，通过该决议案，他的政治主张得到全党认同。1930年，苏巴斯呼吁印度人民参加示威游行，抗议殖民当局的高压政策，再次被拘留，判处一年监禁。后因生病，得到保释，获准去欧洲。在流亡期间，撰写《印度的奋斗》一书，提出与甘地的非暴力学说截然不同的政治思想，主张建立军队，用暴力推翻英国殖民统治。1936年，他从欧洲返回印度，立刻被殖民当局囚禁。一年多的囚徒生活磨砺了他的斗争意志，一获释又投身于争取民族独立的运动。在他的思想的影响下，东孟加拉的吉大港成立了印度共和军。共和军成员不相信甘地宣扬的非暴力可获得国家独立的理论。

他在狱中时曾写信给泰戈尔，以优美的文笔阐述其艺术观，恳请泰戈尔指教。泰戈尔读完信，发现他文学造诣颇深，对孟加拉文艺也很有见地。

1938年3月18日，泰戈尔改编的剧作《昌达尔姑娘》在加尔各答演出。2月新当选的国大党主席苏巴斯应泰戈尔邀请，当天傍晚观看了首场演出。12月8日，斯里尼克坦艺术馆加尔各答分馆正式开馆。前几天苏巴斯在旁遮普邦会见地方负责人，为表示对泰戈尔的尊敬，急忙赶回加尔各答，为分馆揭幕。遗憾的是，泰戈尔因病未能出席揭幕仪式。他的书面讲话由儿子罗梯代念。苏巴斯这次未见到泰戈尔。

泰戈尔在讲话中表达了他的凤愿："帮助乡村干枯的心田得到创造的欢乐之河的滋润，从各个方面为它开辟各种展现美的道路。这样的形象塑造不光出于挣钱的愿望，更是为重新获得自我。"关于国际大学，讲话的最后部分说："我受到国人的许多责难。那种和我们对立的情绪，似乎常常手舞足蹈地提醒说，我在圣蒂尼克坦和斯里尼克坦建造的事业之庙，将随着我的寿终而消失。 如果这句话成为现实，那是我的还是你们的不光彩呢？ 所以，今天我要对你们说的最后一句话是，希望你们细致分析一下，看看这项事业中有无真理，中间是否已充满奉献精神？ 经过分析，要是很振奋，接下来就满心喜悦地承担保护它的责任吧。 但愿你们的生命力经过我的死亡之门，能赋予它无尽的年寿。"

书面讲话读完，苏巴斯在开幕词中说："有人放言，诗圣百年之后，斯里尼克坦和圣蒂尼克坦将不复存在，真是一派胡言。 那儿只要有些许永恒真理，就永不死灭。 也许，它们目前的模样不会长存，但尽管如此，它的真理会以其他方式永存。"

当时，印度进行的农村改革，无论是思路还是具体做法，无不从泰戈尔的讲话中得到启发。 苏巴斯在开幕词中谈到他的一段经历。 他说大约二十四年前，国内围绕为民众服务一事，众说纷纭，莫衷一是。 他和几个朋友去见泰戈尔，想听听他的高见。 他们期望泰戈尔以诗人的语言慷慨陈词。 不料，泰戈尔以平和的语气只谈了如何建立农村的基层组织。 听了他那番"枯燥"的话，他们这群年轻人很不满足，但是，随着时间的推移，他们才逐渐明白建立农村基层组织的重要性。

对勇士寄予厚望

苏巴斯终于迎来了自 1927 年书信交往后与泰戈尔的初次会面，1939 年 1 月 21 日，他来到圣蒂尼克坦拜访泰戈尔。

苏巴斯刚走几天，尼赫鲁来到圣蒂尼克坦。 最后一天，苏巴斯突然回到圣蒂尼克坦，与尼赫鲁见面。 苏巴斯匆匆返回圣蒂尼克坦的原因是，不久前，国大党第五十二届年会上，围绕国大党主席选举，出现严重分歧。 以苏巴斯为首的激进派与保守派发生激烈争论。 结果，苏巴斯凭借高出的二百零三票再次当选国大党主席。 保守派为此极为不满，甘地带头反对。

泰戈尔 1930 年访问苏联，目睹 1917 年的十月革命推翻沙皇统治后其国内发生的天翻地覆的变化，心里受到强烈震撼。 他似乎感到印度也需要这样一场革命，才能打碎殖民统治的桎梏。 所以，苏巴斯的政治主张自然而然引起他的共鸣。 他在多封书信中和会见客人时，赞同苏巴斯的思想和采取的各种行动。

泰戈尔并不支持国大党保守派的立场。 1939 年 3 月 17 日，他在写给阿米亚的信中批评保守派："在国大党的舞台上竟响起'希特勒的政策必将胜利'的噪声。 ……为独立呐喊而建造的祭台上，现今，法西斯的毒蛇在吐着芯子嘶叫。 旁遮普邦的代表最后竟高呼'圣雄甘地的胜利，如同希特勒在印度斯坦的胜利'。"

1939 年 2 月，泰戈尔重写了剧作《纸牌国》，增加了《狂风呼啸》《别隐藏秘密》《洗牌出牌》《朋友啊请说出他的名字》《谁把陌生的旋律送进耳朵》《为什么暗送秋波》《吼叫着腾向天空》《砸碎旧坝》等九首新歌。 泰戈尔把改写的剧本《纸牌国》献给苏巴斯，就这个剧本主题同苏巴斯交谈。 业已洞彻剧本主旨的苏巴斯条理分明地说："总体上说，这是一部象征剧。 剧中的红心皇后、梅花皇后、五点、六点等纸牌，常年是一副面孔，是印度亘古如斯的种姓隔离、宗教歧视、童婚制、寡妇不准再嫁等封建迷信和陈规陋习的象征。 撕掉他们身上的标志，是一场社会革命。"

泰戈尔深表赞同："他们身处的封闭国度一潭死水，散发着臭气，自己却闻不到，无所事事，浑浑噩噩，心满意足地过日子。 打破这种僵化局面，需要强大外力。"

"您剧中的王子和商人莫非就是强大外力的象征？"苏巴斯问。

"说得对。"泰戈尔答道。

苏巴斯又问："您心目中的强大外力指谁呢？"

泰戈尔用手指着他说："您，苏巴斯，和您的志同道合者。"

"我？"苏巴斯感到山一样的重任落到了肩上。

"是啊，"泰戈尔语重心长地说，"我老了。 印度的希望寄托在你们身上了。 我把《纸牌国》献给您，就是表达我这个心愿。"

"我绝不辜负您的期望。"苏巴斯拿着书，宣誓般地说。

泰戈尔经过多年观察，认为苏巴斯是一位敢说敢闯的勇士。 他写道："今天，我觉得，孟加拉群众领袖的主心骨是苏巴斯。 在印度政界，他也在寻求自己的席位。 在当下这混乱的形势下，我心系整个孟加拉。 我们要提升孟加拉的地位，地位提升了，孟加拉将影响整个印度。 我怀着坚定信念对苏巴斯表示欢迎，也将助其一臂之力，希望他不懈努力，消除孟加拉身心内外的卑微。 带着孟加拉的成就，孟加拉人将风光地走进印度所有民族的国家殿堂。"

筹建大民族宫

苏巴斯当选为国大党主席后，制订了在加尔各答建造永久性国大党大厦的计划。 为此，1937 年 4 月 17 日，成立了苏巴斯国大党基金会。

苏巴斯邀请泰戈尔为拟建的国大党大厦奠基，泰戈尔认为大厦的建造具有多元、广泛的必要性，对其表示热切期待和肯定，然而，1939 年 4 月，保守派占多数的国大党工作委员会迫使苏巴斯辞去主席职务。

5 月 4 日，泰戈尔打给苏巴斯的电报在《政治家报》上发表。 电报中说："您在极为严峻的形势下表现出的尊严和宽容，赢得了我对您领导能力的赞赏和信任。 为了自尊，孟加拉人也要保持同样的风度，从而帮您把表面上的失败转变为永久性的胜利。"泰戈尔认为，在国内的保守派与激进派之间发生矛盾时，苏巴斯是全国民众合适的领导人，苏巴斯被迫辞职后，泰戈尔在长文《国家领导人》中仍对苏巴斯称赞有加：

　　《薄伽梵歌》中说，卓越的救星经常降生凡世。当国家落入苦难之网时，在受难国家内心痛楚的驱策下，国家首领悄然临世。当下，孟加拉内部的软弱显现，外部聚集着反对势力。我们的经济建设、社会事务和慈善事业出现各种裂缝。我们的国家事务中，"舵"与"桨"的节奏完全不一样。在这灾难年月，极需要这样一位卓越的铁腕人物——他在胜利的征途中，敢于藐视噩运。

　　您一生积累了丰富的经验。履行责任方面，您的成熟让我看到了您强大的生命力。您的生命力在监狱①、流放和疾病的袭击中经受了严峻考验。没有什么能把您打败。

　　国家软弱，要让它强硬起来，如此艰巨的任务，一个人完成不了，但如以一个人为核心，全国人民团结得像一个人，就没有做不成的事情。带着这种信念，我今天欢迎您坐在孟加拉领导人的位子上，并呼吁全邦民众站在您的周围。

　　在具体工作中我已没有全身心与您合作的时间，精力也不够了。我最后的任务是唤醒孟加拉的宏愿。我衷心希望它使您的雄心壮志充满拼搏的力量！我知道，您把国家的痛苦当作自己的痛苦。临别之际，我祝愿印度真正的自由携带给您的最高奖品快步走来！

此后不久，苏巴斯邀请泰戈尔出席大民族宫奠基仪式。大民族宫是泰戈尔起的名字。苏巴斯在仪式上发表的讲话中说："诗圣，您用人类的永恒嗓音，形象地展现了我们沉睡民族的愿望和理想。您不仅是印度的诗人，也是世界的诗人。请用您莲花般的圣手为大民族宫奠基吧。请您祝福：为民造福的一切努

---

　　①　英国殖民当局前后共十一次逮捕苏巴斯，把他关在监狱里。

力，将使个人和民族尝到自由生活的味道，使个人和民族获得全面进步——这幢大楼将成为为民造福的中心，从而让大民族宫这个名字富于意义吧！　请您祝福：我们在斗争的道路上奋勇向前，将获得印度的独立！　将使我们伟大民族的探索取得各种成果，获得胜利！"

泰戈尔在仪式上所作的讲话中说出了他深思熟虑的看法："今天在大民族宫里，我们下定凝聚孟加拉民族力量的决心，这种力量不是忌恨所有敌友的政治力量。　我们呼唤觉醒的心灵，让勇气与美、寻求成功的探索、富于创造力的想象、对知识的追求、为民服务的献身精神，都把自己的各种赠品送到这儿。　孟加拉的崇高精神时刻在成熟的道路上朝着新时代的新黎明前进，让它的内在人性在这大民族宫的各个厅室，以各种面貌显现，帮助孟加拉人认识自己吧。　让自尊心确保孟加拉与整个印度的关系牢不可破吧！　不让妄自尊大和破坏性极强的等级意识使之与印度若即若离！　让造福的真诚愿望超越狭隘心理，在这儿升起胜利的旗帜吧！"

然而，因种种原因，大民族宫建造工程不了了之。　直到 1948 年西孟加拉邦政府才通过建造大民族宫法案，1958 年大民族宫终于建成。　现在它是一座剧院，拥有一千三百个座位，内设永久性印度独立运动纪念室。　剧场入口处两侧布有苏巴斯和泰戈尔的半身塑像。

始终信任苏巴斯

泰戈尔回到圣蒂尼克坦，心里为国内的政治形势，尤其是为国大党内部分裂而万分焦急。　他打电报给甘地，请他全面考虑印度尤其是孟加拉邦的政治形势，让苏巴斯回到党内，以利于争取印度的美好未来。　甘地回电说，国大党上层领导经通盘考虑，做出开除苏巴斯的决定。　撤销对他处分的前提是他必须遵守国大党的纪律。 甘地称苏巴斯是"家中被宠坏的孩子"。 显然，对于解决这道难题，泰戈尔已无能为力。

从 1940 年 4 月开始，在孟加拉，尤其在加尔各答，国大党分裂为甘地派和苏巴斯派，孟加拉政治领域出现严重的对立状况。

苏巴斯被开除出党后，组织前进集团，成为加尔各答的学生和青年的领袖。甘地派和苏巴斯派之间经常发生冲突。 在"民族周"活动中，一群激进的年轻人冲进去动手打人，现场一片狼藉。 这类事件渐渐蔓延到郊区。

泰戈尔为此十分焦虑。 他在报上发表的简短声明中仍然信任苏巴斯："就个人而言，我疼爱苏巴斯。 他有一颗拳拳爱国之心，在各地领导政治活动，为此，我对他寄予厚望，也期待他能在印度党派的一盘散沙之上架一座团结的桥梁，把国家从当下的深重灾难中拯救出来。 我希望各族民众信任他，让他能全心全意为国效力，在四周的党派倾轧中不迷失方向。"

1940 年 7 月 2 日，苏巴斯登门看望泰戈尔，两人就近期国内形势深入交换意见。 这是两人最后一次见面。

泰戈尔希望苏巴斯妥善处理两派的关系："苏巴斯，最近，报纸上常有甘地派和苏巴斯派打架的坏消息。 您和圣雄观点相左，可以理解，但不至于非要闹到拳脚相加、你死我活的地步吧，两派毕竟都是国大党。"

苏巴斯心里感到十分委屈："师尊，圣雄他们人多势众。 我已被踢出国大党，跟随我的人不多。 我们每次开会，他们得到消息就来捣乱，我们被逼进死角，不得不还手。"

"您肩负救国救民之重任，"泰戈尔开导他，"胸襟应像大海一样宽广，允许别人持不同意见。 做您认为正确的事情吧。"

"好的，我记住了。"

"我希望您有机会到苏联去考察。"泰戈尔接着说，"1930 年，我去访问了十几天，受益匪浅。 1917 年的十月革命推翻沙皇统治，到我去访问时的 1930

年，短短十三年内，建立集体农庄，全国农民生活得到明显改善，同时，推广全民教育，民众素质有了极大提高。我搞农村改革和教育探索，快四十年了，与苏联相比，我取得的成绩微不足道。看来，只有像苏联那样的暴风骤雨，才能使印度的面貌焕然一新。"

苏巴斯有同感："我也读了一些有关苏联的书籍，布尔什维克为我们树立了榜样。"

泰戈尔神情肃穆地说："我一度认为，被压迫民族的独立之路，会因征服民族的仁慈而变得宽广，可如今我的信念彻底破产了。我希望一场毁灭之后，印度满天的愁云惨雾荡然无存。"

"我坚信那一天一定会到来。"苏巴斯坚定地说。

"当今世界很不太平，"泰戈尔说，"前几天消息传来，日本侵吞了中国华北，我极为愤慨。1916 年我访问日本，称赞日本向西方学习，掌握西方的科学知识，成为强国。我甚至说日本是亚洲国家的楷模。未料到日本用从西方学到的知识，制造大量武器，入侵中国和其他亚洲国家，烧杀抢掠，无恶不作。我们要看清日本的帝国主义的凶恶本性。"

"世界风云，变幻莫测呀！"苏巴斯感叹道。

临别时泰戈尔谆谆叮嘱苏巴斯："探索救国之路，犹如在黑夜里寻找光明。心明眼亮，才能不陷入绝境。"

已是夜半时分，泰戈尔坚持下楼，把苏巴斯送到门口，看着他消失在浓黑的夜色之中。

惋惜勇士误入迷津

苏巴斯因发起拆除加尔各答达尔赫斯广场上霍尔韦尔①纪念碑的反英运动，于7月被殖民当局逮捕，关进监狱。泰戈尔和全邦民众一起呼吁释放苏巴斯。《欢乐都市报》的文章称："我们相信，泰戈尔的祝福一定能传到大牢高墙后的苏巴斯的耳朵里。"

1941年1月，在朋友的帮助下，苏巴斯成功越狱，历尽千辛万苦，逃到莫斯科，会见了苏联政府有关官员。他希望得到斯大林的物质支持的要求，遭到拒绝。秉持着"敌人的敌人是朋友"的理念，他前往柏林，希望和德国结盟反英，希特勒表面上答应援助，但在承认印度独立这个问题上未明确答复。

1943年7月，苏巴斯到达新加坡，把日本在攻占新加坡等地俘虏的九万英属印度籍士兵改组成印度国民军。同年10月在新加坡成立自由印度临时政府。1944年7月的英帕尔战役中，日本和印度国民军被英印军团击溃。苏巴斯率领残兵败将撤回缅甸，后移居新加坡。

1945年8月，日本投降后，苏巴斯携带着巨额"复国资金"乘坐一架日本运输机从新加坡起飞，计划飞往东京。由于日本特务对飞机进行破坏，飞机在中国台湾上空坠落，苏巴斯受伤，1945年8月19日，死于台北的一所医院里，年仅四十九岁。

泰戈尔在天堂听到噩耗，想必会连连跺脚，扼腕长叹："唉，唉，苏巴斯，您啊——"

---

① 约翰·泽帕尼亚·霍尔韦尔(1711—1798)，英国东印度公司的雇员,1760年任孟加拉临时总督。

泰戈尔和甘地是 20 世纪印度两大杰出人物。 泰戈尔是文学巨擘，享誉世界。 甘地是民族解放运动的领袖、印度国父。 在印度争取民族独立的坎坷道路上，这两位伟人求同存异，携手并进，结下深厚友谊。

多次会面

甘地在南非创办的凤凰学校的二十名师生从南非到达印度，在安德鲁斯的帮助下，于 1914 年 11 月底来到圣蒂尼克坦。 泰戈尔就此事写信给甘地："感谢您让您的孩子们也成为我们的孩子，从此，我们双方的人生探索中有了一条活的纽带。"

这些学生大部分是泰米尔人和古吉拉特人，他们的学习、教学、饮食和言行举止更多体现的是"奉命行事"，完全不同于梵学书院的学生。 泰戈尔回到学校，见了这些学生，并不特别高兴。 他在写给安德鲁斯的信中说："他们遵守纪律，但应有理想。 这些孩子大概忘了应主动去做事，忘了主动性是成功的关键。"这是泰戈尔首次评论甘地的教学方法。 显然，他并不完全赞同这种教学方法。

甘地在圣蒂尼克坦刚待了两天，得到戈帕

尔·克里斯纳·郭克雷①辞世的噩耗，急忙赶往普里，因而未见到泰戈尔。
1915 年 3 月 6 日，甘地从普里返回圣蒂尼克坦，两位伟人终于首次见面。

泰戈尔陪同甘地在幽静的校园里散步，只见树木葱茏，松鼠在枝头上跳来
跳去，梅花鹿在小树林里慢悠悠地踱步，孔雀呦呦地鸣叫，展开了彩屏，仿佛在
欢迎远道而来的贵客。大榕树上挂着一个擦得锃亮的报时铜钟，学生们坐在草
垫上，围成一圈，跟着老师读梵文。

甘地深有感触地说："泰戈尔兄，您的校园如此幽静，很像古代的净修林
啊。您就像净修林的师父，而学生就是您的弟子。净修林里称师父为 guru。
您一副仙风道骨，应称您为神仙般的师父才对。"甘地凝眉沉思片刻，"有了，
就称您为 gurudev②（师神）。"

"多谢甘地兄赐名。"泰戈尔一脸欢悦，"来而不往非礼也，您为印度的命
运殚精竭虑，灵魂高洁，我称您为 mohaatma③，如何？"

甘地十分高兴，"不过，我尚未为印度做成什么大事。领受这个尊贵的名
字，心里有愧呀。"

1919 年 3 月，甘地发动非暴力不合作运动④，反对业已通过的罗拉特法案。
泰戈尔对非暴力不合作运动是支持的，但他不赞成"点燃愤怒的火焰，让火焰从
一家蔓延到另一家"的过激行为，同时，他建议"通过开展一些建设性工作，去
唤醒祖国"。

---

① 戈帕尔·克里斯纳·郭克雷(1866—1915)，印度国大党温和派领袖，1905 年任国大党主
席。

② 孟加拉语中，guru 的意思是"师父"，dev 的意思是"神"，gurudev 直译为师神，一般也可称
为师尊。

③ 孟加拉语中，moha 意思是"伟大"，atma 意思是"灵魂"，mohaatma 意思是伟大的灵魂，此
后意译为"圣雄"。

④ 非暴力不合作运动是印度人民反抗英国殖民统治的一场影响深远的运动。在这场运动
中，甘地倡导以和平方式抵制政府、机关、法庭、学校的正常活动，采取总罢业、抵制英货、抗税等
非暴力手段进行斗争。

泰戈尔担心不合作运动蔓延到圣蒂尼克坦，学校的安静环境遭到破坏。 泰戈尔访问欧洲期间，产生了把他的学校建成促进东方与西方文明融合的全印研究中心的想法，甚至期望"所有国家的地理界线失去存在价值之时，圣蒂尼克坦将能表达全人类的心声"。 泰戈尔担心的是，不合作运动一旦波及圣蒂尼克坦，他的理想就难以实现。

第一次世界大战中，土耳其战败投降。 英国便伙同其他帝国主义国家制订瓜分土耳其的计划。

1919 年，印度成立了"全印哈里发①运动委员会"，该委员会领导印度穆斯林反对英国等西方列强瓜分土耳其，掀起保卫哈里发的宗教领袖地位的浪潮，旨在争取印度的民族独立和穆斯林的社会政治地位。

甘地等国大党领导人认为，机不可失，时不再来，只要支持哈里发运动，团结印度穆斯林，就能促进印度独立运动的发展，有效地打击英国殖民统治。 为此，他宣布 8 月 31 日为"哈里发日"，号召印度教徒支持哈里发运动。 他相信，穆斯林和印度教徒只要团结一心，1920 年 12 月底之前，就能获得自治权。

9 月 13 日，甘地再次来到圣蒂尼克坦，宣讲他的政治主张。 当时，泰戈尔在国外，安德鲁斯负责接待他。 毛拉绍克特·阿里②听说甘地在圣蒂尼克坦，赶去同他见面，对他号召印度教徒支持哈里发运动表示感谢。

在哈里发运动这件事上，泰戈尔并不赞同甘地的做法。 他反对把宗教与政治挂钩，认为这样做，将导致严重后果。 他预言，硬拼凑的联合或为达到某种政治目的而建立的友情，必然破裂。 当然，他有自知之明，知道没人听他的话，他是区区一个诗人而已。

1921 年 7 月 16 日，结束访问欧美，泰戈尔回到印度。 8 月 15 日晚上，在

---

① 哈里发是穆罕默德去世以后，伊斯兰教宗教首脑人物的称谓。

② 毛拉绍克特·阿里(1873—1939)，哈里发运动领导人之一，穆斯林联盟创建人穆罕默德·阿里的哥哥。

民族教育协会举行的欢迎会上，泰戈尔宣读文章《教育的融合》，对甘地深入民众的举动表示肯定："甘地缓步走来，站在亿万穷人的门口，身穿他们的衣服，用他们的语言同他们交谈。 因此，人们把'圣雄'这个名字送给他，他配用这个名字。 托圣雄的福，我们感知到了真理的力量。"但他认为，甘地"谴责西方科学知识"，是不恰当的。 他说："西方征服世界靠的是知识。 知识是法宝。 咒骂知识，减少不了自己的痛苦，只会增加罪孽。"

不久，甘地宣布不合作运动的行动方针，呼吁老百姓纺纱织布。 对此，泰戈尔持异议。 他认为，只要在外面开展一项活动就能在不久后获得自治权的说法，确实会让全国大部分人轻易相信，但也很容易让人放弃独立思考。 泰戈尔认为，圣雄为鼓励国人纺纱所作的讲话是否正确，要在实践中检验。

9月6日，甘地来到加尔各答，登门拜访泰戈尔，期望得到他对行动方针的全力支持。 这是他们第二次会面。

甘地的一群狂热支持者闻讯跑到朱拉萨迦祖宅的院里，为甘地助威。 他们抢来几包英国布，在院子里点燃，手舞足蹈，院子里几堆火噼里啪啦燃烧着，一股焦味儿飘进五彩楼二层甘地同泰戈尔交谈的房间。

泰戈尔强压心头的怒火，把甘地领到窗前，推开窗户，指着那些狂叫的人："圣雄，这就是您提倡的非暴力吗？"

甘地一脸尴尬："师尊，我在各种场合已经一再强调，开展不合作运动，罢工，罢课，罢市，举行集会，必须采用和平手段。"

"他们按照您的要求做了吗？"

"越矩了。"甘地一脸无奈，"您不愿看到的这一幕，也是我不愿看到的。"

泰戈尔余怒未息，两人的争论继续。

甘地固执地说："抵制英国货，不让英国商品霸占印度市场，鼓励民众尽量用国货，就能振兴民族工业。"

"我不反对振兴民族工业，但应统筹安排，有条不紊，应该引进先进的织布机。"泰戈尔情绪渐渐恢复平静，语气也平和了，"阻止洋布进入孟加拉市场，出现布匹短缺，光靠落后的土布机，产量低，是难以填补缺口的。"

"这个……"甘地没想到会出现这种局面。

"听说，土布供不应求，价格快速上涨，大大高于洋布，"泰戈尔愁云满面，"有的穷人已买不起布了，生活受到了严重影响。"

甘地用请教的口气问："师尊，依您看，如何确保这次运动朝预定的方向前进？"

泰戈尔坦言道："依我之见，要求不同传统和文化的各阶层民众做到令行禁止，首先必须提高他们的文化水平，鼓励他们进行道德修炼，培养自制力，才能不折不扣地执行您的非暴力政策，否则，就会偏离您的'坚持真理运动'，您的愿望就会落空。"

甘地的愿望不久果然落空了。11月17日，英国国王乔治五世的儿子威尔士亲王访问印度，抵达孟买。城里的一些人打着不合作运动的旗号，聚集在码头和道路两旁观看，遭到驱赶，促发骚乱，四十人死亡，四百人受伤。甘地连夜赶到孟买，但他的人格魅力和教诲已不起任何作用。他终于明白，他念的非暴力咒语已不能约束民众的行动。

1922年2月12日举行的国大党巴尔达里会议和17日举行的国大党德里特别会议上，通过开展建设性工作的决议，呼吁国大党成员积极参加推广手工纺纱、倡导礼貌对待顾客、建立民族学校、摈弃对不可接触者①的偏见、禁止酗酒和建立乡村民事仲裁协会等工作。其实，泰戈尔在国外写的信中早已提出类似建议。

1921年10月，英印政府开始执行高压政策。1922年3月18日，甘地被判

---

① 泛指按照印度教传统，被排除在四种姓之外的地位低下者，又被称为 untouchable。

6 年徒刑，身陷囹圄。 甘地发动的首次不合作运动，至此落下帷幕。

　　1924 年国大党贝勒贡会议上，甘地当选为国大党主席。 过去三年作为国大党纲领的不合作运动被暂时搁置。 换句话说，考虑到国内的实际形势，他们不再像以前那样与英国政府进行面对面的斗争。 国大党党员在各地大力宣传："纺纱就能赢得独立，这是千载难逢的机会！"泰戈尔回到圣蒂尼克坦看见校园里摆着九十部纺纱机，一些老师都在练习纺纱。 泰戈尔一面观看一面听老师讲解，闭口不谈自己的看法。

　　有一天，甘地为宣传纺纱织布的新方针，来到加尔各答，专程去圣蒂尼克坦。 这是甘地与泰戈尔的第三次会面。 他此行的目的是同泰戈尔就纺纱织布运动交换意见。 尽管他已听说泰戈尔不赞同他的行动纲领，可他坚信能够说服泰戈尔，但两人进行了长谈，各抒己见，谁也说服不了谁。

　　泰戈尔经过认真思考，在《纺纱机》这篇文章中说："所有人像蜜蜂一样筑一模一样的巢，这不是上苍的旨意，但社会的主宰有时有这种期冀。 他们以简化劳动为诱饵，毫不犹豫地把人毁了。"泰戈尔认为，在政治和经济领域发动群众纺纱必将失败。 泰戈尔在《争取自治》中更明确地说："我要责备的是，把'自治'与'纺纱'拴在一起，搞乱了我国人民对自治的认识。 大量纺纱织布的画面不是国家福祉的光辉形象，而只是心里揣着小算盘的某些人的写照。"

　　泰戈尔预言纺纱运动以失败告终的文章，大部分读者读后心里不太愉快，但后来他们不得不承认，他的预言成了事实。

　　由于英国政府没有给予印度独立的丝毫意愿，1930 年 2 月举行的国大党会议上，通过甘地提出的开展抵制法律运动的建议。 该运动开展后，绍拉布尔的工业区发生严重骚乱。 殖民政府借机在那儿实施军事管制，抓捕三个进行打砸抢的年轻人，并判处死刑。

　　印度各地的抵制法律运动如火如荼开展时，4 月 13 日，甘地率领示威者行进到坎贝湾，然后在那里制盐，以抗议英国人颁布的由政府垄断食盐生产的法令。 他在演讲时说，为了反对盐税法，必须做好最坏的甚至是死的准备。

患难与共狱中探视

1932 年 1 月 4 日，泰戈尔在圣蒂尼克坦获悉甘地再次被捕，次日发表声明：

政府①未给甘地与政府进行协商的机会,就悍然把他逮捕了。由此可见,我们的统治者认为,在构建印度历史方面,两者中的一方,可能受到印度群众的极度藐视,然而,必须承认,事实就是事实。要对我们全体民众说清楚,印度的命运有赖于双方的实际行动和影响。我们感到骄傲的是,那一方在印度的存在,不是永恒的,而是短暂的。我们比他们更加光荣。但是,如果我们冲昏了头脑,如果像盲目自残、在政治疯狂中茫然失措的人那样行事,我们就会失去千载良机。我们应该摆脱绝望,应有狂热之后的镇定和坚强决心。不要被年少气盛和自暴自弃牵着去搞破坏活动,浪费自己的精力,而要默默地为实现自己的理想而奋斗。

此时此刻,怀着兄弟情谊,与那些粗暴地拒绝邀请、拒绝与我们共处的人一起工作,也是我们的责任;我们应该要求自己努力培育与我国各教派的人共事的主动性。这种困难,是其他国家很少遇到的。克服这种困难,能够凝聚我们分散的力量,减少我们为争取独立进行创新遇到的阻力。

---

① 指当时的英印政府。

泰戈尔在圣蒂尼克坦听说，甘地将从 9 月 20 日起在监狱里进行绝食斗争，抗议殖民当局非法逮捕他、把他投入监狱。

1930 年，英国当局召集全印王公和政治领袖举行的第二次伦敦圆桌会议上，印度各派未能一起提出任何方案，由英国首相拉姆齐·麦克唐纳做最后裁决。 在印度未来各邦制宪机构的成员选举办法中，他不仅保留了印度教徒和穆斯林之间的份额差别，还要求保留在印度教徒中间的不同种姓人和贱民的份额差别。 显然，这是要在印度教社会中人为地培植一股势力，是削弱国大党的一种武器。

囚禁在监狱里的甘地号召开展抗议活动，反对特意给某些教派①特殊好处。

抗议活动很快席卷全国，但哪儿也听不到国大党的声音。 因为国大党大部分组织被禁止参加政治活动。 那些与国大党关系不太密切的人，三三两两在报刊上发表抗议文章。 当媒体征求泰戈尔的意见时，他在回电中表达了极度失望的情绪："事情已到了这步田地，以至于我无意再抱怨了。 因为我知道统治者②的顽固态度和我们的绝望处境。 就我个人而言，当没有说话的权利时，我只好保持沉默。"

泰戈尔打电报给甘地，没有劝他停止绝食："为了印度的统一和社会完整，献出宝贵生命是值得的。"他解释道："尽管无法预料，它会对统治者产生怎样的影响，他们可能不理解它对我国人民的极大重要性，但确信，这种自我牺牲对我国同胞的良知提出了最高要求，同胞们是不会允许发生这种极致的民族悲剧的。 我们的心里怀着崇敬和爱，追随着你崇高的苦斗。"

甘地在回电中为获得泰戈尔的认可而表示感谢。

———————————

① 指穆斯林。
② 指英国殖民当局。

泰戈尔担心甘地。 9 月 24 日，在苏伦特罗纳德和阿米亚的陪同下，登车前往普那，探望甘地。 火车在一个大站停靠，阿米亚买到一份报纸，泰戈尔焦急地展开阅读，上面没有令人宽慰的消息。 报道中写道，医生说圣雄甘地病情危重，体内的脂肪已经耗尽，肌肉开始萎缩，随时可能因脑溢血猝死。 路途漫漫，泰戈尔越来越担心能否见到活着的甘地。

他忧心如焚，下了火车，换乘汽车来到监狱外面。 咣，咣，咣，铁门一扇扇推开，又一扇扇关上。 眼前出现森严的高墙、囚禁的天空、笔直的石子路、三四棵树。 左边是又高又陡的台阶，泰戈尔拾级而上，走进了大门，来到一个高墙森立的院子。 几十米开外是两排囚房。 甘地躺在院子里一棵矮小的杧果树的浓荫下。

看见泰戈尔，甘地万分惊喜，急忙伸出双手把他拉到胸前，久久不放。 甘地原本瘦小的身体瘦弱到了极点，说话几乎听不清楚。 他肚里酸液滞积，隔一会儿就得喂他几口苏打水，但他依然神志清醒，思路敏捷，表现出非同寻常的毅力。 绝食前的日日夜夜，他思考面临的棘手问题，忙于错综复杂的谈判；从海滨城市寄来的其他政党的政治家的信件沉重地打击了他。 绝食期间，各个政党立场强硬，对他的危境未表示一丝怜悯，但他从未露出精神崩溃的神情。

泰戈尔被告知，甘地一直盼望他来探视。 考虑到墙壁似的围着他对他的健康不利，大家自觉地后退几步席地而坐。 斜阳冷漠地落在院墙上。 身着白色土布衣服的男女囚徒三三两两平静地交谈着。

终于，典狱长拿着政府盖了章的信件来到院子里，泰戈尔发现他脸上泛着淡淡的喜悦。 甘地神情肃穆，缓慢地看完典狱长交给他的一封信，信中英国殖民政府同意接受甘地提出的一些要求。 于是，甘地宣布结束绝食。

圣雄的木板床移到墙影里，四周铺了牢房里用的线毯，大家围坐一圈。 身边人说圣雄爱听《吉檀迦利》中的一首歌曲《当生活凋零》，泰戈尔当即唱了一遍：

当生活凋零，

来吧，化作慈爱的甘霖。

当甜美消失，

来吧，化作喜乐的芳醴。

当琐事以可怖的形式

吼叫着遮天蔽地，

来吧，大神，步履平衡，

走进我的心。

当贫贱的意识在心隅安卧，

使自己变得吝啬，

化作君王的凛威，

大神，来吧，开启心扉，

当蒙尘的憧憬

在冥顽的黑暗中耳目不聪，

崇伟、不眠的大神啊，

来吧，化作燃烧的光轮。

在戒备森严的监狱里举行这种庄严的庆祝活动，这在印度是史无前例的，可谓神圣的典礼。临别的上午，泰戈尔在圣雄身边待了很久，就许多问题同他交换意见。

一天之内，圣雄甘地出人意料地康复了，血压大致恢复正常，说话语气坚定，笑吟吟地和前来祝贺的人交谈。他肩负重大的历史责任，神采奕奕地又出现在人们面前。

相互帮持完成遗愿

1936 年 3 月，重排的舞剧《齐德拉》在加尔各答演出，受到观众热烈欢迎，泰戈尔便决定带着艺术团，前往北印度主要城市巡演。 此行一是为宣传圣蒂尼克坦的艺术理想，二是为学校筹措部分经费。

3 月 25 日，他率团抵达德里。 当晚，圣雄甘地和妻子卡斯图巴到旅馆看望泰戈尔。 甘地听说国际大学教学经费有困难，就发起了募捐，他拿出一张六万卢比的支票，递到泰戈尔手中："这笔钱，大概可帮您渡过难关。"泰戈尔的手微微发颤，对甘地的深情厚谊再三表示感谢。

1937 年 9 月 10 日，泰戈尔突然病倒，当时，全印国大党特别会议正好在加尔各答举行，甘地准备去看望泰戈尔，可一上汽车突然晕倒。 泰戈尔知道这一意料之外的情况后，立刻乘车赶到甘地的住处，傍晚为甘地做了祈祷，才又返程。

甘地此次来加尔各答，除了出席国大党特别会议，另一个主要目的是商讨如何解决政治犯获释的问题。 孟加拉邦千余名青年或被关在监牢里，或被流放到安达曼岛上。 面对多灾多难的祖国，甘地到处奔波，忍受常人难以忍受的艰辛。 在甘地的不懈努力和各界群众不断施加的压力下，英印政府同意释放关押的一千一百名青年。 泰戈尔听到这则消息，十分高兴。 他在声明中说："我们应心怀感激的唯一办法，是真诚地创造非暴力的道德氛围。 圣雄甘地代表我们做出这样的承诺，如果我们不身体力行，就对不起我们大恩人的信任。"

1939 年 10 月 2 日，是圣雄甘地七十岁生日。 在编辑甘地纪念册时，请泰戈尔写了一篇贺词，其中说道："当圣雄甘地开辟印度的自由之路时，他手中没有有效法宝，也没有强大的权力，可他人格中产生的影响是无法形容的，像音乐，也像美，他以高尚的品质、无私的奉献精神启迪人心。　尽管他的主要活动是在政治领域，但人们的心灵却被他那种大师的性格所打动。　他的精神与灵感能够理解并超越人类的各种表现，使世界面对永恒的智慧的光芒。"

1939 年 2 月 17 日，圣雄甘地偕夫人最后一次到访圣蒂尼克坦。　当天下午，杧果园里为他举行盛大的欢迎会。　泰戈尔亲自为甘地戴上花环，甘地在欢迎会的答词中说，走进圣蒂尼克坦，就好像回到自己的家里。

甘地前往斯里尼克坦，参观农村服务机构、手工艺学校和免收学费杂费的农民夜校。　参观的过程中，甘地可能意识到，他推行的基础教育与泰戈尔的乡村教育在根本上是有些区别的。　泰戈尔主张通过艺术和自我表现促进孩子心灵的健康发展，而甘地的教育的核心是掌握技能，他主张教育成就的体现是满足需求。　暮色降临，在乌达扬楼的院子里为甘地举行了专场文艺晚会，演出了舞剧《昌达尔姑娘》。

圣雄甘地结束访问圣蒂尼克坦后写道："对我来说，访问圣蒂尼克坦是朝圣之旅。"

2 月 19 日上午，泰戈尔由阿米亚挽扶着，迈着细碎的步子，拉着甘地枯瘦的手，在师生们的簇拥下，走到校门口，收住脚步，神情略为忧伤地对甘地说："圣雄，我已是八旬老人，站在人生最后的渡口上。　我希望，这不是我们的最后一次见面。""绝不会。"甘地连忙说，"处理完国大党的几件棘手事，我抽空再来看您。"

泰戈尔苍老的脸上露出微笑，回忆过往："我这一生做了两件事，一是创建合作社，为印度穷人寻找致富之路。　二是创立并推广新式学校，为印度培养人才。"接着他郑重地将学校委托给了甘地："在即将弃岸登舟驶向彼岸之际，我最放心不下的是我创办的这所学校。　以前，学校遇到困难时，得到过许多爱心人士、慈善家和您的大力支持和帮助。　如今，国难当头，民不聊生，前景难卜。 我最担心的是，这所学校若再遇到危难，能不能安然度过，继续办下去。"

甘地对泰戈尔承诺说，国际大学是印度教育界的一面大旗，他和国大党的仁人志士会永远高举这面大旗。

依依惜别之际，泰戈尔把一封信递到甘地手中。 甘地回到加尔各答，拆开信一看，上面写着："如果您认为这所学校是国家财产，请收下它，承诺永远把它置于您的保护之下。 国际大学像一艘航船，装载着我一生最珍贵的财富。 我希望，我国同胞能够给予它特别照顾。"

这封信的字里行间流露出泰戈尔对他百年后国际大学因经费严重短缺被迫停办的担忧。 他真诚希望甘地和国大党把这所私立大学视为国家财富，在它陷入困境时能及时伸出援手，使他用大量心血培植的国际大学这棵大树，永远枝繁叶茂，矗立在印度的大地上。

甘地回到加尔各答，让毛拉阿布尔·卡拉玛·阿扎德①看这封信，请他牢记泰戈尔的嘱托。

印度独立后，阿扎德先生出任教育部长。 圣雄甘地再次请他关心扶持国际大学。 1951 年，在阿扎德的不懈努力下，国际大学成为国立大学，泰戈尔的遗愿②终于实现，但这时，甘地已离世，泰戈尔已逝世十年。

两位伟人在天堂听到这期待已久的喜讯，想必会热泪盈眶，击掌庆贺。

---

① 毛拉阿布尔·卡拉玛·阿扎德(1888—1958)，印度的杰出自由斗士，1923 年当选为国大党主席，1940 年—1945 年再任国大党主席。他一向反对印巴分治。印度独立后，任首位教育部长。

② 1951 年，国际大学成为中央政府直属大学，经费由政府拨款，校长由总理兼任。

泰戈尔没有接受过系统绘画训练，不是专业画家。他学习画画，纯属偶然，但在创作中形成了自己的独特风格。这是印度绘画史上的一个奇迹。

绘画创作独特

1924 年，泰戈尔创作《普尔比集》的一首诗，写完后发现几个音步的音节数不一样，读起来不顺口，便进行调整，删除或增添单词。

他用笔勾勾画画，细致涂抹，不想让别人看到诗行中原先的字母，勾画涂改中，竟出现他潜意识中的意象，不禁万分惊喜。渐渐地，在作品文字的勾画涂抹中，形成了他的独特技法。

绘画通常有两种方式。一是外景在人的心版上投影，画家再赋予其形态。二是在心中构思，艺术家再赋予其姿态。然而，泰戈尔的画作的产生有别于上述两种方式。他的画作的形象源于文学作品上的涂改，这样做没有明确目的。换言之，它并非始于创造某样东西的意愿，也就是说，他心中的创作路径是不清晰的。勾画线条，用笔涂抹，敷上颜色，形象的变异中，画作渐渐成形。这就是泰戈尔的大部分画作产生的过程。

除此之外，他也做过多种尝试。 他有时临摹英国画作，有时看人的脸形或花草树木的形状，再动笔创作。 泰戈尔的画作是优是劣，易懂难懂，或者根本看不懂，对此，众说纷纭，莫衷一是，不过，所有的评论者一致认为，他的画作中，有许多值得观察、揣摩和理解的东西。

关于绘画，泰戈尔在一封信中写道："我的绘画艺术女神，似乎与孟加拉没有关系。 当我写诗时，内容与孟加拉心声的关联，不知不觉呈现，可当我画画时，线条也罢，色彩也罢，不会带来某个地方的信息。 所以，这东西属于喜欢它的人。 不会因我是孟加拉人，它便是孟加拉人的东西。 所以，我先把这些画送到西方的手上。"

1926 年，他画画入了迷，在信中对苏汀特罗纳德·达塔①说：

最近我迷上了线条。线条出身贫贱，性情温顺，我与她交往分文不花。

我挥毫作画，不考虑凡世的是非，不理睬人们的褒贬。我心情舒畅。我的画笔没有套上"名望"的笼嘴。

名气不来制约我的意志。我的画笔是自由的。

画家南达拉尔·鲍斯在一篇回忆文章中写道："十二三年间，泰戈尔画了三千余幅画，多于过去五十年间孟加拉任何知名画家的画作总数。"

画家阿巴宁德罗纳特分析印度绘画六大要素（形象、尺度、内容、美、同一和色彩）的几篇文章相继在《婆罗蒂》杂志上发表。 读了他的文章，泰戈尔脑子里产生一些疑问，他在《画的要素》中做了说明。 泰戈尔认为，差异中产生形象。 首先，形象带着自己的多姿多彩映入我们的眼帘，因此，作画始于形象差异——从一物的界限进入另一物迥异的界限之中，但差异中只能看到"不和

---

① 苏汀特罗纳德·达塔(1901—1960)，印度著名孟加拉语诗人。

谐"，与此同时，如不能展示"和谐"，绘画艺术就成为鬼魅的赞歌。

关于"界限"和"美"的关系，泰戈尔说："没有'界限'，就没有'美'。'界限'为'美'而存在，否则，单在自身中，就没有'界限的成功'。"

关于绘画中心灵与眼睛的关系，泰戈尔援引印度艺术典籍中的论述，说道："要把情感、美感与形体结合起来。 也就是说，要在眼睛功能之上扩大心灵功能。 因为，眼睛只做了寻常之事，此时，还需要绘画，其主要工作通常由心灵完成。"

谈到色彩和线条的关系，泰戈尔说："世界上所有的形象带着色彩和线条映入我们的眼帘。 ……仅用线条，可以作画，但光着色，不能成画。 色彩是线条的副手。 ……线条通过多变的色彩，超越自己。"

关于画作欣赏，泰戈尔说："我们观赏一幅画时，从中看到了艺术手法，看到了别人的眼睛观察到的千姿百态，可其中显现了心灵的什么形象？ 蕴含了什么情感呢？ 只有我们接收到画家传递的信息，懂得他的心意，画这幅画的效果才能达到。"

泰戈尔在收入《穆胡亚集》的《有芳名的女性》中，描写了十七位女性的倩姿，之后，他产生了将她们画在纸上的强烈欲望。 他就此在信中对尼莫尔·古玛丽①说："我的心已被线条的魔幻之网缠住了。 在不适当的年龄段，过分偏向这陌生行当②，完全放弃了写诗的老本行，甚至忘了先前经常写诗。 这行当强烈吸引我的主要原因是它太不可思议了。 诗歌的内容虽不清楚，可一动笔就在脑海中浮现，之后……诗的泉水在笔端冲出两岸，韵律在中间流淌。 我学习作画，过程恰恰相反——先是线条隐约地显现在笔端，之后，越是成形，在脑海里

———————————

① 泰戈尔的秘书波罗桑达的妻子。

② 指绘画。

便呈现得越清晰。 心儿在形象创造的神奇中激动不已。 我假如是丹青高手，肯定早就下决心学画了。 内心的东西在外面成形，会给人快乐，但当外在的作品感动心儿时，就会更加痴迷。 ……我学画入迷了，挣脱不了线条之手了。 透过一个个新姿态，我越来越认清它了。 它的奥妙无穷无尽。 ……作画的快乐是匀称的快乐。 我在线条的节制中清楚地看到均衡，心儿说：'我看到了和谐。'"

关于泰戈尔的画作的价值，印度画家和评论者的看法不一。 在西方世界，不同流派对他的画作也作不同诠释。 在印度，尚未确立绘画评判标准，所以，只好暂时以西方的标准对画作进行评论。

印度观众看了他的画作，如堕五里雾中。 这些画是佳作还是劣作呢？ 这些画究竟属于哪个流派呢？ 观众百思不得其解。 每幅画下面没有说明画中画的是谁的脸，是哪儿的景致，是哪种动物的模样。

为什么不给作品起名呢？ 泰戈尔解释说："根本不可能给这些画起名字。原因是我作画未想好要表现什么内容，某种不为人知的模样在我的笔下就不知不觉显现出来了……我有大量的意外之物，它们不请自来……我要做的是塑造形象，名字就让别人起吧。"他在一首诗中说：

> 形象在世上漫游，
>
> 我画的画也是形象，
>
> 它走出"未知"，走到"熟知"的门口。
>
> 它不是映象。
>
> 心中有繁复的破立，繁复的组合；
>
> 一些凝成理念，
>
> 一些显示于意象；
>
> 语言的罗网最终活捉那些天鸟。
>
> 今日它圆睁双目，

要看线条世界里开辟的道路。

它寻望,它说:"我看到了。"

泰戈尔的抽象画作使崇拜他的观众陷入无限遐想。 其中一位名叫比苏·莫卡吉的观众就泰戈尔的绘画艺术撰写的一篇文章引起了他的注意。 他在写给比苏·莫卡吉的信中说:"我用孟加拉语从事文学创作长达五十年之久,基本上掌握了各种技巧和运用规则,但尚未完全熟悉冷不丁跳到我肩上的绘画艺术。 它的'我行我素'打动了我,然而'我行我素'的内在规则,支配着作画,对我而言,仍是极为神秘的。 ……这种绘画艺术躲着我行走。 我看不清它的行踪,而敷色和线描,默不作声,闭着嘴不说话。 问它什么问题,它用手指指,无声地说'你自己看,别再问什么'。"

此前,泰戈尔也就绘画给贾米尼·罗易①写了封信。 贾米尼·罗易有自己的独特风格,他极为推崇泰戈尔的画作,深谙其画中线条的刚劲韵律。 泰戈尔在信中说:"在我不画画的时候,世界之画中的乐音袅袅飘进我的耳朵,画中的意韵渗入我的心中。 当我把心思倾注于作画时,心灵就在目光的旅程中获得一席之地。 树木、生物、动物,全携带自己的形象,在四周清晰呈现。 于是,就用线条和颜色临摹已呈现的东西。 此外,用不着作什么解释了。"

对日本画感兴趣

泰戈尔最早感兴趣的外国画是日本画。

———————————

① 贾米尼·罗易(1887—1972),孟加拉著名画家,在他的不懈努力下,孟加拉民俗画名扬四海。1955 年,他获得印度艺术研究院最高美术奖。

　　泰戈尔深切领悟了日本绘画特点。横山大观和下村是日本著名画家，泰戈尔在一封信中评论说："他们的画作画面宏阔，景物极为清晰，绝无多余笔墨，但强劲地表现了画家头脑里的题旨。观赏必须精神集中。画面上没有废墨，只有刚健、雅致和简约；看不到捉迷藏似的朦胧或浓淡混渗的颜色。洁白阔大的画卷上有许多空白，其间屹立着挺拔景物。"

　　访日期间，他把两国绘画作了比较："在我国，艺术之风是不流动的，艺术与社会生活没有血脉联系。所以，我们不能从印度的土壤汲取充分营养。……日本人在生活中接受艺术，以各种手段美化生活，我们与他们的最大差距，恰恰就在这儿。"

　　泰戈尔希望印度画家去日本考察生意盎然的日本艺术，否则，他担忧印度画家会目光短浅、孤陋寡闻。他在信中写道："新的艺术已在孟加拉地区崛起。我呼吁孟加拉艺术家到日本来访问，不是来模仿，而是来学习。……欣赏的日本画越多，我越是坚信，日益进步的孟加拉绘画艺术具有特殊的高尚灵魂。只要坚持走自己的路，就能在世界画坛上占有一席之地，但遗憾的是，虽然孟加拉人才华横溢，但缺乏闯劲儿和毅力。绘画探索无止境，它既不要封闭式，也不追求时髦。我希望从'七彩画院①'流出的艺术之河滋湿全国人民的心。"

　　当然，泰戈尔也知道，印度画家响应他的号召确有实际困难。因此，他考虑再三，和横山大观多次商量后，决定请日本的艺术家新井先生前往印度"七彩画院"执教。泰戈尔在写给儿子罗梯的信中也谈到此事："南达拉尔·鲍斯等人学会了在大画卷上用日本画笔作画的技法，这将扩大我们的绘画领域。"泰戈尔帮助新井先生办理了赴印度的手续，并花了一千五百卢比，请人临摹了下村和横山大观的两幅画，寄回国内。新井先生在"七彩画院"任职三年，与印度画家进行了较长时间的交流，对印度画家的影响很大。

————————————

① 加尔各答朱拉萨迦祖宅中的艺术学校。

　　泰戈尔并未只对日本绘画大加称赞，他也分析了日本绘画的短处，且同时考虑了印度绘画的发展路线。 他在写给堂侄索莫伦特纳德的信中说："我看到他们的许多好东西。 看得最真切的是他们的艺术。 从某个角度而言，他们的艺术达到了顶峰，但不可否认，他们的艺术也有欠缺。 他们尚未触及人心的深处。"印度喜欢色墨的渲染，泰戈尔说："相较于清晰的线描，印度的画作更注重着色。"他认为，印度绘画只要动用全部潜力专心致志地朝前迈进，在深度和写意方面，无人能与其并驾齐驱。 他说："日本侧重于黑白交融，绘画名声显赫，确已臻于完美，但我看到，印度艺术家的画笔前面也正呈现广阔前景。 艺术女神的内宅之门将对我们打开，我们随即在那儿举行画意的盛宴。 我们已领会了日本艺术的精髓，但日本人尚未领悟我们着色的微妙。 看样子，日本绘画艺术的过度成熟，对它来说，已成为一种负担，现在它快走不动了。 它要么坐在路边重复既往，要么模仿英国画。"

　　令人欣慰的是，孟加拉画家们重视泰戈尔三十年前的这段论述，既没有机械地模仿西方，也没有走古代的老路，成功地进行了着色的变革。

国外成功举办画展

　　泰戈尔既是文学家也是形象鉴赏者。 他深知，文学家的探索和成功在其恰当的自我表现之中。 这条原则也适合绘画艺术。 光靠五根手指的灵巧创造不出精品。 只有熟练掌控了五种感官之门的开闭，艺术家的探索才能成功。 作为艺术形象塑造者，泰戈尔鼓励"七彩画院"发挥更大作用。 后来，他创建国际大学，在艺术学院里为艺术爱好者搭建了创作平台，且以创作自由为艺术学院的原则。 在这样的自由氛围中，艺术学院的学生们得以感悟自己的艺术灵魂。

　　墙内开花墙外香，1930 年，泰戈尔画展首次在法国巴黎举行，画作受到西方的欢迎。　而后，泰戈尔画展又先后在英国的伦敦、伯明翰，德国的柏林、德累斯顿，苏联的莫斯科，以及美国的纽约、波士顿等地举行。

泰戈尔在伦敦应邀发表演讲时谈及他的绘画历程："我的画作的源头不在训练有素中，不在传统中，也不在费力的审慎的图解中，而在我对韵律的天生感悟中，我的愉悦来自线条和色彩的和谐交错。"

1930 年 5 月 24 日，泰戈尔为在伯明翰举行的画展撰写的前言中说："我的画作是用线条画出来的韵律。　如果它们偶尔有资格要求得到赏识，必定是因为形态中有些许意韵，且这是根本原因，而并非它是观念的诠释或某个事实的再现。"

泰戈尔为在波士顿举行的画展撰写的前言中谈到艺术作品的价值与意义："艺术家创造时，运用的不容置疑的活生生的绘画语言要做的事是展现，而不是解释。　如果那些外表承负着基本价值，含有内在的艺术价值，就能存留下来，否则，就会被人拒绝、被人遗忘，哪怕它们有些许科学真实或正当的道德理由。"

直到 1931 年 12 月 25 日庆祝泰戈尔七十岁生日之际，泰戈尔在国内的首次画展才在加尔各答市政大厅举行。　除了画作，大厅里还悬挂着他各个年龄段的照片，摆放着他出版的许多著作。　特里普拉的藩王毗尔比格罗姆为画展揭幕。

创作配画诗

1931 年，泰戈尔看到几幅佳作便萌生了写配画诗的念头，想用语言为哑默的画作注入灵气。　他学画已几年了，能以完全有别于一般观众的目光欣赏这几幅杰作。　泰戈尔把这几幅画带回去，一面看画一面写诗。　画作是他写诗的动因。 沿着画作的一条条线索，他的诗心移行于变幻的意象之间，编织着诗行。 完成的画作是静物，默默地含着全部心思，泰戈尔用语言和韵律使那沉默的心思活跃起来。 于是，即使观众不看画，也能品尝零散诗作汇集的《五彩集》中那几首诗的意蕴。

泰戈尔擅长用语言变心中的"无形"为"有形"。 如今，他又成为画家，轻而易举地获得了进入营构意象的艺术宫殿的资格。 在他的心中，形象与韵律的王国融为一体。 画的形象在他的心中激起情感的波澜。

泰戈尔为别人和自己的画配诗，说了真心话。 1932 年，他为自己的画作《孤女》配了诗：

仔细梳妆完毕,孤女默坐,

首饰、衣着

昂贵了青春的价值。

这仿佛是

从远处与

以身相许的

陌生的白马王子的交谈。

化妆的艺术体现于眼上的乌烟,

褶痕清晰、

色彩春天般鲜亮的纱丽,

将芳躯装饰成

一篇读不完的情人的赞颂。

南风过处,

弄影的希里斯花丛传出

含糊的回音。

交融

春天温馨的日子，

就这样悄悄流逝。

暮空的分发线①下，

失踪的绮丽的晚霞

勾起烦闷的心中长长的叹息——

不可思议的聚首的殷红的暗示。

1940 年 9 月，酝酿多年的《泰戈尔画册》终于面世。 画册中收入了十八幅画、十八首配写的孟加拉短诗和泰戈尔手书的译诗。 序言也由泰戈尔用英语撰写。

与徐悲鸿交往

为了把国际大学办成东西方文化交融中心，泰戈尔邀请许多外国艺术家到国际大学讲学，他们中有中国著名画家徐悲鸿。 徐悲鸿于 1939 年 11 月收到泰戈尔的邀请，12 月，经仰光、加尔各答，抵达圣蒂尼克坦。

在宁静的校园里，徐悲鸿与艺术学院的南达拉尔·鲍斯等教授切磋绘画技法，为学生们作讲座。 他多次听泰戈尔朗诵诗歌、吟唱歌曲，感受到他的作品的深邃哲思和艺术魅力。

1940 年 2 月 17 日，圣雄甘地最后一次造访国际大学。 在杧果园里为他举行的隆重欢迎仪式上，泰戈尔特地把徐悲鸿介绍给甘地，徐悲鸿向甘地表达了

_____

①　指地平线。

来自他本人和中国民众的敬意。 他沙沙沙几笔为甘地画了一幅素描，线条简洁，神形兼备。

徐悲鸿来到印度，为给抗战募捐，要举行画展。 在印度各界友好人士的热情协助下，徐悲鸿画展顺利筹备。

泰戈尔不顾年老体衰出席开幕式。 他为画展撰写的前言中说："美的语言是人类共同的语言，而其音调当然多种多样。 中国艺术大师徐悲鸿在富于韵律的线条和色彩中，为我们呈现了一个在记忆中业已消失的远古景象。 他的作品凸现其丰富艺术体验、民族色彩和独特风格。"

泰戈尔的大力支持和热情推介使徐悲鸿的画展在圣蒂尼克坦获得圆满成功，随即他又到加尔各答举办。 两次画展所得款项全部捐给了国内正浴血奋战的将士。

朝夕相处的日子里，徐悲鸿以敏锐的目光仔细观察泰戈尔的容貌、神态、举止，用他的神笔画了十几幅画，表现诗人的艺术创作和日常生活，其中最有名的是泰戈尔半身像。 画面上，泰戈尔白发银髯，戴着老花镜，身穿浅黄色长袍，坐在树枝上蹲着两只小鸟的榕树绿荫下的一把藤椅上，右手握着一支笔，左手拿着蓝色稿本，眼神专注凝重，似在构思一首新作。 整幅作品色彩柔和明丽，结构紧凑，形象真切生动。

徐悲鸿创作这幅画时，采用了中国画的线描手法画泰戈尔的体形、面部轮廓和衣服皱褶，但敷色借用西方油画的手法。 他的创作被泰戈尔赞赏为"中西合璧，绝世佳作"！

受泰戈尔委托，徐悲鸿和国际大学的画家南达拉尔·鲍斯一起，从泰戈尔两千多幅画作中初选出三百幅，经反复甄选，最后确定七十幅作品。 这些作品包含了多种题材，征得泰戈尔同意，后由国际大学出版社印制出版。 这本精美画册受到各国画家的热情称赞。

　　徐悲鸿离开国际大学半年后，泰戈尔在加尔各答病逝。 正在新加坡举办画展的徐悲鸿听到这个噩耗悲痛不已，立刻撰写纪念文章《泰戈尔翁之绘画》，精辟阐明泰戈尔的画作的艺术风格。 文章最后以骈文句式赞美道："送琼浆与劳工，假寝床于巨蚌，夺梅妃之幽香，食灵芝之鲜，吻河马之口，绝壑缀群玉之采，茂林开一线之天，利水渤之积，幻为群鸿戏海……"这段话表达了徐悲鸿对泰戈尔的无限怀念和崇高敬意，也是对泰戈尔的绘画艺术最权威的评论。

码上解读
才华横溢的大师
赤子之心的诗人
无问西东的旗手
东方精神的智者

1937 年 8 月 26 日，泰戈尔率领国际大学艺术团来到加尔各答。 9 月 4 日、5 日，在环形路旁的"绿荫剧场"举行歌颂雨神的专场音乐会。6 日，回到圣蒂尼克坦，之后收到克亚利尔土邦王公的访问邀请，在计划启程的前一天，即 9 日傍晚，在与身边工作人员聊天儿时，因丹毒、肾脏问题和急性前列腺炎多病并发，泰戈尔突然身子往后一仰，昏迷不醒。

重获新生

以爵士尼尔拉丹·索尔卡尔为首的医疗小组，从加尔各答赶到圣蒂尼克坦救治。 在医生的精心治疗和家人的护理下，泰戈尔昏迷大约五十小时后苏醒，转危为安，在阎王殿里转了一圈回到人间。

这是他第一次病危，消息通过电波迅速传遍世界，慰问电、慰问信雪片似的纷纷飞来。

泰戈尔把昏迷后的苏醒喻为获得新生，在《边沿集》的诗作中，书写重获新生的过程和感悟：

> 啊，毁灭大神，死神的使者突然
>
> 从你的官殿走来；把我带到你的宏大庭院，

我眼前一片漆黑；我未看见里面一层层

黑暗中无从看见的光华，那是宇宙的

光中之光；是我自己的身影遮住了我的视线。

联结美梦和今生的复杂纽带

被无形之手掐断之时，我看见前面

一条陌生、漫长的路伸向无伴的国度，

伸向无爱的冷酷。……

阎罗的使者悄然分发宽宥。

得到"宽宥"，诗人似乎仍记得经历的一切：

好像是死亡用钥匙开启了"古朴"的城门，

于是"新颖"信步出城，浣洗"卑怯"的

破袍；她的抚摩使"真形"的一切价值

不可思议地表露；把夜的静谧

全部融入黎明的赞歌；她的乌黑发丝

系着无从理解的奥妙，走向西方的地平线，

步入无名的苍翠的林间。

诗人返回的现实世界，依然是残酷的、可怕的：

我看见时代自杀的

愚昧的疯狂，看见它全身是

变态的肮脏讥嘲。一边是凶悍的

残忍，疯狂无耻的吼叫，另一边是

> 胆怯的迟疑迈步,胸前警觉地抱着
>
> 自私的财物——像惊恐的困兽尖叫
>
> 几声之后,低声下气地表示令人
>
> 放心的无声恭顺。大权在握的
>
> 国家元首们犹豫不决,嘴唇抿着
>
> 咬着内阁会议上通过的决议。
>
> 愤懑的空中,从冥河飞来一群怪禽——
>
> 金属的翅翼发出啸声,像啄食
>
> 人肉的饥饿的兀鹰,玷污蓝天的洁净。

然而，衰老的诗人一如既往，要与邪恶势力作斗争：

> 请给我力量,给我力量！让我的
>
> 喉咙迸发出雷霆般的呐喊！让我对
>
> 杀害儿童、妇女的丑恶暴行的怒斥
>
> 永远在羞惶的传统的脉搏中回荡！

写了《边沿集》的八个月之后，泰戈尔在新年讲话中讲述了他的奇特感受："几个月前，我钻出死亡之洞返回生灵世界。如今身心已没有充足的体力用以做各种事情。此前，我从各个角度以各种经验，丰富了成就了我的人生，在人生旅程的尽头，我瞬间被抛进虚空之中，这将彻底摧毁我的全部认知——这个结论，是下不得的。渐渐地，我觉得这种卸却了负担的清贫，是最大的希望所在。……今生我做了各种事情，品尝了许多苦乐。现今我的感觉力如果疲倦了，我还有精神世界。如果生命对躯体的眷恋开始松弛，我认为，这是新生活的序幕。"

身体渐渐衰弱

事实上，泰戈尔大病一场，身体再也未能恢复到从前的状态，每日病痛如影相随，常常出现肾脏和前列腺疾病的症状，头部、胸口和四肢感到疼痛，排尿困难，睡眠不好，食欲不振，然而，医生离开两星期之后，他又聚精会神地写作，显示出强大的生命力。

1939 年，泰戈尔为剧本《邮局》增写了《前面是宁静的大海》等七首歌。排练《邮局》的一天，泰戈尔对诗人桑迪德说，他的大限已不远了。

泰戈尔不停地行走，渐渐接近终点。　他心中不时闪现人生之旅结束的情状。　他这种预感，从他为大哥迪钦德拉纳特在圣蒂尼克坦寺庙举行的一百周年诞辰纪念会上所作的讲话中就能透露出来。　他说："今天，我也说说自己。　我看到，'衰弱'在我四周不停地挂绳索。　我的感觉力的'同伴①'，长期以来，一直与创造之河一起行动，而眼下，它们中间逐渐竖起各种坚硬的栅栏。　这时，就容易想到，人生发展受到阻挡，恐将永远停止。"

泰戈尔希望在 1940 年他七十九岁生日之前，出版一本新诗集，但如果把他从 1933 年到 1940 年的作品全部集中起来，就会发现题材相当繁杂，编入一本诗集，很难选一个体现所有作品特色的集名。　阿米亚把这一情况向他做了汇报。最后，阿米亚把这些作品编成两本诗集《新生集》《唢呐集》。　两本诗集各具特色。《新生集》于 1940 年 4 月出版。　泰戈尔在《新生集》的序言中说："这些诗不是春天的鲜花，而是成熟季节的作物。　它们对从外部迷醉心魂的做法有些冷淡。　它们获得了从性灵中生长的经验。　如果不是这样，那成熟年龄的激情就

---

① 似指体力。

毫无用处。"

泰戈尔"暮年的日子"慢吞吞地朝前走，可他身体的衰老速度明显加快，视力严重下降，听力很差，迈步费劲儿，最后出行只好坐轮椅。 尽管如此，仍有一些人为大大小小的事情找上门来，有人请他写文章，有人只为见他一面。 他身体衰弱，字已写不端正，但不写还不行。 泰戈尔在加尔各答停留期间，医生尼勒拉特诺·索尔卡尔和比坦昌德拉·罗易为他做了全面体检，随后发表的一份声明中说："我们的同胞如果希望诗人长寿，就不要再无缘无故地打搅他了。"

走向永新

1941 年 4 月 12 日，孟历新年之际，泰戈尔坐在沙发上，回眸悠悠往昔，感慨万千。 他口授一篇文章，由站在身旁的阿米亚记录。

泰戈尔语气缓慢地说："今天我八十岁了，我眼前呈现人生的广阔领域。 我目光淡然地从一端望见最前的地平线上生活起步的情景。 我感到我的人生历程和整个国家的思想轨迹断为两截，断裂自有其痛楚的缘由。 ……"

在这篇题名为《文明的危机》的重要文章中，泰戈尔回顾了学习西方文学的经历，简述了当时的世界形势和与西方友人亲密交往的经历，描写了与西方文明接触、认知西方文明、最后对西方文明失望的经过。

阿米亚聚精会神地写着：

"物换星移，天道无常。 英国迟早要放弃印度帝国，但它留给我们的，是怎样的一个印度呢？ 一堆可怜的贫困的垃圾？ 一百多年的统治之河干涸之时，宽阔泥泞的河床承托着惨不忍睹的荒凉？ 在人生的起点，我由衷地相信欧洲的宝藏价值在于其对文明的贡献，可是在行将辞别人世之际，我对它们的信任彻底破灭了。"

　　阿米亚记录下泰戈尔对未来印度领导人看法的转变："我坚信救世主即将诞生在贫穷困扰的茅屋里，我期待他走出东方的地平线，携来文明的福音，对人们做出可信的承诺。"

　　阿米亚写着写着兴奋起来，诗人对世界前途的乐观情绪在他笔下展现出来："我的人生之舟向彼岸驶去。　背后的码头上，我遗留下什么？　我看见了什么？　是历史残剩的微不足道的文明的废墟？　不错，对人类失去信心是一种罪过。　一息尚存，我满怀信心。　我希望一场毁灭之后，满天的愁云惨雾荡然无存，地平线上红日东升，铺展洁净的历史篇章。　不可战胜的人民踏上恢复尊严的道路，排除万难，奋勇向前。

　　"我一贯认为：断言人性的失败无可挽回、永无尽头，无异于犯罪。　我留下的遗言是：强权者耀武扬威、暴戾恣睢，这并不能证明安全的日子已经到来。未来的岁月必将证实：

　　　　伟人冉冉降临，
　　　　遍野的芳草瑟瑟喜颤。
　　　　天国吹响法螺，
　　　　胜利的锣鼓响彻人间。
　　　　伟大的诞生日，
　　　　黑夜的城堡轰然倾圮。
　　　　莫怕！莫怕！莫怕！
　　　　在旭日喷薄的东山之巅，
　　　　这庄严响亮的呐喊
　　　　把新生活的美景展现。
　　　　胜利属于新的一代！

欢呼声回荡在明丽的蓝天。

这篇文章既是诗人人生的深刻总结，也是对印度近代史的高度概括，还是对世界美好未来的豪迈宣言。

泰戈尔在凡世的最后一个生日姗姗来临。他为生日写了一首歌《啊，永新》，歌词节选自《普尔比集》中的《维沙克月二十五日》，然后自己谱了曲。这是他谱曲的最后一首歌：

> 啊，永新，生日的第一个吉辰再次现身，
> 穿过弥漫的浓雾，露出你清晰的面孔，
> 像红日一轮。
> 推倒"贫乏"的坚壁，展现你的英姿！
> 昭示生命的胜利！
> 昭示你中间"无限"不倦的奇迹！
> 东方的天空回响着神圣法螺的号音，
> 维沙克月二十五日召唤永新
> 走进我的心。

学校为泰戈尔举行了最后一个简朴的生日庆祝仪式。

5月13日，特里普拉土邦王室代表来到圣蒂尼克坦，授予泰戈尔"印度雕塑大师"荣誉称号。由罗梯代念的泰戈尔的答词中说，在他人生的黎明，他从特里普拉王室获得的赞誉，是他诗歌生涯的第一笔盘缠。① 在人生的黄昏，即

———————

① 特里普拉土邦藩王昌德拉 1882 年读了泰戈尔的长诗《破碎的心》，被该诗自然流畅的抒情笔调和充满浪漫主义的情感所打动，派人到朱拉萨迦，对泰戈尔表示热烈祝贺。

将踏上西行之路时，他收到了王室的最后一份厚礼。

这年夏天，文学家朱迪莫伊·罗易和普达德波·巴苏教授携家人到访圣蒂尼克坦。 普达德波·巴苏在《获得一切的国家》中记录了他与泰戈尔相处的终生难忘的几天："师尊病了，我以为不能跟他多说话，也许也不能像以前那样无拘无束地坐在他身边，可我想错了。 他的脸瘦了、原先火一般鲜红的皮肤变得苍白了，但一看他的拳头和手腕，就可以感觉到他高大的身体依然健壮。 他狮鬃似的披肩长发剃掉了，但头上两侧洁白的美丽的卷发依然迷人。 默默地看着这位相貌堂堂的老人，我们仿佛在观赏艺术家创作的一尊雕像。"

这一年夏天每天骄阳如火，酷暑难忍。 白天，泰戈尔待在装空调的房间里。 傍晚，服侍他的人用轮椅把他推到走廊里。 他一面乘凉一面把他写的最后一篇小说《坏名声》的故事讲给他们听。

泰戈尔谢世的几个月前，最后一次强烈抗议外国人对印度的诽谤。 抗议的原因是，拉特波娜①小姐发表一封公开信，大肆污蔑印度。 因为她是英国教育界和政界名人，她的观点在英国和英语国家民众中有一定影响。 她那封公开信的要点是：印度人靠英国人获得西方教育，素质得到全面提升，但如今他们不愿意帮英国打仗，是一群忘恩负义之徒。

泰戈尔反击拉特波娜的公开信的文章，由外孙女婿克里希那·克里帕拉尼笔录，6月5日通过美联社在印度各大英语日报上发表。 他在这篇文章中强有力地反驳了这位小姐的荒谬言论："英国人未受到我们的欢迎，未能在我们心中获得位置，并非因为他们是外国人，而是因为他们宣扬他们是我们的造福者，可实际上背离造福者的责任，牺牲印度亿万民众的健康和幸福，让英国少数富翁的口袋鼓起来。"

---

① 拉特波娜(1872—1951)，英国平等公民社会联盟主席、联合英国大学议会独立议员。

写作，甚至多说一会儿话，泰戈尔的身体都已承受不了了。 泰戈尔躺在病榻上，似乎隐隐约约听到死神临近的脚步声，对身边照顾他的人说："我心里明白，在凡世的日子快过完了，上路的时候到了。"他自言自语："我从不喜欢不文明的行为，从不做不文明的事情。 这是我内心深处引以为傲的东西。 自鸣得意，是不能走到他（梵天）跟前的。 他在让我走到他跟前接受我之前，会把我意识到和未意识到的傲气骄气击得粉碎。 我时刻想方设法遮掩我的身躯，甚至生了病，也竭力保持身体洁净，别人的触摸使我极为局促，但从昨天开始，心里不再想这些，拘谨的感觉消失了，由此可见，我的日子快过完了。"

苏达甘特是照顾泰戈尔的几个人之一，记录了泰戈尔养病时的情况："病人因身体剧痛露出痛苦的表情是很正常的现象，但我们侍候受病痛折磨的泰戈尔，却未看到那种表情。 我们看到他强忍病痛的安静模样，这是极其罕见的。他常开各种玩笑，逗乐侍候他的人，这大概也是他制服病痛的办法吧。 他向来不喜欢愁眉苦脸。"

泰戈尔在诗中写道：

> 病人若称疾病为绝对真理，
> 并大肆宣扬，
> 我认为那是耻辱——
> 一声不响自杀身亡岂不更好！
> 不知廉耻的伪造的面具
> 岂能抗议真正的美貌！

一辈子不喜欢别人服侍的泰戈尔，此时，不得不让别人侍候。

垂暮之年的我浮想联翩：

天帝的工厂里如果生产活的玩具，

那是什么模样？

这儿，我的名望被打败，

庄重的神态受嘲弄。

卧躺，静坐，迈步，绝对的令行禁止。

"闭上嘴！""多讲话伤元气！"

"再多吃几口——"

一些人以责备或恳求的口吻对我发号施令。

我又成为温顺的孩子，听任摆布。

我感到：衰老的命运

这几天把统治的责任

交给了年轻的命运，躲在远处苦笑。

与世长辞

　　泰戈尔前列腺肿大，排尿困难，异常痛苦。　多位专家几次到圣蒂尼克坦为泰戈尔检查，一致认为，手术刻不容缓。

　　泰戈尔心里对做手术是有顾虑的。　他宁愿在圣蒂尼克坦度过人生的最后时光，几次对亲人说："为什么不让我平静地在这儿离世？　我活的时间够长了。"他在信中说："天帝创造了我完美的躯体，在离别之际，我想把这躯体完好无损地还给他。　我已是古稀之年，人还能活几天呀。　所以，放过我吧。　让我像花朵、像果子、像枯叶那样，有正常的终结吧。"他似乎感觉到，他过不了手术这一关，便幽默地说："凶险降临向来出人意料。"不幸的是，他言中了后来的一切。

1941 年 7 月 25 日，泰戈尔戴着墨镜，由亲友搀扶着躺在担架上，抬上汽车。 汽车启动，在教育学院、艺术学院、印地语学院和中国学院前，缓缓驶过。 路两旁，站满学校的师生和附近村庄的农民。 他们神情忧伤，面对诗人，一面招手一面喊着："师尊，治好了快回来啊！"校园里的两只梅花鹿时而跟着车跑，时而跑到车前，呦呦地叫着，仿佛在说："老诗人，治好了快回来喂我呀。"路两旁的娑罗树的枝条沙沙地摇摆，也仿佛在说："老诗人，治好了回来，在我的绿荫下散步啊。"看着校园里熟悉的花草树木，听着他们热切的呼声，泰戈尔朝他们轻轻挥手，墨镜后，眼泪泉水般地涌出，溢出眼眶，顺着清瘦的脸颊，汩汩流淌。

当天，泰戈尔乘坐孟加拉铁路局局长 N. C. 古斯为他安排的一节特护车厢，被护送到加尔各答。 临上车，他神色忧郁凄楚，尽量提高嗓门儿，对送行的师生说："我走了。"

7 月 30 日 11 点 20 分，医生在朱拉萨迦祖宅为泰戈尔做手术。 手术历时仅二十五分钟。 这次手术的主要目的是造瘘管引流尿液，学术上称之为"耻骨上膀胱造瘘术"。 这次手术如成功，接着就做切除前列腺手术。

做完手术，这一天大部分时间泰戈尔都在昏睡着，偶尔呻吟："疼，全身疼。"术后，泰戈尔身上出现新病症，肾脏功能衰竭。

8 月 7 日，清晨，东方天空渐渐亮了。 一群群朋友、亲人和崇拜者进入院子。 阿米达·塔克尔①进屋，把兜里装着的金色花撒在诗人的两只脚上。 7 点，拉马南德站在病榻前作祈祷。 比杜塞克尔教授坐在诗人的脚边，大声念吠陀咒语："唵，你②是我们的天父，愿我们认你为天父！"

---

① 指泰戈尔的堂孙媳。
② 指创造大神梵天。

阿米达·塔克尔往泰戈尔的脸上洒了些圣水。 中国教授谭云山拨着念珠诵念佛经。 拉马南德在他的耳边不停地念他一生信奉的神咒"宁静·善·无匹之'一'"。 过了一会儿，输氧面罩揭掉。 他的双脚渐渐冰凉。

1941 年 8 月 7 日中午 12 时 10 分，泰戈尔的心脏停止跳动。 一代伟人与世长辞。

泰戈尔离世的前四天，加尔各答电台一次次播出有关他身体状况的消息。8 月 6 日，每小时播出一条消息。 8 月 7 日，从上午 8 点，每十五分钟播出一条消息，最后，一播出他逝世的消息，全城顿时沉浸在巨大的悲痛之中。

当晚，著名叛逆诗人纳兹鲁尔·伊斯拉姆①眼含热泪，在加尔各答电台诵读一挥而就的新作《太阳陨落》：

> 中午的太阳②坠入西山的怀里，
>
> 斯拉万月的乌云滚滚而来，
>
> 遮蔽天宇，这是由于
>
> 印度的诗人，世界的太阳，
>
> 绿色孟加拉的心灵的形象，
>
> 你突然离去。
>
> 你可曾听见你大地母亲的哭泣？
>
> 今日孟加拉的血管里流淌着痛楚，
>
> 森林、河流、大海为你痛哭，啊，诗人，

----

① 卡齐·纳兹鲁尔·伊斯拉姆(1899—1976)，在近代孟加拉语诗坛的地位仅次于泰戈尔。1922 年 1 月 6 日发表代表作《叛逆者》，从此被誉为叛逆诗人。著有《毁灭之歌》《毒笛》《共产主义》和《无产者》等诗集。1976 年 8 月 29 日在达卡逝世，孟加拉国政府为他举行隆重国葬。

② 指泰戈尔。

你深爱印度,你深爱孟加拉,

唉,缘何离去,把他们抛入黑暗?

以后谁踩着傲慢的强权者的头,

维护印度的弱者心中的自豪感?

以前没有人知道你有那么多亲戚;

成千上万的人匍匐在你走过的路边哭泣。

你爱孟加拉的美景,更爱孟加拉大地。

我们希望的太阳消失,陷入失望的黑暗,

孟加拉的心田日日燃烧你焚尸场的火焰!

我们一向认为,你是薄伽梵的祝福,

但愿这祝福不会在死亡的阴影中消失。

离别之际,带走你足上我们的亲吻,

不管在哪个世界,把这不幸的民族记在心里!

诵读毕,他与歌手伊拉古斯和吉达罗一起,演唱曲调悲切的歌曲《让疲惫的太阳休息》。

8月7日下午,灵车从朱拉萨迦祖宅驶出,上了大街,立刻卷入十几万人送葬的人海。 人们把一束束鲜花抛到灵车上。 灵车像花舟,在人海上向恒河方向漂去。 按照印度传统葬礼,死者火化,应由亲属点烧焚尸的木柴堆。 灵车旁年过五十的罗梯被人流冲到路边,因担心不能准时赶到现场,情急之下,他赶紧叫泰戈尔的二哥的孙子苏比伦特罗纳德,乘小船走近道赶到遗体火化的尼姆塔拉码头。

尼姆塔拉码头上堆垒的檀香木上洒了蜂蜜。 泰戈尔的遗体被抬下车,抬到平整的檀香木堆上。 在祭司的诵经声中,苏比伦特罗纳德用火把点燃泰戈尔头旁的檀香木。 四周密密麻麻送葬的人默默垂首,双手合十,祈祷诗人的灵魂安息。

听着主持人比伦特罗·克里斯纳·瓦特拉在泰戈尔的遗体火化现场直播的消息，孟加拉的男女老少捶胸顿足，失声痛哭。

檀香木点燃的火焰中，一缕缕清香袅袅升起，飘向西天。 鲜红的夕阳收敛光芒，变成一团暗红，缓缓坠入呜咽着流淌的恒河旁的地平线。

1861 年 5 月 7 日生于加尔各答市朱拉萨迦祖宅。

1869 年—1872 年 先后在东方学校、师范实验小学和圣泽维尔学校读书。

1873 年 被授予圣线，成为梵教徒。跟随父亲去喜马拉雅山游览。

1874 年 参加印度教徒大聚会，朗诵《献给印度教徒大聚会的礼物》。

1877 年 在大哥创办的杂志《婆罗蒂》上发表第一篇短篇小说《女乞丐》。

1878 年 随二哥去英国留学。创作长诗《诗人的故事》，在《婆罗蒂》上发表《旅欧书札》。

1880 年 从英国返回印度，发表叙事诗《野花》。

1881 年 发表音乐剧《蚁垤的天才》，参加该剧演出。创作诗集《暮歌集》和诗剧《破碎的心》。

1882 年 着手写《晨歌集》。发表剧本《捕获时光》。

1883 年 发表诗集《画和歌集》和诗剧《天性的报复》。长篇小说《王后集市》单行本出版。与穆丽纳里妮结婚。

1884 年 任梵社秘书。因五嫂伽达摩波莉自尽承受巨大悲痛。

1885 年　创作长篇小说《明君》。

1886 年　长女玛杜丽洛达·黛维出生。　出版诗集《刚与柔集》。　为国大党第二次全国代表大会创作《响应祖国母亲的呼唤，今天我们团结一心》，并在开幕式上演唱。

1887 年　参加社会改革，发表关于印度婚姻制度的文章，公开谴责童婚制。

1888 年　长子罗亭德拉纳特出生。　发表音乐剧《虚幻的游戏》。

1889 年　泰戈尔家族月刊《求索》问世，协助侄子苏伦德拉纳特·泰戈尔编稿。　创作剧本《国王与王后》。

1890 年　随二哥索顿德拉纳特去英国旅游。　发表诗集《心声集》和剧本《牺牲》。　奉父命去希拉伊达哈经管田庄，广泛接触农村各种人物。

1891 年　次女蕾努卡出生。

1892 年　创作名剧《齐德拉》和喜剧《根子上的毛病》。

1893 年　诗集《金色船集》单行本出版。《摩诃摩耶》《素芭》等短篇小说发表。

1894 年　任孟加拉文学协会副主席。　发表诗剧《离别时的咒诅》。　出版短篇小说集。　小女儿米拉出生。

1895 年　与侄子苏伦德拉纳特·泰戈尔合办黄麻公司。　出版《吉德拉星集》。

1896 年　出版《收获集》，其中大部分诗作为孟加拉韵式十四行诗。　在国大党的会议上演唱爱国歌曲《歌颂祖国母亲》。　小儿子索明德拉纳特出生。

1897 年　发表散文集《五元素》。

1898 年　在加尔各答群众集会上发表题为《窒息》的演讲，谴责英国殖民当局对民族主义运动领袖提拉克的迫害。

1899 年　从史诗《罗摩衍那》和《摩诃婆罗多》撷取素材，创作诗剧《甘陀利的请求》《待在地狱》《贞妇》《迦尔纳与贡蒂》。 出版哲理诗集《尘埃集》。

1900 年 出版诗集《故事》，反映印度人民反抗殖民统治的决心。 发表《叙事诗集》，其中的《两亩地》揭露土豪劣绅的贪婪、残暴。 发表诗集《幻想集》《瞬息集》。《牺牲》上演，扮演剧中主要人物王家祭司罗库波迪。

1901 年 任杂志《孟加拉之镜》主编。 喜剧《独身者协会》在《婆罗蒂》上连载。《祭品集》杀青。

1902 年 妻子穆丽纳里妮去世。 写悼亡诗，《怀念集》次年出版。

1903 年 二女儿蕾努卡病逝。 诗集《儿童》出版。《眼中沙》在《孟加拉之镜》上连载，1903 年出版单行本。

1905 年 创作诗集《渡口集》中的作品。 积极参加反对分裂孟加拉的爱国运动。 父亲在加尔各答逝世。

1906 年 出版长篇小说《沉船》单行本。 送长子去美国学农业科学。

1907 年 就民族自治与国大党领袖发生意见分歧，回圣蒂尼克坦进行文艺创作，主管学校。 出版文论《文学》《古代文学》《现代文学》《民间文学》。小儿子索弥夭折。

1908 年 创作剧本《秋天的节日》。 主持孟加拉政治协商会议。 发表散文集《国王与臣民》《社会》《教育》《自治》。

1909 年 出版宗教哲学演讲集《圣蒂尼克坦》。 长子学成回国。

1910 年 出版《献歌集》单行本和长篇小说《戈拉》。 剧本《国王》单行本出版，英译本名为《暗室之王》。 发表回忆录《人生回忆》。

1911 年 剧本《旧书院》发表。 发表著名歌曲《印度命运的主宰》①，后被定为印度国歌。

——————————————

① 在我国，有人据其英译版译为《人民的意志》。

1912年　出版剧本《邮局》和书信集《零星书简》。 启程前往英国和美国访问。 英译本《吉檀迦利》出版。

1913年　因英译本《吉檀迦利》获诺贝尔文学奖。 英译本《园丁集》《新月集》出版。

1914年　出版诗集《献祭集》《歌之花环集》《妙曲集》。

1915年　会见访问圣蒂尼克坦的甘地。 发表中篇小说《四个人》。 剧作《仲春月圆》正式演出。

1916年　前往日本、美国访问。 在日本和美国分别作题为《国家主义》和《人格》的演讲。 诗集《鸿雁集》和长篇小说《家庭与世界》单行本出版。 英译本《采果集》《飞鸟集》发表。

1917年　在国大党加尔各答会议开幕式上朗诵名作《印度的祈祷》。

1918年　长女玛杜丽洛达·黛维患肺病不幸离世。 出版《遁逃集》。 筹建国际大学。 英译本《渡》《情人的礼物》出版。

1919年　致信总督，抗议殖民当局镇压阿姆里则群众的暴行，宣布放弃英国政府授予的爵士称号。 剧作《无形的珍宝》单行本出版。

1920年　出访英国、法国、荷兰和美国等国家，为国际大学募捐。

1921年　从美国回到英国伦敦，之后访问法国、瑞士、德国、瑞典、奥地利、捷克等国。 在巴黎会见罗曼·罗兰。 国际大学正式成立。 把圣蒂尼克坦的全部财产献给国际大学。 英译本《沉船》和英译诗集《游思集》出版。

1922年　诗集《儿童的湿婆集》出版。 剧作《自由之瀑》《秋天的节日》上演。 在西印度和南印度访问。

1923年　把自己全部作品的版权献给国际大学。 长篇小说《戈拉》英译本出版。

1924年　访问中国，在中国各地的演讲以《在中国的谈话》为名出版。 之后又访问日本。 9月，应邀前往秘鲁访问。 因病在阿根廷布宜诺斯艾利斯休养。 剧本《财神的宝库》译成英文，取名《红夹竹桃》。

1925 年　离开阿根廷，途经意大利回国。 出版诗集《普尔比集》。 年底被选为印度哲学大会主席。

1926 年　访问意大利、英国、挪威、瑞典、丹麦、德国、捷克、奥地利、匈牙利、南斯拉夫、保加利亚、希腊和埃及。

1927 年　诗集《随感集》出版。 剧作《舞女的膜拜》演出。 访问新加坡、马来西亚、印度尼西亚和泰国。

1928 年　访问锡兰（今斯里兰卡）。 开始学习作画。

1929 年　出访加拿大、日本和南西贡。 剧作《太阳的女儿》上演，扮演国王毗克洛姆。 诗集《穆胡亚》出版。 出版长篇小说《纠缠》和中篇小说《最后的诗篇》。

1930 年　出访法国、英国、德国、丹麦、苏联和美国，并在多国多次举办画展。 会见科学家爱因斯坦。

1931 年　诗集《森林之声》出版。 歌剧《新颖》在圣蒂尼克坦首演。 为庆祝泰戈尔七十岁生日演出新歌剧《禳解诅咒》。《俄罗斯书简》出版。

1932 年　诗集《总结集》《再次集》出版。 短剧《拉神车的绳子》上演。 中篇小说《两姐妹》单行本出版。 访问波斯和伊拉克。 抗议殖民当局逮捕甘地。

1933 年　诗集《五彩集》《最后的星期集》《小径集》出版。 剧作《纸牌国》《昌达尔姑娘》演出。 指导排练演出舞剧《回报》。

1934 年　出版中篇小说《花圃》单行本。 中篇小说《四章》面世。 率国际大学艺术团到锡兰和南印度巡回演出。

1935 年　英文论文集《东方与西方》出版。 访问北印度，在多所大学演讲，为国际大学募捐。

1936 年　在加尔各答作关于教育的演讲。 诗集《叶盘集》《黑牛集》出版。 游记《日本和波斯之行》和论文集《韵律》《文学的道路》出版。

1937 年 主持国际大学中国学院成立典礼，发表讲话《印度和中国》。 出版诗集《错位集》《儿歌之画集》。

1938 年 致信日本诗人野口米次郎，谴责日本侵略中国的暴行。 诗集《边沿集》《晚祭集》出版。

1939 年 诗集《戏谑集》《天灯集》出版。 剧作《萨玛》演出。

1940 年 在圣蒂尼克坦最后一次会见甘地。 接受牛津大学授予的博士学位。 英译本《我的童年》和诗集《新生集》《唢呐集》出版。

1941 年 发表重要讲话《文明的危机》。 8 月 7 日，在加尔各答祖宅与世长辞。 诗集《病榻集》《康复集》《生辰集》出版。 15 首诗汇编的诗集《最后的作品集》于次年出版。 生前写的短诗汇编的《火花集》于 1945 年出版。

罗宾德拉纳特·泰戈尔（1861—1941）是近代享誉世界的文学巨匠、思想家、教育家和社会活动家。

泰戈尔漫长的一生经历了印度社会空前激烈的动荡。

1757 年英国侵略者施展阴谋诡计，收买内奸，打败孟加拉邦藩王希拉兹杜拉，实行殖民统治，印度人民长期饱受苦难。 其间，印度人民多次揭竿而起，奋力反抗。 1857 年，士兵大起义席卷全国，震撼了殖民统治大厦的柱石。 四年后的 5 月 7 日，泰戈尔诞生于加尔各答泰戈尔家族的祖宅朱拉萨迦。

20 世纪初叶，在十月革命的影响下，印度各地掀起推翻殖民统治的群众运动。

泰戈尔是伟大的爱国者。 在民族独立运动蓬勃发展的日子里，泰戈尔走上街头，参加群众示威游行，在集会上发表演讲。 为鼓舞印度人民的斗志，泰戈尔创作了包括《孟加拉母亲》《金色的孟加拉》《印度命运的主宰》在内的数十首爱国歌曲，表现炽热的爱国情怀和对祖国自由独立的憧憬。 他号召印度人民超越种姓、教派，为掌握祖国的命运，为创造崭新美好的未来，团结奋斗。

1919 年发生阿姆利则惨案，泰戈尔勃然大怒，宣布放弃爵士称号。 他钦佩那些身陷图围、坚贞不屈的爱国志士，在《致帕卡萨城堡里的政治犯》一诗中，赞扬他们是天神的子孙，以锁链的韵律阐述自由。 显然，泰戈尔把印度独立的希望寄托在他们身上。

已故的季羡林先生这样评价泰戈尔："在八十年的漫长的人生旅途中，他始终不是一个把自己关在象牙之塔中的、不食人间烟火的印度古代的仙人。 他关心自己民族的兴亡，反对殖民主义和帝国主义的掠夺，抗议英国的鸦片贸易，抗议法西斯的横暴，抗议日本军国主义分子侵华，关心周围的社会，同情弱小者、儿童和妇女，歌唱世界大同。 所有这一切都表露在他的文学创作中。 他既是低眉慈目的菩萨，又是威猛怒目的金刚。 他的这些优点永远值得我们学习。"

在关注世界风云和思考印度命运的同时，泰戈尔把大部分精力投入文艺创作之中。 他的文艺成就可谓世无其匹。

泰戈尔八岁开始练习写诗，从发表处女作《野花》到 1941 年逝世前一星期口授最后一首诗《你创造的道路》，文学生涯长达七十二年之久。 他的作品卷帙浩繁，除了五十三部孟加拉语诗集，还有十二部中、长篇小说，一百多篇短篇小说，三十多个剧本，以及五十部散文集和三卷英语作品。 另外，未编入孟加拉语泰戈尔全集的泰戈尔书信，多达十九卷。

此外，泰戈尔还是作曲家和词作家，一生创作了两千零六首歌曲。 泰戈尔歌词集《歌之花园》中编入他的爱国歌曲六十二首，祭祀歌曲七百首，爱情歌曲五百首，歌咏季节的歌曲二百八十三首，其他歌曲一百七十八首。

泰戈尔 1924 年开始练习作画，画作总数逾两千幅。 他先后在英国、德国、苏联和美国等国举办画展。

泰戈尔集文学家、戏剧家、音乐家和画家于一身，他的艺术高峰是后人很难登上的。 泰戈尔于 1913 年把他的一部分孟加拉语诗歌译成英文，取名《吉檀迦利》，他因这部诗集荣获诺贝尔文学奖。 此后，世界各国掀起了翻译他的作品的热潮，与此同时，为了满足读者了解他的文学创作和独特人生的需求，各种语言的《泰戈尔传》不断涌现。

这些用英语和印度其他语言撰写的传记，有助于读者认知泰戈尔，但都有一个无法克服的缺憾。 泰戈尔的绝大部分诗歌，是用孟加拉语写成的格律诗，语言清丽，意境空灵幽美，节奏明快，可那些传记中引用的泰戈尔的诗，无论是内容还是韵式，全走样了，看不到原作的真貌，以至于有的中国读者误认为泰戈尔写的全是自由体诗。

泰戈尔的外孙女婿克里希那·克里巴拉尼写的《泰戈尔传》的中译本，2011年由人民文学出版社出版。 其中，讲述泰戈尔访问阿根廷，为阿根廷女作家维多利亚·奥坎波写了一首诗。 中译本中，这首诗的一段中译是：

> 啊，鲜花，外来的鲜花，当我把你压在我的心上问道：告诉我，你的家在哪里？你调皮地点点头。你说，我不知道在哪里。于是我告诉自己：问你来自何处没有意义。你的家在知道的那个人的充满爱的心里，不会在别的地方。

笔者找到这首诗的孟加拉诗原作，译文如下：

> 哦，外国花，我把你捧在胸前说：
> "请告诉我，
> 哪儿是你的住处？"
> 你笑着摇摇头，说："不清楚，不清楚。"
> 我于是明白，听你
> 讲不讲都没关系。
> 你肯定有栖身的地方，
> 你的住房，
> 不在别处，就在理解你

热爱你的人心里。

原作采用"波雅尔"①变体，诗行长短不一，每两行押韵。 这本《泰戈尔传》中译木中这段诗的译文，无论内容还是韵式，均与原作有一定距离。

这当然不能怪中译本的译者，因为克里希那·克里巴拉尼用英语写《泰戈尔传》，把泰戈尔的孟加拉语格律诗全译成了自由体诗。 平心而论，这也不能怪克里希那·克里巴拉尼，将孟加拉语格律诗译成英语格律诗，在他是力所不逮的。 所以，读从英语和其他语言翻译的泰戈尔的传记，是看不到孟加拉语诗人泰戈尔的真貌的。

然而，泰戈尔以诗歌闻名于世，诗歌是他的人生最主要的组成部分。 传记中如不正确介绍他的诗歌成就，泰戈尔的诗人形象就不完整。

笔者参加 2015 年人民出版社出版的《泰戈尔作品全集》的翻译，任诗歌部分主编。 该全集收入笔者从孟加拉语译的七万八千八百三十三行诗和逾一百五十万字的散文、小说和剧作。 此外，笔者翻译出版了泰戈尔的英译本《吉檀迦利》《园丁集》《新月集》《采果集》《飞鸟集》《情人的礼物》《渡口集》和《游思集》共八个集子。 泰戈尔的十九卷孟加拉语书信未编入全集，笔者从中挑选一部分，翻译出版了《泰戈尔书信选》。

在翻译泰戈尔的著作和阅读大量资料的基础上，笔者撰写了这本《泰戈尔传》。

笔者认为，传记应展现各个领域泰戈尔的巨大成就和崇高人格。

文艺创作是泰戈尔的人生主线，笔者将对其创作的介绍融入其经历、事迹，介绍了他的诗歌、戏剧、音乐和绘画创作，尽力使读者看到真实的文学家和艺术

---

① "波雅尔诗体"每两行押韵，每两行一换韵。"波雅尔变体诗"是泰戈尔的创造。他认为，韵流既可跨越诗行，就不应用诗行的固定音节数量将其禁锢。即在每两行押韵的前提下，可长短不一。

家泰戈尔。

除了文艺创作，泰戈尔一生有两个重大社会实践：进行农村改革试验和创建教育新模式。 在近代的世界文豪中，没有第二个人像他那样孜孜矻矻进行这两方面的艰苦探索，探寻消除贫困、共同富裕之路和教育兴邦之路。 笔者对此作了较为详细的描述，读者从中可感受到泰戈尔的拳拳爱国之心。

闻名世界的文学巨擘中，没有第二个人像泰戈尔那样，应邀访问五大洲三十四个国家，广泛开展国际文学交流，促进东方和西方文明的彼此了解和借鉴。笔者对此作了清晰勾勒，旨在让读者知悉泰戈尔对世界文明的交流与发展作出的巨大贡献。

泰戈尔是中国人民的伟大朋友。 在世界近代史上，没有第二个大作家像他那样热心于强化两国文化纽带；像他那样赠诗给中国文化名人，同时获得寓意深刻的中国名字；像他那样创建中国学院，接待徐悲鸿、徐志摩等中国著名文化使者；像他那样坚定支持中国人民的抗日战争，始终保持着对中国人民的深情厚谊。

泰戈尔一生中品尝到爱情和亲情的甘甜琼浆，但过早过多地经受了生离死别的痛苦。 他中年丧妻。 之后不乏爱慕他的女子，但他坚守自己的誓言，不为所动，真正做到了"以专一的爱"终生偿还妻子的情债，实属罕见。 1903 年，他的二女儿蕾努卡病逝。 1907 年，小儿子索弥意外患上霍乱夭折。 1918 年，长女蓓拉因患肺病离世。 1932 年，外孙尼汀德拉纳特客死德国。 泰戈尔失去一个个亲人，一次次忍受白发人送黑发人的伤痛，但他精神上并未崩溃，而能坦然面对生死，尽快走出悲痛的阴影，继续从事文艺创作，探索救国之路。 他豁达的人生态度令人感佩。

按照各章内容，本传记中选配了百余幅图片，目的是让读者阅读时有身临其境之感，取得更好的阅读效果。

2024 年为泰戈尔首次访华一百周年，相信这本传记有助于中国读者全面了解泰戈尔非凡的文学艺术成就，感受到他有血有肉、生动的形象，领略他博大的胸怀和高尚的品德，并得以从他的人生经历获得启迪和教益。

撰写过程中，遇到英语和梵语翻译问题，曾向中国社会科学院刘建研究员和中央广播电视总台孟加拉语部原专家桑达女士（Shanta mariavalia）请教，他们都及时而耐心地给予解答。北京外国语大学孟加拉语专业负责人、南亚研究中心主任曾琼教授认真仔细地审阅了全稿。本书出版得到河南文艺出版社总编马达先生的大力支持。责编丁晓花女士为本书编校付出大量心血。在此，一并向他们表示真挚感谢。

笔者才疏学浅，掌握资料有限，书中难免有不当之处，欢迎印度文学研究者和读者不吝赐正。

白开元

2021 年 11 月 18 日

· 码上解读 ·

我们为什么热爱 泰戈尔？

东方精神的智者
民谣教父胡德夫带你
读懂泰戈尔的内心世界！

无问西东的旗手
亚洲首位诺贝尔文学
获奖者如何 叩响
文明交流之门？

赤子之心的诗人
品读经典，发现泰戈尔
作品中的大爱无垠！

才华横溢的大师
在线阅览泰戈尔的
文学与舞台艺术创作。